MÉMOIRES DE L'ACADÉMIE DE VAUCLUSE
PUBLICATION TRIMESTRIELLE

MUSÉE CALVET

Inscriptions Antiques

PAR

Le Capitaine Émile ESPÉRANDIEU

Correspondant du Ministère de l'Instruction publique
Membre titulaire de l'Académie de Vaucluse.

AVIGNON
FRANÇOIS SEGUIN, IMPRIMEUR-ÉDITEUR
11, Rue Bouquerie, 11.

1900

MUSÉE CALVET

INSCRIPTIONS ANTIQUES

MUSÉE CALVET

Inscriptions Antiques

PAR

Le Capitaine Émile ESPÉRANDIEU

Correspondant du Ministère de l'Instruction publique
Membre titulaire de l'Académie de Vaucluse.

AVIGNON
FRANÇOIS SEGUIN, IMPRIMEUR-ÉDITEUR
11, Rue Bouquerie, 11.

1900

A

LA MÉMOIRE VÉNÉRÉE

DE MON MAITRE ET AMI

AUGUSTE ALLMER

QUE LA MORT A SURPRIS PENDANT L'IMPRESSION

DE CE TRAVAIL

DONT IL AVAIT ACCEPTÉ LA DÉDICACE

E. E.

INTRODUCTION.

La confiscation des biens du clergé, prononcée par la loi du 18 août 1792, eut pour conséquence de faire entrer dans le domaine national toutes les richesses d'art des communautés religieuses. Il fut ordonné qu'elles serviraient à l'instruction du peuple, et c'est ainsi que prirent naissance la plupart des musées de province (1).

Avignon et le Comtat-Venaissin avaient été réunis à la France par décret du 14 septembre 1791. On y appliqua sans tarder les nouvelles lois qui constituaient des collections publiques, et le choix d'un local se porta, après quelques recherches, sur les bâtiments de l'ancien archevêché. C'est sur ce point, où se trouvaient déjà les bibliothèques de différentes congrégations, que furent entassées toutes les œuvres confisquées et que se formèrent, en 1793, la bibliothèque et le musée d'Avignon (2).

Jusqu'en 1810, le musée proprement dit, transporté en 1804 dans l'ancien couvent de Saint-Martial, après la vente des bâtiments de l'archevêché, ne se composa guère que de tableaux. Un legs que

---

(1) Lois du 5 novembre 1790 et du 16 septembre 1792, décrets des 18 et 24 octobre 1792, circulaire ministérielle du 5 novembre 1792.

(2) « Cette création, a dit M. Duhamel, fut une œuvre considérable, accomplie au milieu des circonstances les plus difficiles et les plus tragiques, par des hommes aussi dévoués qu'obscurs, auxquels on n'a même pas toujours rendu justice. Il convient de citer parmi eux, en première ligne, l'architecte Bondon, le chanoine Néry, le conservateur Meynet, le peintre Beissier, d'autres encore, qui surent se rappeler, en ces temps de luttes ardentes, que le patriotisme éclairé par l'amour des arts trouve assez de force en lui-même pour s'élever au-dessus des partis. » (*Origines du musée d'Avignon*, dans le *Compte rendu* de la réunion des Sociétés des Beaux-Arts des départements, Paris, 1889, in-8°, p. 675.)

la ville reçut du docteur Calvet devint le point de départ, à cette époque, de la collection actuelle d'antiquités.

« Appelé par goût à l'étude et au célibat, dit Calvet dans son testament, je m'étais proposé, dès l'âge de quinze ans, d'établir à perpétuité une bibliothèque publique dans ma patrie qui en manquait. Je le fis même lorsque mon âge m'eut permis de tester. Le gouvernement, ami des lettres, sentait depuis longtemps l'utilité de cette institution ; aussi, sans se douter de mon idée, il s'en est enfin occupé pour les principales villes de l'État. Celle d'Avignon était une des mieux pourvues de livres, à cause des nombreuses bibliothèques de religieux et de séminaires supprimés ; on en a formé une immense et monstrueuse collection.

« ...Je lègue, laisse et donne à cette dite ville d'Avignon ma bibliothèque pour la rendre publique, avec ses manuscrits, sous la condition expresse que les livres et manuscrits de ma collection ne seront que pour ma bibliothèque et jamais confondus et mêlés avec ceux de la bibliothèque établie par le gouvernement.

« Mes cabinets de médailles en or, en argent et en bronze, soit antiques, soit modernes, aujourd'hui rangées dans les deux armoires de ma chambre d'hiver, appartiendront à ma bibliothèque...

« Les monuments antiques et modernes de différentes matières, formes et grandeurs, qui sont dans mes cabinets, au nombre, à ce que je crois, d'environ quatre mille, et, en général, tous les morceaux antiques dont le catalogue est fait, je me plais à les loger dans ma bibliothèque même. Les deux grandes statues de marbre qu'il faut réparer, faisant autrefois partie du tombeau d'Adrien, à Rome, les pierres et marbres portant des inscriptions seront de ce nombre. Ces monuments n'entreront jamais, non plus que les corps marins et les fossiles, ni dans l'ancienne bibliothèque, ni dans le cabinet d'ornithologie qui se forme actuellement. » (1).

Par une surprenante restriction, Calvet s'opposait à ce que son nom fût prononcé de quelque manière à l'occasion de ses dons. Pratiquement, ce n'était pas possible. Guidé par un sentiment très naturel, le public attribua, malgré tout, le nom de *museum* ou de *musée Calvet* à la donation dont il bénéficiait, mais il faut remarquer, ainsi que l'a fait M. Labande, que cette désignation n'était pas justifiée (2). Aux termes mêmes de la fondation, il ne s'agissait que d'une bibliothèque publique, décorée accessoirement des différentes pièces des « cabinets » de Calvet, et non pas d'un musée dans le sens propre de ce mot. Les antiquités de Calvet ne formèrent un musée que par hasard, et ne furent qu'une conséquence, très imprévue, de la volonté même du testateur. On vient de voir, en effet, que la bibliothèque de Calvet ne devait être confondue, en aucun cas, avec celle « établie par le gouvernement ».

(1) Le dernier testament olographe de Calvet (il en rédigea plusieurs) fut daté du 10 janvier 1810. Il en existe une copie dans le tome VI de ses *Œuvres* (fol. 415 à 432 du ms. de Marseille, fol. 411 et suiv. du ms. d'Avignon). Ce testament a été publié pour la première fois, en brochure séparée, à Avignon, chez Laurent Aubanel, en 1817, ensuite dans les *Documents divers sur le musée Calvet*, Avignon, 1re édition, 1846, p. 5 ; 2e édition, 1893, p. 1.

(2) Labande, *Catalogue général des manuscrits des bibliothèques publiques de France*, t. XXVII, *Avignon* (Paris, 1894, in-8°), p. LXX.

Pour remplir cette obligation, tout en satisfaisant, d'un autre côté, au désir légitime de grouper les collections dans un seul local, la ville se fit donatrice, et ce furent ses propres richesses, autrement considérables, qui passèrent dans celles de Calvet (1). Les tableaux et les médailles, les « monuments de différentes matières, formes et grandeurs », trop nombreux pour ne pas être mis à part, constituèrent, dès ce moment, une section distincte de la bibliothèque. La dénomination populaire, devenue de rigueur quant au rappel du nom de Calvet, apparut beaucoup plus logique et reçut, effectivement, une consécration officielle. Un règlement, qui fut approuvé par le Conseil d'État, le 7 mars 1832, soumit, d'une façon définitive, l'ensemble des collections de la ville aux dispositions testamentaires de Calvet et les désigna sous le nom de *musée Calvet* (2). Les bâtiments de Saint-Martial ne pouvaient plus suffire. Ils étaient d'ailleurs extrêmement humides, et de nature à faire craindre pour la bonne conservation des livres et des tableaux. On fit l'acquisition, en 1832, d'un ancien hôtel qui avait appartenu à la famille de Villeneuve ; les travaux d'appropriation durèrent un peu plus de deux ans, et, dans le courant de 1835, toutes les collections furent installées dans le local où elles sont encore. Aussitôt les dons affluèrent. Pour la partie épigraphique, je mentionnerai, parmi les libéralités les plus importantes, celles du chevalier Mourret en 1835, du juge de paix Silvestre en 1836, d'Artaud en 1837, du marquis d'Archimbaud en 1838, de Charles Eymieu en 1840, de Marius Clément en 1849, du comte de Vogüé en 1850, etc. Les différents conservateurs, de leur côté, s'employèrent activement pour l'accroissement des collections. Pierre Dejean, et après lui Bénézet Guérin, Marie-Charles de Blégier, Victor Chambaud, Esprit Requien, Augustin Deloye,

---

(1) Calvet avait prévu le cas où des dons de livres seraient faits, par des particuliers, à sa bibliothèque, et il avait applaudi d'avance à ce moyen d'en augmenter la valeur. La ville se crut autorisée à profiter de cette faculté, qui ne portait, du reste, aucune atteinte à ses droits de propriété.

(2) Sur Calvet, né à Avignon le 24 novembre 1728, et mort dans cette ville le 26 juillet 1810, cf. L.-H. Labande, *Esprit Calvet et le XVIIIe siècle à Avignon*, dans les *Mémoires de l'Académie de Vaucluse*, t. X, 1891, p. 249 et suiv. Indépendamment du buste de Calvet qui se trouve placé à l'entrée même du musée, nous signalerons deux autres portraits contemporains de ce personnage. Ils se trouvent placés aux tomes I et VI du manuscrit de ses œuvres conservé à la bibliothèque de Marseille. Calvet lui-même a dit du portrait placé au commencement du tome VI qu'il est « très supérieur à celui qui a été mis à la tête de tout l'ouvrage, et que le mérite du dessin ne peut guère être poussé plus loin. Je le dois, ajoute-t-il, au goût et à l'amitié de M. d'Albouin ». À l'époque où remonte ce portrait, Calvet était âgé de 36 ans.

pour ne citer que les disparus, ont contribué pour une bonne part à faire du musée Calvet, ainsi que l'a dit M. Duhamel, « l'un des établissements les plus riches de province, et l'un de ceux qui peuvent, selon la belle expression de ses fondateurs, rendre le plus de services à l'instruction publique » (1). Il est juste que leurs noms soient rappelés, mais je n'aurai garde d'oublier de citer aussi le nom de Jacques Binon. Simple concierge du musée, Binon en était l'âme. Sans cesse à l'affût de toutes les découvertes, habile à provoquer les dons, heureux dans les achats dont il était chargé, connaisseur expérimenté, Binon s'est consacré, pendant soixante ans, de 1813 à 1873, à la prospérité matérielle de *son* musée. Sous la direction des conservateurs, mais par ses soins incessants et ceux de l'un de ses fils qui lui a succédé, les collections proprement dites ont été classées dans le plus grand ordre. Parmi les établissements similaires de province, le musée Calvet n'est donc pas seulement l'un des plus riches ; c'est aussi l'un des mieux tenus.

Le catalogue qui va suivre de la collection épigraphique de ce musée est publié sous les auspices de l'Académie de Vaucluse, avec l'assentiment du conservateur, M. Labande, que d'autres travaux occupent en ce moment (2).

Avec les procédés économiques de gravure auxquels il est possible d'avoir recours, l'idéal de tout catalogue est devenu, plus que jamais, le catalogue illustré à chaque page que souhaitait, en 1893, M. Perrot (3). L'Académie de Vaucluse l'a compris ainsi, et j'ai essayé, pour ma part, de m'inspirer de cet idéal, en reproduisant en fac-similé presque toutes les inscriptions que j'avais à décrire. Les dessins dont je me suis servi ont été faits par mes soins, sur

---

(1) Duhamel, *op. cit.*, p. 680.

(2) Augustin Deloye a été remplacé, au mois de décembre 1890, par M. Labande dans la conservation de la bibliothèque et du musée. La modestie de M. Labande ne me permettant pas d'exprimer tout le bien que je pense de ses travaux, je me contenterai de louer son zèle, qui n'est pas moindre que celui de ses devanciers. Ce zèle se manifeste actuellement, du reste, par une œuvre capitale, la publication en quatre gros volumes du *Catalogue des manuscrits* de la bibliothèque d'Avignon, et par un nouveau classement, plus méthodique et sans doute définitif, de la galerie lapidaire du musée.

(3) *Journal des Savants*, 1893, p. 418. « L'expérience de chaque jour, a dit depuis M. Babelon, démontre qu'un catalogue de monuments archéologiques ne rend tous les services qu'on est en droit d'en attendre, qu'à une condition : c'est que la description des objets soit accompagnée de leur image. L'œil et l'imagination doivent concourir à la complète et rapide information que réclame notre intelligence » (*Catalogue des bronzes de la Bibliothèque nationale*, introd., p. XLIII).

des photographies que j'avais prises au musée, au mois d'avril 1899, avec le concours du gardien actuel, M. Auguste Binon (1).

Avant de conclure, j'ai le devoir de remercier avant tout l'Académie de Vaucluse du très grand honneur qu'elle m'a fait en imprimant à ses frais le présent catalogue.

J'exprime ensuite ma gratitude à MM. les Administrateurs du musée, pour leur empressement à me donner l'autorisation, que j'avais sollicitée, de publier les inscriptions confiées à leur garde ; à mon ami vénéré M. Allmer, qui m'a parfois aidé de ses conseils ; à M. Labande enfin, qui m'a fourni d'utiles indications bibliographiques, et, de plus, a bien voulu me remplacer, avec un véritable dévouement, pour la correction des épreuves de ce travail.

(1) Il faut en excepter le dessin de l'inscription numéro 211, que je dois à l'amabilité de M. Cherion, dessinateur habituel et collaborateur du R. P. Camille de la Croix.

I. — INSCRIPTIONS CELTO-GRECQUES.

1. — *Autel à Jupiter* Taranus.

« Petit cippe avec base et couronnement, en pierre molasse compacte, trouvé à Orgon, en octobre 1886, dans un monceau de décombres provenant des démolitions d'une chapelle dite de Notre-Dame, au sommet de la colline où était située la ville antique » (Allmer, renseignements fournis par M. Sagnier). Acquis par le musée en 1887. Hauteur, 0ᵐ34; largeur, 0ᵐ17; épaisseur, 0ᵐ13. Hauteur des lettres, 0ᵐ02.

Ουηβρουμαρος δεδε Ταρανοου βρατουδε καντεμ.

Vebroumaros dedit Taranu dedicavit laetus.
« Vebroumaros a donné (cet autel) à Taranus et l'a dédié avec contentement. »

Mowat, *Bull. épigr.*, 6, p. 296; *Bull. Ant. F.*, 1887, p. 66 (d'après un dessin de Cerquand et un estampage de Deloye); *Rev. celt.*, 7, 1886, p. 450; — *Rev. archéol.*, série 3, 9, 1887, p. 122; — Allmer, *Rev. épigr.*, 2, p. 259 et 338; *Corr.* Lettre de Sagnier, 8 janv. 1887; — Barthélemy, *Rev. celt.*, 8, 1887, p. 397; — *C. I. L.*, p. 820; — Binon, n. 23 (1).

La langue celtique est encore si peu connue, qu'il est presque impossible de donner un sens, autrement que par induction, aux monuments écrits que l'on possède dans cette langue. La terminaison *maros* de la première ligne de notre inscription est celle d'un trop grand nombre de noms gaulois, pour que la lecture Ουηβρουμαρος puisse faire quelque doute (2). On trouve, du reste, le nom celtique *Vebro* dans une inscription de la Côte-d'Or (3). On

---

(1) Il y a lieu de se reporter, pour les abréviations, à la *Liste des ouvrages cités* qui se trouve à la fin de notre travail.

(2) Sur cette terminaison, cf. d'Arbois de Jubainville, *Les noms gaulois chez César et Hirtius,* Paris, 1891, in-12, p. 188. D'après M. de Jubainville, *maros, mara* (grand, grande) est peut-être l'adjectif gaulois qu'on rencontre le plus souvent.

(3) Lejay, *Inscript. ant. de la Côte-d'Or,* Paris, 1889, in-8°, p. 80. Comparez, de même, pour ne citer que ce seul exemple, *Atepo*, nom d'homme relevé à Rustrel (Vaucluse), Saint-Paul-lez-Connaux, Nîmes et Narbonne (*C. I. L.*, XII, n. 1127, 2795, 3944, 5085) et *Atepomarus* ou *Atepomarius*, autres noms d'homme rencontrés, le premier dans la Mayenne (Mowat, *Notice épigr. de diverses antiquités gallo-rom.,* Paris, 1887, in-8, p. 82) et à Lanzendorf, dans la Basse-Autriche (*C. I. L.*, III, n. 4580), le second à Lyon (*C. I. L.*, XIII, n. 2066 a).

reconnaît, d'un autre côté, dans Ταρανοου, le nom du Jupiter tonnant des Celtes : *Taranus* (1). Δεδε est sans doute à rapprocher du verbe *dedit*. L'inscription d'Orgon est la cinquième où figure ce mot (2). Quant à βρατουδε, M Bréal pense qu'il constitue avec καντενα une formule équivalente à celle *libens merito* des inscriptions latines (3). M. Allmer est plutôt d'avis, et nous partageons son opinion, que ce mot a la signification de *dedicavit*. La formule *libens merito*, qui ferait de βρατουδε un adverbe, supposerait, du reste, une inversion dont on n'a pas d'exemple. Mais on s'accorde pour reconnaître à καντενα la signification de *libens* à laquelle, pour notre part, nous préférons celle de *laetus*.

2. — *Autel au dieu-fontaine* Graselus.

« Cippe avec couronnement, mais sans base, profondément enfoncé par le pied, dans une pierre carrée qui lui sert de plinthe ; actuellement, et depuis 1810, employé comme piédestal pour soutenir une croix devant la porte de la chapelle dite de Notre-Dame-du-Grosel, près de *Malaucène* ; précédemment dans cette chapelle et servant de support à un autel » (Allmer). Hauteur, environ 0ᵐ75 ; largeur, 0ᵐ25. Le Musée Calvet ne possède que le moulage donné, en 1884, par l'abbé Saurel, de l'inscription gravée sur ce cippe.

///ΑΛΟΥϹ
///ΙΑΛΙΑΚοϹ
γΡΑϹΕΛΟΥ
6ΡΑΤΟΥΔΕ
ΚΑΝΤΕΝΑ

...λους ....ναλιακος [Γ]ρασελου βρατουδε καντενα.

...lus ....naliacus Graselu dedicavit laetus.

« ...lus, fils de...., a dédié avec contentement (cet autel) à Graselus. »

---

(1) Luc. *Phars.*, 1, 446. Cf. *Bull. épigr. de la Gaule*, 1, p. 123, et Mowat, *id.*, 6, p. 296. M. Allmer a fait connaître, d'après le *Bull. épigr.*, 1, p. 57, une des plus complètes et des plus caractéristiques représentations du Jupiter celtique. Il s'agit d'une petite statuette qui nous le montre portant en bandoulière un trousseau d'objets contournés en forme d'S. Le dieu s'appuie de la main gauche sur une roue et brandit un carreau flamboyant de l'autre main. « On reconnaît, à première vue, dans ces attributs, dit M. Allmer, les trois manifestations essentielles de la foudre : la lumière, la violence et le bruit ; dans le faisceau d'S une provision d'éclairs ; dans le carreau flamboyant, la foudre elle-même ; dans la roue, le tonnerre comparé au bruit d'un char roulant. » Sur Taranus, dont l'identification avec *Dispater*, ancêtre de la race gauloise (Cesar, *Bell. Gall.*, 6, 18) est admise par plusieurs savants, cf. Cerquand, *Taranis lithobole*, dans *Mém. de l'Acad. de Vaucluse*, 1882, p. 12 ; — Salomon Reinach, *Descript. raisonnée du musée de Saint-Germain-en-Laye*, Paris, 1894, in-8°, pp. 137 à 185 (avec un catalogue des Dispater et une bibliographie du sujet . Le mot *Taranis*, dont on se sert quelquefois, est une forme fautive, ainsi qu'en témoignent les dérivés *Taranucnus* et *Taranutius* (Thédenat, *Noms gaulois*, p. 85). Ταρανοου est ici la transcription du latin *Taranou*, datif de *Taranous* (4° déclinaison). Il faut donc traduire *Taranous* ou *Taranus*.

(2) *C. I. L.*, XII, p. 383, n°ˢ 1, 4, 5 et p. 832, n° 5887. Ces inscriptions sont rappelées par M. Héron de Villefosse dans le *Bull. arch. du Comité des travaux historiques*, 1887, p. 206.

(3) *Rev. arch.*, 1897, 2, p. 104.

Héron de Villefosse, *Bull. épigr.*, 1884, p. 141, et *Bull. Ant. F.*, 1884, p. 189 (avec un fac-similé); — Abbé Saurel, *Aeria*, p. 92; — Rochetin. *Bull. Ant. F.*, 1884, p. 297; *Bull épigr.*, 1885, p. 198; — Allmer, *Rev. épigr.*, 2, p. 104 et 299; 3, p. 546; *Corr.*, Lettre du commandant Mowat, 15 juillet 1884; lettre de Rochetin, 27 fév. 1885; — *C. I. L.*, p. 824; — *Registre 5*, p. 336; Renier, *Fiches*, t. 31, f° 99 (d'après une copie de Deloye); — Binon, n. 25 a.

Nous n'avons rien à ajouter à ce que nous venons de dire sur l'interprétation probable des deux mots ὁρατουδὶ καντενα. Le nom du dédicant était sans doute contenu dans la première ligne de l'inscription; quant aux lettres ...ναλιακος, elles appartiennent, croyons-nous, non pas à un ethnique, mais à l'expression, sous une forme adjective, de la filiation de ce dédicant (1).

Ce qui rend ce petit texte tout particulièrement intéressant, est le mot Γρασελου, dans lequel Rochetin a reconnu, le premier, le nom du Groseau (2).

« Que cette magnifique fontaine, une des merveilles de la contrée, ait été autrefois divinisée comme une infinité d'autres, qui, certes, le méritaient moins, cela est conforme, dit M. Allmer, à ce que l'on sait du culte des fontaines chez les Gaulois, aussi bien que chez la plupart des anciens peuples, et ne peut pas faire de doute. »

A l'époque romaine, les eaux de la fontaine du Groseau étaient conduites à Vaison, et peut-être aussi à Orange, par un aqueduc souterrain dont M. le docteur Isnard, de Malaucène, a retrouvé la trace (3).

Le temple de *Graselus* ne pouvait être que près de la source. Quelques archéologues, du reste, en ont reconnu les débris parmi les matériaux qui ont servi pour la construction de la petite chapelle romane de Notre-Dame-du-Grosel. M. Mowat a essayé d'établir un lien de parenté entre le dieu *Graselus* et les nymphes *Griselicae* des sources minérales de Gréoulx, dans les Basses-Alpes (4).

« Il y a au moins une parenté incontestable, en ce sens qu'une même obscurité enveloppe la signification de leurs noms (5). »

---

(1) Cf. de même, à Nimes: Γαρτα Βιδιλλανουιακος (*C. I. L.*, XII, p. 383, n. 1). On pourrait en citer d'autres exemples.
(2) Dans une charte de l'année 1059 le nom de la fontaine est donné, à l'ablatif, sous la forme *Grasello*; on trouve *Grausello* en 1113. La forme *Grosel* et, finalement celle *Groseau*, sont d'une époque relativement récente. (Cf. Allmer, *Revue épigr.*, 2, p. 105).
(3) Cf. *Revue épigr.*, 2, p. 106.
(4) *Bulletin Ant. F.*, 1884, p. 299. — Cf. *C. I. L.*, n° 361; *Sylloge*, n° 469.
(5) Allmer, *loc. cit.*

3. — *Dédicace d'un temple à* Belesamis.

Tablette de pierre découverte « dans la partie de l'ancien *Vaison*, que l'on a lieu de croire antérieure à la conquête romaine, au sud, et à cent ou deux cents pas de l'enclos des Cordeliers » (Deloye). Elle fut recueillie par Roustan, officier de santé à Vaison, qui la céda au musée en 1841. Hauteur, 0m25 ; largeur, 0m31 ; épaisseur, 0m06. Hauteur des lettres, 0m035.

```
CEΓOMAΡOC
OYIΛΛONEOC
TOOYTIOYC
NAMAYCATIC
EIWPOYBHΛH
CAMICOON
NEIAHTON
```

De la Saussaye, *Numismatique de la Gaule narbonnaise*, p.163 (d'après une copie de Mérimée) ; — Deloye, *Biblioth. de l'école des chartes*, 2ᵉ série, t. IV, p. 313 ; — Stark, *Archaeol. Zeitg*, 1853, p. 370 ; — Mommsen, *Mittheilungen der antiquarischen Gesellschaft in Zurich*, 1853, 7, p. 240 ; — Siegfried, dans *Beitraege zur vergleichenden Sprachkunde* de Kuhn et Schleicher, Berlin, 1858, in-8°, 1, p. 451 ; — Pictet, *Essai sur quelques inscriptions en langue gauloise*, Genève, 1859, in-8°, p. 17, et *Revue archéologique*, n. s., 15, 1867, p. 385 ; — *Dictionnaire de la Gaule*, époque celtique, atlas ; — Mommsen, *Roem. Geschichte*, 3, p. 211 ; — Herzog, n° 445 ; — Allmer, *Inscriptions de Vienne*, 3, p. 128, n° 457 ; *Histoire de Languedoc*, 15, p. 654 ; *Revue épigraphique*, 3, p. 375 ; notes ms., *Voc.*, p. 3 (copie dessinée) ; — Hirschfeld, *Gall. Studien*, 1883, p. 42 ; — Whitley Stokes, *Celtic declension*, réimprimé dans *Beitraege zur Kunde der indogermanischen Sprachen*, 11, 1886, p. 124 ; — *C. I. L.*, p. 162 ; — Sacaze, *Inscriptions antiques des Pyrénées*, Toulouse, 1892, in-8°, p. 119 (d'après une copie de M. Mowat) ; — Becker, *Mus. Bonner Jahrb.*, t. 18, p. 120 ; *Neues Jahrb. für Philol. und Paedag.*, 1, t. 73, p. 310 ; *für Philol.*, t. 13, n. s., p. 294 ; — Holtzmann, *Kelten und Germanien*, p. 166 ; — Creuly, *Carnets*, t. 13, f° 24 ; — Renier, *Fiches*, t. 31, f° 100 (d'après une copie de Deloye) ; — *Registre* 2, p. 8 ; — Binon, n° 25.

Σεγομαρος Ουιλλονεος, τοουτιους Ναμαυσατις, ειωρου Βηλησαμι σοσιν νεμητον.

Σεγομαρος est un nom gaulois déjà connu par plusieurs exemples (1). Ουιλλονεος, non différent peut-être de *Villonicnos*, exprime une filiation : fils de Villonos ou de Villonus (2).

Des deux termes τοουτιους Ναμαυσατις, le second n'est visiblement qu'un adjectif dérivé du mot *Nemausus*. On est conduit, par cela même, à conjecturer, pour le premier, soit des fonctions civiles ou religieuses, soit de préférence le mot *civis* (3). Ειωρου se rapproche du

---

(1) Cf. Thédenat, *Noms gaulois*, p. 78 ; — Héron de Villefosse, *Bull. Ant. F.*, 1890, p. 78.
(2) Cf. *C. I. L.*, XII, p. 383, n. 3 : *Eskingoreix Kondilleos*, et p. 127, n. 2 : *Bimumos Litoumareos*. Villonos ou *Villonus* rappellent le gentilice *Villonius* fourni par une inscription suspecte d'Italie : *L. Villonio Asello, auguri, cens(ori) ; municipes et incolae* (*C. I. L.*, XI, n. 410*). Cette inscription, qui n'a rien de rigoureusement impossible, n'est connue malheureusement que par une copie du faussaire Ligorio.
(3) Dans la loi osque de la table de Bantia (Mommsen-Bruns, *Fontes iuris rom. ant.*, ed. V, p. 46) *touto* se traduit par *civitas* ou *populus*. Le sens de *civis Nemausensis* adopté, puis abandonné par Pictet, et repris par M. Mowat, parait donc le plus probable. Une inscription de Nîmes (*C. I. L.*, XI, p. 383, n. 6 et p. 833) est sans doute à compléter : τοου[τιουν Ναμαυσ]ατιν. Elle fournirait, à l'accusatif, les deux termes que nous avons ici.

verbe *ieuru* relevé sur d'autres monuments (1), et auquel on attribue, faute de mieux, soit le sens général de *vovit*, qui n'est guère possible, puisque l'autel a été élevé sans doute en reconnaissance d'un vœu, soit celui de *fecit*. Βηλησαμι paraît être le datif du mot Βηλησαμις, que l'on retrouve sous la forme presque identique *Belisama* dans une inscription du Couserans où il accompagne le nom de Minerve (2). Le sens de νεμητον est donné par Fortunat. Ce poëte, qui mourut évêque de Poitiers vers l'an 600, parle d'une église bâtie par Leontius, évêque de Bordeaux, en un lieu autrefois appelé *Vernemeta*, « ce qui en gaulois veut dire grand temple » (3). Il faut observer cependant que νεμητον avait aussi la signification du mot latin *nemus*, dont il rappelle la forme.

« *Nemeton*, « temple » ou en général « lieu consacré », a dit M. d'Arbois de Jubainville, se prononçait *nemet* en breton, au onzième siècle. C'est, dans une charte de l'année 1031, le nom d'une forêt où Alain Cagnart, comte de Cornouailles, s'est mis en embuscade avec son armée. Cette forêt, située dans le département du Finistère, était considérée comme sacrée » (4).

Reste σοσιν, dont le caractère déterminatif résulte de la place même que ce mot occupe dans la phrase (5). On peut donc traduire, à ce qu'il semble :

Segomaros, Villonos (filius), civis Nemausensis, fecit Belesami hoc fanum.

« Segomaros, fils de Villonos, citoyen de Nimes, a fait (la dédicace de) ce sanctuaire à Belesamis. »

(1) Cf. mon *Épigraphe rom. du Poitou et de la Saintonge*, Paris, 1889, p. 110 et suiv., où ces exemples sont réunis.

(2) *C. I. L.*, XIII, n. 8 ; *Minervae Belisamae sacrum ; Q(uintus) Valerius Montan[us e]x v[oto]*. On ne voit pas s'il faut traduire *à Minerve Belisama* ou *à Minerve et à Belisama*. On ne peut donc pas s'autoriser de cette inscription pour identifier Minerve à la déesse celtique Belisama.

(3) *Carm.*, 1. 9, édit. Leo, p. 12 : *Nomine Vernemetis voluit vocitare vetustas — Quod quasi fanum ingens gallica lingua refert.*

(4) *Les noms gaulois chez César et Hirtius*, p. 151. — *Nimidas* est rendu par *lucos*, « bois sacrés », dans un capitulaire imposé aux Saxons par Charlemagne (Alfred Boretius, *Capitularia regum Francorum*, p. 69). Ce même mot, qui n'est autre évidemment que celui de *nemetas* prononcé à la façon des Germains, est encore connu par un second document relatif aux Saxons et seulement postérieur d'un siècle et demi au poème de Fortunat. On y trouve cette phrase : « *de sacris silvanis quae nimidas vocant* » (*Indiculus superstitionum et paganiarum* dans Boretius, *op. cit.*, p. 223). *Nemetum* entrait dans la formation de l'ancien nom de Clermond-Ferrand : *Augustonemetum* (*Nemossos* dans Strabon), en raison, probablement, ainsi que l'a pensé M. Hirschfeld, du sanctuaire célèbre de Mercure construit sur le sommet du Puy-de-Dôme (*Die Haeduer und Arverner unter roemischer Herrschaft*, p. 4, n. 3.

(5) Roget de Belloguet, et après lui le docteur Siegfried et Pictet, ont reconnu dans *sosin* les deux pronoms irlandais *so* et *sin*, « celui-ci, celui-là », qui se combinent quelquefois emphatiquement.

M. l'abbé Thédenat a fait remarquer, à propos de cette inscription, que le mot Βελίσαμα est contenu dans un texte géographique.

« Ptolémée, dit-il, appelle Βελίσαμα εἴσχυσις l'embouchure d'un fleuve de la Grande-Bretagne, aujourd'hui le Mersey » (1).

4. — *Épitaphe.*

Petit cippe en forme d'autel, en pierre calcaire, découvert en 1870, à *Saint-Saturnin d'Apt*, et acquis par le musée la même année. Hauteur, 0m80 ; largeur à la base, 0m40 ; épaisseur à la base, 0m24. Hauteur des lettres, 0m042.

Héron de Villefosse, *Bull. Ant. F.*, 1879, p. 128 (avec un fac-similé) ; — *C. I. L.*, p. 137 ; — Sagnier, *Mém. de l'Acad. de Vaucluse*, 3, p. 26 ; — Allmer, *ibid.*, p. 112, note 3 ; — Binon, n. 65.

Ουαλικίο[ς] Ονερεσταιουνιαι.
Valicius Onerestaiouniae.
« Valicius à la fille d'Onerestaius. »

Ουαλικιος est un nom d'homme, dont on retrouve le premier terme dans le nom celtique Ουαλος, connu par une inscription d'Avignon (2). Ονερεσταιουνιαι est le datif d'un terme féminin en *â*. Il semble bien, d'un autre côté, que la terminaison νιαι indique la filiation, mais nous ne connaissons aucun autre exemple du nom gaulois *Onerestaius*.

Une particularité curieuse : la gravure de deux empreintes de pied, à la suite de l'inscription, mérite d'être signalée. Cette représentation, que l'on retrouve sur un autre monument celtique découvert à Cadenet (3), répond à une idée païenne dont le côté mystérieux nous échappe totalement. Peut-être ne faut-il y voir qu'une allusion au trépas considéré comme un départ, et rapprocher la figure que nous avons ici de la scène dite des adieux, si commune sur les marbres grecs.

5. — *Épitaphe.*

Bloc de pierre dure découvert, en 1880, par M. Barthélemy, propriétaire, dans un ravin, sur le versant ouest, d'une colline gypseuse appelée la montagne de Perréal,

près de *Gargas*. Acquis par le musée en 1881. Hauteur, 0m42 ; largeur, 1m12 ; épaisseur, 0m75. Hauteur des lettres, 0m047.

Allmer, *Revue épigr.*, 1, p. 176 et 256 (copie de M. Garcin) ; *Corr.*, Lettre et dessin de Garcin, 20 nov. 1881 ; — Mowat, *C. R. de*

---

(1) *Bull. Ant. F.*, 1883, p. 173.
(2) Ci-après, n. 138.
(3) *C. I. L.*, XII, p. 137, n. 3.

l'Acad. des I. et B.-L., 1880, p. 260; *Bull. Ant. F.*, 1880, p. 245, et *Explication d'une inscription céramique gauloise renfermant un nouveau verbe*, p. 10; — Stokes, *Rev. celtique*, 1881, p. 116; — *C. I. L.*, p. 137; — Héron de Villefosse, *Bull. arch. du Comité des trav. hist.*, 1890, p. 246 (rapport sur une communication de Deloye).

Εσκεγγαι Βλανδοουικουνιαι.
Escingae Blondovicuniae.
« A Escinga, fille de Blandovicus. »

Cette lecture a déjà été proposée par M. Héron de Villefosse. *Excingus* est un nom gaulois connu par d'autres exemples (1).

« Une inscription de Bordeaux, dit M. Allmer, le présente précisément sous la même forme orthographique que le bloc d'Apt » (2).

A notre connaissance du moins, le nom *Blandovicus* ne s'est pas encore rencontré.

6. — Épitaphe.

Colonnette cylindrique en pierre blanche, « restée longtemps debout au bord de l'ancien chemin de Velleron ». Elle fut recueillie pour servir de banc par M. Lucien Laval, propriétaire à L'Isle, qui la donna au musée en 1885. « L'inscription est gravée sur le haut du fût; elle y occupe, par la longueur des lignes, à peu près la moitié de la circonférence. Au milieu de la face supérieure se remarque une mortaise destinée, sans doute, à recevoir le tenon d'un chapiteau » (Allmer). Hauteur, 1m34; diamètre en haut, 0m45; en bas, 0m,19. La hauteur des lettres est variable et comprise entre 0m024 et 0m048.

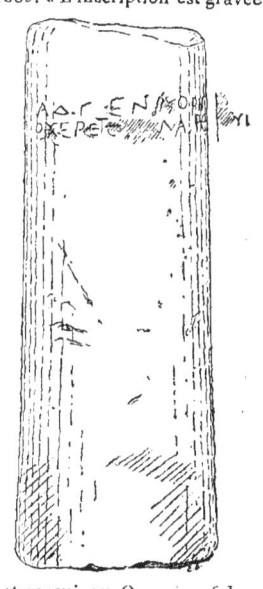

Allmer, *Rev. épigr.*, 2, p. 39 et 79 (d'après une copie de Rochetin); *Corr.*, Lettres de Rochetin, 28 juin (copie dessinée), 19 sept., 14, 18 et 23 nov. 1884; — Mowat, *Bull. épig.*, 4, p. 189, et *Bull. Ant. F.*, 1884, p. 242 (avec un fac-similé); — Rochetin, *Mém. de l'Acad. de Vaucluse*, 4, 1885, p. 106; — *C. I. L.*, p. 822; — *Registre 4*, p. 213; — Binon, n. 23 b.

« Beaucoup d'incertitudes, dit M. Allmer, naissent de la difficulté de savoir s'il ne manque aucune lettre, par exemple un Σ ou un I à la fin de la première ligne, et un O avant l'I à la fin de la seconde, ce qui permettrait de proposer des lectures différentes : Ἀδγεννοριγ, *Adgennorig*, au nominatif et peut-être au féminin ; Ἀδγεννοριγ[ς], *Adgennorix*, au nominatif aussi, mais alors au masculin; ou Ἀδγεννοριγ[ι], *Adgennorigi*, au datif, — et ensuite, à la seconde ligne, Ουερετμαρευι, *Veretmareui*, ou Ουερετμαρε[ο]υι, *Veretmarevi*, au génitif, avec la terminaison latine en i au lieu de la terminaison grecque, sans oublier, non plus, que le second E est incertain. Il s'agirait, dans tous les cas, soit d'une défunte, « fille » ou « femme » de tel, soit d'un défunt, « fils » de tel.

(1) *C. I. L.*, XII, n. 5024, 5025; — Thédenat, *Noms gaulois*, p. 46.
(2) *C. I. L.*, XIII, n. 568.

« Nous nous autorisons, pour proposer une forme féminine dans Ἀδγεννοριγ, d'une inscription latine de la Bâtie-Mont-Saléon dans les Hautes-Alpes (*Inscript. de Vienne*, 4, p. 166), sur laquelle une femme appelée *Pompeia Lucilla* indique sa patrie par le mot *Allobrog*, non *Allobrox*. Le G final d'*Allobrog* semble apparaître là comme marque du féminin, en opposition avec le X ordinaire d'*Allobrox* comme marque du masculin (1). »

M. Hirschfeld a proposé, de son côté, pour le nom de la seconde ligne, la lecture *Verete[u]marevi*. Avant lui, Rochetin avait adopté la forme *Veret(o)marevi*, dans laquelle il trouvait l'équivalent de *Viridomari*, c'est-à-dire d'un nom gaulois connu par un passage de Florus (2) et par une inscription de la Haute-Marne (3).

7. — *Épitaphe.*

« Fragment présentant l'extrémité supérieure d'une colonne cylindrique; trouvé en novembre 1882, à onze cents mètres d'*Apt*, en creusant les fondations d'un mur de soutènement du chemin de fer d'Apt à Forcalquier. Au milieu de la surface plane

qui termine en haut le fragment, se voit une mortaise quadrangulaire dans laquelle s'engageait, au moyen d'une saillie correspondante, une autre portion de fût ou un chapiteau » (Allmer). Ce fragment a été donné au musée, en 1886, par M. Bouvier, ingénieur du département de Vaucluse. Hauteur, 0ᵐ44; diamètre, 0ᵐ45. Hauteur des lettres variable et comprise entre 0ᵐ03 et 0ᵐ04.

Allmer, *Rev. épigr.*, 1, p. 333 (estampage de M. Garcin), et p. 384 (fac-similé); *Corr.*, Lettres et dessins de Garcin, 16 et 30 nov. 1882; lettre et dessin de Rochetin, 28 juin 1884; — Deloye, *Bull. épigr.*, 6, p. 70; — *C. I. L.*, p. 822; — *Registre 5*, p. 346; — Binon, n. 23 *a*.

M. Hirschfeld a proposé la lecture ....*liknitous Narnos* ... *ade* et M. Allmer, pour la première ligne, celle Καρνιτους. Le sens de l'inscription n'en reste pas moins obscur.

(1) Allmer, *Rev. épigr.*, 3, p. 40.
(2) « Viridomaro *rege, romana arma Vulcano promiserunt Insubres* » (*Epit.* xx).
(3) Mowat, *Notice épigr.*, p. 68; — Cf. Thédenat, *Noms gaulois*, p. 96.

II. — INSCRIPTIONS LATINES.

Empereurs.

8. — *Milliaire d'Auguste sur la voie de Briançon à Arles.*

Fragment de colonne trouvé au quartier des Grands-Camps, terroir d'*Apt*, et acquis par le musée en 1874. Hauteur, 1ᵐ40; diamètre, 0ᵐ57. Hauteur des lettres, 0ᵐ086.

```
            PATER PATRIAE
     IMP·CAESAR·DIVI·F
     AVGVSTVS·PONTIFEX
     MAXVMVS·COS·XII
     COS·DESIGNATVS·XIII
     IMP·XIIII·TRIBVNIC
         POTESTAT·XX/
```

Moirenc, *Projet impérial d'une carte de la Gaule*, Apt, 1860, in-8°, p. 35 (copie défectueuse); — Florian Vallentin, *Alpes Cottiennes*, p. 94; — Rochetin, *Viabilité rom. de Vaucluse*, p. 37; — *C. I. L.*, n° 5497; — Binon, n° 102 a.

Pater patriae. Imp(erator) Caesar, Divi f(ilius), Augustus, pontifex maxumus, co(n)s(ul) XII, co(n)s(ul) designatus XIII, imp(erator) XIIII, tribunic(ia) [p]o- testat(e) XX[I].

« L'empereur César Auguste, fils du dieu (Jules César), souverain pontife, consul douze fois, consul désigné pour la treizième fois, *imperator* quatorze fois, accomplissant sa vingt-unième annuité de puissance tribunicienne, père de la patrie, (a fait réparer la route).....

Cette borne a été taillée à l'occasion de diverses réparations qui furent faites aux principales routes de la Narbonnaise, sous le règne d'Auguste, vers la fin de l'an de Rome 751, trois ans avant l'ère chrétienne. Elle appartenait à la grande route qui conduisait de Turin à Arles par les Alpes Cottiennes et le territoire des Voconces. Cette route remontait le cours de la Dora Riparia, passait au col du Mont-Genèvre, suivait jusqu'à Aulun, près de Forcalquier, la rive droite de la Durance et se dirigeait ensuite, par Apt et le cours du Calavon, jusqu'à Cavaillon. Elle passait alors sur la rive droite de la Durance, atteignait Saint-Remy et rejoignait à Saint-Gabriel la voie Domitienne.

Ce n'est qu'en l'an de Rome 752, le 5 février, qu'Auguste reçut le titre de *Pater patriae*, que prirent après lui tous les empereurs, sauf Tibère, Galba, Othon et Vitellius. Il ne le possédait par suite pas, lorsque fut érigée la série de bornes dont faisait partie celle des Grands-Camps, mais on ne manqua pas de le lui attribuer dès que la nouvelle en devint officielle, et c'est ce qui explique sa présence au commencement de l'inscription, où la place qu'il occupe est anormale.

L'indication de distance a disparu ou faisait défaut.

9. *Dédicace d'une statue élevée à Germanicus par trois magistri des Lares Augustes.*

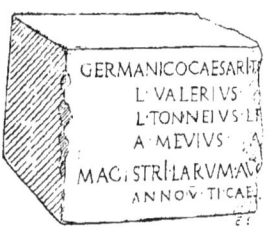

Dé de marbre noir mutilé du côté droit. Autrefois dans le mur du jardin de Marius Clément, au quartier Saint-Just, banlieue de *Marseille*. Donné au musée en 1850. Hauteur, 0ᵐ35 ; largeur, 0ᵐ45 ; épaisseur, 0ᵐ61. Hauteur des lettres, 0ᵐ030.

Herzog, n° 607 ; — Huebner, *Exempla script*, n. 188 ; — Jullian, *Bull. épigr.*, 5, p. 293 ; — *C. I. L.*, n° 406 ; — *Sylloge*, n° 229 ; — Binon, n° 111

Germanico Caesari, Ti(berii) [Aug(usti) f(ilio)]; L(ucius) Valerius..., L(ucius) Tonneius L(ucii) f(ilius)..., A(ulus) Mevius A(uli) [f(il'us)]..., magistri Larum Aug[ust(orum)] anno V Ti(berii) Caes(aris) [Aug(usti)].

« A Germanicus César, fils de Tibère Auguste ; Lucius Valerius..., Lucius Tonneius..., fils de Lucius, Aulus Mevius..., fils d'Aulus, maîtres des Lares Augustes, la cinquième année du règne de Tibère César Auguste. »

Il s'agit, ainsi qu'on le voit, de la dédicace d'une statue que les maîtres des Lares d'une localité inconnue firent élever à Germanicus dans le courant de la cinquième année du règne de Tibère. M. Hirschfeld a déjà fait remarquer que cette dédicace était datée à la manière égyptienne et non pas, selon l'usage habituel, par la puissance tribunicienne de l'empereur régnant (1). On peut en conclure, ainsi qu'il l'a fait, que les dédicants étaient certainement des Orientaux, et, comme conséquence, à ce que nous croyons, que la pierre a été peut-être apportée d'Égypte. Tibère étant arrivé au pouvoir suprême en l'an 14 de notre ère, la cinquième année de son règne correspond à l'an 19. Germanicus venait de mourir à Antioche, et sa perte avait été mise au rang des plus grandes calamités. La statue que rappelle la dédicace qui précède fut motivée par cet événement.

Les *magistri Larum* étaient des fonctionnaires municipaux dont les attributions étaient à la fois civiles et religieuses. Sous la République, le culte des dieux Lares était confié à des *collegia compitalicia*, que César supprima comme dangereux au point de vue politique. Les jeux annuels, que le préteur fixait presque toujours aussitôt après les Saturnales (2), disparurent par cela même; Auguste les réorganisa, mais sans faire revivre les anciens collèges. Les *Lares compitales* devinrent les *Lares Augustes*, c'est-à-dire selon Reifferscheid, qu'Auguste fit honorer en qualité de *Lares compitales* les Lares de sa propre maison (3); les *collegia compitalicia* firent place à des *magistri* nommés, pour une année, par les habitants de chaque *vicus*. A Rome, les premiers *magistri* entrèrent en fonctions le 1ᵉʳ août de l'an 7 avant l'ère chrétienne. Leur création, dans les provinces, a pu se produire un peu plus tard, mais on ne possède, à ce sujet, aucun renseignement précis.

Les *magistri vicorum* étaient au nombre de quatre; on a donc lieu d'être surpris de ne relever que trois noms dans l'inscription qui précède. Il faut en conclure que l'un des *magistri* faisait défaut et n'avait pas été remplacé, à moins d'admettre, ce qui est moins vraisemblable, que la réorganisation de l'ancien culte n'avait pas été la même en tous lieux.

Dans les premières années de leur existence, avant la création des cohortes de vigiles, les *magistri Larum* avaient dans leurs attributions le service des incendies. Preller a fait remarquer, en outre, que l'assistance de ces fonctionnaires était requise lors du cens, à l'occasion de certains jeux et pour la distribution des congiaires (4).

(1) *C. I. L.*, XII, p. 57. L'année commençait, en Égypte, le 22 août.
(2) Sous la République, les Saturnales étaient célébrées du 17 au 23 décembre; leur durée, au moins officiellement, fut réduite sous l'Empire. (Voyez, à ce sujet, Marquardt, *Le culte chez les Romains*, t. II, p. 38i de la traduction française.)
(3) Reifferscheid, *Annali d. Inst.*, 1863, p. 133; Marquardt, *Culte*, t. I, p. 247, note 6 de la traduction française.
(4) Preller, *Die Regionen der Stadt Rom.*, Iéna, 1846, in-8°, p. 82.

Pendant les fêtes qu'ils présidaient, les *magistri Larum* revêtaient la robe prétexte et se faisaient précéder de deux licteurs (1).

10. — *Statue en l'honneur de Drusille.*

Table de marbre blanc ayant servi de marche à la dernière chapelle, à droite, dans la cathédrale d'*Avignon*. Renaux, architecte du département, la fit enlever, en 1840, et la donna au musée. Hauteur de la pierre, 0m25; largeur, 0m63; épaisseur, 0m:9. Hauteur des lettres, 0m045.

Herzog, n° 402; — Hirschfeld, *Wiener Studien*, 1881, p. 206; — Allmer, *Bull. épigr. de la Gaule*, 1, p. 1 ; *Rev. épigr.*, 1, p. 316 (traduit de M. Hirschfeld); — *C. I. L.*, n° 1826 ; — *Sylloge*, n. 671; — Dessau, n° 195; — Allmer, dessins, *Vaucl.*, f° 89; — Binon, n° 2.

Iuliae Drusillae, German(ici) Caesar(is) f(iliae), Tiberius parenti, num[inis] honore delat[o, posuit].

« A Julie Drusille, fille de Germanicus César ; Tibère à sa mère, élevée au rang de déesse, a dédié cette statue. »

M. Hirschfeld, dans les *Études viennoises,* a consacré, à cette inscription, une très intéressante dissertation que M. Allmer a traduite ainsi qu'il suit :

« Cette inscription, qui n'a peut-être encore été publiée que par M. Herzog, dans son *Histoire de la Gaule narbonnaise* (n° 402), confirme pleinement, ainsi que lui-même l'a déjà remarqué, ce que nous apprennent de l'apothéose de Drusille les témoignages de Suétone (*Caligula*, 24) et de Dion Cassius (LIX, 11) : *Ex his [sororibus] Drusillam.... in modum justae uxoris propalam habuit; eadem defuncta, justicium indixit, in quo risisse, lavisse, coenasse cum parentibus, aut coniuge, liberisve, capitale fuit... Nec unquam postea quantiscumque de rebus, ne pro contione quidem populi aut apud milites, nisi per numen Drusillae deieravit;* — Καὶ οἱ τά τε ἄλλα, ὅσα τῇ Λιουία ἐδέδοτο, ἐψηφίσθη, καὶ ἵνα ἀθανατισθῇ... τότε οὖν Πανθέα τε ὠνομάζετο καὶ τιμῶν δαιμόνιον ἐν πάσαις ταῖς πόλεσιν ἠξιοῦτο.

« Que la pierre ait appartenu au piédestal d'une statue de Drusille, il n'y a pas à en douter; mais par qui a été faite la dédicace ? Déjà la circonstance que l'auteur ne se désigne que par le simple prénom de *Tiberius,* vient démontrer que ce n'est pas une personne privée. Or, parmi les membres de la famille impériale, je n'en sais aucun autre que Claude, plus tard empereur, dont il puisse être ici question. C'est toutefois une chose surprenante, même en prenant le mot dans son acception la plus large, que Claude, oncle de Drusille, ait donné à celle-ci la qualification de *parens*. Mais il ne faut pas oublier que la dédicace s'adresse à la sœur déifiée d'un empereur et qu'alors l'indication du rapport réel de parenté eût pu être considérée comme un manquement au respect dû par tous à la nouvelle déesse. Dans d'autres inscriptions (voyez, pour les médailles, Eckhel, 6, p. 231 ; Cohen, *Méd. imp.*, t. I, p. 155), Drusille est qualifiée de *Diva*, tandis qu'elle ne porte pas ici ce titre, et il est même

(1) *Dion Cassius,* LV, 8. — V. Marquardt, *Culte,* t. I, p. 247 et suiv.

très douteux qu'elle l'ait porté officiellement, attendu qu'elle a été élevée par Caligula non pas au rang de *diva*, mais au rang de *dea*. Malheureusement, inscriptions et médailles de Rome, qui pourraient seules trancher la question, font complètement défaut. Dans les Actes des Arvales du 23 septembre de l'an 38 (*C. I. L.*, VI, p. 470, fr. *e*), que M. Henzen a rapportés, avec raison, à l'apothéose de Drusille, il ne reste de conservé, à la ligne 15, que .... *rusillae*, et, à la ligne 16, que ...... *ae Drusillae*, où je compléterais par [*Juli*]*ae* de préférence à [*Div*]*ae*.

« Au témoignage de Dion Cassius, des dédicaces à Drusille furent faites dans un grand nombre de villes. On peut supposer que le monument qui nous occupe fut élevé à l'époque où Claude, député en Germanie auprès de Caligula, à l'occasion de la découverte du complot de Getulicus, traversa la Gaule, vers la fin de l'an 36 (Henzen, *Acta arv.*, p. 77) (1). »

11. — *Dédicace d'un monument public mentionnant une flaminique de Livie.*

Fragments d'épistyle ayant appartenu à un grand édifice de *Vaison*. Le fragment *a*, aujourd'hui conservé au musée de Saint-Germain, a été découvert « près de l'Ouvèze » et transporté à Avignon en 1792. D'après l'abbé de Saint-Véran, cité par Calvet, le fragment *b* servait d'auge « au puits de la grange de M. Boulard, au quartier de l'Auson », dans le voisinage de Vaison. L'abbé le recueillit et le plaça dans sa demeure, où il fut vu une première fois par Calvet. Il se trouvait plus tard, au témoignage encore de Calvet, « à Vaison, hors la ville, chez Mlle de Crombis-Chesolme, près des Dominicains ». On le transporta de là au château de Vérone. Le marquis d'Archimbaud l'a finalement donné au musée en 1838. Fragment *a*, longueur, 1^m87 ; fragment *b*, 1^m70 ; hauteur commune, 0^m33 ; épaisseur, 0^m75. Hauteur des lettres, 0^m14.

          a   *b*
| ELLICAE·FLAMINIC | *ae* | DIVAE·AVG·PROP |

De Saint-Véran, *ms. de Carpentras*, 2, p. 5, n° 10 ; — Calvet (d'après de Saint-Véran) *Notes*, p. 138 ; *ms. de Marseille*, 3, f° 126 ; *ms. d'Avignon*, 3, f° 99 ; — Millin, 4, 154 ; — Breton (d'après Millin), *Mém. Ant. F.*, 16, 1842, p. 135 ; — Long, p. 346 ; — Herzog (d'après Millin), n° 430 ; — Henzen (d'après Millin), n° 6003 ; — Suarès, *ms. du Vatican* 6141, f° 15, n° 7 (fragment *a* seulement) ; — *C. I. L.*, n° 1361 ; — *Sylloge*, n° 1603. — Le fragment *b* a été donné par Boyer, *Cath.*, 2, 75 ; — Moreau de Vérone, *Voconces*, p. 89 ; — Calvet, *Notes*, p. 37, n° 35 ; *ms. de Marseille*, 3, f° 19, n° 28 ; — *Registre 1*, p. 251 ; — Binon, n° 73 ; — Allmer, notes man., *Voc.*, f° 27 (copie dessinée).

.... B]*ellicae, flaminic*[*ae*] *divae Aug*(*ustae*) ....

« A... Bellica, flaminique de la divine Augusta.... »

Nous ne savons comment compléter les dernières lettres du second fragment. M Hirschfeld a proposé, d'une façon conjecturale, *pro p*[*ietate*] ou *prop*[*ter merita*], ou quelque formule analogue.

La divine Augusta que rappelle ce texte était l'impératrice

---

(1) Allmer, *Rev. épigr.*, 1, p. 316.

Livie, femme d'Auguste. Elle reçut l'apothéose par les soins de Claude, le 17 janvier de l'an 42 (1). L'importance du culte qui lui fut rendu obligatoirement est attestée par de nombreuses dédicaces où elle figure tantôt seule, tantôt en association avec son mari. Une des plus célèbres parmi ces dernières est l'inscription du temple de Vienne (2).

12. — Milliaire d'Antonin-le-Pieux sur la voie de Beaucaire à Saint-Remy.

Fragment de colonne trouvé à Tarascon, en 1837, et donné au musée, en 1838, par F. Poulain, entrepreneur de diligences. Hauteur, 0^{m}61; diamètre, 0^{m}66. Hauteur des lettres, 0^{m}09.

IMP·CAES·T·AELIO
HADRIANOANTONI//////
AVG·PIO   TRIB
POT ·VII·COS·III

Lecture difficile; certaines lettres sont très peu apparentes.

Pelet, *Mém. de l'Acad. du Gard*, 1853, p. 126; — Herzog, n° 642; — Florian Vallentin, *Voie d'Agrippa*, p. 20, note 3; *Alpes Cottiennes*, p. 91; — Gilles, *Les voies romaines et massiliennes*, p. 12; — *C. I. L.*, n° 5501; — *Sylloge*, n° 701; — *Registre 1*, p. 257; — Binon, n° 102.

(1) *C. I. L.*, VI, p. 474.
(2) *C. I. L.*, XII, n° 1845. Dans cette inscription, autrefois constituée par des lettres métalliques dont il ne reste plus rien et que l'on a dû restituer au moyen des trous qui servaient à les fixer, Auguste est qualifié d'*optimus* et de *maximus*. Ces épithètes, manifestement excessives, du reste sans autre exemple, étaient au contraire les qualifications ordinaires de Jupiter. D'un autre côté, la reconstitution de la dédicace par les trous de scellement des lettres présente des difficultés qui résultent, pour les premiers mots, d'un certain nombre de trous en excédent. Sans nous étendre plus qu'il ne convient sur cette question délicate, traitée tout récemment par M. Bondurand, archiviste du Gard, nous croyons que le temple de Vienne était primitivement dédié *Jovi optimo maximo* par la colonie dont le nom, certainement abrégé, se trouvait au commencement de l'inscription. Autant par esprit d'économie que pour satisfaire sans retard aux exigences de Tibère, les Viennois désaffectèrent leur temple de Jupiter pour en faire le temple du *divus Augustus*. Il leur suffit, pour cela, de modifier la dédicace sans toucher à la fin de la ligne. Plus tard, lorsque Livie fut à son tour consacrée, les mots *et divae Augustae*, ne pouvant trouver place sur la frise, furent ajoutés sur les bandes de l'architrave où leur position est insolite. En résumé, la dédicace primitive était probablement : *Col(onia) Vien(nensium) Jovi optimo maximo*; elle devint : *Divo Augusto optimo maximo*, avec addition, en l'an 42, des mots : *et divae Augustae*.

*Imp(eratori) Caes(ari) T(ito) Aelio Hadriano Antoni[no]
Aug(usto) Pio, trib(unicia) pot(estate) VII, co(n)s(uli) III....*

« A l'empereur César Titus Aelius Hadrien Antonin Auguste Pieux, revêtu de la puissance tribunicienne pour la septième fois, consul trois fois.... »

Cette inscription a été gravée en l'an 144 de notre ère, à l'occasion de certaines réparations qui furent faites, vers cette époque, par ordre d'Antonin-le-Pieux, aux principales routes de la Narbonnaise.

La grande voie de Lyon à Marseille par la rive gauche du Rhône ne passait pas à Tarascon, qu'elle laissait à quelques kilomètres sur la droite. Si la borne qui porte l'inscription n'a pas été déplacée, on ne peut que l'attribuer à la voie secondaire de Beaucaire à Saint-Remy. Une indication de distance se trouvait probablement sur une partie, aujourd'hui manquante, de la colonne.

13 — *Taurobole offert pour la conservation de l'empereur Commode.*

Autel en calcaire compact découvert, à ce que l'on croit, à *Caderousse*, près d'Orange, au commencement du siècle dernier. Calvet le vit une première fois « à Orange, contre le puits du sieur Romette », et quelques années plus tard, « dans le mur d'un salon attenant au jardin de M. de Sausin ». Nogent, avocat à Orange, l'a cédé au musée en 1851. Hauteur, 0ᵐ68 ; largeur, 0ᵐ40 ; épaisseur, 0ᵐ23 Hauteur des lettres, 0ᵐ032.

Suarès, *ms. du Vatic.* 9141, f° 20 ; — *Ms. Barber.*, 31, 26 ; — *Ms. de Paris* 8967, p. 627 ; — *Voyage d'un Bénédictin*, 1, p. 294 ; — Bréval, 2, p. 151 ; — Séguier, *ms.* 13765, fasc. 2 ; — Maffei a. G., p 46 ; — Muratori, 130, 2 ; — Oberlin, *Schloezers Briefwechsel*, 4, fasc. 19, p. 52 ; — Calvet, notes, p. 75, n° 31 ; *ms. de Marseille*, 3, f° 91, n° 130 ; *ms. d'Avignon*, 3, f° 42, n° 17 ; — Millin, II, 154 ; — Chalieu, *Antiq. de la Drôme*, p. 16 ; — Charrel (d'après Chalieu), *Bull. de la Soc. d'agricult. d'Orange*, 1866, p. 107 ; *Bull. de la Drôme*, 3, 1868, p. 356 ; — Gasparin, p. 127 ; — Martin, p. 55 ; — Caristie, frontispice ; — Herzog, n° 407 ; — *C. I. L.*, n° 1222 ; — *Sylloge*, n° 449 ; — Binon, n° 54 ; — Allmer, dessins, *Vaucl.*, f° 66.

```
    NVM·AVG
   MATRI·DEVM
  PRO·SALVT.IMP
  M.AVR·COMMO
  DI.ANTONINI·PII
      FELICIS
   TAVROPOLIVM
     FECERVNT
   SEX.PVBLICIVS
   .... CIANVS
   ..........
```

Lettres liées : 1 et P à la 3ᵉ ligne, N et 1 à la fin du mot ANTONINI et les deux I de PII à la 5ᵉ ligne. La cassure de la pierre a emporté la partie inférieure des trois premières lettres de la 9ᵉ ligne et des quatre premières lettres de la ligne suivante. Le nom de Commode a été martelé et rétabli plus tard. Les plus anciennes copies donnent la fin : IANA d'une onzième ligne qui a disparu.

Num(ini) Aug(ustorum); Matri deum, pro salut(e) imp(eratoris) M(arci) Aur(elii) Commodi Antonini, pii, felicis, tauropolium fecerunt Sex(tus) Publicius [Feli]cianus [et......] Feliciana ?...

« A la divinité des Augustes, taurobole offert à la Mère des dieux par Sextus Publicius Felicianus et ...Feliciana, pour la conservation de l'empereur Marc Aurèle Antonin Commode, pieux, heureux. »

Commode fut proclamé *imperator* le 27 novembre 176 et associé à l'empire avant le mois d'août de l'année suivante, du vivant même de son père. En 185, il se fit accorder, par le Sénat, le titre de *felix* ; l'inscription de Caderousse, qui lui donne ce titre, est donc postérieure à cette date. Il n'est pas invraisemblable de supposer, au surplus, que le taurobole qu'elle rappelle fut motivé par la guerre dite des Déserteurs qui ensanglanta la Gaule en 186 et occasionna une peste dont les ravages furent considérables (1).

On sait par quelles acclamations violentes la nouvelle de la mort de Commode fut accueillie par le Sénat (2). Le corps du tyran ne dut qu'à un ensevelissement précipité de ne pas être traîné avec un croc dans le spoliaire; mais les statues que Commode s'était fait ériger de force furent abattues. Sa mémoire fut abolie et son nom condamné à disparaître des édifices publics. Plus tard, un second décret, rendu sur la demande de Caracalla, témoigna, une fois de plus, de l'asservissement du Sénat aux volontés impériales. Commode fut mis au rang des dieux ; on ordonna que son nom serait rétabli partout où il se trouvait primitivement, et c'est ainsi que, dans l'inscription qui précède, le nom de l'empereur, d'abord martelé, a été regravé à la même place.

La cérémonie du taurobole est connue par le récit des auteurs anciens et surtout par un hymne de Prudence (3). Elle donnait lieu à certaines pratiques dont le côté mystérieux n'est pas encore suffisamment éclairci (4). Ainsi que l'a fait remarquer M. Allmer, Commode est, de tous les empereurs, celui pour la conservation de qui furent offerts le plus de tauroboles. La crainte qu'il inspirait tenait sans doute plus de place que le dévouement dans la plupart de ces manifestations religieuses (5).

(1) Tillemont, *Hist. des emp.*, 2, p. 457.
(2) Lampride, *Comm.*, 18 à 20.
(3) Περὶ στεφάνων, x, vv. 1011 à 1050.
(4) Cf. mon *Recueil des inscriptions antiques de Lectoure*, Paris, 1892, in-8°, pp. 94 et suiv.
(5) Voy. Allmer, *Inscript. de Vienne*, 1, p. 81.

Fonctions équestres.

L'aristocratie romaine était, en quelque sorte, représentée par l'ordre équestre. Cette chevalerie, réorganisée par Auguste, se composait, suivant l'opinion de M. Mommsen, de cinquante-quatre compagnies ou turmes ayant chacune à leur tête trois décurions et trois sous-officiers *(optiones)*, en tout six chefs que l'on désignait sous le nom de *seviri*. « Le poste le plus honoré, dit M. Mommsen, était celui de décurion de la première turme ; c'est celui que paraissent avoir eu, les premiers, les fils d'Auguste, Caius et Lucius Césars, et ensuite les autres Princes de la Jeunesse »(1). Il existait probablement plusieurs classes de chevaliers. Aux premières turmes, appartenaient les jeunes gens recommandables par leurs talents, par leur naissance ou par la gloire de leurs parents ; on n'y entrait et on n'y était maintenu que par décision impériale et les chevaliers de cette catégorie étaient dits *equo publico*, c'est-à-dire pourvus d'un cheval d'ordonnance fourni par l'État. Venaient ensuite les fils de sénateurs et les membres des grandes familles équestres restés en dehors des turmes d'élite. Dans le récit des funérailles de Drusus, Dion explique catégoriquement cette division en disant que le corps du jeune prince fut porté dans le champ de Mars par des chevaliers, dont les uns appartenaient réellement à l'ordre équestre, tandis que les autres étaient de naissance sénatoriale.

La foule de ceux qui n'avaient à justifier que du cens équestre, c'est-à-dire d'une fortune suffisante, fixée sous l'Empire à un minimum de 400.000 sesterces, constituaient la troisième classe des chevaliers. Leurs prérogatives se bornaient à un habit spécial, au port de l'anneau et à des places réservées au théâtre et au cirque. Ils ne pouvaient être nommés aux charges publiques qu'après avoir été admis parmi les chevaliers *equo publico*. Ils formaient le *populus,* d'où l'on tirait exclusivement les magistrats du premier degré, vigintivirs et autres encore. La plèbe, surtout composée d'affranchis et de pauvres ingénus qu'on appelait citoyens romains par abus des mots et comme par dérision, n'avait pas plus de droit que de prétentions à l'activité et aux garanties de la vie civile et politique (2).

---

(1) *Hist. rom.*, 1, p. 786 (cf. Allmer, *Rev. épigr.*, 2, p. 53). L'opinion commune est que l'ordre équestre ne se composait que de six turmes.
(2) Cf. Bloch, *Droit rom.,* p. 131 et suiv.

Dans le principe, l'ordre équestre fut simplement une cavalerie d'élite. Après la révolution des Gracques, ratifiée par un plébiscite, les chevaliers formèrent un parti puissant dans lequel se recrutèrent les juges et les publicains. Les empereurs en firent définitivement un corps constitué qui devint en réalité, suivant l'expression même de Sévère Alexandre, la pépinière du Sénat. Malgré son nom, l'ordre équestre n'avait rien de militaire. Quelques empereurs cependant choisirent, dans les premières turmes, un certain nombre de chevaliers dont ils se firent des gardes du corps (1).

Sous Caligula, l'ordre équestre, extrêmement réduit, est renforcé par des jeunes gens choisis parmi les plus riches et les plus nobles de l'Italie et des provinces (2). A partir de ce prince, le nombre des chevaliers, limité sous la République, s'accroît considérablement. Depuis Auguste, d'ailleurs, trois grades militaires : la préfecture de cohorte, le tribunat légionnaire et la préfecture de cavalerie, confèrent le rang équestre. Dès le gouvernement d'Hadrien, la plupart des emplois, y compris plus spécialement les secrétariats impériaux donnés jusques là à des affranchis, passent aux chevaliers. Septime Sévère attribue le rang équestre à tous les officiers jusqu'au grade de centurion et partage les chevaliers qui sont entrés dans les fonctions publiques en trois classes. Alors apparaissent les titres équestres d'*egregius vir*, de *perfectissimus vir* et d'*eminentissimus vir*, qui sont mis en opposition avec le titre sénatorial de *clarissimus vir*. Gallien va plus loin dans cette voie et porte l'ordre équestre à son apogée en interdisant l'armée aux membres du Sénat.

« Pendant trois quarts de siècle à partir de ce temps, c'est à peine, dit M. Allmer, s'il reste pour le Sénat, éliminé complètement des grades militaires, à peu près complètement des fonctions civiles, et réduit à des prérogatives honorifiques sans valeur réelle, quelque place encore sur le champ de la vie publique (3). »

Sous Dioclétien et sous Constantin, l'évolution politique commencée avec Auguste se poursuit au bénéfice de l'empereur. Le Sénat reprend son rang à la tête de toutes les grandes directions, mais il n'est plus désormais que le serviteur du pouvoir impérial. Quant à l'ordre équestre, son effacement a pu faire croire qu'il avait complètement disparu à cette époque. On en suit cependant la trace, mais faiblement, jusqu'au cinquième siècle, où l'on reconnaît encore des chevaliers parmi les *praesides perfectissimi* de la *Notice des dignités*.

(1) Suet., *Galba*, 10; Hérodien, VII, 10; Dion, LXI, 9.
(2) Dion, LIX, 9.
(3) Allmer, *Musée de Lyon*, I, p. 144.

14. — *Dédicace d'une statue en l'honneur de Burrus.*

Table en calcaire compact, brisée en cinq fragments, provenant de *Vaison*. Le plus considérable a été découvert, en 1884, par M. Meffre, propriétaire, qui l'a vendu au musée en 1886. Les autres fragments, donnés au musée cette même année, étaient depuis 1871 dans la collection Eugène Raspail, à Gigondas. Des trous de crampons témoignent que cette table était scellée sur un piédestal. Hauteur, 0m89; largeur, 0m70; épaisseur, 0m15. Hauteur des lettres, 0m037 à la première ligne, 0m030 aux lignes suivantes.

Allmer, *Bull. archéol. de la Drôme*, 1871-1872, p. 292 (fragments conservés chez M. Raspail); *Rev. épigr.*, 2, pp. 75, 138 et 232 (inscription complète); — Bloch, *Annuaire de la Faculté des Lettres de Lyon*, 1885, p. 1; — Mowat, *Bull. épigr.*, 5, p. 329; — *C.I.L.*, n. 1360, 5842; — *Sylloge*, 3, n. 650; — Borghesi, *Œuvres*, 10, 1re partie, p. 14; — Klebs, *Prosopogr.*, 1, p. 40, n. 311 (mention); *Registre* 4, p. 229 (fragment principal) et *Registre* 5, p. 351 (autres fragments); — Allmer, notes man., *Voc.*, fo 46 (copie dessinée); *Corr.* Lettre de M. Héron de Villefosse, 27 nov. 1884; lettres de Raspail, 4 sept. et 7 oct. 1886; lettre de M. Sagnier, 2 juin 1886; — Binon, n. 126.

Vasiens(ses) Voc(ontii) patróno Sex(to) Afranio, Sex(ti) f(ilio), Volt(inia tribu), Burró, trib(uno) mil(itum), proc(uratori) Augustae, proc(uratori) Ti(berii) Caesaris, proc(uratori) divi Claudi(i), praef(ecto) pra[e]tori(i), ornam[en]tis consularib(us).

« Les *Vasienses* Voconces (ont élevé cette statue) à leur patron Sextus Afranius Burrus, fils de Sextus (Afranius), de la tribu Voltinia, tribun militaire, procurateur d'*Augusta*, procurateur de Tibère César, procurateur du dieu Claude, préfet du prétoire, honoré des ornements consulaires. »

Cette inscription a été publiée pour la première fois par M. Allmer, à qui elle a fourni l'occasion d'un savant commentaire. Le personnage qu'elle rappelle est le célèbre Afranius Burrus, chevalier romain que le crédit d'Agrippine éleva, en 51, au commandement des gardes prétoriennes, en remplacement de Rufrius Crispinus et de Lucius Geta (1). Ce fut ce personnage qui fit

(1) Tacit., *Ann.*, XII, 42; Dion, LXI, 3. Il résulte d'un discours de Mécène à Auguste (Dion, LII, 24) que les préfets du prétoire étaient au nombre de deux. Cette règle dura jusqu'à Constantin, mais elle comporta quelques exceptions et la préfecture unique de Burrus fut de ce nombre. Les préfets du prétoire étaient d'abord des chevaliers romains. Plautien, beau-père de Caracalla, conserva son poste lorsqu'il fut admis dans les rangs du Sénat (Allmer, *Musée de Lyon*, 1, p. 115) et les préfets du prétoire, à partir d'Alexandre Sévère, furent de rang sénatorial. Le dixième volume des

proclamer Néron empereur, en 54, à la mort de Claude. Il ne put empêcher le meurtre de Britannicus et, dès l'année 55, il faillit lui-même tomber en disgrâce. La nomination de son successeur, Caecina Tuscus, était déjà signée, lorsque l'intervention de Sénèque le sauva (1). La même année, son crédit et celui de son ami Sénèque furent assez puissants pour empêcher Néron de tuer sa mère. Plus tard, en 59, quand ce crime fut résolu, il eut assez de courage pour refuser de le faire accomplir par des prétoriens (2). Sa fermeté lui fut du reste fatale. Il mourut empoisonné, en 62, par l'odieux tyran dont il avait contrarié les projets parricides (3).

La première charge exercée par Burrus après le tribunat légionnaire est sans doute la procuratèle de quelque domaine privé de l'impératrice Livie, veuve d'Auguste.

« Ce début d'une carrière prétorienne par une fonction privée nous est signalé par M. Mommsen, dit M. Allmer, comme particulièrement intéressant : « Il fait voir clai-
« rement que la carrière des procurateurs a tiré son origine du domaine privé (4). »

L'omission du mot *diva* avant celui *Augusta* est surprenante. On n'ignore pas, en effet, que Claude mit le plus grand empressement à faire décerner à Livie les honneurs de l'apothéose, et il semble difficile d'admettre que les habitants de Vaison n'en aien pas été prévenus. Si cette omission ne résulte pas d'une négligence de rédaction ou de gravure, il faut peut-être l'attribuer à quelque intrigue de palais dont la raison nous échappe.

On doit encore observer que les procuratèles accomplies sous Tibère et sous Claude ne sont pas spécifiées.

« Il n'y a guère à douter, dit M. Allmer, que ce ne fussent des procuratèles de provinces, et il se pourrait très bien que la dernière ait été celle de la Lyonnaise et de l'Aquitaine, qui, en raison de son importance, était le chemin ordinaire par lequel on arrivait aux grandes préfectures de l'annone et du *praetorium*. Notons aussi que le titre de « procurateur de tel prince » peut réunir plusieurs procuratèles remplies sous un même règne. On a également à s'étonner que le *cursus* des procuratèles qui ont suivi celle désignée par le nom de la veuve d'Auguste, saute de Tibère à Claude, on se demande si la carrière de Burrus aurait été interrompue pendant tout le règne de Caligula, ou bien si le silence du texte ne s'expliquerait pas plutôt par ce fait que la mémoire de Caligula ayant été officiellement frappée de flétrissure, il n'était pas possible de le nommer sur un monument public (5). »

Œuvres de Borghesi, récemment publié par les soins de MM. Héron de Villefosse et Édouard Cuq, est consacré tout entier aux préfets du prétoire. Une liste de ces préfets, d'Auguste à Dioclétien, avait déjà été dressée par M. Hirschfeld (*Untersuchungen auf dem Gebiete der roemischen Verwaltungsgeschichte*, 1876, I, pp. 219 à 239).

(1) Tacit., *Ann.* xii, 20, 23.
(2) *Ibid.*, xiv, 7.
(3) Suet., in *Neron.*, 35 ; Senec., *De Clem.*, II, 1.
(4) Allmer, *Revue épigr.*, 2, p. 76.
(5) *Idem, ibid.*

L'inscription découverte à Vaison est l'unique document que l'on possède sur les magistratures de Burrus antérieures à sa préfecture du prétoire. C'est aussi par elle seule que nous connaissons son prénom *Sextus* et l'attribution qui lui fut faite des ornements consulaires. On ne peut pas se prononcer sur l'époque où il reçut ces ornements. Il est permis de supposer qu'ils lui furent attribués en l'an 54 par Néron, en récompense de la part qu'il avait prise à l'élévation de ce prince. Cette distinction, qui devint très fréquente par la suite, était encore nouvelle pour les chevaliers.

« Jusqu'à Rufrius Crispinus, quelques préfets du prétoire qui s'étaient succédé depuis Séjan, sous Tibère, avaient obtenu seulement les *ornamenta praetoria*, c'est-à-dire les insignes et les privilèges honorifiques des anciens préteurs (1). »

En dehors du tribunat légionnaire, l'inscription de Vaison ne rappelle aucune charge militaire exercée par Burrus. On sait cependant, par le témoignage de Tacite, qu'il dut à sa réputation d'homme de guerre d'être choisi par Agrippine pour les hautes fonctions de préfet du prétoire (2). M. Bloch en a conclu que les procuratèles de Burrus ne furent pas exclusivement civiles. Il a supposé, non sans vraisemblance, que les procurateurs placés à la tête des provinces commandaient effectivement, au moins dans certaines circonstances, les troupes auxiliaires qui y tenaient garnison. Certains exemples sont de nature à le prouver. Sous Claude, en l'an 51, Julius Pelignus, procurateur de Cappadoce, « également méprisable par la bassesse de son âme et ses difformités physiques », dit Tacite, lève dans sa province un corps d'auxiliaires et annonce le projet de reconquérir l'Arménie alors soumise à la domination des Parthes (3). Sous Galba, le procurateur Lucceius Albinus des provinces Maurétaniennes, dispose d'une véritable armée de troupes auxiliaires qui lui permettent de menacer l'Espagne et de se parer des marques de la royauté et du nom de Juba (4). En 69, un procurateur des Alpes Maritimes, Marius Maturus, exerce un commandement de troupes locales et prend

---

(1) Allmer, *loc. cit.*, p. 77. Cf. Mommsen, *Droit public*, 1, p. 447, note 3 ; Bloch, *De magistr. ornamentis*, p. 63.

(2) Tacit., *Ann.*, XII, 4. Agrippine avait escompté au profit de son fils l'ascendant que cette réputation ne manquerait pas d'avoir sur les prétoriens, lorsque la mort de Claude laisserait le trône vacant.

(3) Tacit., *Ann.*, XII, 49.

(4) Tacit., *Hist.*, II, 58. Lucceius Albinus avait sous ses ordres dix-neuf cohortes, cinq ailes, une masse d'indigènes (*ingens numerus*) et un détachement de la flotte de Syrie et d'Alexandrie, au total plus de vingt mille hommes.

parti pour Vitellius contre les Othoniens (1). La même année, les troupes auxiliaires de la province de Rétie participent brillamment à la guerre de Caecina contre les Helvètes (2).

« Il se peut donc, dit M. Allmer, que Burrus se soit acquis dans le gouvernement d'une province procuratorienne pourvue d'une garnison de troupes auxiliaires, le renom qui l'avait recommandé au choix d'Agrippine et aux sympathies des prétoriens (3). »

Burrus était privé d'une main. Cette particularité que nous connaissons par Tacite (4), était peut-être le résultat d'une blessure de guerre. On ne sait rien de l'âge qu'il avait au moment de sa mort. Suivant l'opinion de M. Allmer, il a pu, dès l'âge de dix-huit ans, remplir le grade de tribun légionnaire et ne pas avoir plus de vingt ans à la mort d'Auguste, en l'an 14. Il aurait vécu de la sorte à peu près soixante-dix ans (5).

On peut croire que Burrus était originaire de Vaison. On ne voit pas, sans cela, pour quelles causes la cité l'aurait choisi comme patron et l'aurait honoré d'une statue (6). Il est d'ailleurs établi que la tribu Voltinia, dans laquelle il était inscrit, était aussi celle des Voconces.

Une inscription de Rome et une autre de Lucques mentionnent des affranchis de Burrus (7). Plusieurs inscriptions de Rome sont relatives, en outre, à des *Sexti Afranii* qui semblent appartenir à une famille d'affranchis de ce même personnage (8).

15. — *Inscription rappelant une donation faite par un preteur des Volques.*

Dé de pierre calcaire « trouvé sur le rocher d'*Avignon*, au pied du dernier arceau de l'ancienne église de Saint-Étienne, au sud du chœur de la métropole, en construisant la nouvelle sacristie, en 1841. Cette pierre faisait corps avec un massif de béton composé de fragments de briques et de chaux. Parmi les ruines, il y avait une quantité de tuiles romaines cassées et quelques débris de mosaïques, dont les dés ou cubes étaient d'une pâte de verre bleu » (Binon). L'ins-

(1) Tacit., *Hist*, II, 12.
(2) Tacit, *Hist.*, I, 67, 68.
(3) Allmer, *loc. cit.*, p. 138.
(4) Tacit., *Ann.*, XIII, 14.
(5) Allmer, *loc. cit.*, p. 77.
(6) Cf. Cuq, annot. aux *Œuvres de Borghesi*, 10, p. 15.
(7) *C. I. L.*, VI, 16963; XI, 1531.
(8) *C. I. L.*, VI, 11200, 11208; cf. XI, 1531, 3397. Toutes ces inscriptions ont été rappelées par M. Cuq, *Œuvres de Borghesi*, 10, p. 15.

cription a été donnée au musée, en 1841, par Gianoly, maître-maçon. Hauteur de la pierre, 0m38 ; largeur, 0m83 ; épaisseur, 0m78. Hauteur des lettres, 0m098 et 0m080.

Revue archéol., 1, 1844, p. 478 ; — Cavedoni, *Bull. dell' Instit.*, 1860, p. 208 ; — Garrucci, *Bull. dell' Inst.*, 1860, p. 220 ; *Sylloge*, n. 2221 et pl. 2, n. 9 ; — Herzog, *De praetor.*, p. 7 ; *Gallia Narb.*, n. 403 ; — Allmer, *Bull. de la Drôme*, 1871-1872, p. 286 ; — Courtet, *Dict. géog*, p. 22, note 4 ; — *C. I. L.*, n. 1028 ; — C. Jullian, *Inscript. de Bordeaux*, 1, p. 116 ; — *Sylloge*, n. 1363 ; — Mommsen, *Hist. rom.*, 5, p. 78 (9, p. 108 de la traduction française) ; — Allmer, *Rev. épigr.*, 2, p. 115 ; — Allmer, notes man., Vaucl., f° 93 (copie dessinée) ; — Binon, n. 1.

T(itus) Carisius, T(iti) f(ilius), pr(aetor) Volcar(um), dat.
« Don de Titus Carisius, préteur des Volques, fils de Titus (Carisius) ».

Cette inscription a été interprétée de différentes manières, dont le point de départ commun consistait dans le partage en deux mots du groupe de lettres VOLCAR. Mais elle est d'une trop bonne époque, ainsi qu'en témoignent à la fois l'aspect des lettres et l'absence de *cognomen* donné à Carisius, pour que l'on puisse croire à l'omission d'un point séparatif par le lapicide. Déjà M. Allmer, en 1871, a souscrit de tout le poids de son autorité à l'opinion primitivement exprimée par Garrucci et proposé de lire, comme il convient : *praetor Volcarum*. Sa manière de voir a été partagée depuis par M. Mommsen et par M. Hirschfeld.

« La peuplade des Volques, qui habitait la côte autrefois sujette de Massilia, fut organisée par César, dit M. Mommsen, sur le modèle des communes latines. Les préteurs des Volques gouvernaient le district tout entier qui comprenait vingt-quatre localités, jusqu'au jour où l'ancien état de choses disparut, même de nom, et où la cité latine de Nemausus remplaça la tribu des Volques (1). »

L'inscription qui a été découverte sur le rocher d'Avignon est donc antérieure à l'organisation de la Narbonnaise en cités urbaines, c'est-à-dire au règne d'Auguste. Elle nous montre, ainsi que l'a dit M. Allmer, une trace certaine de l'organisation primitive de la Gaule par Jules César ; elle est, non seulement, une des plus anciennes, mais aussi une des plus importantes et des plus précieuses inscriptions de toute la Narbonnaise.

Les préteurs des Volques, comme ceux des *Vasienses*, dont on connaît un exemple (2), comme beaucoup d'autres dont le témoignage ne s'est pas encore rencontré, étaient les successeurs directs, peut-être chevaliers romains, des anciens chefs nationaux. Leur présence nous semble fournir la preuve d'une certaine autonomie

(1) Mommsen, *Hist. rom.*, 9, p. 108 de la traduction française.
(2) *C. I. L.*, XII, n. 1369, 1371.

— 30 —

administrative laissée, à l'origine, sous leur contrôle, aux tribus qui les possédaient. Cette autonomie, l'organisation ancienne pour mieux dire, disparut de très bonne heure dans la Narbonnaise, qui devint dès lors le prolongement même de l'Italie. Elle se maintint dans les provinces celtiques, dont les territoires du reste ne comportèrent jamais aucune cité de droit romain (1).

Les communes territoriales qui succédèrent aux tribus conservèrent leurs magistrats. On trouve des vergobrets chez les Santons à une époque assez avancée du premier siècle (2). Cette tolérance peut s'expliquer par une forte analogie entre l'organisation de la tribu gauloise et celle de la cité latine (3) Les mêmes éléments, selon toute probabilité, se retrouvaient de part et d'autre. L'habitude les confondit en de communes appellations (4).

16. *Inscription rappelant une donation faite par un préfet des ouvriers, ancien édile des Voconces.*

Fragment de marbre découvert à *Vaison*, en 1860, parmi les ruines du théâtre romain. Acquis la même année par l'administration du musée. Hauteur, 0m53; largeur, 0m97; épaisseur, 0m85. Hauteur des lettres, 0m045.

C. I. L., n° 1375; — *Sylloge*, n° 1091; — Allmer, notes man., *Voc.* (copie dessinée); — Creuly, *Carnets*, 13, f° 25; — *Registre 3*, p. 86; — Binon, n. 24 d.

... *Rufus, [praef(ectus)] fabr(um), praef(ectus) [Va]siens(ium) bis, aed(ilis) Voc(ontiorum), [p]roscaenium marmorib(us) ornari testament(o) iussit; vetustate consumpt(um), r(es) p(ublica) rest(ituit).*

« ... Rufus, préfet des ouvriers, deux fois préfet des habitants de Vaison, édile des Voconces, a ordonné par testament que ce *proscaenium* fût orné de marbres. Endommagé par vétusté, ce même *proscaenium* a été réparé aux frais de la cité. »

(1) Il faut en excepter Lugdunum (Lyon), qui ne succéda à aucune tribu gauloise et fut de droit romain dès sa fondation.
(2) *C. I. L.*, XIII, n. 1048.
(3) Les fonctions des vergobrets, en particulier, ne différaient pas, selon toute apparence, de celles des duumvirs ou quattuorvirs des villes latines.
(4) Voir à ce sujet : Hirschfeld, *Gallische Studien*, 1, p. 41 ; C. Jullian, *Inscript. de Bordeaux*, 1, p. 115.

Le personnage que rappelle cette inscription n'est connu que par son surnom, *Rufus*, mais la carrière de ses honneurs ne fait pas de doute. Il commença par l'édilité des Voconces ; il obtint ensuite la préfecture des habitants de Vaison qui lui fut réitérée, et sa carrière se termina par la préfecture des ouvriers qui lui conféra, s'il ne le possédait déjà, le rang équestre.

Dans les cités de droit romain et souvent aussi dans celles de droit latin, l'édilité occupait un rang intermédiaire entre la questure, qui était le degré le moins élevé, et le duumvirat ou les quattuorvirats *iure dicundo* ou *ab aerario*, qui occupaient le premier rang. La cité des Voconces était de droit latin, mais elle se distinguait des autres cités pourvues du même droit, par le titre d'alliée qui lui avait été donné sous la République et qu'elle conserva sous l'Empire. Son organisation municipale était aussi particulière. Elle ne comprenait ni les duumvirs ni les quattuorvirs des colonies ou des municipes. On trouvait à leur place des préteurs comparables à ceux des Volques, dont il a déjà été question ci-dessus, et comme eux sans doute dérivés directement des anciens magistrats de l'époque celtique. Les *pagi* avaient à leur tête des préfets. Après l'édilité du territoire des Voconces, notre personnage devint à deux reprises le préfet du *pagus* dont Vaison était le chef-lieu (1). La troisième fonction qui lui fut attribuée est la préfecture des ouvriers, considérée par beaucoup comme une charge exclusivement militaire, bien qu'elle apparaisse quelquefois avec tous les caractères d'une fonction civile.

« Le titre de *praefectus fabrum*, a dit à ce sujet M. Allmer, était celui d'un officier, qui, ne dépendant d'aucune légion, mais directement placé sous les ordres du général et à sa nomination, avait le commandement d'un corps composé d'ouvriers du génie : armuriers, forgerons, charpentiers, constructeurs de machines, et attaché à chaque armée. Mais indépendamment de ces officiers, on trouve dans des provinces sénatoriales, notamment dans la Narbonnaise, à Vienne, à Nimes, un grand nombre de *praefecti fabrum* dont les fonctions paraissent avoir été purement civiles. Ces préfets, chargés de commander les nombreux ouvriers, peut-être organisés militairement, employés à l'exécution des travaux publics, principalement des routes, auraient été à la nomination du gouverneur de la province, lequel étant annuel dans une province

---

(1) L'institution des *praefecti pagi* est assez obscure ; nous croirions assez volontiers que leurs fonctions étaient à la fois judiciaires et administratives. Ils remplaçaient probablement, dans certains cas déterminés, les édiles et les quattuorvirs. Cela se conçoit d'autant mieux que des *pagi* se trouvaient parfois très éloignés du chef-lieu de la cité. La présence d'un préfet à Vaison permet de supposer, d'un autre côté, que la mesure était générale. Les édiles et les quattuorvirs ne devaient s'occuper que des questions qui intéressaient tout le territoire de la cité. Le préfet avait sans doute l'administration directe de son *pagus*.

du Sénat, ne pouvait nommer pour une durée de plus d'un an. Toutefois, comme rien ne s'opposait à ce que le gouverneur successeur pût, s'il le jugeait à propos, proroger par une nouvelle nomination le préfet créé par son prédécesseur, il arriva souvent que des *praefecti fabrum* furent ainsi continués dans l'exercice de leurs fonctions jusqu'à cinq et six fois successivement par réitérations d'emploi. Quoi qu'il en soit, le titre de *praefectus fabrum* disparait à partir de Septime Sévère (1). »

Le *proscaenium* était la plate-forme sur laquelle se tenaient les acteurs, dans le théâtre antique. Il répond à la scène de nos jours. On sait, en effet, que le mot *scaena* désignait, chez les anciens, non pas la scène telle que nous la comprenons, mais un mur postérieur percé de trois portes. La *scaena* était un décor permanent que l'on a remplacé par un rideau. Quant au *proscaenium*, il était constitué soit par un dallage dont un spécimen, parfaitement conservé, existe encore au théâtre d'Orange, soit par un pavement en bois ou en mosaïque. On ne peut savoir de quelle nature était le *proscaenium* du théâtre de Vaison, mais son ornementation permet de lui supposer une certaine richesse.

18. — *Dédicace d'une statue en l'honneur d'un préfet de la rive de l'Euphrate, ancien préfet de Vaison.*

Piédestal, en calcaire compact, trouvé à Vaison à une date inconnue et déposé tout d'abord dans l'église des Franciscains. De Suarès d'Aulan, qui l'obtint, le conserva, pendant quelque temps, dans le jardin de l'évêché de Vaison, et le fit ensuite transporter à Château-Riant, près d'Avignon, dans une maison de campagne qu'il y possédait. Le piédestal fut retiré d'une grange et donné à Calvet par de Guiraud, qui avait acquis cette maison de campagne, ou peut-être seulement par ses héritiers. Hauteur, 0m84 ; largeur, 0m66 ; épaisseur, 0m20. Hauteur des lettres, 0m07, 0,05 et 0,025.

Sirmond, *mss. de Paris* 10.807, n. 46 ; 10.809, n. 340 ; — Suarès, *ms. du Vatican*, 9141. f° 37, n. 2 et f. 85 ; — ms. Barberini, XXX, 182, f° 15 (copie de Suarès) ; XXXI, 26, f° non numéroté ; Gruter, 1090, 21 (d'après le ms. 10809) ; — Saint-Véran, *ms. de Carpentras*, II, p. 5 ; — Fabretti, p. 644, n. 378 (d'après le ms. Barberini, XXXI) ; — Gori, *Inscript. ant. Etruriae*, 3, p. 236 ; — Bouché, *ms. de la Sorbonne*, p. 20 ; — Caryophilus, *De marmorib.*. p. 111 ; — Morenas, *Notices hist.*, p. 246 ; — Calvet, notes, p. 109 ; *ms. de Marseille*, 3, f° 19 et 207 ; *ms. d'Avignon*, 3, f° 74 ; — ms. anonyme d'Avignon n° 2376. f° 40 ; — Millin, 4, p. 142 ; — Moreau de Vérone, *Voconces*, p. 83 ; — Guérin, *Vie d'Esprit Calvet*. p. 163 ; — Breton, *Mém. Ant. F.*, 16, 1842, p. 140 ; — Long, p. 346 ; — Garrucci, *I segni detti*

---

(1) *Rev. épigr.*, 1, p. 393.

accenti, p. VII ; — Herzog, n. 433 ; — Desjardins, *Table de Peutinger*, éd. in-8°, p. 438 ; — Henzen, n. 6943 ; — Courtet, p. 343 ; — *C. I. L.*, n. 1357 ; — *Sylloge*, n. 980 ; — Allmer, notes man , *Voc.* (copie dessinée) ; — Renier, *Fiches*, t. 31, f° 36 (dessin de M. Allmer); — Binon, n. 8.

Vasiens(es) Voc(ontii) C(aio) Sappio, C(aii) filio, Volt(inia tribu), Flavo, praefect(o) Juliensium, tribun(o) militum leg(ionis) XXI Rapacis, praef(ecto) alae Thracum Herculaniae, praef(ecto) ripae fluminis Euphratis ; qui sestertium duodecies (centena milia) reipublicae Juliensium, quod ad sestertium quadragies (centena milia) ussuris perduceretur, testamento reliquit ; idem sestertium quinquaginta milia ad porticum ante thermas marmoribus ornandam legavit.

« Les *Vasienses*-Voconces (ont élevé cette statue) à Caius Sappius Flavus, fils de Caius (Sappius), de la tribu Voltinia, préfet des *Julienses*, tribun des soldats de la légion XXI *Rapax*, préfet de l'aile des Thraces *Herculania*, préfet de la rive du fleuve Euphrate, qui a laissé par testament, à la république des *Julienses*, quatre millions de sesterces produisant un intérêt de douze cent mille sesterces et qui, de même, a légué cinquante mille sesterces pour orner de marbres le portique précédant les thermes. »

Cette inscription, une des plus importantes du musée Calvet, est relative à un chevalier romain, sans nul doute originaire de Vaison. Ce personnage commença sa carrière par la préfecture des *Julienses*. On s'est demandé à quelle ville appartenaient les habitants ainsi désignés, et diverses opinions ont été émises. Apt *(Apta Julia)*, Arles *(Colonia Julia Paterna Arelate)*, Fréjus *(Forum Julii)*, d'autres villes encore, soit en Italie, soit en Espagne, ont eu leurs partisans. Il est beaucoup plus vraisemblable qu'il s'agit simplement des habitants et des *pagani* de Vaison, dont la ville a pu recevoir le nom de *Julia*, peut-être sous Jules César. Les *Vasienses*-Voconces n'auraient certainement pas honoré d'une statue un donateur opulent, généreux pour d'autres qu'eux-mêmes.

Après sa préfecture municipale, C. Sappius Flavus reçut un commandement militaire préparatoire à la carrière équestre et fut nommé tribun de la XXI° légion *Rapax*. A la mort d'Auguste, cette légion « illustre de vieille date », dit Tacite (1), tenait garnison dans la Germanie inférieure aux *Castra Vetera* (Birten, près de Wesel). Elle passa plus tard dans la Germanie supérieure et fut établie à *Vindonissa* (Windisch, près de Zurich). Elle se révolta contre Galba, fut conduite en Italie par Caecina pour ap-

(1) *Hist.*, II, 43.

puyer Vitellius, et combattit à la bataille de Bédriac où elle perdit son aigle que lui enleva la première légion *Adjutrix*. Dans la seconde guerre civile, elle se fit battre en avant de Crémone et détruire à peu près complètement par la cavalerie des Flaviens. Conduite en Illyrie avec les autres débris des forces vitelliennes, elle fut renvoyée en Germanie par Mucien pour participer à la guerre contre Civilis. Son arrivée sous les murs de Trèves transforma en victoire un désastre déjà commencé. Rétablie à *Vindonissa*, elle disparut, à ce qu'il semble, sous le règne de Domitien. On n'a aucun renseignement sur son surnom de *Rapax*, qu'elle avait certainement reçu comme récompense et dont la signification, par conséquent, ne pouvait être qu'élogieuse (1).

L'aile de cavalerie thrace *Herculania*, qui fut ensuite placée sous les ordres de notre personnage, n'est connue que par une autre inscription découverte à Tarragone (2). On ne sait où elle tenait garnison. La *Notice des Dignités* mentionne bien une *ala Herculea sub dispositione viri spectabilis comitis Tingitaniae*, mais notre inscription, où se trouve d'ailleurs exprimé le nom d'une tribu, est d'une date beaucoup trop antérieure pour qu'on puisse établir quelque rapprochement (3).

La préfecture de la rive de l'Euphrate, que reçut en dernier lieu C. Sappius Flavus, est une fonction qui a été judicieusement comparée par Henzen et après lui par M. Hirschfeld, à la préfecture de la rive du Rhin dont il est question dans Tacite (4) ; mais sa nature ne ressort pas du récit de cet historien. Si l'on remarque toutefois que le Rhin et l'Euphrate indiquaient, sur une partie de leur cours, les limites de l'Empire, peut-être est-il permis de supposer que les *praefecti ripae Rheni* ou *Euphratis* avaient dans leurs attributions le commandement des différents postes qui étaient échelonnés sur chacun de ces cours d'eau. On s'explique ainsi que le Trévire Julius Tutor, *ripae Rheni praefectus*, ait pu servir utilement, dès le début, la cause de Civilis en tenant en échec les habitants de Cologne et faisant prêter serment « à tous les soldats qui se trouvaient sur la rive droite du Rhin » (5).

La valeur du sesterce était d'environ 0 fr. 25 de notre monnaie.

(1) Sur cette légion, cf. Borghesi, *Œuvres*, 4, pp. 247-251 ; Allmer, *Inscript. de Vienne*, 2, p. 56-62 ; — Pfitzner, *Geschichte der roemischen Kaiserlegionen*, pp. 266-268.
(2) *C. I. L.*, II, 4239.
(3) Occ., 24, 1.
(4) *Hist.*, IV, 55.
(5) Tacite, *Hist.*, IV, 59.

On voit, par là, toute l'importance de la donation que rappelle notre dédicace. Les thermes de Vaison devaient être luxueux, si l'on doit en juger par la somme dépensée pour la seule décoration de leur portique. Il faut du reste observer que les thermes n'étaient pas uniquement des établissements de bains. On y trouvait aussi des salles de gymnastique, des promenades plantées d'arbres, des salons de conversation. Leurs pavés étaient souvent de mosaïque ; des marbres précieux, des statues, des groupes sculptés s'y rencontraient à profusion, au moins dans les cités opulentes. On y accumulait, en un mot, tout ce qui était de nature à les rendre attrayants à une époque où il n'existait guère d'autres lieux de réunion journalière que les thermes et le forum.

18. — *Épitaphe d'un pontife des Laurentins, ancien procurateur impérial des Alpes Cottiennes.*

Dé de pierre, découvert à *Marseille*, et recueilli, au siècle dernier, par les moines Augustins de cette ville, qui le placèrent « dans le mur de la chapelle de leur couvent, à côté de la sacristie » (Grosson). En 1793, lorsque le couvent fut démoli, ce dé fut transporté à Saint-Just, dans la banlieue de Marseille, « chez M. Marius Clément », qui l'a donné, en 1850 au musée Calvet. Hauteur, 0m53 ; largeur, 0m90 ; épaisseur, 0m16. Hauteur des lettres, 0m055 et 0.03.

Scaliger, *ms. Papenbr.*, 9 (et d'après lui Gruter, 403, 5) ; — Peiresc, ms. 8958, fol. 48 et 73 ; *ms. de Carpentras*, add. 11, f° 195 ; — Ruffi, 1re édit., p. 391, 2e édit., p. 319 (et d'après lui, vraisemblablement, Guesnay, p. 785) ; — Bouche, 1, 112 ; — Pitton, p. 649 ; — Papon, 1, 40 ; — (cité par Séguier, ms. 13795, fasc. 2) ; — Grosson, p. 251 et pl. 39, n° 3 ; — Orelli, n° 2516 (et t. III p. 179, où la copie de ce texte est corrigée par Henzen) ; — de Boissieu, *Inscript. ant. de Lyon*, p. 610 ; — Renier, *Mélanges d'épigraphie*, Paris, 1854, in-8°, p. 59 ; *Fiches*, 17, f° 16 (avec un estampage de Deloye) ; — Wilmanns, n° 1258 ; — Herzog, n° 609 ; — *C. I. L.*, n° 408 ; — *Sylloge*, n° 614 ; — Rey, *Le royaume de Cottius et la province des Alpes Cottiennes d'Auguste à Dioclétien*, Grenoble, 1898, in-8°, p. 191 ; — Creuly, *Carnets*, 13, f° 16 ; — Binon, n° 112.

```
L·DVDISTIO·L·F·VOL
NOVANO
PONTIF·LAVRENTINORVM
ORN·FLAMIN·COLON·AQVENS
EXORN·PR AEF·ALAE·HISPANAE
ADIVTOR·IAD·CENSVS·PROVINO
LVGVDVNENS·PROC·AVG·ALPIVM
COTTIAN·DVDISTIEGLECTVS·ET
APTHONETVS·PATRONO·OPTVMO
```

L(ucio) Dudistio, L(ucii) f(ilio), Vol(tinia tribu), Novano, pontif(ici) Laurentinorum, orn(amentis) flamin(atus) colon(iae) Aquens(is) exorn(ato), praef(ecto) alae Hispanae, adiutori ad census provin[c(iae)] Lugudunens(is), proc(uratori) Aug(usti) Alpium Cottian(arum) ; Dudisti(i) (duo) : Eglectus et Apthonetus patrono optumo.

« A Lucius Dudistius Novanus, fils de Lucius, de la tribu Voltinia, pontife des Laurentins, décoré des ornements flaminaux de la colonie d'Aix, préfet de l'aile *Hispana*, censiteur adjoint de la province Lyonnaise, procurateur impérial des Alpes Cottiennes. Dudistius Eglectus et Dudistius Apthonetus (ont fait construire ce tombeau) à leur excellent patron. »

L. Dudistius Novanus débuta dans la vie publique par quelque fonction préparatoire que son épitaphe n'indique pas et fut ensuite nommé préfet de l'aile *Hispana*. Ce corps était constitué, comme son nom l'indique, par des Espagnols, mais sa désignation est trop sommaire pour qu'il soit possible de choisir parmi les auxiliaires de cavalerie qui se recrutèrent en Espagne. Peut-être faut-il entendre par là que l'aile *Hispana* était la seule de ce nom à l'époque où notre personnage en reçut le commandement, ce qui nous reporterait aux premières années de l'Empire (1).

Le premier recensement de la Gaule fut ordonné par Auguste, en l'an de Rome 727, lorsque la mort d'Antoine l'eut rendu seul maître du pouvoir. D'autres recensements, que rappellent les inscriptions, furent faits à différentes époques. Ils se rattachaient à une mesure fiscale et servaient de base pour l'établissement d'un impôt direct dont les habitants de Rome d'abord, et, plus tard, ceux de toute l'Italie furent exempts. Le soin de ces recensements dans une province incombait, par délégation de l'empereur, au moins dans les provinces qu'il administrait personnellement, à des procurateurs qui avaient sous leurs ordres d'autres fonctionnaires, tels que l'*adiutor ad censilis*. Le rôle de ces subalternes, dont les principaux avaient la qualité de chevalier romain, se réduisait probablement, dans la plupart des cas, sauf dans les pays tributaires, à une simple révision des recensements quinquennaux établis par les municipalités. L'*adiutor ad censis* de la province Lyonnaise a pu avoir dans ses attributions le recensement d'une cité.

L. Dudistius Novanus aborda ensuite la carrière des procuratèles par l'administration des Alpes Cottiennes. La province de ce nom était située de part et d'autre du mont Genèvre et s'étendait vers l'ouest, sur tout le bassin de la haute Durance, y comprise la vallée de l'Ubaye. Son territoire, sur une assez grande longueur, était voisin de celui des Voconces. Cette procuratèle des Alpes Cottiennes est aussi la dernière des fonctions civiles qui furent remplies par notre personnage. La série de ses honneurs se complète par deux sacerdoces dont un, le pontificat des Laurentins, n'était attribué qu'à des chevaliers.

Le flaminat de la colonie d'Aix, qui apparaît en premier lieu,

---

(1) Les inscriptions et les diplômes militaires font connaître plusieurs ailes d'Espagnols dont la plus ancienne, portant déjà le numéro II, apparaît sur un diplôme de l'an 80. (Voir à ce sujet *C. I. L.*, III, p. 2025; *Ephem. epigr.*, 5, p. 167.)

se rapporte au culte municipal de l'empereur. Les ornements qui le caractérisaient étaient l'*apex* ou coiffure particulière aux flamines, un manteau de pourpre appelé *laena,* et aussi une baguette dont le flamine se servait pour écarter la foule sur son passage.

Les *pontifices Laurentinorum* ou *Laurentium Lavinatium,* que d'autres inscriptions désignent aussi différemment, furent institués, à ce qu'il semble, pour rendre un culte aux dieux Pénates apportés en Italie par Énée. Primitivement adorés à Lavinium, ces dieux Pénates passèrent après la guerre latine dans la cité voisine de Laurentum, où ils devinrent l'objet, tous les ans, d'une cérémonie particulière (1). Quant aux prêtres qui les desservaient, un certain nombre d'entre eux étaient à Rome, où se trouvaient le siège et la caisse commune de la corporation, mais la plupart demeuraient en Italie, et même dans les provinces les plus lointaines, telles que l'Afrique et la Dacie. Si cette dispersion n'eut pas pour but de faire participer, en quelque sorte, tous les citoyens romains de l'Empire aux *sacra* du Latium, nous ne voyons pas quelles furent les raisons qui la motivèrent (2).

19. — *Épitaphe mentionnant un tribun de la seconde légion Italica.*

Pierre allongée « déterrée à *Vaison*, près de l'église de Saint-Quenin, selon la déclaration de M. Giraudy, notaire à Vaison, de qui le musée en a fait l'acquisition en 1828 » (Binon). D'après les religieux Dom Martenne et Dom Durand, cette pierre aurait servi de table à un bourgeois. Elle était, au temps de Calvet, dans le jardin de l'évêché, à Vaison. Hauteur, 1m97; largeur, 0m77 ; épaisseur, 0m21. Hauteur des lettres, 0m04.

Voyage de deux bénédictins, I, p. 293 ; — Martin (d'après le *Voyage*), *Antiq.*, p. 79 ; — Bimard, 21, 231 ; — Muratori (d'après Bimard), 1063, 1 ; — Boyer, *Cathed.,* 2, 75 ; — Moreau de Vérone (d'après Boyer), p. 130 ; — Saint-Véran, ms. *de Carpentras,* II, p. 12, n° 29 ; — Calvet (d'après Muratori). ms. *de Marseille,* 3, f° 164 ; ms. *d'Avignon,* 3, f° 121 ; — Mérimée, *Voyage,* p. 159 ; — Breton, *Mém. Ant. F.,* 16, 1842, p. 133 ; — Long, p. 477 ; — De Longpérier, *Rev. num.,* 2° s., 1, 1856, p. 83 ; — Bruzza (d'après de Longpérier), *Vercelli,* préf., p. 25, note ; — Herzog, n° 436 ; — Garrucci, *l'etri,* éd. 2, p. 177 ; — Séguier, ms. *de Paris,* 16929, p. 601 ; *C. I. L.,* n° 1356 ; — *Sylloge,* n° 1030 ; — Allmer, notes man., *Voc.,* f° 68 (copie dessinée) ; — Renier, *Fiches* ms. 31, f° 38 (dessin de M. Allmer) ; — Bouché, ms. *de la Sorbonne,* f° 38 ; — Binon, n. 22.

---

(1) Les consuls, les dictateurs et les préteurs étaient dans l'obligation d'offrir un sacrifice à Lavinium, lors de leur entrée en charge. Marc-Aurèle s'y rendit après son triomphe sur les Marcomans.

(2) On trouvera des détails et la bibliographie du sujet dans Marquardt, *Le culte chez les Romains,* t. II, p. 237 de la traduction française.

Maciae Severin(a)e memoriae aetern(a)e. Aurelius Valerianus se vivo co(n)iugi et sebi f(ecit) ; civis Vergelleses, Maci(i) Severini soror trebuni legionis secundes Italices.

« A la mémoire éternelle de Magia Severina. Aurelius Valerianus, de son vivant, a fait (construire ce tombeau) pour lui-même et pour sa femme, sœur de Magius Severinus, citoyen de Verceil, tribun de la seconde légion *Italica*. »

Cette épitaphe n'est pas faite pour donner une bien haute idée des connaissances orthographiques et grammaticales de celui qui l'a rédigée. Les fautes y abondent. *Maciae, Macii*, sont mis certainement pour *Magiae* et *Magii*, par suite de la confusion, assez fréquente pendant tout l'Empire des deux lettres C et G. *Sebi, Vergelleses, trebuni, secundes, Italices*, sont à corriger par *sibi, Vercellensis, tribuni, secundae, Italicae. Soror*, au nominatif, *Magiae,* au génitif, témoignent d'une inobservation des cas. Le redoublement d'une syllabe dans les mots *Severinae* et *Vergelleses* est une faute de gravure. La qualification de *civis* donnée à une femme serait nsolite ; elle s'applique sans doute à *Magius Severinus*. Contrairement à l'usage, les mots *memoriae aeternae* sont placés à la suite des noms auxquels ils se rapportent. On peut enfin noter, au point de vue paléographique, les A avec un accent souscrit remplaçant la barre horizontale, et les E exprimés par deux I.

Une première légion *Italica* avait été créée par Néron. Deux autres légions de même nom furent formées sous Marc-Aurèle et dirigées immédiatement vers les frontières de Norique et de Rétie où se portaient alors les efforts des Germains (1). Elles remplacèrent, à ce que l'on croit, la XXIIe *Dejotariana* supprimée dès l'an 161 à la suite de quelque désastre (2) et la IXe *Hispana*, qui avait été fort maltraitée en Bretagne sous le règne d'Hadrien (3). Les deux légions *Italicae*, créées par Marc-Aurèle, avaient un détachement en Dalmatie. Il semble résulter d'une dédicace conservée au musée de Spalato que la deuxième légion portait le surnom de *Pia* et la troisième celui de *Concordia* (4).

La deuxième légion *Italica* était encore dans le Norique à l'époque de Sévère-Alexandre Elle fut au nombre des dix-huit légions au nom desquelles Gallien fit frapper des monnaies en reconnais-

(1) Dion, 55, 24.
(2) Borghesi (*Œuv.*, 4, p. 251) paraît avoir prouvé que cette légion se laissa enfermer par les Parthes dans une ville d'Arménie et fut tout entière massacrée.
(3) Cf. Charles Robert, *Les légions du Rhin*, p. 23.
(4) Bulic, *Musée de Spalato*, p. 31 et 56.

sance de la fidélité qu'elles lui témoignèrent. On la trouve enfin en Pannonie au commencement du cinquième siècle (1).

Une épitaphe que nous rapporterons plus loin est relative probablement à une sœur puînée de Severinus. Notons en passant la vanité que tire Valerianus de sa parenté avec un tribun légionnaire.

20. — *Inscription peut-être relative à un chevalier romain.*

Fragment de provenance inconnue. Hauteur, 0ᵐ11; épaisseur, 0ᵐ035. Hauteur des lettres, 0ᵐ035.

C. I L., n. 1033.

...eq]u[o publico ex]orna[to...

Cette lecture, extrêmement douteuse, a été proposée par M. Hirschfeld (2). Il s'agirait ainsi d'un chevalier romain *equo publico*, c'est-à-dire pourvu d'un cheval fourni par l'État.

INSCRIPTIONS MUNICIPALES.

La cité d'*Avennio* était d'origine celtique; son nom, par sa forme, en fournit la preuve. Elle se trouvait sur le territoire des Cavares, qui comprenait encore les cités d'Orange et de Cavaillon. Occupée de très bonne heure par les Marseillais (3), elle fut établie de droit latin par César, ou tout au moins dès les premiers temps de l'Empire (4). On ne saurait dire cependant si elle resta de droit latin, ou si elle parvint au rang de colonie que lui assigne Ptolémée (5). Une inscription rapportée par Calvet, qui l'aurait vue à Apt, dans les jardins de l'évêché, serait la suivante (6) :

---

(1) *Notit. dign. occ.*, 26, 25.

(2) M. de Ricci observe avec raison qu'on peut songer tout aussi bien à la formule : *cum suis ornamentis*, ou à des *ornamenta* honorifiques.

(3) Ἀουενιών πόλις Μασσαλίας πρὸς τῷ Ῥοδανῷ (Steph. de Byzance). Il existe, de plus, une très grande analogie entre les anciennes monnaies d'Avignon et celles de Marseille. (Cf. de la Saussaye, *Numism*, p. 138; Mommsen, *Münzwesen*, p. 673).

(4) Pline, *Hist. nat.*, 3, 36.

(5) Ptol., 2, 10, 14.

(6) « Trouvée à Apt, en 1786, sur le chemin neuf d'Apt à Sisteron. Pierre grossière conservée à l'évêché » (Calvet, *Notes*, p. 113).« La pierre qui porte l'inscription est aujourd'hui placée dans le jardin de l'évêché, et c'est là que je l'ay transcrite moy-même avec une exactitude rigoureuse » (Calvet, *ms. de Marseille*, 2, f° 309, lettre à l'abbé de Vaugelas, datée du 19 mai 1789). C. I. L., n. 1120 ; *Sylloge*, n. 1137.

D(iis) M(anibus). L(ucio) Volus(io), L'ucii f(ilio), Vol(tinia tribu), Severiano, (quattuor)vir(o) c(oloniae) I(uliae) Apt(ae) II, et flam(ini) item (duum)vir(o) c(oloniae) Iuliae) Hadrianae) Aven'iensis), et pontif(ici), sacerdot(i) urbis Rom(ae) aetern'ae) Vol(usia) Severiana patri incomparabili.

Elle confirmerait le témoignage de Ptolémée et nous apprendrait, en même temps, que la cité était administrée par des duumvirs ; malheureusement son authenticité n'est pas certaine. Est-elle antique et n'en possède-t-on qu'une copie involontairement défectueuse ; a-t-elle été fabriquée, pour surprendre la bonne foi de Calvet, par quelque érudit du dernier siècle, d'après un modèle que nous ignorons? La réponse reste douteuse, mais il paraît probable que cette inscription, au moins dans quelques-unes de ses parties, est apocryphe (1). Elle est d'ailleurs contredite par une inscription de Graveson et deux fragments de provenance locale, d'où il ressort, à ce qu'il semble, que la cité d'*Avennio* avait une organisation non différente de celle du plus grand nombre des municipes.

Trois inscriptions qui intéressent l'histoire de la ville sont ainsi conçues :

1. — A Nimes, chez M. Cabane de Florian :

...*hastis puris III v[exillis iiii, legato] imp(eratoris) Caes(aris) Nerv(ae) Tra[iani. Aug(usti) Germ(anici)] Dacici Parthici, p(atris) p(atriae), [...leg(ato)] divi Nervae et im[p'eratoris) Caes(aris) Nervae Traiani] Optimi Aug(usti) Germ(anici).... pr(aetori), trib uno) pleb(is), q(uaestori), pro[pr(aetore) prov(inciae) ..... trib(uno) mil(itum), leg(ionis) I Italicae, (quattuor)[viro viaru(m) cur(andarum), inlatis] in publicu[m ....] a Pompeia Marullina....] Locus d[atus decreto decurionum]; Avennien[ses patrono?](2).*

(1) M. Hirschfeld a écrit à ce sujet : « Titulum uni Calveto visum suspectum reddunt praeter nomina per compendium scripta et honores copula coniunctos, cum *Had(rianae)* cognonem Avenionni tributum, tum *sacerdos urbis Romae aeternae*, qui fictus esse potest ad nummorum Hadriani epigraphen *Urbs Roma aeterna* (cf. Eckhel, d. n., VI, p. 110). Idem tamen sacerdotium cum redeat in titulo Taurinensi (vol. V, 6991) viginti annis post Calveti mortem eruderato, titulum e genuinis excludere non ausus sum » (*C. I. L.*, p. 143). Il est très vrai que l'inscription d'Apt n'est connue que par une copie de Calvet, mais il serait excessif de lui en faire supporter toute la responsabilité, si elle est fausse. Sa bonne foi a pu être surprise, comme elle le fut d'ailleurs, pour la tessère de plomb qui lui fournit le sujet de son mémoire sur les utriculaires de Cavaillon. M. Hirschfeld, après l'avoir accusé nettement (*C. I. L.*, p. 131) est revenu plus tard sur sa première opinion. « Calvetus igitur, dit il, id quod iam in actis minoribus academiae Vindobonensis vol. CVII, 1, p. 234, statui, a fraudis ab ipso commissae suspicione haud dubie liberandus erit, ab aliis autem nonnunquam deceptum esse persuasum habeo » (*C. I. L.*, p. 821).

(2) « A.... décoré de quatre hastes pures et de quatre étendards, légat de l'empereur César Nerva Trajan, Auguste, Germanique, Dacique, Parthique, père de la patrie...., légat du dieu Nerva et de l'empereur César Nerva Trajan, très bon, Auguste, Germa-

2. — Au musée de Nîmes :

Q(uinto) Soillio, T(iti) fil(io), Vol(tinia tribu), Valeriano, equum p(ublicum) habenti, omnib(us) honorib(us) domi et provinc(iale) flamo(ni)o) fu(ncto), curatori Cabell(iensium), Avenniens(ium), Foroiuliens(ium). Apténsés patróno (1).

3. — Au musée d'Aix (inscription provenant de Riez) :

...,quaest(ori) u[rb(ano), praet(ori), curator[i reip(ublicae)]. Avenn[iens(es)] patrono (2).

Nous voyons par elles que la cité possédait des patrons et des curateurs (3). On a la preuve, d'un autre côté, que les citoyens romains qui en faisaient partie étaient compris dans la tribu *Voltinia* (4).

La splendeur passée d'Avignon, reconnue par Pomponius Mela (5), est attestée par de nombreux débris. Certains bas-reliefs, surtout composés de trophées gaulois, proviennent d'un arc de triomphe dont la décoration devait rappeler de tous points celle de l'arc d'Orange (6).

---

nique...., préteur, tribun de la plèbe, questeur, légat impérial pro-préteur de la province...., tribun des soldats de la première légion *Italica*, quattuorvir chargé de l'entretien des routes, ...qui a fait verser [tant] de sesterces, dans le trésor public, par les soins de Pompeia Marullina. Emplacement donné par décret des décurions. Les habitants d'Avignon à leur patron ». (*C. I. L.*, n. 3169 ; *Syll.*, n. 689).

(1) « A Quintus Soillius Valerianus, fils de Titus, de la tribu Voltinia, chevalier romain *equo publico*, parvenu à tous les honneurs dans sa cité et au flaminat provincial, curateur des cités de Cavaillon, d'Avignon et de Fréjus. Les habitants d'Apt à leur patron ». (*C. I. L.*, n. 3275 ; *Syll.*, n. 621).

(2) « A. . questeur urbain, préteur, curateur de la République. Les habitants d'Avignon à leur patron ». (*C. I. L.*, n. 366 ; *Syll.*, n. 655).

(3) La curatèle des cités était une fonction publique qui fut instituée, à ce que l'on croit, par Trajan. Elle avait pour but d'empêcher le gaspillage des finances municipales en les mettant sous la tutelle de l'État. Les fonctions de curateur étaient données par l'empereur soit à des sénateurs, anciens préteurs ou anciens questeurs, soit à des chevaliers, ce qui était le cas le plus général. Dans les inscriptions précitées, l'un des curateurs était de rang sénatorial ; l'autre n'était que chevalier.

(4) Cf. plus loin les épitaphes d'*Atia Postuma* et de *Sex. Julius Cornelianus*. L'inscription ci-après, n° 23, relative à un quattuorvir, ne constitue pas un témoignage suffisant. La tribu *Voltinia* était, du reste, commune à toutes les villes de la Narbonnaise, sauf les colonies militaires de Narbonne, Béziers, Arles, Orange et Fréjus, fondées par Jules César et reconnaissables à leurs noms de forme légionnaire.

(5) Pomp. Mela, II, 5, 75. La ville est encore mentionnée par Sidoine Apollinaire (6, 12), la Table de Peutinger (cf. édit. in-8° Desjardins, p. 332), et la *Notice des Gaules* (11, 14).

(6) En 1853 et 1855, l'administration du musée profita des travaux entrepris pour l'élargissement de la rue Géline, et fit exécuter des fouilles qui furent très fructueuses. Quelques débris rencontrés restèrent à leur place. « Les ouvriers, dit Binon, mirent à découvert un mur de construction romaine, orienté de l'est à l'ouest, bâti en petit appareil de pierres dures et, par dessus, en grandes pierres de 1^m à 1^{m}50 de longueur

21. — *Inscription peut-être relative à un quattuorvir de la cité d'Avignon.*

Fragment de pierre découvert en 1853, dans les substructions de la maison Besse, rue Géline. Hauteur, 0m10; largeur, 0m18; épaisseur, 0m055. Hauteur des lettres, 0m040.

Rev. archéol., 10, 1, 1853, p. 312; — *C. I. L.*, n. 1031.

Ce fragment d'inscription se rapporte à un quattuorvir. L'hypothèse d'un sévir doit être écartée en raison de l'uniformité des trois I. Dans les inscriptions, en effet, où la première partie du mot *sexvir* est écrite numériquement, le premier et le dernier I sont généralement plus grands que les quatre autres.

Il y a tout lieu de supposer, de plus, que ce quattuorvir fut un magistrat de la cité d'Avignon, dont l'organisation municipale aurait alors compris, suivant la règle habituellement suivie dans les municipes de la Narbonnaise, des questeurs, des édiles et des quattuorvirs. Les magistrats de cette dernière catégorie, nommés à partir de l'âge de trente ans, étaient au nombre de quatre, ainsi que leur nom l'indique. Ils occupaient le plus haut degré de la hiérarchie et se partageaient en quattuorvirs-juges et quattuorvirs-trésoriers.

22. — *Inscription peut-être relative à un édile de la cité d'Avignon.*

Fragment de cippe découvert à *Avignon*, en 1853, dans les fouilles de la rue Géline. La pierre « était placée à sec, sans mortier, dans un mur de substruction, à 1m50 plus bas que le sol actuel, sous la maison Besse » (Binon). La lecture de l'inscription est difficile en raison du mauvais état du fragment. Plusieurs lettres sont effacées. Hauteur, 0m47; longueur, 0m70; épaisseur, 0m55. Hauteur des lettres, 0m085.

sur 0m50 de hauteur. Ce mur avait déjà été aperçu en 1819, lorsqu'on découvrit sur la place de l'hôtel-de-ville, et il a encore été retrouvé dans les cavaux de l'église Saint-Agricol. Sa longueur est indéterminée ; on a dû renoncer, de même, à en connaître la hauteur, les ouvriers étant arrivés, dans leurs recherches, jusqu'à 0m75 sous l'eau. A 9 ou 10 mètres au nord de ce mur, on a découvert trois bases de colonne qui paraissent encore à leur place primitive. Elles ont chacune 0m38 de haut sur 0m95 de diamètre. Près de ces bases, gisaient çà et là d'autres tronçons de colonne. C'est vers le milieu, et touchant le mur de l'hôtel-de-ville, que l'on trouvera la première base avec un tronçon de colonne. A 7 mètres en ligne droite, tirant à l'est, on aura la deuxième base et, à 7 mètres plus loin, dans la même direction, la troisième. Elles ne sont qu'à un mètre environ au dessous du sol actuel, et il serait bon de les faire extraire » (*Fouilles d'Avignon*).

C. I. L., n. 1030; – Binon, *Fouilles d'Avignon*, n. 2.

....aed[ilicia potest]ate....

Cette lecture, très hypothétique, a été proposée par M. Hirschfeld. L'édilité formait le degré intermédiaire entre la questure et le quattuorvirat. Il y avait, dans toutes les cités de droit romain ou de droit latin, au moins dans les derniers temps de la République et sous l'Empire, deux édiles qui correspondaient aux édiles curules de Rome. Ils se partageaient l'administration proprement dite et avaient, en particulier, des droits d'inspection sur les poids et mesures. La questure venait au troisième rang des magistratures municipales. On n'y parvenait qu'à l'âge de vingt-cinq ans, après avoir peut-être rempli certaines charges du vigintivirat. Le questeur faisait partie de l'ordre des décurions; il était probablement chargé de la gestion des deniers communaux, mais on ne sait rien de plus sur ce magistrat qui, d'ailleurs, n'a pas existé dans toutes les cités.

23. — *Épitaphe d'un quattuorvir.*

« Superbe cippe de marbre blanc déterré à *Graveson*, en Provence, près de Saint-Remy, au commencement de l'année dernière 1793, en arrachant un murier dans le champ de J.-A. Fontaine. Ce cippe ne m'est pas parvenu dans toute son intégrité; je n'ai pu me procurer que la face du devant. Les autres faces ne portaient ni ornement ni inscription » (Calvet). Hauteur, 1^{m}51; largeur, 0^{m}82; épaisseur, 0^{m}05. Hauteur des lettres, 0^{m}05 et 0^{m}06.

Calvet, *Notes*, p. 164; *ms. de Marseille*, 3, f° 166; *ms. d'Avignon*, 3, f° 208; — Villeneuve, 2, 443; — Guérin, *Panorama d'Avignon*, p. 233; — Jouffroy et Breton, *Introd.*, p. 102 et pl. 32; — Herzog, n. 404; — A. de Longpérier, *Rev. archéol.*, n. s., 18, 1868, p. 110; — Cahier et Martin, *Mélanges d'archéol.*, 1, p. 166; — *C. I. L.*, n. 1029; — *Sylloge*, n. 1224; — *Livre d'or du musée Calvet* (avec une photogravure); — Binon, n. 101.

C(aio) Otacilio, C(aii) f(ilio), Vol(tinia tribu), Oppiano, quattuorvir(o).

« A Caius Otacilius Oppianus, fils de Caius, de la tribu Voltinia, quattuorvir. »

Le territoire d'Avignon, dont on ne connaît pas les limites précises, s'étendait peut-être jusqu'à Graveson (1). Le quattuorvir que rappelle cette inscription aurait alors appartenu à la cité même d'Avignon, et non pas à celle plus voisine de Saint-Remy. La décoration du cippe est intéressante. Nous avons par elle le modèle du siège des quattuorvirs et celui des faisceaux dont ces magistrats se faisaient précéder. Des faisceaux du même genre, formés comme ici de baguettes fixées au moyen d'attaches symémétriquement placées autour d'un bâton central et surmontées également de trois feuilles de laurier, ont été représentés sur le tombeau d'un quattuorvir-juge de la colonie de Nimes (2).

L'épitaphe de C Otacilius Oppianus est incontestablement des premiers temps de l'Empire. Nous la croyons contemporaine d'Auguste.

24. — *Tombeau d'un quattuorvir-juge de la cité d'Apt.*

Entablement de marbre, découvert en 1850, « à l'abbaye de Saint-Eusèbe, terroir de Saignon, à deux kilomètres au midi de cette commune, à 4 mètres de profondeur, dans la propriété du sieur Rabet. » (*Reg.*) Acquis par le musée en 1854. Hauteur, 0^{m}40 ; longueur, 2^{m}10 (incomplète) ; épaisseur, 0^{m}33. Hauteur des lettres, 0^{m}085.

C. I. L., n. 119 ; — *Sylloge*, n. 1136 ; — *Registre 3*, p. 17 ; — Allmer, dessins, *Vaucluse*, fol. 7 ; — Binon, n. 61 a.

... *Valerius Fronto, quattuorvir bis i(ure) d(icundo)...*

« ... Valerius Fronto, quattuorvir-juge pour la seconde fois.. »

Le territoire actuel de la commune de Saignon faisait partie de la cité d'Apt. On voit, par cette inscription, que les fonctions de quattuorvir pouvaient être renouvelées On suppose, sans en avoir la preuve, que le délai nécessaire était de cinq ans.

---

(1) Jusqu'à la Révolution, le village de Graveson a fait partie du diocèse d'Avignon ; il est admis que les circonscriptions diocésaines nous ont conservé les délimitations des anciennes cités, mais cette règle n'est pas absolue.

(2) *C. I. L.*, XII, n. 3205.

25. — *Épitaphe d'un fonctionnaire municipal de la colonie de Carpentras.*

Fragment de frise en pierre calcaire découvert à *Orange*, au commencement du siècle dernier, « dans un pré, du côté de la porte Saint-Martin » et donné au musée, en 1839, par Nogent. Hauteur, 0m49 ; longueur, 0m95 ; épaisseur, 1m68. Hauteur des lettres, 0m07.

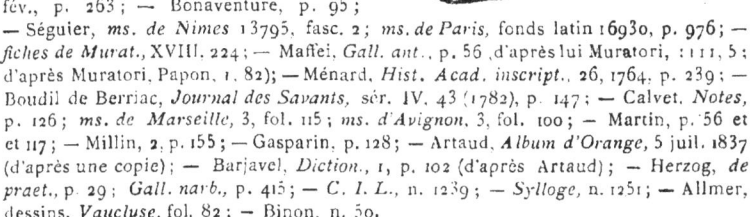

De Mautour, *Mercure de France,* 1728, fév., p. 263 ; — Bonaventure, p. 95 ; — Séguier, *ms. de Nimes* 13795, fasc. 2 ; *ms. de Paris,* fonds latin 16930, p. 976 ; — *fiches de Murat.,* XVIII, 224 ; — Maffei, *Gall. ant.,* p. 56 ,d'après lui Muratori, : 111, 5 ; d'après Muratori, Papon, 1, 82) ; — Ménard, *Hist. Acad. inscript.,* 26, 1764, p. 239 ; — Boudil de Berriac, *Journal des Savants,* sér. IV, 43 (1782), p. 147 ; — Calvet, *Notes,* p. 126 ; *ms. de Marseille,* 3, fol. 115 ; *ms. d'Avignon,* 3, fol. 100) ; — Martin, p. 56 et et 117 ; — Millin, 2, p. 155 ; — Gasparin, p. 128 ; — Artaud, *Album d'Orange,* 5 juil. 1837 (d'après une copie) ; — Barjavel, *Diction.,* 1, p. 102 (d'après Artaud) ; — Herzog, *de praet.,* p. 29 ; *Gall. narb.,* p. 415 ; — C. I. L., n. 1239 ; — *Sylloge,* n. 1251 ; — Allmer, dessins, *Vaucluse,* fol. 82 ; — Binon, n. 50.

[*D(iis)*] *M(anibus)*... *col(oniae) Jul(iae) Mem(inorum) ; hered(es) ex testamento.*

« Aux dieux Mânes de ...., de la colonie *Julia Meminorum* (Carpentras) ; ses héritiers, en exécution de son testament. »

Nous voyons par ce fragment que la cité des *Memini*, aujourd'hui Carpentras, était de droit romain. Établie de droit latin par César, ainsi qu'il ressort d'un texte de Pline (1), elle a pu être élevée au rang de colonie à la mort du dictateur, lorsque Ti. Claudius Nero fut chargé, vers l'an de Rome 708, de conduire des colons dans la Gaule Narbonnaise (2). Le *Forum Neronis,* que cite Ptolémée sur le territoire des *Memini*, ne semble pas, du reste, avoir différé de Carpentras (3). La plus ancienne forme du nom, remontant selon toute apparence à l'époque celtique, est *Carbantorate* (4). *Carpentorate,* d'où *Carpentras,* est une forme plus moderne, connue par la Notice des Gaules et les Actes des conciles (5). La cité était inscrite dans la tribu *Voltinia,* mais on ne sait rien de son organisation municipale.

Une inscription de provenance locale est relative au *Genius de* la colonie (6).

(1) *Hist. nat.,* 3, 36.
(2) Suét., *Tib.,* 4.
(3) *Geog.,* 2, 10, 16.
(4) Pline, *loc. cit.*
(5) *Notitia Gall.,* 11, 12 : Civitás Cárpentoratensium nunc Vindausca. Un *episcopus Carpentoratensis* est mentionné, au sixième siècle, dans les *Actes des conciles.*
(6) *C. I. L.,* XII, n. 1159.

26. — *Inscription mentionnant une donation faite à un* pagus *des Voconces par son préfet.*

Table de marbre incomplète des deux côtés et brisée en sept fragments. Elle a été trouvée au *Pègue* (Drôme), en 1855, et acquise par le musée de l'année suivante. Hauteur, 0m56; largeur, 0m66; épaisseur, 0m038. Hauteur des lettres, 0m05 et 0m06.

Registre 3, p. 33; — *C. I. L.*, n. 1708; — *Sylloge*, n. 1610; — Binon, n. 118 *h*.

P(ublius) *Annius*, P(ublii) *f*(ilius), V[ol(tinia tribu),...] *praef*(ectus) *pagi... suo et* P(ublii) *Anni*(i) [.... *fil*(ii) *n*]*omine, marm*[*orib*(us) *ex*]*cultum ba*[*lineum dat*].

« Publius Annius..., fils de Publius, de la tribu Voltinia, préfet du *pagus*, en son nom et au nom de son fils Publius Annius..., donne ce balnéaire décoré de marbres. »

Le *pagus* du Pègue se trouvait sur le territoire des Voconces (1). A la dernière ligne, la restitution du mot *balineum* est fort probable, mais non pas certaine.

27. — *Épitaphe d'un questeur de la colonie de Nîmes.*

Stèle en calcaire compact, à sommet cintré, découverte à *Nîmes* et acquise par le musée en 1836, de l'antiquaire Perrot. Une bordure saillante entoure l'inscription. Hauteur, 0m54; largeur, 0m38; épaisseur, 0m16. Hauteur des lettres, 0m04.

Pelet, *ms.*, 2, p. 183; — *C. I. L.*, n. 3265; — *Sylloge*, n. 1408; — Allmer, *Hist. de Lang.*, 15, p. 1167; dessins, *Vaucl.*, fol. 99; — *Registre 1*, p. 228; — Binon, n. 77.

D(iis) M(anibus). Cn(aeo) *Reuconio Sextino*, q(uaestori) c(oloniae) A(ugustae) N(emausi); *liberti eius p*(atrono) *optumo*.

« Aux dieux Mânes. A Cnaeus Reuconius Sextinus, questeur de la colonie *Augusta* de Nîmes; ses affranchis à leur patron excellent. »

Le questeur que mentionne cette épitaphe était, selon toute apparence, originaire du Norique, où le gentilice *Reuconius* s'est

(1) Sur les *praefecti pagi*, cf. plus haut, p. 31, note.

rencontré de nombreuses fois. L'orthographe *optumo* est une forme archaïque. D'après Quintilien, le premier exemple de la substitution de l'*i* à l'*u*, dans les mots *optumus* et *maxumus*, avait paru sur une inscription de Caius César (1).

« Suétone, dit M. Allmer, confirme ce témoignage. Il raconte qu'Auguste avait quelques manières de parler qui lui étaient particulières : « Il disait *simus* pour « *sumus*, au génitif singulier, *domos* pour *domus*, et n'écrivait jamais autrement ces « deux mots. Dans l'inscription d'Ancyre, nous voyons aussi Auguste préférer constamment l'*i* à l'*u* dans les superlatifs et autres mots où précédemment l'*u* était seul employé. Toutefois, l'orthographe archaïque n'a pas été tout d'un coup complètement abandonnée dès cette haute époque. Des exemples assez fréquents se rencontrent encore très postérieurement au temps d'Auguste, notamment sur des inscriptions qui donnent à Trajan le titre d'*optumus* (2). »

28. — *Inscription relative au théâtre de Vaison.*

Fragments de frise, en calcaire molasse, découverts à *Vaison*, en 1860, parmi les ruines du théâtre romain, et acquis la même année par le musée. Fragm. *a* : largeur, 0ᵐ80. Fragm. *b* : 0ᵐ62. Fragm. *c* : 1ᵐ10. Fragm. *d* : 0ᵐ92. Hauteur commune aux quatre fragments, 0ᵐ40. Hauteur des lettres, 0ᵐ15.

Registre 3, p. 86 ; — Herbert, *Ann. du Puy*, 24, 1861, p. xxvii ; — *C. I. L.*, n. 1380.

Le fragment *b* donne le mot [*th*]*eatrum*, reconnaissable aussi, peut-être, dans le fragment *d*. Nous possèderions de la sorte les débris de deux inscriptions, probablement identiques, se rapportant au théâtre de Vaison (3). Un autre fragment, découvert au même lieu, et conservé chez Mᵐᵉ Raspail, à Gigondas, est ainsi conçu (4) :

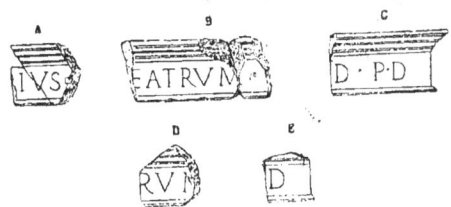

Par ses dimensions et par celles de ses lettres, on n'a pas à douter qu'il ne concerne le même théâtre. Il nous paraît, en conséquence, que l'inscription complète a pu se présenter sous la forme suivante :

(1) *Inst. orat.*, 1, 7.
(2) Allmer, *Rev. épigr.*, 1, p. 268.
(3) Le théâtre antique de Vaison était adossé à une colline désignée de nos jours sous le nom de Piemin (cf. à ce sujet Deloye, *Bibl. de l'École des chartes*, 2ᵉ série, t. 4, p. 307, note 1).
(4) *C. I. L.*, n. 1388. Le dessin que nous publions a été fait d'après un croquis de M. Allmer (notes man., Voc., f° 45).

L·ABVDIVS·L·FIL·Volt ...thEATRVM   D P D.

*L(ucius) Abudius, L(ucii) fil(ius), V[olt(inia) (tribu), ...
th]eatrum d(e) p(roprio) d(edit).*

« Lucius Abudius...., fils de Lucius, de la tribu Voltinia, a donné ce théâtre construit de son argent. »

La mention de la tribu *Voltinia*, qui était celle des Voconces, semble prouver que le donateur était originaire de Vaison.

Le gentilice *Abudius* étant assez rare, peut-être s'agit-il de l'ancien édile Abudius Ruso, connu par un passage de Tacite (1), et qui fut exilé de Rome en l'an 34, pour avoir injustement accusé le légat Lentulus Getulicus. On ne peut que conjecturer, de toute manière, un personnage puissant; l'importance même de la donation en fournit le témoignage. Nous avons vu d'ailleurs qu'un autre Voconce, *Sex. Afranius Burrus,* était parvenu à la préfecture du prétoire (2).

Le fragment *a* peut contenir la fin du mot *Abudius* de la seconde inscription.

29. — *Inscription rappelant peut-être un décret des décurions de la cité des Voconces.*

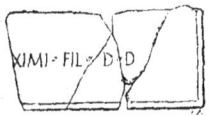

Fragments, au nombre de quatre, d'une table de marbre incomplète, découverte, en 1860, parmi les ruines du théâtre antique de *Vaison* et acquise la même année par le musée. Hauteur, 0^m44; largeur, 0^m86; épaisseur, 0^m10. Hauteur des lettres, 0^m065.

Registre 3, p. 86 ; — *C. I. L.*, n. 1432.

.... *Ma]ximi fil(io); d(ecreto) d(ecurionum).*

« A..., fils de Maximus; par décret des décurions. »

Les deux dernières lettres peuvent signifier également *d(onum) d(edit)*. Il s'agirait, dans ce cas, non plus d'une inscription municipale, mais d'une donation faite à sa cité par un particulier, à l'occasion peut-être de son élévation à quelque fonction publique.

---

(1) *Annales,* IV, 30.
(2) Un fragment de frise, découvert à Vaison, parmi les ruines du théâtre et acquis en 1860 par le musée Calvet, porte une lettre C de 0^m20 de haut, surmontée d'une barre horizontale.

Fonctions religieuses.

30. — *Epitaphe d'un flamine de Rome et d'Auguste.*

Cippe en pierre dure découvert à *Saint-Gabriel* à une date inconnue et donné au musée, en 1835, par le chevalier Mourret, de Tarascon. Hauteur, 0ᵐ60; largeur, 0ᵐ75. Hauteur des lettres, 0ᵐ075 et 0ᵐ040.

Romyeu, *ms.*, fol. 87 ; — Soliers, *ms. de Marseille*, p. 16 ; *ms. d'Aix*, p. 74, n. 20 ; — Scaliger, *ms. Papenbr.*, 5, p. 7 (d'après lui Grüter, 428, 9) ; — *ms. britann.*, fol. 20, n. 3 (d'après lui, probablement, Grüter, 468, 6); — *ms. de Paris*, 5825, J. F. 21 ; — Sirmond (d'après le *ms. de Paris*), Sid. VI ep. 12, (et d'après lui, Saxe, *Pontif. Arelat.*, p. 42) — Muratori, 1111, 1 ; — Suarès, *ms· 8970*, p. 30 ; — Papon, I, 64) ; — *ms. 1416*, n. 15 ; — *ms. 1418*, 89 ; — Bartel, *Hist. reg. eccl.*, p. 21 (d'après lui Bouche, I, 226 ; Henry, p. 199) ; — *Hist. de Lang.*, 1ʳᵉ édit., I, n. 48 ; — Borel, *Ant. de Castres*, p. 114, n. 76 ; — Mérimée, *Voy. dans le Midi*, p. 334 ; — Garrucci, *i segni detti accenti*, p. x , — Herzog, n. 357 ; — Garcin, *Dict.*, 2, p. 345 ; — *C. I. L.*, n. 983 ; — *Sylloge*, n. 1494 ; — Creuly, *Carnet n. 13*, f° 6 ; — *Registre 1*, p. 213 ; — Allmer, *Vaucl.*, p. 97 ; — Binon, n. 103.

M(arcus) Severius, M(arci) f(ilius), Fab(ia tribu), Viator, flam(en) Rom(ae) et Aug(usti), quattuorvir, pontif(ex) col(onia) Reior(um) Apollinar[e], sibi et Kareiae, Karei(i) f[il(iae)], Paterclae, optim(ae) u[xori], fecit.

« Marcus Severius Viator, fils de Marcus, de la tribu Fabia, flamine de Rome et d'Auguste, quattuorvir, pontife dans la colonie de Riez, a fait (construire ce tombeau) pour lui-même et pour Kareia Patercla, fille de Kareius, son excellente femme. »

Le culte impérial ne se bornait pas aux manifestations grandioses qui avaient lieu soit au chef-lieu de la province, soit pour les trois Gaules, au célèbre autel national du confluent de la Saône et du Rhône. Chaque cité, chaque municipe, avait ses prêtres, ses temples, ses confréries et ses jeux en l'honneur de l'empereur vivant ou des empereurs mis au rang des dieux. C'est avec la permission même d'Auguste que des honneurs divins lui furent rendus, mais il y mit cette condition, dont s'affranchirent ses successeurs à partir de Claude, qu'à son nom serait associé celui de Rome. Dans les inscriptions où ces deux noms se trouvent réunis, *Augustus* est toujours le nom propre du créateur de l'Empire, et non pas le titre que prirent après lui tous les empereurs. Le flamine municipal que rappelle notre inscription était donc effectivement un flamine d'Auguste. La carrière de ses honneurs, commencée par la charge de pontife d'une divinité non exprimée, mais encore bien certainement d'Auguste, se continua par le quattuorvirat, c'est-à-dire par la plus élevée des magistratures municipales dans les colonies. Il ne l'avait acquise probablement, bien que son inscription ne le mentionne pas, qu'après avoir franchi les degrés inférieurs de la questure et de l'édilité.

Les citoyens romains de la colonie de Riez étaient inscrits dans la tribu Voltinia. Severius Viator, qui appartenait à la tribu Fabia, était, par conséquent, d'une autre cité. En Gaule, les Gabales seuls comptaient dans cette tribu, qui était une des plus anciennes (1).

Une inscription relative au flaminat provincial, que l'on a découverte à Narbonne il y a quelques années, a établi que ce sacerdoce était annuel et que la femme du flamine était elle-même flaminique (2). Il paraît bien que l'annualité de la fonction soit également hors de doute pour les flaminats municipaux, mais non pas que la femme du flamine municipal ait possédé, de son côté, les mêmes honneurs. Dans l'épitaphe que nous rapportons, Kareia Patercla n'a pas le titre de flaminique, et nous verrons, dans une inscription suivante, que le flaminat pouvait être attribué à la femme d'un sévir.

La colonie de Riez, qui était de droit latin, s'appela primitivement *Alebece* ou *Alaebaece Reiorum Apollinarium* (3). A partir d'Auguste, elle ne fut plus connue que sous le nom de *Colonia Julia Augusta Apollinaris Reiorum*. Son nom gaulois d'*Alebece* ne figure, du reste, que dans Pline (4).

31. — *Épitaphe d'une flaminique d'Auguste.*

Fragment de table, bordé de moulures, découvert, en 1834, à *Vaison*, près de l'ancienne église, et cédé l'année suivante au musée par le sieur Gleize. Hauteur, 0ᵐ42; largeur, 0ᵐ93; épaisseur, 0ᵐ29. Hauteur des lettres, 0ᵐ055.

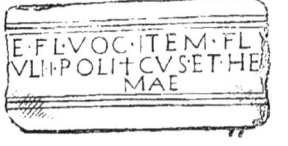

Breton, *Mém. Ant. F.*, 16, 1842, p. 138; — Herzog, n. 435; — *C. I. L.*, n. 1366; — *Registre 1*, p. 212; — Allmer, notes ms. *Voc.*, f° 14 (copie dessinée); dessins, *Voc.*, f° 39; — Creuly, *Carnet n. 13*, f° 19; — Renier, *Fiches*, t. 31, f° 41; — Binon, n. 40.

---

(1) *C. I. L.*, XII, 4370.
(2) *Ibid.*, 6038.
(3) Pline, *Hist. nat.*, III, 36.
(4) Strabon (IV, 6, 4) et César (B. c., I, 34, 56, 57; II, 2) le donnent peut-être aussi sous une forme altérée (Cf. Hirschfeld, *C. I. L.*, XII, p. 49). Au sujet de la double appellation de *Julia Augusta*, cf. Herzog (d'après Borghesi), *Gall. narb.*, p. 86.

*....Juliae....a]e fl(aminicae) Voc(ontiorum), item fl(aminicae).....
[J]ulii (duo) Politicus et He[rmes?, lib(erti), patronae opti]mae.*

« ...A Julia...]a, flaminique (de la cité) des Voconces, de même flaminique de...; Julius Politicus et Julius Hermes, ses affranchis, à leur excellente patronne. »

Politicus et He[rmes?], dont les noms sont d'origine grecque, étaient, selon toute apparence, non pas les fils, mais les affranchis de la flaminique Julia.

32. — Épitaphe d'une flaminique de Livie.

Table de pierre découverte à *Vaison*, à une date inconnue, et transportée à Château-Riant, près d'Avignon, dans la maison de campagne de Suarès. Elle subit le sort de l'inscription rappelée plus haut sous le numéro 17. Hauteur, 0^m40; largeur, 1^m36; épaisseur, 0^m08. Hauteur des lettres, 0^m065 et 0^m043.

Suarès, *ms. du Vat.* 9141, f°s 27 et 91; — Moreau de Vérone, *Voconces*, p. 88 (d'après lui Long, p. 345); — Saint-Véran, *ms. de Carpentras*, 2, p. 9, n. 19; — Calvet, *Notes*, p. 108; *ms. de Marseille*, 3, f° 17, n. 27 et f° 207, n 25; *ms. d'Avignon*, 3, f° 98, n. 103; — *ms. anonyme d'Avignon*. n. 2376, f° 39 (copie de Véras); — Breton, *Mém. Ant. F.*, 16, 1842, p. 135 (d'après lui Henzen, n. 5222); — Herzog, n. 434; — *C. I. L.*, n. 1363; — *Sylloge*, n. 1523; — Renier, *Fiches*, t. 31, f° 40; — Allmer, notes ms., *Voc.*, f° 35 (copie dessinée); dessins, *Voc.*, f° 40; — Binon, n. 13.

Catiae, T(iti Catii) fil(iae), Servatae, flam(inicae) Jul(iae) Aug(ustae) Vas(iensium) Voc(ontiorum); Q(uinto) Secundio Zmaragdo, sexvir(o) aug(ustali), marito eius. T(itus) C[atius] Severus, frater et h(eres), f(aciendum) c(uravit) [ex] testamento.

« Catia Servata, fille de Titus (Catius), flaminique de Julia Augusta (Livie) chez les *Vasienses*-Voconces; à Quintus Secundius Zmaragdus, sévir augustal, son mari. Titus Catius Severus, leur frère et héritier, a fait construire ce tombeau en exécution de leur testament. »

Malgré son apparente simplicité, ce texte est d'une traduction difficile, parce qu'on ne voit pas si Catia Servata était flaminique de Julia Augusta chez les *Vasienses*-Voconces, ou s'il faut comprendre que cette même personne a exercé le flaminat d'Auguste dans la colonie *Julia Augusta Vasio Vocontiorum*. En d'autres termes, les deux mots *Julia Augusta* complétés au génitif, s'appliqueraient à Livie ; mis à l'ablatif, ils se rapporteraient à la dénomination même de la ville, qui semble bien, effectivement, avoir porté le surnom de *Julia* (1).

La seconde opinion a été suivie de préférence. Nous croyons pour notre part, d'accord avec Henzen et M. Hirschfeld, qu'il faut s'en tenir à la première, et qu'il s'agit de Livie, non qualifiée de *diva,* parce que l'inscription est antérieure à la consécration de cette princesse (2).

Les sévirs augustaux, dont le plus grand nombre étaient des affranchis, occupaient un rang intermédiaire entre les décurions et le peuple. Ils formaient une corporation qui se rattachait au culte impérial ; mais le sévirat, quoique il ait fait l'objet de nombreux travaux, présente encore bien des points obscurs (3).

Malgré leur fortune quelquefois considérable, les affranchis étaient exclus des magistratures municipales. Le sévirat leur fournissait une occasion de satisfaire leur vanité. En entrant en charge, les sévirs étaient tenus de verser à la caisse de la corporation, pour être employée à des repas, à des jeux ou à des donations d'utilité publique, une somme d'argent assez élevée, variable avec les cités.

Contrairement à ce qui avait lieu pour les sévirs, les flaminiques étaient toujours de condition ingénue. L'épitaphe de Catia est une preuve qu'elles possédaient, au moins dans les colonies et les municipes, un sacerdoce qui leur était propre, et, par conséquent, que la flaminique n'était pas, dans tous les cas, la femme du flamine.

Nous noterons, au point de vue épigraphique, l'orthographe *Zmaragdus*, où le *Z* est employé par permutation avec un *S*, et le titre de *frater* désignant à la fois le frère de Catia et le beau-frère de Secundius.

---

(1) Voir à ce sujet l'inscription rapportée plus haut sous le n° 17.
(2) Voyez plus haut p. 19.
(3) Cf. Beurlier, *Le culte impérial,* pp. 194 à 237. On y trouve une analyse des travaux antérieurs. — On peut consulter également la dissertation de M. Hirschfeld, traduite par M. Allmer dans le *Bull. épigr. de la Gaule,* année 1881, pp. 282 et suiv.

33. — Épitaphe d'un sévir de la colonie d'Orange.

Table de pierre, en quatre fragments, déposée, au temps de Calvet, « dans la maison de campagne de M. Didier, à *Orange* » : elle fut ensuite transportée au château de Vérone et donnée au musée, en 1838, par le marquis d'Archimbaud. Hauteur, 0m52 ; largeur, 0m57 ; épaisseur, 0m10. Hauteur des lettres, 0m037 et 0m029.

Vérone, *ms d'Avignon*, lettres à Calvet, n. 222 ; — Calvet (d'après Vérone), *Notes*, p. 161 ; *ms. de Marseille*, 3, fos 158 et 207 ; *ms. d'Avignon*, 3, fo 86 ; — Herzog, n. 411 ; — *C. I. L.*, n. 1234 ; — *Sylloge*, n 1173 ; — *Registre 1*, p. 251 ; — Allmer, dessins, *Vaucl.*, p. 61 ; — Binon, n. 51.

M(arco) Arruntio, M(arci) l(iberto), Verecundo, sexvir(o) ; *Pupae, Cilae f(iliae), uxori* ; *Fulviae, Pupae f(iliae), Secundinae. Heredes ex testam(ento).*

« A Marcus Arruntius Verecundus, fils de Marcus, sevir ; à Pupa, fille de Cila, sa femme ; à Fulvia Secundina, fille de Pupa. Leurs héritiers, en exécution de leur testament. »

Il s'agit, ainsi qu'on le voit, d'un tombeau de famille. Pupa, fille de Cila, était de condition servile. Sa fille Secundina lui était née sans doute d'un premier mariage avec un citoyen romain ou un affranchi du nom de Fulvius.

34. — Épitaphe d'un sévir de la colonie d'Apt.

Fragment de table découvert près d'*Apt*, en 1836, et acquis par le musée, la même année, avec d'autres objets. Hauteur, 0m21 ; largeur, 0m32 ; épaisseur, 0m055. Hauteur des lettres, 0m040.

Herzog, n. 424 ; — *C. I L.*, n. 1117 ; — *Sylloge*, n. 1141 ; — Allmer, dessins, *Vaucluse*, f° 6 ; — Binon, n. 118 d.

...J]uliae l(iberto), [Ro]gato sex[vir(o)] aug(ustali).
« A...Julius Rogatus, affranchi de Julia, sévir augustal. »

Cette inscription nous fournit le témoignage probable qu'il y avait à Apt un collège de sévirs.

35. — Épitaphe d'un sévir de la cité de Cavaillon.

Fragment de stèle, en pierre dure, découvert sur le territoire de *Cavaillon*, au quartier dit d'Arculon, et acquis par le musée, en 1867, de l'antiquaire Anziano. Hauteur, 0m66 ; largeur, 1m14 ; épaisseur, 0m37. Hauteur des lettres, 0m065, 0m55 et 0m038.

C. I. L., n. 1052 ; — *Sylloge*, n. 1249 ; — *Registre 3*, p. 195 ; — Allmer, dessins, *Vaucl.*, f° 57 ; — Binon, n. 65 e.

A(ulo) Vercio Jucundo, patrono; [...V]ercius Faus(t)us, sexvir aug(ustalis), sibi et suis f(ecit).

« A Aulus Vercius Jucundus, son patron ; ...Vercius Faustus, sévir augustal, a fait (construire ce tombeau) pour lui-même et pour sa famille. »

La lecture du mot *Faustus* n'est pas certaine. Comme pour l'inscription précédente, nous avons ici le témoignage probable qu'il y avait à Cavaillon un collège de sévirs.

36. — Épitaphe d'un sévir de la colonie de Nîmes.

Base vue par Séguier à *Laudun* (Gard), où elle servait de piédestal à une table « dans le jardin de feu M. Brès » ; signalée par Calvet : « au village de Laudun, chez M. de Crozat, qui me le donna par la suite ». L'inscription est entourée d'un encadrement de délicates moulures. Hauteur, 0m76 ; largeur, 0m65 ; épaisseur, 0m30. Hauteur des lettres, 0m046.

Séguier, ms. 13802, fasc. 12 (d'après une copie de l'abbé Courasin) ; ms. 13816 (d'après une copie de Flaugergues) ; — Calvet, *Notes*, p. 84 ; *ms. de Marseille*, 2, f° 347 (lettre à Caylus, n. 32) ; 3, f° 21, n. 30, f° 208, n. 26 ; *ms. d'Avignon*, 2, f° 314 ; 3, f° 79 ; — Perrot, *Lettres*, 2, p. 225 ; — Herzog, n. 260 ; — C. I. L., n. 2775 ; — *Sylloge*, n. 1430 ; — Allmer, *Hist de Lang.*, 15, p. 121 ; dessins, *Gard*, p. 39 ; — Rochetin, *Le Camp de César à Laudun*, dans *Mém. Acad. Vaucl.*, 18, 1899, p. 44 ; — Creuly, *Carnet n. 13*, f° 22 ; —Binon, n. 89.

Sexvir(o) aug(ustali) C(aio) Viredio Severo.

« A Caius Viredius Severus, sévir augustal. »

Laudun était situé sur le territoire de la colonie de Nîmes,

37. — *Épitaphe d'un sévir de la cité de Vaison.*

Fragment de frise découvert à *Vaison*, près de l'ancienne église, à une date inconnue et acquis en 1828, avec d'autres objets de la collection Giraudy. Hauteur, 0m22 ; largeur, 0m19 ; épaisseur, 0m12. Hauteur des lettres, 0m09.

C. I. L., n. 1365 ; — Allmer, notes ms., *Voc.*, f° 36 (copie dessinée) ; dessins, *Voc.* f° 41 ; — Renier, *Fiches*, t. 31, f° 51 ; — Binon, n. 38.

...*Festus, sevir, s*...

« ...Festus, sevir... »

On remarquera que Festus est simplement qualifié de *sévir*. L'omission du mot *augustalis*, qui accompagne généralement ce titre, a pu faire supposer que les sévirs ne devenaient *augustales* qu'après avoir accompli leur charge annuelle (1).

INSCRIPTIONS RELIGIEUSES.

38. — *Autel à Apollon.*

Autel rustique, avec base et couronnement (2), trouvé dans la forêt de Claris, près de *Rochemaure*, et donné à Calvet par un habitant appelé Raclet. La pierre, extrêmement poreuse, s'effrite sous le moindre contact. Il ne restera bientôt plus rien de l'inscription qu'elle porte. On découvrit, en même temps que cet autel, un petit cippe anépigraphe portant, grossièrement sculptée, la figure d'un personnage debout. Hauteur, 0m24 ; largeur, 0m15 ; épaisseur, 0m10. Hauteur des lettres, 0m018.

Calvet, *Notes,* p. 108 ; *ms. de Marseille*, 3, f° 3, n. 3 et f° 206, n. 19 ; *ms. d'Avignon*, 3, f° 5 et f° 39, n° 10 ; — Seguier, ms. 13816, 2, 11 (lettre de Calvet) ; — *C. I. L.*, n. 2792 ; — Allmer, *Hist. de Lang.*, 15, p. 994 ; — *Sylloge*, n. **29** ; — Binon, n. 85.

Apol(l)ini ; Valerius, Felicionis (filius), v(otum) s(olvit) l(ibens) m(erito).

« A Apollon ; Valerius, fils de Felicio, avec reconnaissance, en accomplissement de son vœu. »

(1) Voy. Beurlier, *Le culte impérial*, p. 195.
(2) Les autels se composaient, en général, de plusieurs parties qui étaient les suivantes : la base (*quadra*), les moulures (*spirae*), le dé (*truncus*), la corniche (*corona*) et l'attique (*lysis*). La corniche et l'attique sont habituellement désignées sous le nom de couronnement.

Le culte d'Apollon, délaissé vers la fin de la République, comme celui de tous les autres dieux, reprit de l'importance sous Auguste, à la faveur de l'adulation privée. L'empereur, disait-on, était le fils d'Apollon : adorer ce dieu devenait une manière détournée de flatter Auguste (1).

La formule *votum solvit libens merito* a été souvent expliquée (2). D'une manière générale, *votum solvere* signifie que l'autel a été promis en échange d'un bienfait ; *merito* rappelle que ce bienfait a été accordé ; *libens* fournit la preuve que le dévot a accompli son vœu spontanément, sans y être obligé par les lois, ce qui se serait produit dans le cas, par exemple, où la promesse de l'autel aurait été faite par écrit ou devant un prêtre (3).

39. — *Autel à Belli....*

Autel rustique, de provenance inconnue, donné au musée, en 1850 par Marius Clément, de *Marseille*, qui le possédait dans son jardin, au quartier Saint-Just. Hauteur, 0m40 ; largeur, 0m25 ; épaisseur, 0m12. Hauteur des lettres, 0m06 et 0m04.

C. Jullian, *Bull. épigr.*, 5, p. 294 ; — Allmer, *Rev. épigr.*, 3, p. 360 (d'après une copie de M. Sagnier) ; dessins, Gard, f° 106 ; — *C. I. L.*, n. 401 ; — *Sylloge*, n. 41 ; — Creuly, *Carnet n. 13*, f° 7 ; — Binon, n. 113.

Belli[....]; T(itus) Atilius Servatus v(otum) s(olvit) l(ibens) m(erito).

« A Belli....; Titus Atilius Servatus, avec reconnaissance, en accomplissement de son vœu. »

Il s'agit, très probablement, de quelque divinité locale, et non pas de *Belenus*. On ne possède, du reste, aucun exemple certain, pour la Gaule, de ce dieu dont on célébrait le culte à Aquilée, et qui semble avoir été tenu pour le même qu'Apollon (4).

(1) Voy. à ce sujet Preller, *Roem. myth*, 3e édit., 1, p. 307. Auguste, qui aspirait à être dieu lui-même, et qui le devint effectivement de très bonne heure, se montra toujours plein de piété pour Apollon. On sait qu'il lui offrit des trépieds fabriqués avec les statues et les quadriges d'argent dont l'enthousiasme des foules l'avait honoré au lendemain de la bataille d'Actium (*Res Gestae*, 4, 51). Auguste fut aussi, très fréquemment, identifié à Mercure (Cf. Krall, *Wiener Studien*, 10, p. 315 ; Kiessling, *Zu Augusteischen Dichtern*, p. 92). Il n'en prit jamais les attributs, contrairement à ce qu'il fit pour ceux d'Apollon. Sur l'évolution religieuse qui s'opéra sous Auguste et en sa faveur, cf. Beurlier, *Le culte impérial*, Paris, 1891, in-8°.

(2) Cf. en particulier, C. Jullian, *Inscript. rom. de Bordeaux*, 1, p. 14.

(3) *Si quis rem aliquam voverit, voto obligatur* (Ulpien, *Digeste*, 50, 12, 12).

(4) Cf. Allmer, *Rev. épigr.*, 3, p. 374. Sur les passages d'Ausone où il est question de deux professeurs de Bordeaux l'un et l'autre voués au culte de Belenus (*Prof.*, 4 et 10), cf. Mommsen, *C. I. L.*, XII, n. 732, note.

40. — Autel à Bergonia.

Autel rustique, avec base et couronnement, trouvé à *Viens*, en 1847, et donné au musée la même année par Achard, archiviste de la préfecture. Hauteur, 0m67; largeur, 0m15; épaisseur, 0m12. Hauteur des lettres, 0m02.

Lenormant, *Mém. présentés à l'Acad. des inscr.*, 1re série, 6¹, 1860, p. 9; — *C. I. L.*, n. 1061; — Allmer, *Rev. épigr.*, 3, p. 378; — *Sylloge*, n. 43; — Binon, n. 66.

Bergoni(a)e; G(aius) L(....) Calvo, v(otum) s(olvit) l(ibens) merito.

« A Bergonia; Gaius L.... Calvo, avec reconnaissance, en accomplissement de son vœu. »

Bergonia, non mentionnée par d'autres inscriptions, était une divinité locale.

« La forme du nom suggère l'idée d'une montagne ou d'une fontaine venant de la montagne (1). »

41. — Autel à Copia

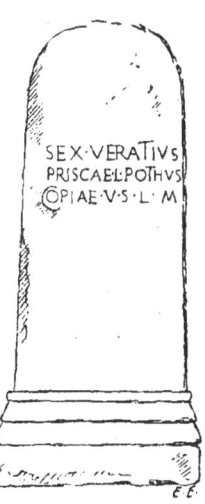

Autel dont le couronnement a été abattu à fleur de dé e retaillé en forme de cintre, la base elle-même n'existe que par devant. Cet autel a été découvert à *Boulbon*, près d'une petite chapelle romane désignée sous le vocable de Saint-Julien, et donné au musée, en 1884, par M. Charles Nicolas, de Boulbon, après être resté longtemps déposé au pied d'une croix, sur le bord du chemin qui conduit au quartier des Grès. Hauteur, 0m84; largeur, 0m32; épaisseur, 0n 27. Hauteur des lettres, 0m037 à la première ligne; 0m028 aux deux suivantes.

Gilles, *Bull de l'Acad. de Vaucluse*, 1, 1879, p. 435; Rochetin, *Mém. de l'Acad. de Vaucluse*, 1883, p. 152; — Gilles, *Voies rom.*, p. 38; — Allmer, *Rev. épigr.*, 2, p. 13; *Corr.*, lettre de G. Charvet, 1er oct. 1883; lettre de Rochetin, 15 déc. 1883; lettre et copie dessinée d'Estève, 21 juin 1885; — Cerquand, *Mém. de l'Acad. de Vaucluse*, 1884, p. 81 (t. à p.) et *Bull. arch. du Com. des trav. hist.*, 1884, p. 152 (t. à p.); — *C. I. L.*, n 1023 add.; — *Sylloge*, n. 61; — *Registre 5*, p. 332; — Binon, n. 65 g.

Sex(tus) Veratius, Priscae l(ibertus), Pothus, Copiae v(otum) s(olvit) l(ibens) m(erito).

(1) Allmer, *Rev. épigr.*, 3, p. 378.

« A Copia ; Sextus Veratius Pothus, affranchi de (Veratia) Prisca, avec reconnaissance, en accomplissement de son vœu. »

« Cette inscription, dit M. Allmer, est intéressante à double titre : par son ancienneté, que la forme des lettres nous paraît fixer au temps d'Auguste, et comme monument de dévotion à une divinité, sans doute rarement invoquée, puisque nous ne sommes pas parvenu à rencontrer un seul autre exemple d'une dédicace à son nom.

« Cette divinité a dû cependant occuper dans le panthéon romain un rang qui n'était pas tout à fait inférieur, car c'est sous son patronage qu'a été fondée la colonie de Lyon, *colonia Copia Lugdunum* (médailles aux têtes adossées de César et d'Octavien et au revers du navire) et, à partir de Claude, *colonia Copia Claudia Augusta Lugdunum*. C'était, en effet, un usage de la République de donner aux colonies, au moment de leur fondation, le nom d'une divinité protectrice, comme nous le fait voir, entre plusieurs autres, l'exemple de Narbonne, appelée *Narbo* de son nom primitif, et *Martius* en l'honneur du dieu Mars ....

« Au bas de la cuirasse historiée d'une magnifique statue d'Auguste, en marbre, trouvée, il y a quelques années, sur l'emplacement présumé d'une villa impériale dite *Ad Gallinas*, se voit une femme allégorique à demi-couchée à la manière des personnifications régionales. Elle est drapée avec ampleur et couronnée de lauriers. Sur ses genoux repose une corne d'abondance dont elle répand autour d'elle les trésors. A ses pieds est un gouvernail. Ne serait-ce pas l'Italie avec les attributs de la déesse Copia mentionnée expressément dans ces vers d'Horace (*Epist.*, I, 12): *Aurea fruges Italiae pleno defudit Copia cornu*, ou avec ceux de la *Felicitas saeculi*, autre divinité qui devait répondre à des idées à peu près pareilles ? »

La déesse *Copia* ne différait sans doute pas d'une autre divinité qui, sous le nom d'*Abundantia*, apparaît très fréquemment sur le revers des médailles romaines postérieures au temps d'Auguste. Elle est représentée sous la forme d'une jeune femme, tenant, de la main gauche, une corne d'abondance, et de la main droite, un bouquet d'épis. Parfois aussi la main droite d'*Abundantia* repose sur la tige d'un gouvernail. A partir du troisième siècle, la déesse est coiffée du *modius* et la corne qu'elle tient est renversée.

Il existe un assez grand nombre de pierres gravées qui figurent un corbeau à côté ou au-dessus d'une corne d'abondance. On est conduit, par suite, à se demander si le surnom de *Copia*, donné à la colonie de Lyon, n'a pas été choisi parce que le mot *Lugudunum* signifiait déjà « colline des corbeaux » ? (1)

D'autres abstractions, telles que Cérès et la Fortune, étaient peut-être encore, au moins dans les derniers temps du paganisme, dans un rapport assez étroit avec la déesse *Copia*. On leur trouve aussi comme attributs la corne d'abondance et le gouvernail (2).

---

(1) Sur l'étymologie de *Lugudunum*, cf. Allmer, *Musée de Lyon*, 2, p. 173.
(2) Cf. Salomon Reinach, *Descript. raisonnée du musée de Saint-Germain-en-Laye*, t. I, p. 27 et suiv.

42. — *Autel à Diane de* Tifata.

Autel en mauvais état découvert à Valréas et donné au musée, en 1843, par Sabatery. Au-dessous de l'inscription, la face principale est décorée d'une figure de Diane. La déesse, à droite, portant le vêtement de chasse, se retourne vers la gauche. Elle a le pied gauche posé sur un cerf et l'autre pied sur un rocher; elle tient son arc de la main gauche et, de la main droite, cherche à prendre une flèche dans son carquois. Un chien est couché entre ses pieds. Hauteur, 1ᵐ22 ; largeur, 0ᵐ60 ; épaisseur, 0ᵐ31. Hauteur des lettres, 0ᵐ02.

Dons faits au musée pendant les années 1840 à 1845, p. 71 ; — Long, p. 455 ; — Henzen (d'après Long), n. 5709 ; — Herzog, n. 449 ; — *C. I. L.*, n. 1705 ; — *Sylloge*, n. 81 ; — Creuly, *Carnet* n. 13, f° 22 ; — Binon, n. 46.

Dianae [Ti]fatinae....in....cis; M(arcus) Iccius Mummius.

« A Diane *Tifatina* ; à ....; Marcus Iccius Mummius. »

Diane *Tifatina* était ainsi nommée d'un temple qu'elle possédait à Tifata, près de Capoue (1).

43. — *Autel aux Destinées.*

Autel rustique vu par Séguier dans la collection du chanoine Pichon, à *Nîmes* ; transporté au château de Vézenobres et offert à Calvet, quelques années plus tard, par le marquis de Calvière. Au dessus de l'inscription : trois femmes debout chacune dans une niche. Hauteur de l'autel, 0ᵐ23 ; largeur, 0ᵐ14 ; épaisseur, 0ᵐ08. Hauteur des lettres, 0ᵐ016

Séguier, *ms. de Paris* 16930, p. 1450 ; — Vincens et Baumes, *Topog.*, p. 570 ; — Calvet, *ms. de Marseille*, 3, f° 3 et f° 206, n. 21 ; *ms. d'Avignon*, 3, f° 49, n. 23 ; — Guérin, *Panor.*, p. 235 ; — *C. I. L.*, n. 3045 ; — Allmer, *Hist. de Lang.*, 15, p. 1173 ; — *Syl.oge*, n. 90 ; — Binon, n. 86.

Fatis ; votum s(olutum) l(ibens) m(erito).

« Aux Destinées ; vœu accompli avec reconnaissance. »

Ainsi que les Mères, les Proxsumes et les Nymphes, les Destinées ou Parques sont au nombre de trois sur les monuments. Elles apparaissent dans les inscriptions sépulcrales, et plus particulièrement dans celles en vers, comme des divinités de la mort

(1) Cf. **Lafaye**, *Revue de l'hist. des religions*, 20, 1889, p. 5 1.

inexorables et cruelles (1). Malgré certaines confusions commises par les dévots (2), l'identité n'était pas absolue, croyons-nous, entre les Destinées et les Mères. Nous voyons, au contraire dans celles-ci, par la corne d'abondance qu'elles tiennent à la main, par les fruits, ou même par les enfants qu'elles portent sur leurs genoux, des divinités bienfaisantes et protectrices, conception première des bonnes fées.

44. — *Autel aux Destinées.*

Autel rustique découvert, en 1834, au fond d'un puits, au *Sablet*, près de Vaison. Hauteur, 0m60 ; largeur, 0m26 ; épaisseur, 0m16. Hauteur des lettres, 0m015.

Deloye, *Rev. des Soc. sav.*, 6ᵉ sér., 1, 1875, p. 170 ; — *C. I. L.*, n. 1281 ; — *Sylloge*, n. 89 ; — Creuly, *Carnet* n° *13*, f° 32 ; — Allmer, notes ms., *Voc.*, pp. 19 et 20 (copie dessinée) ; — Binon, n. 117.

Fatis ; Cornelius [Ach]il(laeus).
« Aux Destinées ; Cornelius Achillaeus. »

Le surnom servile *Achillaeus* prouve que le dévot était un affranchi.

45. — *Autel à Jupiter.*

Autel grossier, sans base ni couronnement, découvert, à *Tresques*, dans la propriété du comte de Vogüé, qui le donna au musée en 1850. Chaque lettre de la seconde ligne est suivie d'une feuille de lierre que le dessin ci-contre n'indique pas. Une autre feuille de lierre, plus grande que les précédentes, commence la dernière ligne. Hauteur, 1m40 ; largeur, 0m44 ; épaisseur, 0m40. Hauteur des lettres, 0m08.

Pelet, *ms.*, 2, p. 4 ; — *C. I. L.*, n. 2753 ; — Allmer, *Hist. de Lang.*, 15. p. 991 ; dessins, *Gard*, f° 41 ; — *Sylloge*, n. 216 ; — Creuly, *Carnet* n. *13*, f° 8 ; — Binon, n. 97.

Jovi Optimo (Maximo) ; dedicavit C(aius) J(ulius) X[en]on.

« A Jupiter, très bon, très grand. Autel dédié par Caius Julius Xenon. »

La restitution du nom du dévot, déjà proposée par M. Hirschfeld, est probable mais non certaine.

---

(1) Cf. *C. I. L.*, V, n. 9241, 12652 ; Brambach, *C. Rh.*, n. 1154.
(2) Cf. Florian Vallentin, *Le culte des Matrae*, p. 21.

— 61 —

Comme la plupart des cultes du monde latin, celui de Jupiter *Optimus Maximus* était d'importation orientale (1). Il prit à Rome un caractère national et se répandit très vite dans les provinces, où son existence est attestée par de nombreux autels (2).

46. — *Autel à Jupiter.*

Fragment d'autel en pierre grossière trouvé en 1840, au *Villars*, arrondissement d'Apt, dans la propriété de Charles Eymieu qui le donna au musée la même année. Hauteur, 0m33 (le couronnement manque); largeur, 0m22; épaisseur, 0m65. Hauteur des lettres, 0m040 et 0m035.

C. I. L., n. 1074; — *Sylloge*, n. 222; — Creuly, *Carnet* n. 13, f° 17; — Allmer, notes ms., *Voc.*, p. 1 (copie dessinée); dessins, *Vaucl.*, f° 19; — Binon, n. 64.

[*Jovi Optim(o)*] *M(ax)imo Conservatori; v(otum) s(olvit) l(ibens) m(erito) Q(uintus) I(ulius) M(....).*

« A Jupiter, très grand, très bon, conservateur. Quintus Julius M..., avec reconnaissance, en accomplissement de son vœu. »

Le dévot s'est contenté d'inscrire, sur l'autel, les initiales de ses noms. Cette particularité, déjà constatée sur d'autres autels de Vaison et de Nîmes, a fait supposer à M. Allmer qu'il y avait là une marque de la ténacité prolongée des populations rurales aux habitudes gauloises. « Dans tous les cas, dit-il, c'était contraire aux habitudes romaines (3). »

L'épithète de *Conservator* n'était pas uniquement donnée à Jupiter, mais ce dieu ainsi qualifié est connu par de nombreux exemples (4). Sa protection s'exerçait à la fois sur les individus et sur les choses (5). Il était particulièrement invoqué par les militaires, aussi bien lorsqu'ils se trouvaient dans un camp, que pen-

---

(1) Lucius Ampelius, dans son énumération des dieux, mentionne un Jupiter *Optimus Maximus* qui serait originaire de la Crète (*Liber memorialis*, 9).

(2) Le caractère national du culte de Jupiter *Optimus Maximus* ne fait aucun doute pour Cicéron. « Le peuple romain, dit-il en parlant de Jupiter, lui avait donné les surnoms d'*optimus* et de *maximus,* celui-là à cause de sa bonté, celui-ci à cause de sa puissance, et en plaçant le surnom d'*optimus* avant celui de *maximus*, il avait voulu marquer que la bonté vaut mieux que la puissance » (*De nat. deor.*, 2, 25, 64). Sur les épithètes réunies d'*optimus* et de *maximus*, cf. Preller, *Roem. Myth.*, 3e édit., 1883, p. 206. Voyez également Allmer, *Inscript. de Vienne*, 2, p. 244.

(3) *Rev. épigr.*, 2, p. 107.

(4) On en trouvera la liste dans De Ruggiero, *Diz. épigr.*, 2, p. 607.

(5) *C. I. L.*, XII, 1066add : *Conservator omnium rerum;* V, 4241 : *Conservator possessionum ;* VI, 241 : *Conservator cursorum Caesaris nostri;* 406 : *Conservator totius poli,* etc.

dant les marches qu'ils avaient à effectuer pour se rendre à leur poste (1).

47. — Autel à Jupiter.

Fragment d'autel trouvé à *Orange* et donné au musée par Nogent, en 1851. Hauteur, 0ᵐ15 ; largeur, 0ᵐ19 ; épaisseur, 0ᵐ04. Hauteur des lettres, 0ᵐ06.

C. I. L., n. 1219 ; — Binon, n. 118 f.

[I]ovi [op̣timo] M[a]x[imo...
« A Jupiter, très bon, très grand... »

48. — Autel à Jupiter.

Fragment d'autel trouvé à *Saint-Saturnin d'Apt* et acquis par le musée en 1870. Hauteur, 0ᵐ23 ; largeur, 0ᵐ24 ; épaisseur, 0ᵐ23. Hauteur des lettres, 0ᵐ03.

Inédit.

[I]ovi O(ptimo) M(aximo) ; [v(otum)] s(olvit) l(ibens) [m(erito)]...

« A Jupiter, très bon, très grand ; ... avec reconnaissance, en accomplissement de son vœu. »

49. — Autel à Jupiter.

« Autel, autrefois à *Cadenet* ; ensuite enchassé horizontalement dans le coin du mur de la Croix-Blanche, ancienne auberge hors du pays, sur la grande route » (Allmer). Donné au musée, en 1842, par Rippert, de Cadenet. Hauteur, 0ᵐ72 ; largeur, 0ᵐ40 ; épaisseur, 0ᵐ21. Hauteur des lettres, 0ᵐ042.

Calvet, *Notes*, p. 118 ; ms. de Marseille, 3, f° 36 ; 4, f° 341 v° ; ms. d'Avignon, 3, f° 1 ; f° 36, n° 5 ; 4, f° 341 ; — Ch. Roland, *Cadenet*, 1, p. 256 ; — Rabiet, *Mém. des Ant. de F.*, 1885, p. 336 ; — C. I. L., n. 1069 ; — Allmer, *Rev. épigr.*, 2, p. 409 ; — *Sylloge*, n. 69 ; — Renier, *Fiches*, t. 26, f° 39 ; — *Registre* 2, p. 104 ; — Binon, n. 50.

L'inscription de cet autel a été retouchée par une main moderne, dans la bonne intention, peut-être, ainsi que l'a soupçonné M. Allmer, de faire profiter à Dieu l'acte de dévotion destiné à Jupiter. La copie Calvet est, en effet, ainsi conçue :

(1) Cf. Mowat, *Rev. arch.*, 14, 1889, p. 373, qui n'envisage que ce dernier cas.

I·O·M
C·IVLI·V...
AVENNV·
« sic »   A S L M

Il faut renoncer, par cela même, à la lecture : *D(eo) O(ptimo) M(aximo)*, que l'on a jusqu'ici proposée, mais l'interprétation de ce texte n'en reste pas moins obscure. Par son manque de symétrie, par rapport au reste de l'inscription, l'A qui commence la quatrième ligne est peut-être parasite, ainsi que l'S de la seconde. Il nous paraît, dans ces conditions, qu'il est possible de traduire :

I(ovi) O(ptimo) M(aximo) ; C(aius) Iul(ius) V(....), Avenn(iensis), v(otum) s(olvit) l(ibens) m(erito).

« A Jupiter très bon, très grand ; Caius Julius V..., d'Avignon, avec reconnaissance, en accomplissement de son vœu. »

On trouvera plus loin un autre exemple d'un surnom abrégé par sa première lettre dans une inscription où le gentilice est entièrement exprimé (1).

50. — *Autel à Jupiter* Depulsorius.

Autel rustique, sans base ni couronnement, trouvé par un cultivateur sur le territoire de la commune de *Villars*, « non loin de la partie du territoire d'Apt qui porte le nom de quartier *dei Sourete*, où est aussi une maison de campagne appelée *Sorete* » (Reg.). Acquis, en 1876, par l'entremise de M. Auguste de Boudard. Hauteur, 0ᵐ34 ; largeur, 0ᵐ20 ; épaisseur, 0ᵐ147. Hauteur des lettres, 0ᵐ012.

C. I. L., n. 1067 ; — *Sylloge*, n. 194 ; — *Registre 4*, p. 28 ; — Binon, n. 45 a.

Jovi Dep[ul]sorio ; C[or]nelius [Ex]soratu[s], ex iuss[u].

« A Jupiter *Depulsorius* ; Cornelius Exsoratus, par ordre (du dieu). »

De tous les dieux du Panthéon romain, Jupiter est un de ceux qui ont reçu le plus de surnoms. Chacun d'eux n'avait, du reste, pour but que de caractériser quelque fonction spéciale. Jupiter *Depulsorius* préservait l'humanité des calamités, des malheurs et des embûches. Son invocation a pu être inspirée, dans bien des cas, par la crainte de redoutables événements, comme la guerre, la peste, les tremblements de terre ou la famine (2). C'est en général

(1) Ci-après, n° 53.
(2) La Gaule fut ravagée par la peste à différentes reprises : d'abord en 166, sous Marc-Aurèle, ensuite en 186 sous Commode, enfin en 262, sous Gallien. Cette dernière,

per somnium, ainsi qu'il est dit dans une inscription de Nimes (1), que se manifestait l'ordre du dieu (2).

51. — *Autel à Jupiter* Depulsorius.

Autel allongé avec base et couronnement, « découvert par le sieur R... dans sa propriété sise au quartier des Condamines, commune de *Saint-Romain-en-Viennois*, au levant, à environ 200 mètres de sa résidence » (Binon). Acquis, en 1842, de Lunel, père. — Hauteur, 0^{m}87 ; largeur, 0^{m}30 ; épaisseur, 0^{m}20. Hauteur des lettres, 0^{m}05.

Bursian, *Archaeol. Ztg.*, 1853, p. 398; — *C. I. L.*, n. 1288; — *Sylloge*, n° 193; — Creuly, *Carnet n. 13*, f° 17; — Allmer, notes ms., *Voc.*, p. 5 (copie dessinée); dessins, *Voc.*, f° 22; — Binon, n° 45.

Iovi Depulsorio ; Servandus v(otum) s(olvit) l(ibens) m(erito).

« A Jupiter *Depulsorius*; Servandus, avec reconnaissance, en accomplissement de son vœu. »

52. — *Autel à Mars.*

Base de marbre destinée à supporter une statuette du dieu Mars. Elle a été découverte à *Vaison*, dans le mur du jardin de l'évêché, et acquise, en 1828, de Giraudy, notaire à Vaison. Hauteur, 0^{m}24 ; largeur, 0^{m}20 ; épaisseur, 0^{m}24. Hauteur des lettres, 0^{m}028 et 0^{m}016.

Suarès, *ms. du Vatican*, 9141, f° 13, n° 13 et f° 27; — *ms. Barb.*, 80, 92, f° 74 (d'après lui Fabretti, 602, 23); — Peiresc, *ms. 8957*, f° 21 (copie envoyée par Suarès); — Bénédictins, *Voy.*, 1, 294 (d'après eux Martin, *Antiq.*, p. 74); — Boyer, *Cathédr.*, 2, 75; — Bimard, *fiches de Murat.*, 31, 231 (d'après lui Muratori, 42, 6; Hagenbuch, *epist. epigr.*, p. 21); — Saint-Véran, *ms. de Carpentras*, 1, p. 1, n° 1; Moreau de Vérone, p. 78; — Calvet, *Notes*, p. 78, n. 38; *ms. de Marseille*, 3, f° 139; *ms. d'Avignon*, 1, f° 9; — Millin, 4, 148; — Breton, *Mém. Ant. F.*, 16, 1842, p. 121; — Long, p. 475; — *C. I. L.*, n. 1295; — *Sylloge*, n. 263; — Binon, n. 10.

qui s'étendit sur le monde entier, fut plus particulièrement terrible. Elle donna lieu, dans tout l'Empire, à des sacrifices expiatoires (Tillemont, *Hist. des Emp.*, 3, p. 288 et 321). Sous Valentinien III, en 449, sous Anastase, en 513, la famine accabla de nouveau l'Italie et la Gaule (*Ibid.*, 6, pp. 238 et 579). Des tremblements de terre, celui qui est resté le plus célèbre se produisit sous Gordien le Pieux. On fit encore, à cette occasion, des sacrifices expiatoires (*Ibid.*, 3, p. 253). Un autre tremblement de terre eut lieu sous Gallien (*Ibid.*, 3, p. 321).

(1) *C. I. L.*, XII, n. 5840.

(2) Un autel de Vaison, aujourd'hui conservé au musée de Saint-Germain-en-Laye, est dédié *Iovi Optimo Depulsorio* (*C. I. L.*, XII, n. 1287).

Marti ; T(itus) Agileius, Q(uinti) f(ilius), Rufus, Sex(tus) Agileius, Q(uinti) f(ilius), Pedo v(otum) s(olverunt), l(ibentes) m(erito).
« A Mars ; Titus Agileius Rufus, fils de Quintus, Sextus Agileius Pedo, fils de Quintus, avec reconnaissance en accomplissement de leur vœu. »

Avec celui de Mercure, le culte de Mars était, en Gaule, le plus répandu. Dans la plupart des cas, cependant, il ne s'agissait que d'une personnification locale et non pas du dieu Mars romain. M. Mowat a rappelé que seuls parmi tous ceux de la Gaule, les temples de Mars avaient le privilège de recevoir des legs, à l'instar d'un petit nombre des plus fameux sanctuaires de l'Empire (1).

53. — Autel à Mars.

Autel en pierre tendre découvert à *Vaison* à une date inconnue et acquis, en 1828, du notaire Giraudy. Hauteur, 0^m56; largeur, 0^m26; épaisseur, 0^m18. Hauteur des lettres, 0^m048, 0^m41 et 0^m32.

Calvet, *Notes*, p. 180 ; *ms. de Marseille*, 5, suppl. n° 25 ; *ms. d'Avignon*, 3, f° 10 (d'après Giraudy) ; — Millin, 4, p. 118 ; — Breton, *Mém. Ant. F.*, 16, 1842, p. 121 ; — Long, p. 475 ; — *C. I. L.*, n. 1266 ; — *Sylloge*, n. 267 ; — Allmer, notes ms., *Voc.*, p. 24 ; — Binon, n. 18.

Marti ; L(ucius) Ceioni(us) F(....us) v(otum) s)olvit) l(ibens) m(erito).
« A Mars ; Lucius Ceionius F...us, avec reconnaissance, en accomplissement de son vœu. ».

Cette lecture, quoique non certaine, nous paraît préférable à celle *Marti L(ucii) Ceioni(i) F(...i)*, que l'on a jusqu'ici proposée. Il ne s'agit pas, croyons-nous, du dieu Mars d'un dévot, mais plus simplement d'une dédicace à Mars faite par un dévot dont le nom a été abrégé fautivement.

54. — *Autel à Mars* Albiorix.

Autel avec base et couronnement découvert au *Sablet*, en 1834. « Le sieur Arenne, dit Binon, désirant avoir un puits dans sa propriété, désigna au maçon l'endroit où il le voulait. Celui-ci se mit à l'œuvre et fut tout étonné, en creusant à la place indiquée,

---

(1) Mowat, *Notice épigr. de diverses antiquités*, Paris, 1887 ; in-8°, p. 77. Cf. *Ulpiani fragmenta*, XXII, 6 (p. 63 de l'édition Boecking.

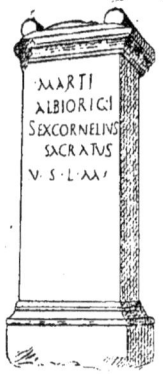

de trouver un puits tout préparé, parfaitement conditionné, et recouvert seulement de quelques grosses pierres. On retira de ce puits le présent autel et cinq autres très petits, dont un porte sur le devant trois figures de femmes en relief [ci-dessus n° 44] et quelques traces d'une inscription. » Les autres sont anépigraphes. La trouvaille fut acquise la même année par le musée. Hauteur de l'autel, 1m82; largeur, 0m70; épaisseur, 0m37. Hauteur des lettres, 0m078.

De Witte, *Bull. de l'Acad. de Bruxelles*, 3, 2, 1841, p. 141; — *L'Institut*, 6, 1841, p. 160; — Bursian, *Archaeol. Zeitg*, 1853, p. 398; — Deloye, *Rev. des Soc. sav.*, 6e sér., 1, 1875, p. 164; — Courtet, *Dictionn.*, 326; — Wal, *Myth. septent.*, n° 292; — Vallentin, *Divin. indig.*, p. 35; — Henzen, n. 5867; — *C. I. L.*, n. 1300; — Allmer, *Rev. épigr.*, 3, p. 322; dessins, *Voc.*, f° 24; — *Sylloge*, n. 280; — Binon, n. 43.

Marti Albiorigi; Sex(tus) Cornelius Sacratus v(otum) s(olvit) l(ibens) m(erito).

« A Mars Albiorix; Sextus Cornelius Sacratus, avec reconnaissance, en accomplissement de son vœu.

« Mars, comme dieu local, dit M. Allmer, est ordinairement la personnification d'un territoire en montagne ou d'un parcours dangereux. L'identification avec ce dieu peut s'expliquer par le péril qu'on courait dans la traversée de lieux sauvages, le plus souvent couverts de forêts, d'avoir à se défendre contre l'attaque des malfaiteurs ou des animaux.

« Le village du Sablet est situé au pied d'un des contreforts du mont Ventoux; un village voisin porte le nom de Saint-Christol d'Albion; un autre, non moins également, se nomme le Revest-du-Bion, mais en latin du moyen âge *Revestum Albionis*. Mars Albiorix aurait été le dieu protecteur d'un quartier montagneux, qui déjà à l'époque romaine se serait appelé *Albio* et dont le nom a laissé sa trace dans ceux de Saint-Christol-d'Albion et de Revest-du-Bion. Il s'agit probablement d'un massif dénudé, auquel l'aspect blanchâtre de sa constitution calcaire aura valu ce nom d'Albion, qu'on sait avoir été donné pour une raison du même genre aux côtes de la Grande-Bretagne.

« A l'aide d'étymologies puisées dans la langue celtique, on avait expliqué le mot *Albiorix* par *roi des Alpes*, qualification qu'on avait appliquée au mont Ventoux. Des inscriptions depuis longtemps connues, mais restées incomprises, démontrent que le Ventoux, en provençal *Ventour* et *Vintour*, avait déjà ce dernier nom à l'époque romaine et vraisemblablement dès longtemps auparavant (1). »

55. — *Autel à Mars* Albiorix.

Minuscule autel découvert à *Saint-Saturnin-d'Apt*, en 1870, et acquis par le musée la même année. La face principale est décorée de deux couronnes; les faces latérales portent chacune une guirlande. Hauteur, 0m19 (la base manque); largeur, 0m13; épaisseur, 0m10. Hauteur des lettres, 0m022. La dernière lettre de la première ligne est incertaine; on peut hésiter entre un F et un E.

Deloye, *Rev. des soc. sav.*, 6e sér., 1, 1875, p. 165; — Vallentin, *Divin. indigètes*, pp. 36 et 85; — *C. I. L.*, n. 1060; — Allmer, *Rev. épigr.*, 3, p. 322; — *Sylloge*, n. 13; — Binon, n. 62 h.

(1) Allmer, *Rev. épigr.*, 3, p. 322.

Albioric(i) ; *E(....)* ? *v(otum) s(olvit) l(ibens) m(erito)*.

« A (Mars) Albiorix ; E...., avec reconnaissance, en accomplissement de son vœu. »

Il faut renoncer à la lecture *Albioric(a)e*. La dernière lettre de la première ligne, séparée de la précédente par un point, ne peut être que l'initiale du nom du dévot.

56. — *Autel à Mars* Belado.

Autel de marbre, avec base et couronnement, trouvé à la *Tour d'Aigues*, en 1892. Acquis, la même année, du couvent des religieuses de la Tour-d'Aigues. Hauteur, 0m305 ; largeur, 0m215 ; épaisseur, 0m16. Hauteur des lettres, première ligne, 0m019 ; lignes suivantes, 0m016.

Allmer, *Rev. épigr.*, 2, p. 381 et 3, p. 360 ; — *Sylloge*, n. 288 ; — *Registre 4*, p. 243 ; — Binon, n. 130.

Marti Beladoni ; *T(itus) Fl(avius) Justus ex iussu.*
« A Mars Belado ; Titus Flavius Justus, d'après l'ordre (du dieu). »

M. Allmer rapproche le mot *Belado* du nom donné au massif montagneux de Belledonne, sur la limite des départements de l'Isère et des Hautes-Alpes. Il suppose que le dieu Mars, dont l'autel s'est rencontré à la Tour-d'Aigues, personnifiait un mont, un rocher, une cime présentant d'une manière plus ou moins saisissable la vague silhouette d'une forme humaine, à laquelle l'imagination populaire aurait même trouvé une belle prestance (1). Mars « Beau-Dom » serait, d'après M. Allmer, le parallèle de la « Belle-Donne ».

57-68. — *Autels à Mars* Nabelcus.

Les douze autels ou fragments d'autels qui vont suivre ont été trouvés, en 1857, au fond d'un puits romain, très solidement bâti, dans la propriété de Joseph Fabre, au quartier de la Rambaude, terroir de *Saint-Didier*, arrondissement de Carpentras. Ils furent acquis par le musée, peu de temps après leur découverte, avec quatre autres pierres sans inscriptions, une ascia de fer, un grand bronze de Commode et un as de la colonie de Nimes provenant du même endroit.

Nous avons par là le témoignage qu'il y avait, à Saint-Didier, un temple de Mars. L'entassement des autels au fond d'un puits prouve, d'un autre côté, que le culte

(1) *Rev. épigr.*, 3, p. 160.

de ce dieu disparut brusquement. Peut-être fut-il aboli à la suite des édits de Théodose, lorsque les pratiques païennes devinrent un crime que la loi punissait de mort (1).

57. — Autel avec base et couronnement. Hauteur, 0ᵐ41 ; largeur, 0ᵐ15 ; épaisseur, 0ᵐ16. Hauteur des lettres, 0ᵐ022.

Rochetin, *Mém. Acad. de Vaucl.*, 3, 1884, p. 36 ; — Allmer, *Rev. épigr.*, 2, p. 317 ; *Corr.*, Lettre de Rochetin, 24 sept. 1883 ; — *C. I. L.*, n. 1170 ; — *Sylloge*, n. 298 ; — *Registre 3*, p. 39 ; — Binon, n. 43 *f.*

M(arti) Nabelco ; v(otum) s(olvit) l(ibens) m(erito) T[i]berius Marci[a]nus.

« A Mars *Nabelcus* ; Tiberius Marcianus, avec reconnaissance, en accomplissement de son vœu. »

La séparation des syllabes par des points est une fantaisie du lapicide.

Une inscription de Monnieux, conservée au musée de Sault, est également dédiée *Marti Nabelco* (2).

58. — Autel dont la base et le couronnement font défaut. Longueur, largeur et épaisseur, 0ᵐ23. Hauteur des lettres, 0ᵐ022. On distingue encore des traces de couleur rouge dans les moulures et le creux des lettres.

C. I. L., n. 1161 ; — *Sylloge*, n. 251 ; — *Registre 3*, p. 39 ; — Allmer, dessins, *Vaucl.*, fᵒ 39 ; — Binon, n. 43 *a*.

Marti ; v(otum) s(olvit) l(ibens) m(erito) M(arcus) Aquillius Avitus pro Firmo f(ilio) s(uo).

« A Mars ; Marcus Aquillius Avitus pour le salut de son fils Firmus, avec reconnaissance en accomplissement de son vœu. »

Il ne s'agit pas d'un autel offert par un dévot pour le compte de son fils ou, peut-être, de son frère. La formule *pro filio* a pour équivalent celle *pro salute filii*. C'était sans doute pendant une maladie de Firmus, ou plus simplement à l'occasion d'un voyage entrepris par celui-ci, qu'Avitus avait fait le vœu de consacrer un

(1) D'autres trouvailles d'autels amoncelés se sont produites sur différents points de la Gaule. Vingt-sept autels, dédiés comme ceux de Saint-Didier à un Mars local, furent extraits, les 15 et 18 juin 1885, d'une carrière près d'Aire-sur-Adour (cf. Dʳ Sorbets, *Bull. de la Soc. du Borda*, 1885, p. 169 ; — Allmer, *Rev. épigr.*, 2, p. 147 ; — *C. I. L.*, XIII, pp. 55 et 56).

(2) *C. I. L.*, XII, p. 1169 ; — *Sylloge*, n. 298.

autel au dieu Mars dont le temple se trouvait à Saint-Didier. Ce qu'était ce dieu, nous l'ignorons. Il est seulement fort probable que nous sommes en présence d'une divinité topique, dont le surnom nous est donné par l'inscription précédente (1). D'après Rochetin, dont l'opinion n'a rien d'impossible, Mars *Nabelcus* représenterait le dieu tutélaire et éponyme de la vallée de la Nesque (2). Nous avons déjà rappelé, d'après M. Allmer, que, lorsqu'il remplissait le rôle de Génie local, Mars était, le plus souvent, la personnification d'une montagne.

59. — Autel avec base et couronnement mutilés. Hauteur, 0^m90; largeur, 0^m36; épaisseur, 0^m25. Hauteur des lettres, 0^m028 à 0^m032 aux trois premières lignes, 0^m05 à la dernière. Traces de coloration rouge.

C. I. L., n. 1167; — *Sylloge*, n. 281; — *Registre 3*, p. 39; — Allmer, dessins, *Vaucl.*, f° 40; — Binon, n. 43 *b*.

Marti Aug(usto); *L(ucius) Calvisius Aulinus, v(otum) s(olvit) l(ibens) m(erito)*.

« A Mars Auguste; Lucius Calvisius Aulinus, avec reconnaissance, en accomplissement de son vœu. »

L'épithète d'Auguste n'exclut pas l'hypothèse d'un dieu Mars *Nabelcus*. Elle témoigne seulement du rajeunissement de l'ancien culte, et de la détermination prise par Auguste de placer toutes les divinités considérées comme des dieux Lares, sous la dépendance du Génie de l'Empereur, Lare suprême.

66. — Autel allongé, avec base et couronnement. A droite, dans le sens de la longueur, un éclat de la pierre a fait disparaître une partie du texte. Hauteur, 0^m54; largeur, 0^m22; épaisseur, 0^m11. Hauteur moyenne des lettres, 0^m033.

C. I. L., n. 1163; — *Sylloge*, n. 275; — *Registre 3*, p. 39; — Allmer, dessins, *Vaucl.*, f° 37; — Binon, n. 43 *d*.

Mart[i]; *Pedulu[s]*.

« A Mars; Pedulus. »

---

(1) Dans la découverte d'Aire-sur-Adour (page précédente, note 1), sur quatre autels en parfait état, deux sont dédiés *Marti Lelhunno*; le surnom du dieu est omis sur le troisième, et le quatrième ne mentionne pas la divinité.

(2) *Mém. Acad. Vaucl.*, 3, 1884, p. 37.

— 70 —

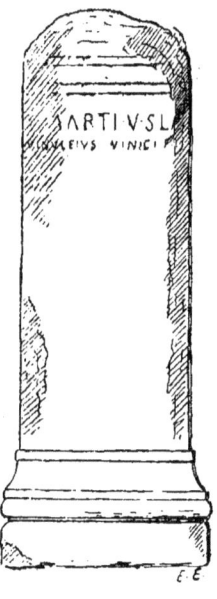

61. — Autel allongé avec base et couronnement. Hauteur, 0^m75 ; largeur de la face vers le milieu, 0^m22 ; épaisseur, 0^m30. Hauteur des lettres, 0^m26 à la première ligne, 0^m17 à la suivante.

C. I. L., n. 1165 ; — Sylloge, n. 269 ; — Allmer, dessins, Vaucl., f° 36 ; — Binon, n. 43 c.

Marti ; v(otum) s(olvit) l(ibens) m(erito) Vin[u]leius, Vinici f(ilius).

« A Mars ; Vinuleius, fils de Vinicus, avec reconnaissance, en accomplissement de son vœu. »

62. — Autel avec base et couronnement. Hauteur, 0^m54 ; largeur, 0^m21 ; épaisseur, 0^m16. Hauteur moyenne des lettres, 0^m015.

C.I.L., n. 1162 ; — Sylloge, n. 252 ; — Registre 3, p. 39 ; — Allmer, dessins, Vaucl., f° 38 ; — Binon, n. 43 e.

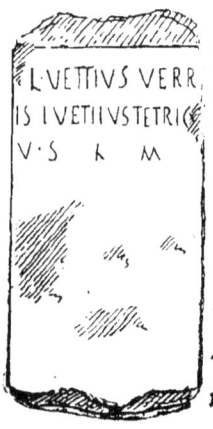

Martialis pro Silvestre Marti v(otum) (solvit) l(ibens) m(erito).

« A Mars ; Martialis pour le salut de Silvester, avec reconnaissance, en accomplissement de son vœu. »

Nous renvoyons, pour la traduction de ce texte, à ce que nous avons déjà dit à propos de l'inscription n° 58. On notera la forme particulière des L et des A.

63. — Dé d'autel encore pourvu d'une partie très mutilée de son couronnement. Hauteur, 0^m60 ; largeur, 0^m29 ; épaisseur, 0^m146. Les lettres de cette dédicace sont à peine ébauchées et ne se distinguent plus que très difficilement. Hauteur moyenne, 0^m033.

C. I. L., n. 1183 ; — Registre 3, p. 39 ; — Allmer, dessins, Vaucl., f° 46 ; — Binon, n. 43 g.

[Marti] ; L(ucius) Vettius Verr[e]s, T(itus) Vet[t]ius Tetricu[s], v(otum) s(olverunt) l(ibentes) m(erito).

« A Mars ; Lucius Vettius Verres, Titus Vettius Tetricus, avec reconnaissance, en accomplissement de leur vœu. »

64. — Autel avec base et couronnement. Hauteur, 0m52; largeur, 0m20; épaisseur, 0m15. Hauteur des lettres, 0m015.

C. I. L., n. 1172; — Registre 3, p. 39; — Allmer, dessins, Vaucl., f° 35; — Binon, n. 43 h.

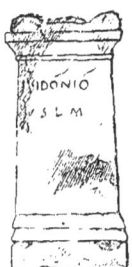

[S]idonio v(otum) s(olvit) (libens) (merito).
« (A Mars); Sidonio, avec reconnaissance, en accomplissement de son vœu. »

La lecture de la première lettre est douteuse et, comme conséquence, le mot *Sidonio* reste incertain ; mais il ne paraît pas que la pierre ait jamais fourni d'autres indications que le nom d'un dévot et la formule habituelle de clôture de la dédicace des autels. Il semble bien, d'un autre côté, qu'il ne manque qu'une seule lettre avant le premier I, et non pas deux ou trois comme on l'a supposé. Le nom de la divinité n'a pas été exprimé, mais la provenance de la pierre indique suffisamment qu'il s'agit encore du dieu Mars *Nabelcus*, dont le temple était à Saint-Didier. Si l'intention du dévot est aujourd'hui de nature à nous échapper, il n'en était pas de même dans l'antiquité, lorsque l'autel était debout aux abords du temple ou peut-être à l'intérieur (1).

65. — Fragment d'autel rustique, sans base ni couronnement. Hauteur, 0m20; largeur, 0m15; épaisseur, 0m10. Hauteur moyenne des lettres, 0m018.

C. I. L., n. 1184; — Registre 3, p. 39; — Binon, n. 43 i.

L'inscription de cet autel est tellement barbare, qu'une interprétation satisfaisante n'est pas possible. Il faut peut-être lire :

M(arti) Nub(elco), Jovius v(otum) s(olvit) me(rito).
« A Mars Nabelcus, Jovius avec reconnaissance, en accomplissement de son vœu. »

---

(1) M. Hirschfeld a dit des lettres IDONIO : *fortasse Martis cognomen*, mais cette supposition nous paraît peu probable.

66. — Fragment d'autel. Hauteur, 0m36 ; largeur, 0m44 ; épaisseur, 0m07. Hauteur des lettres, 0m33. Les lettres que nous donnons en pointillé ne sont connues que par les copies de Deloye et de Binon. Le fragment qui les portait est aujourd'hui perdu.

C. I. L., n. 1166 ; — *Registre 3*, p. 39 ; — Binon, n. 43 *l*.

[*Marti*] ; *v*(*otum*) *s*(*olvit*) *l*(*ibens*) *m*(*erito*) M[...., ...*om*]*onis f*(*ilius*).

« A Mars ; M... fils de ... omo, avec reconnaissance, en accomplissement de son vœu »

Le père du dévot avait peut-être un nom gaulois.

67 — Fragment d'autel. Hauteur, 0m28 ; largeur, 0m32 ; épaisseur, 0m05. Hauteur moyenne des lettres, 0m32.

C. I. L., n. 1168 ; — *Registre 3*, p. 39 ; — Binon, n. 43 *m*.

[*M*]*arti* ; M[.... *Fi*]*rmus v*(*otum*) *s*(*olvit*) [*l*(*ibens*) *m*(*erito*)].

« A Mars ; M.... Firmus, avec reconnaissance, en accomplissement de son vœu. »

....L I
....V·S
....V S

68. — Fragment d'autel incomplet de tous les côtés, sauf à droite. Hauteur, 0m075 ; largeur, 0m055 ; épaisseur, 0m065. Hauteur des lettres, 0m023.

C. I. L, n. 1186 ; — *Registre 3*, p. 39 ; — Binon, n. 43 *n*.

Les deux lettres de la seconde ligne ont appartenu à la formule habituelle : (*votum*) *s*(*olvit*) *l*(*ibens*) *m*(*erito*). Le reste de l'inscription n'est pas restituable.

69. — *Autel aux* Deviatae ?

Minuscule autel de pierre blanche, découvert à *Saint-Didier*, avec les autels précédents, dans le puits de Joseph Fabre, et acquis en même temps qu'eux. « Le champ est occupé par les deux premières lignes de l'inscription, ce qui a fait rejeter le reste sur la base. » (Deloye). Hauteur, 0m16 ; largeur, 0m13 ; épaisseur, 0m10. Hauteur moyenne des lettres, 0m012.

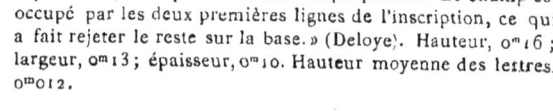

C. I. L., n. 1158 ; — *Registre 3*, p. 39 ; — Binon, n. 43 *k*.

Deviatis ; *l*(*ibens*) *m*(*erito*) fecit Ari....

« Aux *Deviatae* ; Ari.... a fait (cette dédicace), avec reconnaissance. »

Notre lecture, croyons-nous, peut être consi-

dérée comme certaine, mais nous ne savons que penser du mot *Deviatis*. Nous y reconnaissons, faute de mieux, le nom de divinités locales inconnues, comparables aux Mères.

70. — Autel à Mercure.

Dé d'autel, en pierre calcaire très dure et très fine, trouvé vers 1851, à 3 mètres environ de profondeur, dans un champ de Joseph Gleize, situé au nord du cloître de l'ancienne cathédrale de *Vaison*. Une tige de laurier avec ses baies a été sculptée sur chaque face latérale dans un encadrement constitué par un rinceau d'une délicatesse extrême. Acquis en 1858 des héritiers de Joseph Gleize, avec d'autres objets provenant également de Vaison, et en particulier avec l'autel rapporté ci-après, sous le numéro 72. Hauteur de la pierre, 0^{m}97; largeur, 0^{m}505; épaisseur, 0^{m}48. Hauteur des lettres, 0^{m}036 à la première ligne, 0^{m}031 à la seconde, 0^{m}029 aux deux dernières.

MERCVRIO ·
SEX·SILVIVS
SILVESTER
ICCIANVS

Écho du monde savant, 1845, 2, p. 976; — Long, p. 475; — Deloye, *Bibl. de l'École des chartes*, 2e série, 4, p 314; — Courtet, *Rev. archéol.*, 8, 1851, p. 321; *Dictionn.*, p. 357, note 2; — *C. I. L.*, n. 1319; — *Sylloge*, n. 374; — Renier, *Fiches*, t. 31, f° 21; — Creuly, *Carnet n. 13*, f° 17; — *Registre 3*, p. 52; — Allmer, notes ms., *Voc.*, p. 23.

Mercurio; Sex(tus) Silvius Silvester, iccianus.
« A Mercure; Sextus Silvius Silvester ...... »

Les tiges de laurier, sculptées de chaque côté de l'autel, peuvent être une allusion aux noms du dévot. M. Hirschfeld a compris le mot *Iccianus* dans sa liste des *cognomina virorum et mulierum* (1);

---

(1) *C. I. L.*, XII, p. 893.

nous le considèrerions plus volontiers comme l'ethnique d'une localité dont l'identification nous échappe.

Le culte de Mercure, ou du moins celui de la divinité que les Romains désignèrent sous ce nom, était extrêmement répandu chez les Gaulois (1). Son importance, reconnue par César (2), est encore attestée par une quantité considérable de statuettes (3). Mercure était le dieu protecteur des marchands, des bergers et des voyageurs. Ses attributs habituels sont la bourse, le pétase et le caducée. On leur adjoignait quelquefois le bélier, la tortue, le coq ou le serpent (4). Le célèbre Mercure arverne avait peut-être un bouc à ses pieds (5).

71. — *Autel à Mercure.*

Dé d'autel trouvé en 1866, au pied du mont Ventoux, par Robin, cultivateur à *Mormoiron*. Acquis par le musée en 1867. Hauteur, 0m39 ; largeur, 0m43 ; épaisseur, 0m12. Hauteur des lettres, 0m064 à la première ligne, 0m45 à la seconde, 0m040 à la suivante, 0m050 à la dernière.

```
MERCVRIO
RVFVS
SACCONISF
V·S·L·M
```

C. I. L., n. 1176 ; — *Sylloge*, n. 364 ; — *Registre 3*, p. 186 ; — Allmer, notes ms., *Voc.*, p. 8 (copie dessinée); dessins, *Voc.*, f° 25 ; — Binon, n. 65 d.

Mercurio ; Rufus, Sacconis f(ilius), v(otum) s(olvit) l(ibens) m(erito).

« A Mercure ; Rufus, fils de Sacco, avec reconnaissance, en accomplissement de son vœu. »

Sacco est un nom gaulois déjà signalé sur un *simpulum* du trésor d'argenterie de Bernay (6).

---

(1) Sur le culte et la représentation de Mercure dans la Gaule romaine, cf. *Mém. des Antiq. de F.*, I, p. 111 et 115 à 126 ; *Revue celt.*, 1, p. 451 ; 4, p. 15.
(2) *Bell. Gall.*, VI, 17. Cf. *Revue celt.*, 11, p. 224. D'après M. Salomon Reinach, les *simulacra* de Mercure dont il est question dans le récit de César, ne peuvent être que les menhirs (*Rev. celt.*, 1890).
(3) Le musée Calvet en possède 21 ; il en existe 29 au musée de Saint-Germain et 52 au Cabinet des médailles. Quelques-unes, parmi ces dernières, ne proviennent pas de la Gaule.
(4) Cf. Salomon Reinach, *Repertoire de la statuaire antique*, 2, p. 149 et suiv.
(5) Cf. Mowat, *Notice épigr.*, p. 4.
(6) Mowat, *Notice épigr. de diverses antiquités*, p. 176 ; Thédenat, *Noms gaulois*, p. 73.

72. — Autel à Mercure.

Dé d'autel en pierre calcaire très dure et très fine trouvé à *Vaison* en même temps que l'inscription rapportée ci-dessus sous le numéro 70. Acquis, en 1858, des héritiers de Joseph Gleize. Hauteur de la pierre, 1m34; largeur, 0m495 ; épaisseur, 0m50. Hauteur des lettres, 0m025 à la seconde ligne, 0m027 aux trois autres.

Long, p. 475 ; — Deloye, *Bibl. de l'École des chartes*, 2ᵉ série, 4, p. 316 ; — *Écho du monde savant*, 1845, 2, p. 979 ; — *C. I. L*, n. 1314 ; — *Sylloge*, n. 372 ; — Renier, *Fiches*, t. 31, fº 19 ; — *Registre 3*, p. 52 ; — Binon, n. 24 c.

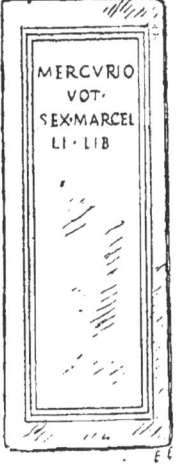

Mercurio vot(um); Sex(tus), Marcelli lib(ertus).

« Vœu à Mercure. Sextus, affranchi de Marcellus. »

73. — Autel à Mercure et à Mars.

Autel de pierre commune, retaillé pour servir de jambage de porte. Il fut trouvé en 1856, à *Saint-Just,* parmi les ruines de la chapelle de Notre-Dame de Melinas et acquis aussitôt par le musée. Du côté de la première inscription, au-dessus d'elle, est un bas-relief dans une niche. Il représente Mercure coiffé du pétase, tenant de la main gauche le caducée et de la main droite une bourse. Cette figure, de 0m76 de haut, est extrêmement fruste. De l'autre côté, mais au-dessous de l'inscription, est encore un bas-relief dans une niche, entre deux pilastres. Celui-ci représente Mars debout, casqué, revêtu d'une cuirasse, s'appuyant de la main gauche sur un bouclier, et de la main droite tenant une lance. Comme la précédente, cette figure, de 0m76 de haut,

Sur une face :

MERCVRIO
EX VOTO
M·RVTILIVS FIRMI
NVS NOMINE C
RVTILI·FRONTINI
fil sui
de suo d

Sur la face opposée :

m RVTILIVS·FIR
MINVS·NOMINE
C·RVTILI·FRONTI
NI FIL SVI
D*e* SVO D

est en mauvais état et d'ailleurs grossièrement taillée. Hauteur de la pierre, environ 1ᵐ25; largeur, 0ᵐ62; épaisseur, 0ᵐ56. Hauteur des lettres de la dédicace à Mercure : 0ᵐ28 à la première ligne, 0ᵐ034 à la troisième, 0ᵐ031 aux trois autres ; de la dédicace à Mars : 0ᵐ039 à la première ligne, 0ᵐ034 à la seconde, 0ᵐ032 aux deux suivantes, 0ᵐ036 à la dernière.

Rouchier, *Hist. du Vivarais*, 4, p. 93 (d'après une copie de Deloye); — *C. I. L.*, n. 2711; — *Sylloge*, n. 380; — Creuly, *Carnet n. 13*, fᵒˢ 27 et 28; — *Registre 3*, p. 133; — Allmer, notes ms., *Voc.* (copie dessinée); — Binon, n. 24 *a*.

Mercurio ex voto ; M(arcus), Rutilius Firminus, nomine C(aii) Rutili(i) Frontini, [fil(ii) sui, de suo d(at)].

[Marti ex voto ; M(arcus) Rutilius Firminus, nomine C(aii) Rutili(i) Frontini, fil(ii) sui, d[e] suo d(at).

« Ex voto à Mercure donné, de son argent, par Marcus Rutilius Firminus, au nom de son fils Caius Rutilius Frontinus. »

« Ex-voto à Mars donné, de son argent, par Marcus Rutilius Firminus, au nom de son fils Caius Rutilius Frontinus. »

La formule *de suo dat* indique que le dévot a prélevé la somme nécessaire sur sa fortune personnelle, et non pas sur des biens provenant d'un héritage.

74. — Autel à Mercure.

Dé d'autel, trouvé, en 1827, par le sieur Gleize, à 4 mètres de profondeur, près de l'ancienne église de *Vaison*. Acquis par le musée en 1833. La face latérale de droite est décorée d'un coq et d'un sanglier paré de bandelettes ; celle de gauche présente un bélier surmonté d'un vase (*urceus*) et d'une patère. Hauteur, 1ᵐ04; largeur, 0ᵐ76; épaisseur, 0ᵐ65. Hauteur des lettres, 0ᵐ06.

```
mercuRIO
///////V
////////S
///////ET
///////VS
MAternVS
  L M s
```

Breton, *Mém. Antiq. F.*, 16, 1842, p. 120; — *Écho du monde savant*, 1845, 2, p. 978; — *C. I. L.*, n. 1316; — *Sylloge*, n. 381; — Binon, n. 24.

[Mercu]rio v(otum); [...u]s et [....i]us Ma[ternu]s l(ibentes) m(erito) [s(olverunt)].

« A Mercure ; ...ius...us et ...ius Maternus, avec reconnaissance, en accomplissement de leur vœu. »

75. — Autel aux Nymphes.

Autel en mauvais état découvert à *Saint-Saturnin d'Apt* et acquis par le musée en 1870. Hauteur, 0ᵐ48; largeur, 0ᵐ20; épaisseur, 0ᵐ21. Hauteur des lettres, 0ᵐ035. Le

nom du dévot, à la troisième ligne, reste douteux. Peut-être faut-il lire ALFIVS, ainsi que l'a fait M. Hirschfeld.

Courtet, *Diction.*, p. 3o6; — *C. I. L.*, n. 1090; — *Sylloge*, n. 451; Allmer, dessins, *Vaucl.*, f° 28; — Binon, n. 62 *d*.

Nymphis; [v(otum)] s(olvit) l(ibens) m(erito) (Marcus) Attius Asper.

« Aux Nymphes; Marcus Attius Asper, avec reconnaissance, en accomplissement de son vœu. »

Les Nymphes présidaient aux sources; elles ne les personnifiaient peut-être pas, et il semble même qu'une source pouvait avoir à la fois ses nymphes et son dieu (1).

Les Nymphes figurent, en général, au nombre de trois sur les monuments. Elles sont représentées debout, demi-nues ou complètement vêtues, portant chacune des deux mains une vasque en forme de coquille (2).

76. — *Autel aux Nymphes.*

Autel avec base et couronnement, découvert à *Apt*, et donné au musée, en 1842, par Brémont, avocat à Apt. Hauteur, 0ᵐ44 (le couronnement est mutilé); largeur, 0ᵐ29; épaisseur, 0ᵐ17. Hauteur des lettres, 0ᵐ04.

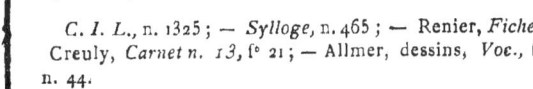

C. I. L., n. 1091; — *Sylloge*, n. 452; — *Registre 2*, p. 104 (la première ligne seulement); — Renier, *Fiches*, t. 28, f° 13; — Creuly, *Carnet n. 13*, f° 21; — Allmer, dessins, *Vaucl.*, f° 12; — Binon, n. 61.

Nymphis; Attis v(otum) s(olvit) l(ibens) m(erito).

« Aux Nymphes; Attis, avec reconnaissance en accomplissement de son vœu. »

77. — *Autel aux Nymphes.*

Autel rustique découvert, en 1850, « à la Quérarde, commune du *Rasteau*, dans la propriété de M. Charavin, à environ 3 mètres de profondeur » (Binon). Acquis par le musée la même année. Hauteur, 0ᵐ54; largeur, 0ᵐ20; épaisseur, 0ᵐ21. Hauteur des lettres, 0ᵐ06.

C. I. L., n. 1325; — *Sylloge*, n. 465; — Renier, *Fiches*, t. 26, f° 7; — Creuly, *Carnet n. 13*, f° 21; — Allmer, dessins, *Voc.*, f° 30; — Binon, n. 44.

Nymp(his).
« Aux Nymphes. »

---

(1) La fontaine de Nîmes, consacrée au dieu *Nemausus*, était sans doute dans ce cas. Cf. Allmer, *Rev. épigr.*, 1, p. 283.

(2) Cf. notamment G. Charvet, *Découvertes archéologiques faites aux Fumades*, 2° rapport, Alais, 1880, in-8°. (Extrait des *Mémoires de la Soc. scient. et litt. d'Alais.*)

78. — Autel aux Nymphes.

Petit autel, avec base et couronnement, découvert à *Nimes*, dans le courant du siècle dernier, et transporté au château de Vezénobres. Le marquis de Calvière, à qui il appartenait, le donna à Calvet. Hauteur, 0m18; largeur, 0m11; épaisseur, 0m6. Hauteur des lettres, 0m025.

Séguier, *ms. de Paris 16930*, p. 1455, n. 66; — Calvet, *ms. de Marseille*, 3, fº 4 (copie dessinée) et 206; *ms. d'Avignon*, 3, fº 56; — Guérin, *Panorama*, p. 235; *Vie d'Esprit Calvet*, p. 167; — *C. I. L.*, n. 3103; — *Sylloge*, n. 465; — Allmer, *Hist. de Lang.*, 15, p. 764; — Binon, n. 82.

Nymp(*his*).
« Aux Nymphes. »

79. — Autel à Obio.

Autel en mauvais état « provenant de *Saint-Saturnin d'Apt* et acquis par le musée en 1870 » (Binon). Hauteur, 0m60 (la base manque); largeur, 0m40; épaisseur, 0m29. Hauteur des lettres, 0m043.

C. I. L., n. 1094; — Allmer, *Rev. épigr.*, 2, p. 318; dessins, Vaucl., fº 24; — *Sylloge*, n. 471; — Binon, n. 62 a.

Obioni; *v*(*otum*) *s*(*olvit*) *l*(*ibens*) *m*(*erito*) *L*(*ucius*) *Bullonius Severus*.

« A Obio; Lucius Bullonius Severus, avec reconnaissance, en accomplissement de son vœu. »

Obio n'était probablement qu'un dieu local dont la nature nous échappe. Il faut noter, cependant, qu'une inscription des environs de Burgos semble relative à une déesse *Obiona* (1).

La forme particulière des E indique une basse époque.

80. — Autel aux Proxsumes.

Fragment d'autel, en calcaire coquillier de Beaumont, découvert à *Vaison*, vers 1845, dans le voisinage d'une ferme appartenant à M. de Montfort et acquis, en 1864, de Joseph Leydier, propriétaire à Vaison. Hauteur, 0m36; largeur, 0m60; épaisseur, 0m30. Hauteur des lettres, 0m030.

---

(1) *C. I. L.*, II, 5808. Cette inscription est ainsi conçue : *Segontius Obione s*(*olvit*) *a*(*nimo*) *l*(*ibens*) *m*(*erito*).

Colson, *Recherches sur le culte des dieux Proxumus*, dans *Mém. de l'Acad. du Gard*, 1851, p. 50 (tirage à part, p.8); — Aurès, *Bull. des Ant. de F.*, 1872, p. 102 ; — *C. I. L.*, n. 1330 et *Add*, p. 825 ; — *Sylloge*, n° 492 ; — Renier, *Fiches*, t. 31, f° 27 ; — Creuly, *Carnet n. 13*, f° 31 ; — *Registre 3*, p. 141 ; — Allmer, notes ms., *Voc.*, p. 17 (copie dessinée) ; dessins, *Voc.*, f° 31 ; — Binon, n° 20 a.

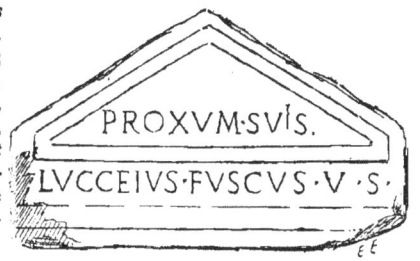

Proxum(is) suis ; L(ucius) Ucceius Fuscus v(otum) s(olvit)

« A ses Proxsumes ; Lucius Ucceius Fuscus, en accomplissement de son vœu. »

Le dévot s'appelait peut-être *Lucceius*. Les Proxsumes sont connues par 29 autels découverts dans la région du Bas-Rhône, surtout à Nimes (1). De ce qu'elles sont représentées au nombre de trois sur un monument figuré du musée de Nimes (2), il semble bien qu'on puisse les assimiler à des Mères ou des Fées ; mais, en définitive, on ne sait rien de précis à leur sujet. Aurès a conjecturé, peut-être avec raison, qu'il fallait voir en elles « les Mânes des aïeules considérés comme les Génies protecteurs de la famille et de la maison » (3). Florian Vallentin était du même avis :

« L'adjectif *suus*, accolé au nom des *Proxsumae* sur plusieurs dédicaces, indique, dit-il, une chose qui vous appartient au propre, qui fait partie de votre patrimoine, de votre famille. Il a aussi, quelquefois, le sens de favorable et de propice. Ainsi, le le mot *suae* joint à *Proxsumae*, montre clairement le rôle et les attributions de ces divinités. Les *Proxsumae* avaient pour mission de répandre sur la maison toutes les bénédictions et tous les dons de la fortune, de garder et de conserver les biens dont elles étaient les dispensatrices, de veiller à la perpétuité de la famille, de protéger chacun de ses membres, de détourner de lui le malheur et l'adversité » (4).

Il existe une inscription dédiée *Matribus paternis et maternis meisque* qui fournit peut-être la solution du problème relatif à la nature des Proxsumes (5).

---

(1) Les localités qui ont fourni des autels dédiés aux Proxsumes sont les suivantes : Clansayes (Drôme), Saint-Paul-Trois-Châteaux, Vaison (4 autels), Carpentras, Orange, Avignon, Mazan, Lourmarin, Arles, Beaucaire, Baron (Gard) et Nimes (18 autels). (Cf. *Sylloge*, III, n° 484 à 513).
(2) *C. I. L.*, XII, n° 3114 ; *Sylloge*, III, n° 496.
(3) *Bull. Ant. F.*, 1872, p. 100.
(4) *Le culte des Matrae dans la cité des Voconces*, p. 22.
(5) *Comptes rendus de l'Acad. des I. et B.-L.*, 1886, p. 46.

81. — *Autel aux Proxsumes.*

Autel allongé découvert à *Vaison*, au siècle dernier, près de l'église de Saint-Quenin, et vu dans cette ville par l'abbé de Saint-Véran « au premier repos de l'escalier, dans la maison de feu Jullian, aujourd'hui de M. Collier ». Acquis, en 1828, de Giraudy, notaire à Vaison. Hauteur, 0^{m}80 ; largeur, 0^{m}36 ; épaisseur, 0^{m}20. Hauteur des lettres, 0^{m}028.

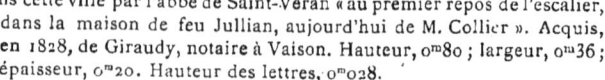

Suarès, *ms. du Vatic.*, 9141, f° 13, n° 2 ; — Peiresc, *m.s.* 8957, f° 219 (d'après une copie de Suarès) ; — Spon, *Ignot. deor. ar.*, p. 45 ; *Miscell.*, p. 96 ; — Fabretti, 616, 137 ; — Calvet, *Notes*, p. 143 (copie de l'abbé de Saint-Véran) ; — Martin, *Religion*, 2, p. 195 ; — Moreau de Vérone (d'après Martin), p. 79 ; — Guérin, *Panorama d'Avignon*, p. 227 ; — Breton, *Mém. des Ant. de F.*, 16, 1842, p. 125 ; — Long, p. 475 ; — Henzen, 5906 ; — Colson (d'après Spon), *Recherches*, dans *Mém. de l'Acad. du Gard*, 1851, p. 43 (tirage à part, p. 1) ; — Aurès, *Bull. Ant. F.*, 1872, p. 101 ; — *C. I. L.*, n° 1331 et *Add.*, p. 825 ; — *Sylloge*, n° 504 ; — Renier, *Fiches*, t. 31, f° 28 ; — Creuly, *Carnet n. 13*, f° 31 ; — Allmer, notes ms., *Voc.*, p. 18 ; — Binon, n° 20.

Proxsumis ; Potita, C(....), Codonis f(ilia), v(otum) s(olvit) l(ibens) m(erito).

« Aux Proxsumes ; Potita, fille de C.... Codo, avec reconnaissance, en accomplissement de son vœu. »

La lettre C, qui d'ordinaire en l'abréviation du prénom *Caïus*, indique ici plus vraisemblablement un nom de famille. *Codo* est un nom gaulois dont on ne possède aucun autre exemple.

82. — *Autel à Silvain et à Silvana.*

Autel rustique, avec base et couronnement, découvert à *Roussillon*, en 1856, dans la propriété de Joseph Guérin, cultivateur. Donné au musée, l'année suivante. Hauteur, 0^{m}52 ; largeur, 0^{m}18 ; épaisseur, 0^{m}17. Hauteur des lettres, 0^{m}027.

C. I. L., n° 1109 ; — *Sylloge*, n. 551 ; — *Registre 5*, p. 25 ; — Allmer, dessins, *Vaucl.*, f° 10 ; — Binon, n. 43 q.

Silvano et Silvan(a)e.

« A Silvain et à Silvana. »

Silvain était le protecteur habituel des bûcherons et des troupeaux. Lucilius l'appelle un « chasseur de loups » (1). Il existe

(1) Lucilius, *apud* Nonnium, p. 110.

un assez grand nombre d'autels avec des dédicaces à ce dieu, sur lesquels figure un maillet accompagné parfois d'autres attributs, tels qu'une serpe ou un vase en forme d'*olla*. On les a rapprochés d'une série de statuettes de bronze représentant un dieu barbu tenant de la main droite une *olla* et de la main gauche un maillet à long manche. Pour M. Allmer, toutes ces statuettes sont des Silvains (1). M. Salomon Reinach n'est pas de cet avis et considère le dieu au maillet comme une adaptation romaine de la divinité infernale que les Gaulois désignaient sous le nom de *Dispater* (2). Nous ne saurions dire ce qu'il en est exactement, mais un autel que l'on a découvert en Lorraine il y a quelques années, paraît de nature à éclairer cette question. La divinité représentée sur cet autel est semblable aux statuettes précitées et se nomme *Sucellus* (3). Après la conquête, le dieu au maillet aurait bien été connu sous le nom de Silvain, ainsi que l'a dit M. Allmer, mais il s'agirait, peut-être, en définitive, du dieu gaulois Sucellus (4).

83. — *Autel à Silvain.*

Autel avec base et couronnement découvert à *Saint-Saturnin d'Apt*, et acquis par le musée en 1870. Hauteur, 0m65 ; largeur, 0m30 ; épaisseur, 0m34. Hauteur des lettres, 0m04.

C. I. L., n. 1098 ; — *Sylloge*, n. 533 ; — Allmer, dessins, *Vaucl.*, f° 26 ; — Binon, n. 62 c.

Silvano ; v(otum) s(olvit) l(ibens) m(erito) Sex(tus) Diuccius Primulus.

« A Silvain ; Sextus Diuccius Primulus, avec reconnaissance, en accomplissement de son vœu. »

(1) *Rev. épigr.*, 2, p. 319.
(2) Cf. *Descript. raison. du musée de Saint-Germain*, p. 160 et suiv.
(3) Cf. Michaelis, *Felsrelief bei Lemberg*, 1895, p. 154, fig. 18. Le dieu Sucellus était déjà connu par d'autres inscriptions (*C. I. L.*, XII, 1836 ; Mommsen, *Inscr. Helv.*, n. 140).
(4) M. Salomon Reinach (*Revue celtique*, 1896, p. 46), a admis depuis cette découverte que *Sucellus* était le nom du dieu au maillet dans l'est de la Gaule, mais son opinion est restée la même pour ce qui regarde les statuettes. D'après M. d'Arbois de Jubainville, le mot *Sucellus* signifierait « le bon frappeur » (Cf. *per-cellere*).

84. — *Autel à Silvain.*

Autel de pierre molasse, avec base et couronnement, découvert en 1884, par M. Meffre, en fouillant un champ « situé à peu de distance de la petite église romaine de Saint-Quenin, près de Vaison, » (Sagnier). Acquis par le musée en 1886. Hauteur, 0m56 ; largeur, 0m29 ; épaisseur, 0m125. Hauteur des lettres, 0m05 à la première ligne, 0m04 à la seconde, 0m035 à la dernière.

Allmer, *Rev. épigr.*, 2, pp. 107 et 221 ; *Corr.*, Lettres de Sagnier, 24 juin et 7 juil. 1886 ; — *C. I. L.*, n. 5841 ; — *Sylloge*, n. 526 ; — *Registre 4*, p. 230 ; — Binon, n. 127.

Silvano sacrum ; M(arcus) T(....) H(....).

« Autel consacré à Silvain ; Marcus T.... H.... »

Les noms du dévot sont exprimés par des initiales, contrairement aux usages de la bonne épigraphie (1).

85. — *Autel à Silvain Auguste.*

Fragment d'autel découvert à *Orange* et cédé au musée, en 1851, par Nogent. Hauteur, 0m42 (la base manque) ; largeur, 0m23 ; épaisseur, 0m15. Hauteur des lettres, 0m02.

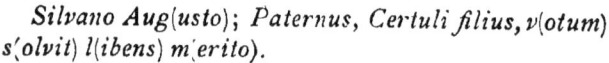

C. I. L., n. 1225 ; — *Sylloge*, n. 553 ; — Allmer, dessins, *Vaucl.*, f° 65 ; — Binon, n. 56.

Silvano Aug(usto) ; Paternus, Certuli filius, v(otum) s(olvit) l(ibens) m(erito).

« A Silvain Auguste ; Paternus, fils de Certulus, avec reconnaissance, en accomplissement de son vœu. »

On voit, par l'épithète *Augustus*, que Silvain était considéré comme dieu Lare (2).

86. — *Autel à Silvain.*

Autel avec base et couronnement « provenant de *Saint-Saturnin d'Apt* et acquis par le musée en 1870 » (Binon). Hauteur, 0m49 ; largeur, 0m19 ; épaisseur, 0m16. Hauteur des lettres, 0m035.

C. I. L., n. 1099 ; — *Sylloge*, n. 537 ; — Allmer, dessins, *Vaucl.*, f° 27 ; — Binon, n. 62 c.

Silvano ; v(otum) s(olvit) l(ibens) m(erito) Servatus.

« A Silvain ; Servatus, avec reconnaissance, en accomplissement de son vœu. »

---

(1) Cf. ci-dessus l'inscription n. 46.
(2) Cf. ci-dessus, n. 59.

87. — Autel à Silvain.

```
   Silvano
  ~~~~~~~
  ..VALERIvS
  sECVNDINVs
    eX IvSSv
    V S·L·M
```

Fragment d'autel découvert à *Saint-Saturnin d'Apt,* et acquis par le musée en 1870. Un maillet est figuré sur la face latérale de droite. Hauteur, 0m22 (le couronnement manque); largeur, 0m17; épaisseur 0m13. Hauteur des lettres, 0m019.

C. I. L., n. 1102; — *Sylloge,* n. 528; — Binon, n. 62 i.

[*Silvano;....*] *Vale*r*ius* [*S*]*ecundinu*[*s, e*]*x iussu, v*(*otum*) *s*(*olvit*) *l*(*ibens*) *m*(*erito*).

« A Silvain ;... Valerius Secundinus, d'après l'ordre reçu (du dieu), avec reconnaissance, en accomplissement de son vœu. »

La présence d'un maillet sur cet autel ne laisse aucun doute sur son attribution au dieu Silvain. Comme presque partout ailleurs dans la Gaule narbonnaise, ce maillet est à manche court, contrairement à ce qui a lieu dans le nord de la France, à partir de Besançon. Il rappelle, par sa forme, la masse de fer ou de bois dont se servent encore les bûcherons et les tonneliers.

88. — Autel à la Victoire Constuta.

Autel en grès grossier découvert à *Vaison*, en 1841. Donné au musée, en 1842, par Brémond, avocat, à Apt. Hauteur, 1m02; largeur, 0m30; épaisseur, 0m28. Hauteur des lettres, 0m05.

Deloye, *Bibl. de l'École des chartes,* 2e série, 4, p. 306; — *C. I. L.,* n. 1336; — *Sylloge,* n. 579; — Allmer, notes ms., *Voc.,* p. 21 (copie dessinée); — *Registre 2,* p. 104; — Binon, n. 21.

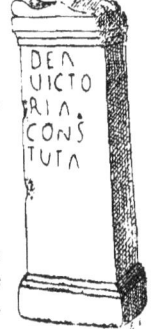

Dea Victoria Constuta.

« (A la) déesse Victoire *Constuta.* »

« Je ne trouve pas d'autre exemple, écrit M. Allmer, de la Victoire *Constuta.* Le mot *constuta* n'est pas latin: Serait-ce un équivalent de *constituta*? Et alors la Victoire *fixée,* établie à demeure, le contraire, en un mot, de la Victoire *inconstante*?(1) »

En style épigraphique, l'épithète de *deus* ou de *dea* est réservée aux petits dieux. Lorsqu'elle s'applique à quelque grande divinité du Panthéon romain, il s'agit invariablement, non pas de cette divinité elle-même, mais d'un dieu local qui lui est assimilé.

(1) Allmer, *loc. cit.*

— 84 —

89. — *La foudre.*

Autel avec base et couronnement découvert, en 1827, « au quartier du plan des Viguiers, terroir de *Cavaillon*, dans la propriété de M. Sylvestre, juge de paix, qui en a fait don au musée en 1836 » (Binon). Hauteur, 0ᵐ57; largeur, 0ᵐ32; épaisseur, 0ᵐ18. Hauteur des lettres, 0ᵐ045.

Dons faits au musée jusqu'en 1838, p. 52; — Bursian, *Archaël. Zeitung*, 1853, p. 399; — *C. I. L.*, n. 1047; — *Sylloge*, n. 606; — Allmer, dessins, *Vaucl.*, fᵒ 58; — *Registre 1*, p. 237; — Renier, *Fiches*, t. 27, n. 2; — Creuly, *Carnet n. 13*, fᵒ 22; — Binon, n. 47.

Fulgur conditum.
« Foudre enfouie. »

La foudre était considérée, dans l'antiquité, comme une manifestation de la puissance de Jupiter. Lorsqu'elle tombait en un lieu, on y élevait un petit monument qui rappelait aux passants que ce lieu était sacré. Il s'agissait tantôt d'un mur circulaire, en forme de margelle de puits, d'où le nom de *puteal* qui servait à le désigner, tantôt d'un cippe, et parfois, peut-être, d'un simple mur dans lequel était alors fixée une tablette portant une inscription.

89. — *La foudre.*

Fragment de plaque calcaire découvert à *Laudun* (Gard), sur la montagne Saint-Jean, et donné à Calvet par le médecin Icard, de Laudun. Hauteur, 0ᵐ15; largeur, 0ᵐ25; épaisseur, 0ᵐ06. Hauteur des lettres, 0ᵐ039.

Calvet, *ms. de Marseille*, 3, fᵒ 206, n. 22; *ms. d'Avignon*, 3, fᵒ 35, n. 3; — Alègre, *Mém. lus à la Sorbonne, archéol.*, 1866, p. 119; — Charvet, *Mémoires Soc. litt. d'Alais*, 10, 1878, p. 83; — *C. I. L.*, n. 2769; — Allmer, *Hist. du Lang.*, 15, p. 1003; dessins, *Gard*, fᵒ 42; — Rochetin, *Le camp de César à Laudun*, dans *Mém. Acad. Vaucl.*, 1899, p. 46; — Creuly, *Carnet n. 13*, fᵒ 19; — Binon, n. 87.

Fulgur conditum.
« Foudre enfouie. »

90. — *Autel sans nom de divinité.*

Autel avec base et couronnement découvert « dans le terroir de *Cabrières d'Aigues* » et acquis, en 1867, de l'antiquaire Anziano. Hauteur, 0ᵐ35; largeur, 0ᵐ185; épaisseur, 0ᵐ15. Hauteur des lettres, de 0ᵐ025 à 0ᵐ030.

C. I. L., n. 1109; — *Registre 3*, p. 195; — Allmer, dessins, *Vaucl.*, fᵒ 87; — Binon, n, 43 s.

Helara, C(aii) l(iberta), v(otum) s(olvit) l(ibens) m(erito).

« Helara, affranchie de Caius, avec reconnaissance, en accomplissement de son vœu. »

92. — *Autel sans nom de divinité.*

Petit autel quadrangulaire surmonté d'une colonne, découvert à Barry, commune de *Bollène*, en 1839, et acquis en 1840, par échange, de Robin, curé de Dieulefit. Hauteur, 0ᵐ24; largeur, 0ᵐ16; épaisseur, 0ᵐ10. Hauteur des lettres, 0ᵐ020.

Martin, *ms. de Grenoble* (ancien fonds Gariel); — Delacroix, *Statist. de la Drôme*, p. 581; — *C. I. L.*, n. 1229; — Renier, *Fiches*, t. 26, n. 21; — Binon, n. 68.

Naevii Valentinus et Lucanus v(otum) s(olverunt) l(ibentes) m(erito).

« Naevius Valentinus et Naevius Lucanus, avec reconnaissance, en accomplissement de leur vœu. »

93. — *Autel sans nom de divinité.*

Autel de pierre calcaire, avec base et couronnement, découvert à *Vaison*, en 1860, parmi les ruines du théâtre romain, et acquis par le musée, la même année, de Joseph Jacquet, propriétaire à Vaison. Hauteur, 0ᵐ44; largeur, 0ᵐ20; épaisseur, 0ᵐ20. Hauteur moyenne des lettres, 0ᵐ043.

Pelet, *Procès-verb. de l'Acad. du Gard*, 1857-1858, p. 32; — *C. I. L.*, n. 1348; — *Registre 3*, p. 86; — Binon, n. 24 e, 62 b et 65 g.

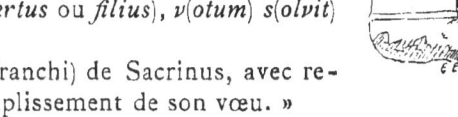

Sedatus, Sacrini (libertus ou filius), v(otum) s(olvit) l(ibens) m(erito).

« Sedatus, fils (ou affranchi) de Sacrinus, avec reconnaissance, en accomplissement de son vœu. »

94. — *Autel aux Dames?*

Petit autel rustique, avec base et couronnement, découvert à *Anduze* (Gard), vers 1850 et donné au musée, en 1858, par M. Reynes, professeur de dessin au collège d'Avignon. Hauteur, 0ᵐ11; largeur, 0ᵐ09; épaisseur, 0ᵐ075. Hauteur des lettres, 0ᵐ010 aux deux premières lignes, 0ᵐ020 à la suivante, 0ᵐ012 à la dernière.

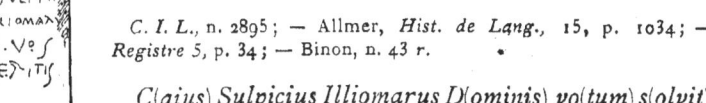

C. I. L., n. 2895; — Allmer, *Hist. de Lang.*, 15, p. 1034; — *Registre 5*, p. 34; — Binon, n. 43 r.

C(aius) Sulpicius Illiomarus D(ominis) vo(tum) s(olvit) [m]eritis.

« Aux Dames; Caius Sulpicius Illiomarus, avec reconnaissance, en accomplissement de son vœu. »

« Le nom divin, réduit à son initiale, n'est pas reconnaissable ; il peut s'agir des déesses champêtres appelées *Dominae*, ou tout aussi bien de quelque divinité locale d'un autre nom. Le mot *meritis* semble toutefois indiquer le pluriel. *Illiomarus* est un nom celtique déjà connu (1). »

M. Hirschfeld a lu à la troisième ligne : *d(e) v(oto) s(olvit)*.

95. — *Autel d'après l'ordre du dieu.*

Fragment d'autel découvert près de l'Eygues « dans un terrain très aqueux, sorte de bassin d'ancienne fontaine, au quartier des Morelles, territoire de *Camaret* » (Deloye). Acquis en 1867, de Ferdinand Deloye, cultivateur à Sérignan. Hauteur, 0m19 ; largeur, 0m49 ; épaisseur, 0m15. Hauteur des lettres, 0m07.

...EX IMPERIO...
...LACIANNIU...

C. I. L., n. 1226 ; — *Registre 3*, p. 206 ; — Allmer, dessins, Vaucl., f° 68 ; — Renier, *Fiches*, t. 30, n. 5 ; — Binon, n. 63 *f*.

.... *ex imperio*....
« .... par ordre (du dieu).... »

Les noms de la seconde ligne sont difficiles à compléter. M. Hirschfeld a proposé la lecture : *L(ucius) Annius*.....

96. — *Autel d'après l'ordre du dieu.*

Autel rustique, découvert à *Saint-Saturnin d'Apt*, et acquis par le musée en 1870. Hauteur, 0m27 ; largeur, 0m17 ; épaisseur, 0m16. Hauteur des lettres, 0m032. Cet autel est pourvu d'un couronnement détaché. Nous ne saurions dire s'il lui a toujours appartenu ou s'il lui est étranger.

C. I. L., n. 1107 ; — Binon, n. 62 *f*.

...*Aemili(us) ex iussu*.
« ... Aemilius, d'après l'ordre reçu (du dieu). »

Le nom de la divinité a disparu.

95. — *Autel dédié par des revendeurs.*

Fragment d'autel trouvé en 1840 au *Villars*, arrondissement d'Apt, dans la propriété de Charles Eymieu. Donné au musée la même année avec d'autres inscriptions provenant du même lieu. Hauteur, 0m26 ; largeur, 0m48 ; épaisseur, 0m10. Hauteur des lettres, 0m04.

C. I. L., n. 1110 ; — *Sylloge*, n. 1143 ; — Allmer, dessins, Vaucl., f° 20 ; — Creuly, *Carnet n. 13*, f° 30 ; — Binon, n. 65.

(1) Allmer, *loc. cit.*

... soci(i) propoli v(otum) s(olverunt) l(ibentes) m(erito). T(itus) Julius Mopsinu[s], L(ucius) Valerius Niva[lis, ex] m[on]itu.

« A...; Titus Julius Mopsinus, Lucius Valerius Nivalis, associés revendeurs, d'après l'avertissement (reçu du dieu), avec reconnaissance, en accomplissement de leur vœu. »

Propoli, au lieu de propolae, est une faute de gravure.

96. — Autel.

Fragment d'autel découvert à *Vaison*, en 1837, en creusant les fondations de la maison Rol, près de la Villasse. Acquis par le musée, en 1842, de Rol, propriétaire à Mazan. Hauteur, 0ᵐ56 (incomplète); largeur, 0ᵐ60; épaisseur, 0ᵐ37. Hauteur des lettres, 0ᵐ06.

Deloye, *Bibl. de l'École des chartes*, 2ᵉ série, 4, p. 307; — *C. I. L.*, n. 1349; — Renier, *Fiches*, t. 31, n. 33; — Binon, n. 39.

... Victori[nus], Favoris [f(ilius)], v(otum) s(olvit) l(ibens) m(erito).

« A....; Victorinus, fils de Favor, avec reconnaissance, en accomplissement de son vœu. »

97. — Autel.

```
.. ANTE...
...AVGVSLN...
... CELV....
..... P....
```

Fragment d'autel en très mauvais état découvert à *Saint-Saturnin d'Apt* et acquis par le musée, en 1870. Hauteur, 0ᵐ20; largeur, 0ᵐ14; épaisseur, 0ᵐ13. Hauteur des lettres, 0ᵐ003. Les deux premières lettres de la seconde ligne forment un monogramme.

C. I. L., n. 1350; — Binon, n. 62 e.

... cur]ante ? ... Aug(usto), v(otum) s(olvit) l(ibens) m(erito) [.....]celu[s....] p[os(uit ?)]...

« ... par les soins de ...., à *telle divinité* Auguste; .... celus, avec reconnaissance, en accomplissement de son vœu... »

Cette lecture est très incertaine.

Métiers.

100. — *Épitaphe d'un gladiateur myrmillon*.

Stèle à sommet cintré sans ornements, découverte à *Orange*, en 1885, sur le bord de la route de Roquemaure, le long d'une voie romaine qui sortait de la ville par le côté du couchant et conduisait, en suivant le pied de la colline, au pont du Rhône » (Rochetin). Acquise la même année de M. H. de Néry. Hauteur, 0ᵐ90 ; largeur, 0ᵐ49 ; épaisseur, 0ᵐ22. Hauteur des lettres, de 0ᵐ05 à 0ᵐ08.

Estève, *Indépendant d'Orange*, 3, 10 et 31 mai 1885 ; — Allmer, *Rev. épigr.*, 2, p. 116 (copie de Rochetin) ; *Corr.*, Lettre de Rochetin, 28 mai 1885 ; — *C. I. L.*, n. 5836 ; — *Sylloge*, n. 1664 ; — *Registre 4*, p. 214 ; — Binon, n. 123.

Murmillo. Q(uintus) Ducenius Optatus, (pugnarum) III, c(oronarum) III ; Hateria Potita, coniunx, f(ecit).

« Gladiateur myrmillon. Quintus Ducenius Optatus mis en combat trois fois, couronné trois fois. Hateria Potita, sa femme, a fait construire ce tombeau. »

Le gladiateur myrmillon était l'adversaire habituel du rétiaire. Il combattait à l'abri d'un grand bouclier terminé carrément et d'un casque à visière ; son bras droit, qui tenait le glaive, était protégé par une manche (1) et sa jambe gauche par une *ocrea*. Le nom des gladiateurs myrmillons leur venait peut-être des Myrmidons qui combattaient sous les ordres d'Achille à la guerre de Troie. Peut-être aussi le tenaient-ils de celui d'un poisson, appelé *mormyr*, dont l'image décorait leur casque. Ainsi s'expliquerait la chanson : « *Non te peto, piscem peto ; quid me fugis, Galle.* » M. Allmer a fait cependant remarquer, avec juste raison, que cette provocation, attribuée aux rétiaires, pourrait tout aussi bien convenir aux myrmillons. Le rétiaire combattant avec un filet, le myrmillon a pu, par ironie, le prendre pour un pêcheur et le harceler du refrain connu : « Ce n'est pas toi que je veux, je veux ton poisson ; pourquoi me fuis-tu, Gaulois ? » (2). Des nombres

---

(1) Sur un médaillon en terre cuite du musée de Nimes, cette manche paraît formée d'une série d'anneaux, peut-être de cuir.
(2) Cf. Allmer, *Hist. de Lang.*, 15, p. 731.

qui suivent le mot *Optatus*, le premier indique, peut-être, le nombre des palmes remportées par le gladiateur, et le second celui des couronnes. Sur une inscription de Vienne, le nombre XVII est accompagné de sept couronnes et de deux palmes qui se croisent pour former le chiffre X (1). L'opinion la plus ordinaire est cependant que le premier des deux nombres exprime le nombre des combats et le second celui des victoires.

Les spectacles de gladiateurs furent abolis par Honorius en 403 (2).

101. — *Épitaphe d'un gladiateur myrmillon.*

Stèle à sommet cintré, sans ornements, découverte à *Orange*, au même endroit et en même temps que la précédente. Acquise également de M. H. de Néry. Hauteur, 1ᵐ05 ; largeur, 0ᵐ64 ; épaisseur, 0ᵐ28. Hauteur des lettres, de 0ᵐ05 à 0ᵐ067.

Estève, *Indépendant d'Orange*, 3, 10 et 31 mai 1885 ; — Allmer, *Rev. épigr.*, 2, p. 116 ; *Corr.*, Lettre et copie dessinée d'Estève, 26 mai 1885 ; lettre de Rochetin, 28 mai 1885 ; — *C. I. L.*, n. 5837 ; — *Sylloge*, n. 1665 ; — *Registre 4*, p. 214 ; — Binon, n. 124.

Murmillo. Primus liberatus, Asiaticus LIII. Al[ce], coiunx, f(ecit).

« Gladiateur myrmillon. Asiaticus, libéré en qualité de premier, a combattu 53 fois (ou a vécu 53 ans ?). Alce, sa femme, a fait construire ce tombeau. »

L'interprétation de ce texte appartient à M. Allmer.

« *Primus*, comme désignation hiérarchique, et LIB comme abréviation du mot *liberatus*, se justifient, dit-il, par des exemples pris sur des inscriptions de gladiateurs. On lit sur une inscription de Rome : *doctor et primus* (3), sur une autre inscription de Rome : *secutor palus primus* (4), sur une inscription de Brescia (5) : *D(iis) M(anibus) ; amici posuerunt threici Voluseno lib. VIII*, c'est-à-dire *lib(erato) octava (pugna)*, d'après l'explication de M. Mommsen se référant à une inscription grecque (6) ainsi conçue : μουρμύλλων Πεπλος ἐλευ(θερωθεὶς) νι(κήσας) ιγ στ(εφανωθεὶς) ιβ, « le myrmillon Peplus, libéré après avoir vaincu treize fois et avoir été couronné douze fois » (7).

(1) *C. I. L.*, n. 1915 ; — *Sylloge*, n. 1668.
(2) Tillemont, *Hist. des emp.*, 5, p. 533.
(3) Wilmanns, 2609.
(4) *Id.*, 2607.
(5) *C. I. L.*, V, n. 4511.
(6) *C. I. Gr.*, n. 2886.
(7) *Rev. épigr.*, 2, p. 117. Cf. également, *Bull. de l'Institut archéologique de Rome*, 1879, p. 47.

102. — *Épitaphe mentionnant un collège de centonaires.*

Stèle à sommet cintré avec antéfixes trouvée au quartier de Dominargues, terroir de *Tresques*, dans un vaste tombeau recouvert d'une dalle sans inscription. Donnée au musée, en 1850, par le comte de Vogüé. Hauteur, 0ᵐ89 ; largeur, 0ᵐ40 ; épaisseur, 0ᵐ4. Hauteur des lettres, 0ᵐ045.

C. I. L., n. 2754 ; — Allmer, *Hist. de Lang.*, 15, p. 726 ; dessins, Gard, f° 40 ; — *Sylloge*, n. 963 ; — Creuly, *Carnet n. 13*, f° 8 ; — Binon, n. 99.

D(iis) M(anibus). T(ito) Craxxio Severino ; collegium centonariorum m(agistro) s(uo) colleg(a)eq(ue) p(osuit) ex fun[eraticio].

« Consacré aux dieux Mânes. A Titus Craxxius Severinus ; le collège des centonaires à son *magister* et membre (a fait élever ce tombeau) de l'argent fourni par la caisse funéraire. »

Cette interprétation n'est pas entièrement certaine. L'opinion que nous avons suivie, et qui nous paraît la plus probable, est celle de M. Allmer. M. Hirschfeld a proposé pour les trois dernières lignes : *m(agistro) s(upra scripti) colleg(ii) eq(uo p(ublico) ex(ornato) ex V [dec(uriis)]*, et M. Mommsen, dubitativement, il est vrai : *m(unicipii) S(extantionis) colleg(ae) eq(uo) p(ublico) ex(ornato) ex V [dec(uriis)]* ; mais les traces de lettres de la dernière ligne, dans lesquelles nous reconnaissons de préférence le commencement du mot *funeraticio*, nous paraissent exclure l'une et l'autre de ces deux lectures.

Les collèges n'avaient ordinairement qu'un *magister* et un *promagister* annuels (1). Ils étaient, le plus souvent, divisés en décuries (2).

Ainsi que l'a fait remarquer M. Allmer, les étoffes qu'on tissait dans l'antiquité étaient d'une solidité très grande. Pour si usées qu'elles fussent, on en tirait encore des rognures qui servaient à confectionner des couvertures de lit et de cheval, des bâches, des manteaux grossiers, et même des vêtements dont se contentaient les pauvres gens. Les centonaires, qui se livraient à cette industrie, étaient donc à la fois des fripiers et des ravaudeurs. Il est certain, d'autre part, que des bâches ou centons figuraient en première ligne dans l'outillage contre le feu. Cette remarque, qui appartient

---

(1) Borghesi, *Œuv.*, 7, p. 380.
(2) *Ibid.*, p. 569 (note d'Henzen).

à M. Hirschfeld, lui a fait supposer que les centonaires contribuaient à l'extinction des incendies (1).

On faisait aussi des centons avec des bandes de cuir. A la huitième ligne de notre inscription, au lieu de *centonarioriorum*, avec répétition fautive de la dernière syllabe, peut-être faut-il lire *centonar(iorum) lor(ar)iorum*. De toute manière cependant, on n'en constaterait pas moins une faute de gravure.

Le *funeraticium* était une caisse qui était alimentée par des cotisations mensuelles et aussi, très probablement, par des amendes. Elle avait pour but, comme son nom l'indique, d'assurer à tous ceux qui contribuaient à la former une sépulture convenable et quelques honneurs funèbres (2). M. Heuzey a déjà fait observer que c'était un moyen de prendre d'avance, pour l'autre monde, ses garanties contre sa propre imprévoyance, aussi bien que contre des héritiers ingrats ou des créanciers trop avides (3).

« *Craxxius*, qui apparait d'autres fois sous les formes *Craxsius* et *Craexius*, et dont on trouve le diminutif *Craxxillus*, a toute apparence d'être un nom purement celtique » (4).

103. — *Épitaphe d'un tailleur de pierre.*

Stèle à sommet triangulaire autrefois encastrée dans un mur de l'évêché à *Vaison*. Donnée au musée Calvet, en 1838, par M. de Saussac, maire de Vaison. Hauteur, 1m40 ; largeur, 0m90 ; épaisseur, 0m23. Hauteur des lettres, 0m060 et 0m045.

Suarès, *ms. du Vatican*, 9141, f° 15, n. 12 et f° 17 (d'après lui, Spon, *Misc.*, p. 223, et d'après Spon, Papon, t. 98) ; — Bénédictins, *Voy.*, 1, p. 294 (et d'après eux, Martin, p. 76) ; — Boyer, *Cathédr.*, p. 2 (et d'après lui, Séguier, *ms.* 13795, f° 17 ; — Bonaventure, *Orange*, p. 202 ; — Moreau de Vérone, *Voc.*, p. 82 ; — Long, p. 347) ; — Bimard, *Fiches de Mur.*, 21, 231 (et Muratori, 975, 9) ; — Saint-Véran, *ms. de Carpentras*, 2, p. 4, n. 7 ; — Calvet, *Notes*, p. 78 ; *ms. de Marseille.* 2, n. 21 ; 3, f° 139 ; *ms. d'Avignon*, 3, f° 50 ; — Millin, 4, p. 144 ; — Gasparin, *Mém. Acad. du Gard*, 1822, p. 366 ; — Breton, *Mém. Ant. F.*, 1842, p. 132 ; — Courtet,

D · SALLVSTIO·AC
CEPTO·OPIFICES
LAPIDARI
OB · SEPVLTVRAM
EIVS

(1) Cf. Hirschfeld, *Gallische Studien*, Vienne, 1884, et Allmer, *Rev. épigr.*, 2, p 92.
(2) Les corporations des gens de métiers formaient le dernier ordre des citoyens (Lampride, dans *Sévère Alexandre*. Sur les corporations professionnelles et les collèges funéraires cf. Waltzing, *Étude historique sur les corporations professionnelles chez les Romains*, Louvain, 1895, in-8°, et *Dizionario epigrafico*, 2, pp. 340-406, où l'on trouvera une bibliographie du sujet. Les collèges funéraires avaient une organisation comparable à celle des cités. Ils possédaient, comme elles, des questeurs et des édiles et avaient une fortune personnelle qui pouvait s'accroître au moyen de donations. On leur connait des patrons, des curateurs et des prêtres. Les collèges religieux furent abolis définitivement, en 412, par Théodose.
(3) *Mission en Macédoine*, Paris, 1877, in-4°, p. 78.
(4) Allmer, *Hist. de Lang.*, 15, p. 727. Cf. Thédenat, *Noms gaulois*, p. 37, et plus loin, *Inscript. funéraires.*

p. 343; — Charrel, *Bullet. de la Soc. d'agr. d'Orange,* 1866, p. 100; — Orelli, 4208; — Herzog, n. 441; — *C. I. L.*, n. 1384; — *Sylloge,* n. 1525; —Allmer, dessins, *Voc.,* f° 43; — Renier, *Fiches,* t. 31, f° 54; — Binon, n. 23.

D(ecimo) Sallustio Accepto; opifices lapidari(i) ob sepulturam eius.
« A Decimus Sallustius Acceptus, les ouvriers tailleurs de pierre, pour sa sépulture. »

A l'époque de Dioclétien, le salaire journalier d'un tailleur de pierres était de 50 deniers communs, c'est à dire de 1 fr. 05, et l'ouvrier était nourri par celui qui l'employait (1). Au taux actuel de l'argent, le salaire correspondant serait de 5 francs par jour, environ. Les ouvriers de petit métier de l'antiquité étaient donc rétribués, à peu de chose près, ainsi qu'ils le sont aujourd'hui (2).

104. — *Épitaphe d'un tesséraire.*

Cippe de pierre commune, exhumé à *Vaison,* en 1840, « dans une terre de M. Blanchon, au quartier de Maraudi » (Binon). Au-dessous de ce cippe était une cavité tombale dans laquelle se trouvait une urne de verre, de 0^{m}22 de haut, à demi-remplie d'ossements calcinés. On y découvrit encore une lampe, une petite bouteille « ressemblant à une amphore sans anses », une seconde bouteille de forme carrée,

« pourvue d'une anse plate » et une coupe « à côtes perpendiculaires saillantes, d'un travail très simple mais soigné ». Tous ces objets, sauf le premier, étaient en verre. Le cippe, dépourvu de son couronnement, a 0^{m}82 de haut sur 0^{m}71 de large et 0^{m}30 d'épaisseur. Hauteur des lettres, 0$_m$05.

Herzog, n. 406; — *C. I. L.,* n. 1385; — *Sylloge,* n. 1751; — Binon, n. 15; — Allmer, notes ms., *Voc.* p. 30 (copie dessinée).

D(ecimo) Valer(io) Valentino, tess(erario), Quinta Centon(ia?), ex testamento eius.

« A Decimus Valerius Valentinus, tesséraire; Quinta Centonia, en exécution de son testament. »

Les tesséraires fabriquaient les petits cubes dont se servaient les mosaïstes. Leur salaire journalier, non indiqué dans l'édit de Dioclétien, était peut-être, comme celui des mosaïstes, de 60 deniers communs, c'est-à-dire de 1 fr. 27 environ (3). Il faut y ajouter les frais de nourriture.

(1) *Édit de Dioclétien,* vii, 2 (*C. I. L.,* III, p. 1934).
(2) Cf. Lépaulle, *Édit du maximum,* Paris, 1886, in-4°, p. 58.
(3) *C. I. L.,* III, p. 1934.

105. — Inscription rappelant peut-être deux collèges.

Fragment de cippe trouvé à Avignon, en 1822, en creusant les fondations du théâtre. Donné au musée par la municipalité. Hauteur, 0m14; largeur, 0m30; épaisseur, 0m30. Hauteur des lettres, 0m034.
C. I. L., n. 1032; — Binon, n. 118 a.

```
VTRIVSQ·C
ATELLI·TH
```

Le personnage que rappelle ce fragment s'appelait *Atellius*. Le commencement de son surnom nous est donné par les trois lettres *The...* qu'il est impossible de compléter d'une façon certaine; *Thermus, Theophilus, Theodotus*, bien d'autres encore, sont des surnoms qui peuvent convenir. Il ne saurait être question d'une donation ou d'une réparation de thermes. A la première ligne, il faut peut-être lire : *utriusq(ue) c[ollegii]*.

M. Hirschfeld a proposé la lecture *utriusq(ue) o[rdinis]*, mais il nous a paru que la dernière lettre était un C.

Inscriptions funéraires.

La majeure partie des monuments funéraires du musée Calvet proviennent de Vaison. Dans cette localité, comme partout ailleurs sur le territoire des Voconces et des Cavares, les morts étaient brûlés, conformément à l'usage qui prit naissance vers la fin de la République et se généralisa sous les premiers empereurs (1). On recueillait leurs cendres dans une urne, tantôt constituée par un vase de verre ou d'argile ayant la forme d'une *olla* pourvue de deux anses, tantôt par une amphore à panse rebondie. Lorsqu'elle était de matière trop fragile, l'urne était déposée dans une boîte de pierre, cubique ou cylindrique, fermée par un couvercle qui s'engageait au moyen d'une rainure dans la cavité destinée à recevoir les cendres. La boîte de pierre ou l'amphore étaient ensuite enterrées, mais on commençait par les isoler dans un lit de gravier ou de petits cailloux recouvert de grosses pierres. Il arrivait assez souvent que la protection de l'urne s'obtenait au moyen

---

(1) Tacite, *Ann.*, xvi, 9. La crémation fut, dit-on, mise en vogue par Sylla, qui ayant tiré de son tombeau le corps de Marius pour le faire jeter au Tibre, ordonna que le sien serait incinéré, afin de le soustraire aux représailles. Pline rapporte cependant que les enfants qui n'avaient pas leurs dents n'étaient pas mis sur le bûcher (*Hist. nat.*, vii, 15, 16). L'inhumation ne recommença que sous les Antonins.

d'une amphore partagée horizontalement. Les fouilles de Vaison, faites en 1838 dans le champ de Blanchon, au quartier de Maraudi, ont fourni de nombreux exemples de ce dernier mode de sépulture.

Le mobilier des tombes de Vaison n'a rien de caractéristique. On y rencontre, comme en tous lieux, des lampes, de la vaisselle, des fioles à parfums et quelquefois aussi des objets de toilette et des jouets (1).

L'offrande d'une pièce de monnaie destinée aux divinités infernales a pu être faite, dès la plus haute antiquité, aussi bien chez les Voconces que chez les Cavares. Dans une amphore découverte entre le Pontet et Avignon, lorsque la digue fut construite, on trouva, parmi des ossements calcinés, une obole phocéenne à la tête d'Apollon. Une urne de verre, qui est aujourd'hui au musée Calvet, contenait deux moyens bronzes de Marc-Aurèle.

Les tombeaux de grande dimension, s'ils ne faisaient pas complètement défaut, étaient du moins assez rares. On ne peut guère citer sous ce rapport que l'énorme stèle, de près de cinq mètres de haut, divisée en trois registres superposés, qui provient de Vaison et représente, suivant une ingénieuse hypothèse de Deloye, différents actes de la vie publique d'un prêteur des Voconces (2). Chaque sépulture était seulement marquée par une stèle ou par un cippe, dont la pierre trop dure ne se prêtait pas à une ornementation délicate (3). On y inscrivait les noms du mort, sa filiation, et les noms des personnes qui avaient pris soin de faire construire le tombeau. Les *elogia* se bornaient presque toujours à un simple adjectif de tendresse, tel que *piissimus, pientissimus, optimus* ou *carissimus*. Aucune mention n'était faite du nombre d'années que le défunt avait vécues. En général, les stèles étaient cintrées à leur partie supérieure. Il arrivait même quelquefois que le cintre dépassait la moitié d'un cercle. La stèle, dans ce cas, prenait la forme d'un disque posé sur un rectangle. Le terrain

---

(1) Il y avait un miroir dans une tombe de Vaison ; un autre dans une tombe de Sérignan. Une urne de verre, découverte à Vaison, renfermait trois biberons. Deux autres contenaient chacune deux colombes en terre cuite, dans une troisième se trouvaient deux petits coqs, etc. Tous ces renseignements sont extraits des fiches de Binon.

(2) V. ci-après, p. 98, note 2.

(3) Les pierres du musée qui proviennent de la Gaule méditerranéenne sont beaucoup plus tendres, et par cela même mieux décorées. L'ornementation des cippes se compose assez fréquemment, comme nous le verrons tout à l'heure, d'un rinceau très élégant où des fleurs et des fruits se mêlent aux feuillages.

affecté au tombeau avait des dimensions très variables, depuis 140 pieds de long sur 40 pieds de large, ce qui constituait peut-être un emplacement de famille, jusqu'à la modeste surface de 10 pieds en tous sens (1).

L'*ascia* est représentée ou rappelée sur un grand nombre de monuments. Sa signification, dans la dédicace des tombeaux, reste encore mystérieuse, malgré tous les travaux qu'elle a provoqués (2). L'ascia, dont la nature est parfaitement connue, autant par les textes anciens que par les représentations funéraires, était un instrument de charpentier ou de tailleur de pierres (3). D'après l'opinion qui a prévalu, la dédicace sous l'ascia signifiait que le tombeau était neuf (4). On ne voit pas que l'ascia ait pu jouer un rôle quelconque dans la cérémonie religieuse à laquelle donnait lieu la consécration d'un monument funéraire. Mais la dédicace avait son utilité parce que les tombeaux, préparés d'avance et dédiés, couraient moins de risque d'être volés. Alors, en effet, le vol serait devenu un sacrilège que la loi romaine punissait de mort.

Selon M. Allmer, la formule *sub ascia dedicare* n'a pas été d'usage à Lyon avant le règne de Néron (5). Elle semble d'ailleurs s'être localisée dans la Narbonnaise, la Lyonnaise, la partie celtique de l'Aquitaine et la Dalmatie, d'où proviennent, à de rares exceptions près, tous les exemples que l'on a relevés (6).

(1) Le *pes* romain avait une longueur de 0^{m}295.
(2) Martin-Daussigny, *Étude sur la dédicace des tombeaux gallo-romains*, Lyon, 1862, in-4°; — Grégori, *Congrès scient. de France*, 9° sess., t. I, 1842, p. 348; — Ch. Gervais, *Bull. des Antiquaires de Normandie*, t. V, 1868, p. 404; — De Caumont, *Bull. mon.*, t. XXXVII, p. 756; — De Fleury, *Bull. mon.*, 1876, p. 620; — De Nadaillac, *Les premiers âges de l'humanité*, I, p. 340; — De Baye, *L'archéol. préhistorique*, etc.
(3) Divers musées, ceux de Périgueux et de Clermont-Ferrand en particulier, possèdent quelques *asciae*. M. Camille Jullian a rapporté (*Inscript. de Bordeaux*, t. I, p. 155) cette phrase de saint Jérôme (Ép. 106) où il est question de l'ascia : Λαξευτήριον, *pro quo latinus* asciam *vertit, nos enus ferramenti interpretamur, quo lapides dolantur.*
(4) Cette opinion, formulée par Mazocchi (*Epist. ad Tannuceium*) a été acceptée par Léon Renier dans ses annotations aux *Recherches* de Spon (édit. de Montfalcon, 1858, p. 68). Cf. E. Saglio, *Dict. des antiquités grecques et rom.*, t. I, p. 465, col. 2; De Ruggiero, *Dizionario epigrafico*, t. I, p. 712. L'ascia a été, pour les uns, le marteau d'un dieu scandinave, pour d'autres, le marteau de Vulcain, l'emblème de la terre, un symbole de l'éternité, un avis pour l'arrachement des herbes ou des arbustes qui pouvaient croître autour des tombes, l'emblème du bonheur conjugal, un signe du christianisme, etc. M. de Nadaillac a émis l'opinion récente que l'ascia « symbole religieux, longtemps consacré par le respect des populations », était comparable aux haches sculptées sur les monuments mégalithiques.
(5) *Trion*, p. 67.
(6) La Narbonnaise en a fourni 157, la Lyonnaise 101 et la partie celtique de l'Aquitaine 60. L'ascia est inconnue dans l'Aquitaine primitive. On en a trouvé une cin-

106. — *Dédicace aux dieux Mânes.*

Cippe en forme d'autel, trouvé à *Vaison*, en 1823, à 20 mètres [de profondeur, au fond d'un puits. Acquis la même année de l'antiquaire Lunel. Hauteur, 0ᵐ51 ; largeur, 0ᵐ45 ; épaisseur, 0ᵐ26. Hauteur des lettres, 0ᵐ068.

C. I. L., n. 1490 ; — Allmer, notes ms., *Voc.*, f° 30 (copie dessinée); dessins, *Voc.*, f° 44 ; — Renier, *Fiches*, t. 31, f° 108; — Creuly, *Carnet* n. 13, f° 23 ; — Binon, n. 118.

D(iis) M(anibus).
« Aux dieux Mânes. »

On a vu des enseignes de fabricants de tombeaux dans les cippes qui ne portent, pour toute inscription, qu'une dédicace aux dieux Mânes. Cette opinion est peu vraisemblable. Il est plutôt permis de supposer que la dédicace était gravée d'avance par les fabricants, pour la commodité de leur clientèle. Soit par excès de modestie de la part de celui qui se préparait un tombeau, soit pour d'autres causes, et dans le nombre il faut compter l'ingratitude ou l'insouciance des héritiers, il arrivait quelquefois que l'épitaphe n'était pas ajoutée et que la dédicace restait seule. C'est ainsi, bien plus encore peut-être que par la force de l'habitude, que s'explique la présence d'une dédicace aux dieux Mânes sur des monuments chrétiens. L'épitaphe, d'un autre côté, n'était pas toujours gravée sur une stèle ou sur un cippe. Elle pouvait se trouver sur la façade d'un tombeau ou sur l'épistyle d'un mausolée. Un autel consacré aux dieux Mânes devenait alors nécessaire pour l'accomplissement des sacrifices, et tel paraît avoir été le but des monuments en forme d'autel, sur lesquels l'inscription, comme dans l'exemple que nous avons sous les yeux, occupe le milieu de la face principale.

107. — *Épitaphe de Sextus A... Titianus.*

Cippe en forme d'autel, dont le couronnement a été retaillé à fleur du dé, trouvé en 1855, par un cultivateur, « dans les substructions de l'ancienne chapelle romane de Saint-Clément, sur le territoire de la commune de *La Bastide d'Engras*, arrondissement

---

quantaine d'exemples en Dalmatie (*C. I. L.*, III, n. 8914, 8921, 8922, etc.), un à *Ariminum* (*C. I. L.*, XI, n. 538), 6 à Parme (*C. I. L.*, XI, n. 1074, 1079, etc.), 10 à Rome (*C. I. L.*, VI, 3472, 8716, etc.), un en Angleterre (*Éphem. epigr.*, VII, 889), un en Maurétanie (*C. I. L.*, VIII, 8414) et un en Espagne (*Rev. archéol.*, 1865, 1, p. 113); mais tous ces exemples, sauf ceux de Dalmatie, peuvent ne se rapporter qu'à des individus d'origine gauloise. Celui d'Angleterre a été relevé, en particulier, sur la tombe d'un soldat de la XX° légion.

d'Uzès, au nord du village, suivant une lettre de M. A. Ch. Pigeon, secrétaire de la mairie de la Bastide d'Engras, datée du 30 août 1883 » (Deloye). Acquis par le musée, en 1851, avec un autre cippe découvert en même temps.

Les sépultures que ces cippes indiquaient avaient été creusées dans le roc, terminées « avec des pierres à moëllon » et recouvertes de dalles. Elles contenaient encore deux squelettes dont les têtes seules étaient bien conservées. Hauteur, 1ᵐ37; largeur, 0ᵐ72; épaisseur, 0ᵐ32. Hauteur des lettres comprise entre 0ⁿ045 et 0ⁿ058. L'inscription est renfermée dans un encadrement mutilé formé par un rinceau et des moulures.

```
      D    M
SEX · A · TITI
ANO · SEX · A
TERENTIVS
PATRI · P ·
```

Allard, *Opinion du Midi*, 29 mai 1857; — *Registre 3*, p. 37; — *C. I. L.*, n. 2856; — Allmer, *Hist. de Languedoc*, 15, p. 997; dessins, *Gard*, f° 73; — Creuly, *Carnet* n. 13, f° 12; — Binon, n. 89 b.

D(iis) M(anibus). Sext(o) A... Titiano; Sex(tus) A.... Terentius patri p(iissimo).

« Aux dieux Mânes. A Sextus A... Titianus; Sextus A.... Terentius à son excellent père. »

Piissimus est le qualificatif qui semble avoir été employé, de préférence à *pientissimus*, dans la région d'où provient cette épitaphe. Le nom gentilice est ici exprimé, contrairement à l'usage, par une simple initiale.

108. — Épitaphe d'Aelia Athenaïs.

Urne quadrangulaire en marbre blanc, acquise en 1835, de l'antiquaire Lunel, comme provenant de *Nîmes*. Elle est accompagnée d'un couvercle décoré d'une palmette à chaque angle et d'une couronne dans le tympan. Hauteur, 0ᵐ32; largeur, 0ᵐ34; épaisseur, 0ᵐ30. Hauteur des lettres, 0ᵐ025 et 0ᵐ020. L'urne est antique, mais l'authenticité de l'inscription n'est pas certaine.

```
        D    ·    M
   AELIAE ATHENAIDIS
L·AELIVS THALLVS CONIVG
      SANCTISSIMAE
```

C. I. L., n. 3372; — Allmer, *Hist. de Lang.*, 15, p. 728; dessins, *Gard*, f° 43; — *Registre 1*, p. 215; — Binon, n. 76.

D(iis) M(anibus) Aeliae Athenaidis; L(ucius) Aelius Thallus, coniug(i) sanctissimae.

« Aux dieux Mânes d'Aelia Athenaïs; Lucius Aelius Thallus à sa très vertueuse épouse. »

A cause du gentilice *Aelia*, cette inscription, si nous la tenons pour vraie, est sûrement postérieure au gouvernement d'Antonin le Pieux. On sait que les personnes qui recevaient le droit de cité étaient dans l'obligation de porter le nom de l'empereur régnant. Certaines personnes furent poursuivies par Claude pour avoir contrevenu à cette règle et aussi pour ne pas l'avoir compris dans leur testament (1).

109. — Épitaphe d'Aelia Prima.

Fragment de table découvert à *Vaison*, en démolissant le monument du château de Maraudi (2). Le musée en fit l'acquisition en 1835. Hauteur, 0m54 ; largeur, 0m32 ; épaisseur, 0m12. Hauteur des lettres, 0m04.

Breton, *Mém. Ant. F.*, 16, 1842, p. 131 ; — *C. I. L.*, n. 1389 ; — *Registre 1*, p. 211 ; — Allmer, notes ms., *Voc.*, f° 49 (copie dessinée) ; dessins, *Voc.*, f° 46 ; — Renier, *Fiches*, t. 31, f° 56 ; — Creuly, *Carnet n. 13*, f° 16 ; — Binon, n. 14.

[D(iis)] Manibus Aeliae Primae.
« Aux dieux Mânes d'Aelia Prima. »

---

(1) Dion, 60, 17. On s'écarta de cette règle à la fin du second siècle et au commencement du troisième, lorsque les empereurs concédèrent le droit de cité à des provinces entières. Cf. Héron de Villefosse, *Inscript. de Reims, de Stenay et de Mouzon*, p. 14 (extrait du *Bull. épigr.*, mai-juin 1883) ; — Hettner, *Zur Cultur von Germanien und Gallia Belgica*, p. 7.

(2) Le « monument du château de Maraudi », aujourd'hui au musée Calvet, est la grande stèle dont il a été question ci-dessus, p. 94. On y trouve, de bas en haut, d'abord un grand tableau carré, puis une frise oblongue, enfin un fronton cintré. Le tableau carré représente un char à quatre roues traîné par deux chevaux marchant au pas. Ce char est surmonté d'une plate-forme sur laquelle sont installés deux personnages conduits par un troisième. Le personnage du milieu est assis sur un siège en forme de fauteuil ; il paraît, de la main droite, envoyer des saluts. Le conducteur, assis par devant, sur le bord du char, est armé d'un fouet. Le troisième personnage est assis également, mais sur une sorte de tabouret à quatre pieds ; il tient une hache le fer en haut et représente, sans doute, un appariteur. Les chevaux sont ferrés et le char est décoré de deux compartiments carrés encadrant un buste. Une curieuse particularité du harnachement est la présence de trois ornements recourbés, répartis depuis le sommet du collier des chevaux jusqu'à l'extrémité du timon. Sur la frise, que limitent deux pilastres cannelés, est figurée une course de chars. Le fronton cintré est occupé par le buste, de très haut relief, d'un personnage barbu et couronné, vêtu d'une draperie agrafée sur le devant de la poitrine. D'après Deloye, le char serait celui du corps municipal de Vaison. Les bustes qui le décorent se rapporteraient aux deux prêteurs. Le personnage barbu ne différerait pas de celui qui est assis sur le milieu du char, et toute la scène rappellerait quelque procession qui avait lieu lorsqu'on élisait un prêteur. La course ferait allusion aux jeux du cirque donnés, à cette occasion, par le nouveau dignitaire. « Ce monument, dit Binon, était dans le mur d'une maison de campagne connue par les habitants du pays sous le nom de *château de Maraudi*. On rapporte qu'au seizième siècle, un habitant de Vaison appartenant à la famille de Blégier, fit construire cette maison de campagne et la décora de tous les débris de monuments antiques qu'il put se procurer » (*Bas-reliefs*, n. 189). La hauteur totale du bas-relief est de 4m82. Le musée d'Avignon en a fait l'acquisition, en 1835, au prix de 1.500 francs. Cf. à son sujet Allmer, *Trion*, 1, p. 244.

110. — *Épitaphe d'Albius Lucinulus.*

Tablette de marbre découverte, selon toute probabilité, à *Vaison* et transportée, de là, au château de Vérone, près de Nyons. Le marquis d'Archimbaud la donna au musée en 1838. Hauteur, 0ᵐ29 ; largeur, 0ᵐ40 ; épaisseur, 0ᵐ02. Hauteur des lettres, 0ᵐ023.

C. I. L., n. 1390 ; — *Registre 1*, p. 251 ; — Allmer, notes ms. *Voc.*, f° 50 (copie dessinée); dessins, *Voc.* f° 47 ; — Renier, *Fiches*, t, 31, f° 57 ; — Creuly, *Carnet n. 13*, f° 53 ; — Binon, n. 74.

D(iis) [M(anibus)] Albi(i) Luci[nuli], adulescenti(s) mirissimi, qui vixit annos XV, mens(es) IIII, dies V. Albius Gratus et Albia Lucinula filio pientissi[m]o sub ascia dedicaverunt.

« Aux dieux Mânes d'Albius Lucinulus, adolescent très admirable, mort à l'âge de 15 ans, 3 mois et 5 jours. Albius Gratus et Albia Lucinula ont fait construire ce tombeau à leur fils bien aimé et l'ont dédié sous l'ascia. »

Le surnom de la mère était, selon toute apparence, passé au fils. L'orthographe *adulescens* était, croyons-nous, la véritable forme du mot, et non pas un archaïsme ou le résultat d'une prononciation locale défectueuse. L'*adolescens*, d'après Forcellini, était celui qui continuait à grandir ; il prenait place entre le petit enfant (*puer*) et l'homme jeune (*juvenis*). Cette distinction s'accorderait parfaitement avec l'âge exprimé sur l'épitaphe qui précède ; mais nous devons ajouter, cependant, que les Romains eux-mêmes ne l'établissaient pas toujours d'une façon aussi tranchée. César, postulant à trente-six ans la place de grand prêtre, se disait *adolescentulus* (1); Cicéron, appelé au consulat, se qualifiait lui-même d'*adolescens* (2). Il semblerait donc d'après ces deux exemples, et on pourrait les multiplier, que le mot *adolescens* était considéré, dans bien des cas, comme synonyme de *juvenis*.

La clôture de l'inscription n'est pas suffisamment correcte ; on aurait dû dire plus exactement : *posuerunt et sub ascia dedicaverunt*.

(1) Sallust., *Cat.*, 49.
(2) *Phil.*, II, 5.

111. — Épitaphe d'Amandus.

Stèle à sommet cintré découverte à *Arles*. Acquise, en 1882, de l'antiquaire Anziano. Hauteur, 0^{m}56; largeur, 0^{m}74; épaisseur, 0^{m}19. Hauteur des lettres: 1re ligne, 0^{m}075; 2e et 3e lignes, 0^{m}05; 4 et 5e lignes, 0^{m}035.

Allmer, *Rev. épigr.*, 1, p. 397; — *C. I. L.*, n 5807; — *Registre 4*, p. 173; — Binon, n. 122.

... *mater, Amando an(norum) XX. Huic frater titulo.... no[m]en lapis vanus.... re[li]quo super in....*

« A Amandus, mort à l'âge de 20 ans, sa mère.... »

Cette épitaphe était, peut-être, versifiée.

« Il faut supposer, croyons-nous, dit M. Allmer, que l'inscription entière occupait deux pierres juxtaposées et que celle qui contenait le commencement des lignes ne nous est pas parvenue. »

112. — Épitaphe d'Anicia Tryphaera.

Fragment de marbre découvert à *Orange* et conservé au temps de Calvet « chez M. de Sausin, avec plusieurs fragments de sculptures antiques, dans la muraille d'une

espèce de cellier ou de bûcher attenant à sa basse-cour à poules, après son jardin. » Hauteur, 0^{m}30; largeur, 0^{m}43; épaisseur, 0^{m}135. Hauteur des lettres, 0^{m}035 et 0^{m}026.

Calvet, *Notes*, p. 127; *ms. de Marseille*, 3, f° 118; *ms. d'Avignon*, 3, f° 84, n. 80; — Millin, 2, p. 156; — *C. I. L.*, n. 1247; — Allmer, dessins, *Vaucl.*, f° 69; — Renier, *Fiches*, t. 30, f° 13; — Creuly, *Carnet n. 13*, f° 11; — Binon, n. 55.

D(iis) M(anibus) Aniciae Tryphaerae. C(aius) Lucceius Marcus [c]oniu[gi optimae?]

« Aux dieux Mânes d'Anicia Tryphaera. Caius Lucceius Marcus (a fait construire ce tombeau) à son excellente épouse. »

Le cognomen *Tryphaera* est assez peu commun. Une inscription de Narbonne, relative à une affranchie, le donne sous la forme *Tryphera* (1).

(1) *C. I. L.*, XII, n. 4713.

113. — *Épitaphe d'Atia Postuma.*

Épistyle de pierre, incomplet des deux bouts, découvert en 1853 à *Avignon*, à côté de l'hôtel de ville, en démolissant la maison Besse pour l'élargissement de la rue Géline. Donné au musée par Besse et Laurent. Hauteur, 0m46 ; largeur, 1m17 ; épaisseur, 0m55. Hauteur des lettres, 0m11 et 0m08.

Herzog, n. 405 ; — Allmer, *Rev. épigr.*, 1, p. 395 ; dessins, *Vaucl.*, f° 90 ; — *C. I. L.*, n. 1034 ; — Renier, *Fiches*, t. 26, f° 14 ; — Creuly, *Carnet n. 13*, f° 14 ; — Binon, *Fouilles d'Avignon*, n. 4.

.....*A(uli) f(ilius), Vol(tinia tribu),..... us. — Atia, Sex(ti) f(ilia), Postuma.....*

« ....us, fils d'Aulus, de la tribu Voltinia. — Atia Postuma, fille de Sextus....»

« Si la lettre à demi effacée qui vient après POSTVMA pouvait être prise pour un F, on apprendrait de là qu'Atia Postuma était la fille du défunt inscrit dans la partie gauche de l'épitaphe et que celui-ci, par conséquent, se serait appelé *Atius*.

« L'inscription, à en juger par la forme ancienne des lettres, ne doit pas être postérieure au temps d'Auguste (1). »

Cette inscription nous fournit la preuve que les citoyens romains d'Avignon étaient compris dans la tribu *Voltinia*.

114. — *Épitaphe d'Atilia Avitiane.*

Cippe en forme d'autel découvert à *Vaison*, en 1834, à près de 4 mètres de profondeur dans le voisinage de l'église, et acquis par le musée la même année. Hauteur, 1m47 ; largeur, 0m57 ; épaisseur, 0m45. Hauteur des lettres, 0m062 et 0m046.

Breton, *Mém. Ant. F.*, 16, 1842, p. 130 ; — *C. I. L.*, n. 1395 ; — Allmer, notes ms. *Voc.*, f° 51 (copie dessinée) ; dessins, *Voc.*, f° 48 ; — Renier, *Fiches*, t. 31, f° 59 ; — Creuly, *Carnet n. 13*, f° 11 ; — Binon, n. 16.

D(iis) M(anibus) ; memoriae etern(a)e Atiliae Avitianae. T(itus) Sallustius Marcellianus matri optimae.

« Aux dieux Mânes ; à la mémoire éternelle d'Atilia Avitiane. Titus Sallustius Marcellianus à son excellente mère. »

Avitiane est un surnom de forme grecque. On remarquera l'orthographe fautive *eterne*, qui témoigne de la décadence du

(1) Allmer, *loc. cit.*

langage. C'est surtout à partir du règne de Septime Sévère, et peut être même dès l'époque malheureuse de la guerre des Marcomans, que la barbarie en toutes choses succéda à la brillante civilisation de la fin de la République et des premières années de l'Empire (1).

115. — Épitaphe d'Attia Zosime.

Stèle à fronton triangulaire avec antéfixes, trouvée à *Nimes*, le 1ᵉʳ août 1855, par des maçons, à un mètre de profondeur, rue de la Bienfaisance, maison Jourdan, au-delà du Cours-Neuf. Vendue au musée, la même année, par l'intermédiaire de l'antiquaire Perrot. L'inscription est renfermée dans un encadrement de moulures. Une rosace occupe le milieu du tympan. Hauteur, 0ᵐ42 ; largeur, 0ᵐ34 ; épaisseur, 0ᵐ15. Hauteur des lettres, 0ᵐ040 et 0ᵐ025. Lettres liées : E et T au commencement de la 3ᵉ ligne.

```
    D·   M
ATTIAE·ZOSIMES
ET·SEX·VATINIO
   STEPHANO
MARITO·EIVS·CAEC
PAVLLINA·DISC·P·
```

Pelet, *Journal du Gard*, 23 août 1855, et *Mém. Acad. du Gard*, 1875, p. 23, note 1 ; — Michel, *Nimes*, I, p. 309 (d'après Pelet) ; — *C. I. L.*, n. 3447 ; — Allmer, *Hist. de Lang.*, 15, p. 781 ; — *Registre 3*, p. 26 ; — Binon, n. 83 a.

D(iis) M(anibus). Attiae Zosimes et Sex(to) Vatinio Stephano, marito eius ; Caec(ilia) Paulina, disc(ipula) [ou *disc(ens)*], *p(osuit).*

« Aux dieux Mânes. A Attia Zosime et à Sextus Vatinius Stephanus, son mari. Caecilia Paulina, leur élève (ou leur apprentie), a fait construire ce tombeau. »

Zosime est un surnom de forme grecque.

« Attia ou son mari, ou tous deux, avaient peut-être été les maîtres de Caecilia pour ses études ou pour un apprentissage (2). »

116. — Épitaphe d'Aviullus.

Partie supérieure d'une stèle avec antéfixes et fronton triangulaire découverte dans un champ, à 500 mètres environ du *Cailar* (Gard), en même temps que l'inscription rapportée plus bas sous le numéro 135. Acquise, en 1871, de l'antiquaire Anziano. On trouva, près de cette stèle, deux petites monnaies de Trajan. L'inscription est renfermée dans un encadrement de moulures. Hauteur de la pierre, 0ᵐ26 ; largeur, 0ᵐ36 ; épaisseur, 0ᵐ15. Hauteur des lettres, 0ᵐ028.

```
    D · M
AVIVLLI·MACRI
  NI · FILI
CORNELIA·CANDI
    D . . . . .
```

Trenquier, *Notice*, 1, St-Bonnet, p. 14 ; — Deloye, *Rev. des soc. savantes*, 5ᵉ série, t. 3, 1872, p. 693 ; — Germer-Durand, *Découv faites à Nimes et dans le Gard en 1872*, p. 123 (d'après Deloye) ; — *C. I. L.*, n. 4096 ; — Allmer, *Histoire de Lang.*, 15, p. 1067 ; — Binon, n. 43 v.

(1) Cf. Mommsen, *C. I. L.*, p. 919, et *Table d'Italica*, p. 394.
(2) Allmer, *loc. cit.*

D(iis) M(anibus) Aviulli, Macrini fil(ii); Cornelia Candid[a....

« Aux dieux Mânes d'Aviullus, fils de Macrinus ; Cornelia Candida à.... »

Aviullus est un surnom dont on connaît plusieurs exemples (1). On peut lire aussi : *Aviulli(i) Macrini, filii ;* le défunt serait alors le fils de Cornelia Candida.

117. — Épitaphe d'Aurelia Severa.

Stèle à sommet cintré découverte à *Nimes*, en 1855, avec l'inscription rapportée plus haut sous le n. 115, et vendue au musée la même année, par l'entremise de l'antiquaire Perrot. Hauteur, 0m98 ; largeur, 0m67 ; épaisseur, 0m10. Hauteur des lettres, 0m035.

Les lettres de cette inscription tendent à la forme cursive.

Pelet, *Journal du Gard*, n. du 23 août 1855 ; *Mém. Acad. du Gard*, 1875, p. 23, note 1 ; *ms.* de la bibl. de Nimes, 2, p. 171 ; — Michel, *Nimes*, I, p. 308 (d'après Pelet) ; — *C. I. L.*, n. 3460 ; — Allmer, *Hist. de Lang.*, 15, p. 809 ; — *Registre 3*, p. 26 ; — Binon, n. 83 *b*.

D(iis) Manibus Aureliae Severae; soror(i) piissim(ae) Aurelia Rhode.

« Aux dieux Mânes d'Aurelia Severa ; Aurelia Rhodé à son excellente sœur. »

Rhode est un surnom de forme grecque.

118. — Épitaphe de Caecilius Bellicus.

Fragment de stèle à fronton triangulaire découvert en 1846, à *Nimes*, au chemin de Sauve, « en creusant les fondations de l'hôpital ». Acquis, en 1851, de l'antiquaire Perrot. Hauteur et largeur, 0m45 ; épaisseur, 0m10. Hauteur des lettres, 0m04 et 0m025.

Perrot, *Congrès scient. de France*, 12, 1844, p. 287 ; *Antiquités de Nimes*, p. 94 ; — Pelet, *ms.* à la bibl. de Nimes, 2, p. 208 ; — *Archaelog. Britann.*, 34 (1852), p. 70 ; — *C. I. L.*, n. 3485 ; — Allmer, *Hist. de Lang.*, 15, p. 815 ; — Binon, n. 78.

(1) *C. I. L.*, XII, 3452, 4150, etc.

D(iis) M(anibus) P(ublii) Caecili(i) Bellici ; Caecilia Campan(a) colliberto pientis(simo).

« Aux dieux Mânes de Publius Caecilius Bellicus ; Caecilia Campana à son excellent coaffranchi. »

Ce texte est intéressant par les ligatures de lettres qu'il contient.

119 — *Sépulture de Cafatius Primus et de sa femme.*

Stèle à sommet cintré trouvée près de l'ancienne église de *Vaison*, en 1827, et acquise avec d'autres objets de la collection Giraudy. Hauteur, 0ᵐ78 ; largeur, 0ᵐ30 ; épaisseur, 0ᵐ16. Hauteur des lettres, 0ᵐ065 et 0ᵐ045.

Guérin, *Panorama d'Avignon*, p. 228 ; — Breton, *Mém. Ant. F.*, 16, 1842, p. 147 ; — Long, p. 477 ; — *C. I. L.*, n. 1400 ; — Allmer, notes ms., *Voc.*, f° 55 (copie dessinée) ; dessins, *Voc.*, f° 51 ; — Rénier, *Fiches*, t. 31, f° 62 ; — Creuly, *Carnet n. 13*, f° 20 ; — Binon, n° 27.

Q(uinti) Cafati(i) Primi et Capellae, Decumi f(iliae). In fr(onte) p(edes) XX, in agr(o) p(edes) XV.

« (Sépulture) de Quintus Cafatius Primus et de Capella, fille de Decumus. De front, vingt pieds ; dans le champ, quinze pieds. »

L'emplacement réservé à Cafatius Primus et à sa femme Capella, avait environ 6ᵐ de front sur 4ᵐ50 de profondeur.

120. — *Épitaphe de Camullius Telesphorus.*

Table rectangulaire en calcaire compacte, incomplète du côté droit. Donnée au musée, en 1874, par M. Sagnier. Elle a été apportée de Villeneuve-à Avignon dans la maison du donateur, et « provient probablement de *Vaison*, d'où M. Malosse, oncle de M. Sagnier, l'aurait tirée » (*Reg.*). Un reste d'une moulure encadrant l'inscription se voit au-dessus de la première ligne. Hauteur, 0ᵐ53 ; largeur, 0ᵐ41 ; épaisseur, 0ᵐ16. Hauteur des lettres, 0ᵐ038 à la première ligne, 0ᵐ032 aux deux suivantes, 0ᵐ030 aux lignes 4 à 7, 0ᵐ025 à la dernière.

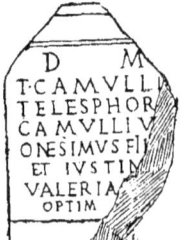

Allmer, *Rev. épigr.*, 1, p. 269, n. 300 ; — *C. I. L*, n. 1401 ; — *Registre 5*, p. 162 ; — Allmer, notes ms , *Voc.*, f° 56 (copie dessinée) ; dessins, *Voc.*, f° 52 ; — Rénier, *Fiches*, t. 31, f° 63 ; — Binon, n° 65 *h.*

D(iis) M(anibus) T(iti) Camulli(i) Telesphor[i]. Camulliu[s] Onesimus, fil(io), et Justin[ia] Valeria [c(oniugi)] optim[o].

« Aux dieux Mânes de Titus Camullius Telesphorus. Camullius Onesimus à son fils, et Justinia Valeria à son excellent mari. »

« Une interversion des noms étant peu supposable, la femme de Telesphorus devait s'appeler *Justinia*. Le gentilice *Valeria*, qu'elle a pour surnom, était très vraisemblablement le nom de sa mère (1). »

Cette manière de voir est également partagée par M. Hirschfeld.

121. — *Épitaphe de Caprius Hermes.*

Cippe en forme d'autel découvert à *Saint-Gabriel* (Bouches-du-Rhône), et donné au musée, en 1844, par le chevalier Mourret, de Tarascon. Hauteur, 0^{m}60 (la base manque); largeur, 0^{m}40; épaisseur, 0^{m}30. Hauteur des lettres, 0^{m}055 et 0^{m}033.

Ms. de Paris, fonds Dupuy, 461, f° 117; — *ms. Romieu*, f° 94; — Scaliger, *ms. Papenbroeck*, 5, p. 10; — Gruter (d'après Scaliger), 864.5, 905.13; — Solier, *ms. d'Aix*, p. 77; *ms. de Marseille*, p. 50; — Bouche (d'après Solier), 1, p. 325; — Mérimée, *Voy. dans le Midi*, p. 335; — *C. I. L.*, n. 987; — *Registre 2*, p. 154; — Allmer, notes ms., *Arles*, p. 63 (copie dessinée); — Binon, n. 105.

D(iis) M(anibus) Q(uinti) Caprii Hermes.
« Aux dieux Mânes de Quintus Caprius Hermès. »

Hermes, surnom de forme grecque, paraît être une faute de rédaction ou de gravure; le sens du texte demanderait *Hermetis*. On peut encore supposer que ce surnom désigne un esclave ayant fait construire le tombeau de son patron Caprius.

122. — *Épitaphe de Caresus.*

Stèle à sommet cintré découverte à *Vaison*, en 1840, dans la terre de Blanchon, au quartier de Maraudi. Acquise par le musée la même année, avec d'autres objets provenant du même lieu. Hauteur, 0^{m}62; largeur, 0^{m}22; épaisseur, 0^{m}15. Hauteur des lettres, 0^{m}03.

C. I. L., n. 1403; — Renier, *Fiches*, t. 31, f° 64; — Creuly, *Carnet* n. 13, f° 20; — Binon, n. 31.

CARESV.
ADVLIF
INFPXII
INAGPXII

Caresu(s), *Aduli f*(ilius). *In f*(ronte), *p*(edes) *XII*; *in ag*(ro), *p*(edes) *XII*.

« Caresus, fils d'Adulus. De front, douze pieds; dans le champ, douze pieds. »

(1) Allmer, *loc. cit.*

Le point qui termine la première ligne est à la base de la lettre V. Cette particularité est surprenante dans une inscription dont il ne semble pas que l'on puisse mettre en doute l'authenticité. Ce point n'est peut-être qu'une amorce de la lettre S restée inachevée par l'inadvertance du lapicide.

Caresus et son père n'étaient pas citoyens romains.

L'emplacement réservé avait environ 3ᵐ50 de front sur une profondeur égale.

123. — *Épitaphe d'un enfant.*

Cippe en forme d'autel, trouvé « le 24 février 1767, au terroir de *Rochegude*, quartier de la Garenne. » La pierre, « creusée en forme de tombeau était à un pied de profondeur ; elle contenait les ossements d'un enfant. L'inscription touchait la terre et était placée au-dessous du creux du tombeau » (Calvet). Ce cippe a été donné au musée, en 1841, par le marquis de Rochegude. Hauteur, 1ᵐ16 ; largeur, 0ᵐ57 ; épaisseur, 0ᵐ15. Hauteur des lettres, 0ᵐ075 et 0ᵐ045.

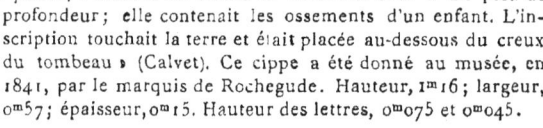

Calvet, *Notes*, p. 91, n. 72 ; *ms. d'Avignon*, t. 3, f° 111 ; *ms. de Marseille*, t. 3, f° 92 ; — Florian Vallentin, *Aug. Tricast.*, p. 16 (avec un dessin de M. Allmer) ; — *C. I. L.*, n. 1728 ; — Allmer, notes ms. *Voc.*, f° 108 (copie dessinée) ; — Binon, n. 67.

D(iis) M(anibus). Ynfanti ; Cassius Severianus et Vettia Maternilla, paren[t(es)].

« Aux dieux Mânes. A leur enfant ; Cassius Severianus et Vettia Matronilla, son père et sa mère. »

L'orthographe *ynfans* est à signaler.

124. — *Inscription relative à un tombeau de famille.*

Stèle à sommet cintré, découverte à *Vaison*, en 1840, dans le champ de Blanchon, au quartier de Maraudi. On retira d'une cavité tombale qu'elle recouvrait une urne de verre pleine d'ossements calcinés, une bouteille cylindrique pourvue d'une anse cannelée, une lampe de terre décorée d'un paon sur une branche d'arbre chargée de fruits, une serrure de bronze en mauvais état, un miroir métallique et une grande épingle en ivoire. Tous ces objets, y compris la stèle, furent acquis par le musée. Hauteur de la pierre, 0ᵐ35 ; largeur, 0ᵐ30 ; épaisseur, 0ᵐ10. Hauteur des lettres, 0ᵐ042.

C. I. L., n. 1404 ; — Allmer, notes ms. *Voc.*, f° 65 (copie dessinée) ; dessins *Voc.*, f° 61 ; — Renier, *Fiches*, t. 31, f° 65 ; — Creuly, *Carnet* n. *13*, f° 15 ; — Binon, n. 36.

Castus, [sibi] et Juliae Citae, uxori, et suis.

« Castus (a fait construire ce tombeau) pour lui-même, pour Julia Cita, sa femme, et pour les siens. »

Castus, de condition servile, avait épousé une affranchie.

125. — Épitaphe de Catalia Servata.

Cippe en forme d'autel, découvert au siècle dernier, au quartier dit *Iou Courrat*, à *Tresques*, près de Bagnols. Donné, en 1850, au musée par le curé Gonnet, de Tresques. Hauteur, 0m90 (le couronnement fait défaut); largeur, 0m58; épaisseur, 0m26. Hauteur des lettres, 0m055 et 0m040.

Lancelot, *Mém. de l'Acad. des inscript.*, 1733, p. 243; — *C. I. L.*, n. 2757; — Allmer, *Hist. de Lang.*, 15, p. 999; dessins, *Gard*, f° 52; — Binon, n. 95.

D(iis) M(anibus) Cataliae Servatae; [Sa]-moniccia Sever[i]na, mater, et Oppius Severinus, fil(ius); et Severianus, sorori.

« Aux dieux Mânes de Catalia Servata. Samoniccia Severina, sa mère, Oppius Severinus, son fils; et Severianus à sa sœur. »

« La défunte, dit M. Allmer, avait été, paraît-il, mariée à un Oppius dont elle avait eu son fils Severinus. Si Severianus était, non son beau-frère, mais son frère, il devait s'appeler comme elle *Catalius*. »

Le gentilice *Samoniccius* est connu par une inscription d'Uzès(1).

126. — Épitaphe de Catia Paterna.

Cippe dont la base manque, mais encore pourvu de son couronnement, découvert à *Vaison*, « dans le jardin de M. Mazen, près de la cathédrale » (Calvet) et acquis, en 1828, de Giraudy, notaire à Vaison. Hauteur, 0m58; largeur, 0m28; épaisseur, 0m20. Hauteur des lettres, 0m035.

Suarès, *ms. du Vatican*, 9141, f°ˢ 11, 17, 26 et 29; — Boyer, *Cathédrale de Vaison*, 2, p. 75; — Moreau de Vérone (d'après Boyer), *Voconces*, p. 132; — Bimard, *fiches de Murat..* 21, 231; — Muratori, 1653, 9; — Martin (d'après Muratori), p. 77; — Saint-Véran, *ms. de Carpentras*, 2, p. 8; — Calvet (d'après de Saint-Véran), *Notes*, p. 149; *ms. d'Avignon*, 3, f° 100; *ms. de Marseille*, 3, f° 147; — Millin, 4, p. 152; — Long (d'après Millin), p. 476; — Breton, *Mém. Ant. F.*, 16, 1842, p. 122; — Perrot, *Lettres*

---

(1) *C. I. L.*, n. 2951.

sur Nimes, 2, p. 225, et pl. n. 124; — *C. I. L.*, n. 1712; — Allmer, notes man., *Voc.*, f° 57 (copie dessinée); dessins, *Voc.*, f° 53; — Renier, *Fiches*, t. 31, f° 67; — Binon, n° 19.

D(iis) M(anibus) Cat(iae) Patern(a)e, def(unctae) ann(orum) V, m(ensium) II, dierum XIX. Sex(tus), pat(er).... (1).

« Aux dieux Mânes de Catia Paterna, morte à l'âge de 5 ans, 2 mois et 19 jours. Sextus, son père..... »

127. — Épitaphe de Classia Theodora.

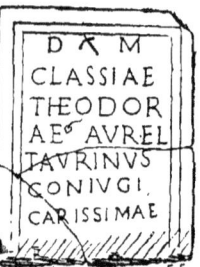

Stèle rectangulaire découverte à *Nimes*, rue des Tilleuls, en 1846. Acquise, en 1851, de l'antiquaire Perrot (2). Hauteur, 0^{m}55; largeur, 0^{m}44; épaisseur, 0^{m}05. Hauteur des lettres, 0^{m}04.

Pelet, ms. de Nimes, 2, p. 125; — Perrot, *Archaelogia Britan.*, 34 (1852), p. 69; — *C. I. L.*, n. 4087; — Allmer, *Hist. de Lang.*, 15, p. 826; — Binon, n. 81.

D(iis) M(anibus) Classiae Theodorae; Aurel(ius) Taurinus coniugi carissimae.

« Aux dieux Mânes de Classia Theodora; Aurelius Taurinus à son épouse très chère. »

128. — Épitaphe de Coelia Messina.

Cippe en forme d'autel, trouvé en 1887, à deux kilomètres et demi au nord de *Bédarrides*, « au quartier de Saint-Roman, lieu dit Ratanaï, sur la propriété de M. Granget, la moitié inférieure dépassant au-dessus de terre » (Allmer). Ce cippe a été donné au musée, la même année, par M. Granget. Hauteur, 1^{m}45; largeur, 0^{m}51; épaisseur, 0^{m}59. Hauteur des lettres, 0^{m}055 et 0^{m}045. L'inscription est renfermée dans un encadrement formé par un rinceau et des moulures.

Allmer, *Rev. épigr.*, 2, p. 310 (d'après un estampage et une copie d'Estève); — *C. I. L.*, n. 6033; — Binon, n. 131.

D(iis) M(anibus) Coeliae Messin(a)e; L(ucius) Julius Messianus matri pientissim(ae).

« Aux dieux Mânes de Coelia Messina; Lucius Julius Messianus à son excellente mère. »

Le surnom du fils est dérivé de celui de la mère.

(1) Dans le cliché les lettres D et M ont été oubliées; elles se trouvent dans l'original au sommet du cippe.

(2) D'après Perrot, cette inscription aurait été trouvée, non pas à Nimes, mais à Codognan (Gard), sur la route de Montpellier »,

129. — *Emplacement funéraire de Cornelius, fils de Callo, et de sa famille.*

Stèle en forme de disque reposant sur une base rectangulaire ; trouvée à *Bedoin*, en 1886, et acquise, la même année, de M. H. Constans, propriétaire au hameau des Baux. Une réplique de cette inscription, découverte au siècle dernier au même lieu, est conservée au musée de Sault (1). Hauteur, 0^m72 ; largeur, 0^m45 ; épaisseur, 0^m13. Hauteur moyenne des lettres, 0^m045. Caractères irréguliers et peu soignés.

Morel, *Bull. arch. du Com. des trav. hist.*, 1885, p. 520 ; — Rochetin, *Mém. Acad. Vaucl.*, 4, 1887, p. 135 ; — Allmer, *Corr.*, Lettre de Rochetin, mai 1886 ; lettre et copie dessinée de Sagnier, 18 mai 1886 ; — *C. I. L.*, n. 5833 ; *Registre 4*, p. 122 ; — Binon, n. 125.

A(ulus) Cornelius, Callonis f(ilius), sibi et suis. In f(ronte), p(edes) XV ; in a(gro), pedes XXV.

« Aulus Cornelius, fils de Callo, pour lui-même et pour les siens. De front, quinze pieds ; dans le champ, vingt-cinq pieds »

L'emplacement funéraire de Cornelius et de sa famille avait environ 4^m50 de front sur 6^m de profondeur. La stèle d'Avignon et celle du musée de Sault en marquaient sans doute les extrémités.

130. — *Épitaphe de Cornelius Valerianus.*

Cuve de sarcophage en marbre blanc, non décorée, découverte à Trinquetaille, près d'*Arles*, en 1588. Rebatu l'indique « dans les vignes », près de l'église de Saint-Geniès ; Seguier la vit à Arles, chez Lantelme de Romieu, et Bonnemant, « dans la cour du conseiller de Cornillon, jadis maison de Romieu ». Elle a été donnée au musée d'Avignon, en 1838, par le vicomte de Bouillé.
Hauteur, 0^m67 ; longueur, 2^m16 ; épaisseur, 0^m85. Hauteur des lettres : 1re ligne, 0^m028 ; lignes suivantes : 0^m020.

D·CORNELIO VALERIANO
TERETIN·DEFVNCT·ANN·XVIIII
MENS·X·DIER V · CORNELIVS
LICINIAN·ET·VAL · MATERNA
FILIO ·PIISSIMO

Romieu, *ms.*, f° 188 ; — Augières, dans le *ms. de Peiresc* 6012, f°° 56 et 69 ; — Gruter (d'après Augières), 679.6 ; — Rebatu, *ms. d'Arles*, f° 7 ; *ms. d'Aix*, pp. 67, 173 et 187 ; — Bimard, *Fiches de Murat.*, 21, 231 ; — Muratori (d'après Bimard), 1156.3 ; — Séguier, *ms. 13795*, fasc. 2 ; — Bonnemant, *ms.*, add. à la p. 36 (année 1776); — Dumont, n. 84 ; — Millin, t. 3, p. 627 ; — Herzog, n. 337 ; — *C. I. L.*, n. 788 ; — *Registre 1*, p. 253 ; — Binon, n. 106.

(1) *C. I. L.*, n. 1201.

D(ecimo) Cornelio Valeriano, Teretin(a tribu), defunct(o) ann(orum) XVIIII, mens(ium) X, dier(um) V; Cornelius Licinian(us) et Val(eria) Materna, filio piissimo.

« A Decimus Cornelius Valerianus, de la tribu Teretina, mort à l'âge de 19 ans, 10 mois et 5 jours. Cornelius Licinianus et Valeria Materna, à leur excellent fils. »

Dans cette épitaphe, la tribu est indiquée sans la filiation et hors de sa place. Dès la fin de la République, cette mention n'avait déjà plus pour but que de distinguer les citoyens romains de ceux qui ne l'étaient pas. Toutes les cités de la Narbonnaise, sauf quelques-unes de droit romain, dépendaient de la tribu Voltinia. Arles, qui avait le titre de colonie, était inscrite dans la tribu Teretina. Lorsque Caracalla, par mesure fiscale, étendit le droit de cité à tous les hommes libres de l'Empire, la mention de la tribu, devenant inutile, disparut à peu près complètement (1).

A noter que le cognomen du fils, *Valerianus*, est dérivé du nom de la mère, *Valeria*.

131. — *Fragment d'épitaphe.*

Fragment d'épistyle, découvert à Avignon, en 1853, à côté de l'hôtel de ville, en démolissant la maison Besse, pour l'élargissement de la rue Géline. Donné au musée, la même année, par Besse et Laurent. Hauteur, 0ᵐ50; largeur, 1ᵐ; épaisseur, 0ᵐ52. Hauteur des lettres, 0ᵐ11.

{L CORNELIVS M F}   *Rev. archéol.*, X, 1, 1853, p. 312;— C. I. L., n. 1035; — Renier, *Fiches*, t. 26, f° 15 ; — Binon, *Fouilles d'Avignon*, n. 3.

.... L(ucius) Cornelius, M(arci) f(ilius), ... »
« .... Lucius Cornelius, fils de Marcus, ... »

132. — *Épitaphe de Cornelius....*

Fragment de stèle à fronton triangulaire découverte à *Arles*, en 1822, près des Aliscamps. Acquis la même année de l'antiquaire Anziano. Hauteur, 0ᵐ36; largeur, 0ᵐ34; épaisseur, 0ᵐ14. Hauteur des lettres, 0ᵐ037.

```
D       m
CORNEL//////
S ///////////
////////////
```

Allmer, *Rev. épigr.*, 1, p. 269; — C. I. L., n. 5812; — Registre 4, p. 174; — Binon, n. 120.

D(iis) [M(anibus)]. Cornel[io....
« Aux dieux Mânes. A Cornelius..... »

---

(1) L'un des derniers exemples que l'on en possède est postérieur de quelques années au règne de Constantin (Mommsen, *Inscript. regni Neap.*, n. 3536).

133. — Épitaphe de Cornelius Saturninus.

Table de marbre incomplète à gauche, conservée à Saint-Just, près de *Marseille*, dans le jardin de Marius Clément. Donnée au musée en 1849. Hauteur, 0m45; largeur, 0m38; épaisseur, 0m06. Hauteur des lettres comprise entre 0m025 et 0m055.

C. I. L., n. 422; — Allmer, dessins, *Gard*, f° 107; — Creuly, *Carnet* n. 13, f° 30; — Binon, n. 109.

[*D*(*iis*)] *M*(*anibus*). *Cor*]*nelio* [*Satu*]*rnino*, [*p*]*atri* ; [*Corn*(*elius*)] *Clemens*. [*Grae*]*cinae, matri*.

« Aux dieux Mânes. Cornelius Clemens à Cornelius Saturninus, son père. Et à Graecina, sa mère. »

La rédaction défectueuse de cette épitaphe provient de ce que la dernière ligne a été ajoutée après coup.

134. — Inscription relative à un emplacement funéraire.

Bloc quadrangulaire à sommet cintré, découvert à *Vaison*, à une date inconnue et acquis, en 1828, avec d'autres objets de la collection Giraudy. Hauteur, 0m33 (la pierre est incomplète); largeur, 0m23; épaisseur, 0m12. Hauteur des lettres, 0m03.

Saint-Véran, *ms. de Carpentras*, 2, p. 12; — Calvet, *ms. de Marseille*, 5, suppl. au recueil d'inscript. (addition faite par de Saint-Véran); — Millin, 4, p. 149; — Long (d'après Millin), p. 476; — Breton, *Mém. Ant. F.* 16, 1843, p. 142; — *C. I. L.*, n. 1406; — Allmer, notes ms., *Voc.*, f° 58 (copie dessinée); dessins, *Voc.*, f° 54; — Renier, *Fiches*, t. 31, f° 68; — Creuly, *Carnet* n. 13, f° 18; — Binon, n. 28.

M(*emoriae*) *e*(*ternae*). *D*(*iis*) *M*(*anibus*). *Crax*(*io*) *Hon*(*orato*) [ou *Crax*(*iae*) *Hon*(*oratae*)]. *In front*(*e*). *p*(*edes*) *XXXX*; *in agrum, p*(*edes*) *CXXXX*.

« A la mémoire éternelle. Aux dieux Mânes. A Craxius Honoratus (*ou* à Craxia Honorata). De front, quarante pieds; dans le champ, cent quarante pieds. »

Les dimensions inusitées de cet emplacement, environ 12m de front sur 41m de profondeur, ne sont pas en rapport avec l'importance de l'inscription. La pierre qui nous est parvenue n'était sans doute que l'une des bornes marquant les limites d'une sépulture de famille ou d'un tombeau monumental.

135. — *Épitaphe de Dubia.*

Partie gauche d'une stèle découverte dans le Gard, au *Cailar*, en même temps que l'épitaphe rapportée ci-dessus sous le numéro 116. Acquise, en 1871, de l'antiquaire Anziano. Hauteur, 0^{m}86; largeur, 0^{m}46; épaisseur, 0^{m}11. Hauteur des lettres, 0^{m}06, 0^{m}05 et 0^{m}04.

Trenquier, *Notice*, 1, Saint-Bonnet, p. 14; — Deloye, *Rev. des Soc. sav.*, 1872, p. 693; — Germer-Durand, *Découv. à Nîmes*, 1872, p. 122; — *C. I. L.*, n. 4097; — Allmer, *Hist. de Lang.*, 15, p. 1067; dessins, *Gard*, f° 72; — Binon, n. 43 t.

D(iis) M(anibus) Dubiae, Quartion(is) filia(e); — D(iis) [M(anibus)] T(iti) [Scriboni(i)....
T(itus) Scribon[ius]...., parenti[bus].

« Aux dieux Mânes de Dubia, fille de Quartio; — aux dieux Mânes de Titus Scribonius.... « Titus Scribonius..., à ses parents. »

Le père et le fils portaient le même prénom. Quartio et sa fille Dubia n'étaient pas citoyens romains. Le cognomen *Dubia* est connu par d'autres exemples (1).

136. — *Épitaphe de Egnatia Materna.*

Cippe en forme d'autel, qui aurait été, selon Bouhier, découvert « près d'Avignon, où il servait d'appui d'autel, et transporté de là chez le marquis de Caumont. D'après Binon, l'administration du musée le fit retirer, en 1837, d'une muraille où il était engagé dans la cour d'un fabricant de taffetas, à *Caumont*. La face qui porte l'inscription a beaucoup souffert. Hauteur, 0^{m}90; largeur, 0^{m}70; épaisseur, 0^{m}42. Hauteur des lettres, 0^{m}053, 0^{m}031 et 0^{m}028.

```
    D    M
EG n ATIAE
M ate RNAE
C·   IVLIVS
ALEXANDER
CONIVGI KARISSIM
```

Bouhier, ms. 60 bis, p. 365 (d'après une copie du marquis de Bimard); — *C. I. L.*, n. 1037, et add. p. 821; — Allmer, *Rev. épigr.*, 1, p. 284; dessins, *Vaucl.*, f° 98; — *Registre 1*, p. 249; — Binon, n. 48.

D(iis) M(anibus) Eg[n]atiae M[at]ernae; C(aius) Julius Alexander coniugi karissim(ae).

« Aux dieux Mânes d'Egnatia Materna; Caius Julius Alexander à son épouse chérie. »

(1) *C. I. L.*, n. 3734, 4148, etc.

137. — Épitaphe de Felicula.

Cippe en forme d'autel découvert à Laudun (Gard), près de l'église Saint-Geniès, dans le courant du dix-septième siècle, ainsi qu'en témoigne Peiresc. Il fut vu par Séguier « dans une rue de Laudun, devant la porte de la maison du P. Meyere »; par Ménard, « à Laudun, maison de Claude Rabanis », et, finalement, donné à Calvet, vers 1760, par Miellon qui l'avait « devant sa porte », où il servait de borne. Hauteur, 0m80 ; largeur, 0m57 ; épaisseur, 0m22. Hauteur des lettres, 0m036 et 0m030. L'inscription est contenue dans un double encadrement formé par des moulures et des rosaces. Le cippe est décoré d'une guirlande à la partie supérieure. Les deux lettres de la première ligne sont séparées par une feuille de lierre.

```
      D    ·    M
   FELICVLAE
   VALERIVS·AE
   LICIO·MATRI
          N
   ET·ACILLAE·POS
```

Peiresc, ms. 8957, f° 126 ; — Suarès, ms. Vat. 9141, f° 29 ; Guiran, ms. 2, p. 352 ; — Muratori, n. 1256, 1 (d'après Guiran) ; — Ménard, 7, p. 472, n. 65 ; — Séguier, ms. 13802, fasc. 12 ; — Calvet, Notes, p. 84 ; ms. de Marseille, 2, f° 346 ; 3, f° 21, n° 31 et f° 208, n. 27 ; ms. d'Avignon, 2, f° 314, n. 32 ; 3, f° 107, n. 117 ; — Guérin, Vie d'Esprit Calvet, p. 165 ; — C. I. L., n. 2779 ; — Allmer, Hist. de Lang., t. 15, p. 1005 ; dessins, Gard, f° 70 ; — Rochetin, Le camp de César à Laudun, dans Mém. Acad. Vaucl., 18, 1899, p. 46 ; — Binon, n. 88.

D(iis) M(anibus) Feliculae ; Valerius Felicio, matri, et ancillae pos(uerunt).

« Aux dieux Mânes de Felicula ; Valerius Felicio à sa mère, et ses servantes (à leur maîtresse) ont fait construire ce tombeau. »

M. Allmer a déjà fait remarquer que le surnom du fils était similaire, mais non dérivé, de celui de la mère. « *Felicula* dérive de *felis*, tandis que *Felicio* provient de *felix*. » Il n'est pas possible d'admettre que Valerius Felicio a fait construire un tombeau « à sa mère et servante ». Il faut donc supposer, ainsi que nous l'avons fait, que les servantes de Felicula ont contribué, pour une partie, à la dépense du monument.

Valerius Felicio était probablement le père du dévot dont il a été question ci-dessus, sous le numéro 38.

138. — Épitaphe de Vaalus Gabinius.

Table de pierre découverte à Avignon, en 1853, « dans les fouilles de la rue Géline, sous la maison Besse ; elle était placée à sec « dans le mur romain, à 1m50 au-dessous du sol actuel » (Binon). Hauteur, 0m45 ; largeur, 0m90 ; épaisseur, 0m53. Hauteur des lettres, 0m062 et 0m068.

Garrucci, Sui canoni epigrafici di Fr. Ritschl, p. 24 ; — Sylloge, n. 2223 ; — C. I. L., n. 1038 ; — Creuly, Carnet n. 13, f° 140 ; — Allmer, dessins, Vaucl., f° 88 ; — Binon, Fouilles d'Avignon, n. 8.

```
ΟΥΑΛΟϹ·ΓΑ6'ΝΙΟϹ
        ΧΑΙΡΕ
VAALVS · GABINius
HEIC · SITVS · EST
```

Οὐᾶλος Γα[β]ίνιος χαῖρε ! *Vaalus Gabin[ius] heic situs est.*

« Vaalus Gabinius, adieu ! Vaalus Gabinius est déposé ici. »

« Les archaïsmes *aa* pour *a*, *ei* pour *i*, font remonter l'âge de cette curieuse inscription à une époque non postérieure au temps d'Auguste (1). »

Le cognomen *Vaalus* placé avant le gentilice est à noter, du reste, comme un signe de très haute antiquité.

139. — *Épitaphe de Julia Cupita et de son fils.*

Cippe en forme d'autel, vu par Millin sur le chemin de Mirabel à la Villedieu, près de *Nyons*, et donné en 1838 au musée par le marquis d'Archimbaud. Hauteur, 0ᵐ80 ; largeur, 0ᵐ67 (incomplète); épaisseur, 0ᵐ43. Hauteur des lettres, 0ᵐ045 et 0ᵐ035. L'inscription est renfermée dans un encadrement formé par un rinceau et des moulures. Le bord gauche de la pierre a disparu.

Vérone (d'après une copie de Calvet), n. 222 ; — Calvet, *Notes*, p. 161 ; ms. de Marseille, 3, f° 158 ; *ms. d'Avignon*, 3, f° 112 ; — de Saint-Véran, *ms. de Carpentras*, 2, p. 9, n. 22 ; — Millin (d'après de Saint-Véran), t. 4, p. 153 ; — Long (d'après Millin), p. 476 ; — Breton, *Mém. Ant. F.*, 16 (1842), p. 138 ; — *C. I. L.*, n. 1417 ; — *Registre 1*, p. 251 ; — Allmer, notes ms., *Voc.*, f° 63 (copie dessinée); dessins, *Voc.*, f° 60 ; *Corr.*, lettre de Sagnier, 7 juillet 1886 ; — Renier, *Fiches*, t. 31, f° 72 ; — Binon, n. 71.

```
MANIBVS
IVLIAE·CVPITAE
MATRIS · ET
M·IVLI·PATERNI
FRATRIS
M·IVLIV /// NATVS
```

Manibus Juliae Cupitae, matris, et M(arci) Juli(i) Paterni, fratris; M(arcus) Juliu[s G]natus (?).

« Aux Mânes de Julia Cupita, sa mère, et de Marcus Julius Paternus, son frère ; Marcus Julius Gnatus. »

Les deux frères, qui étaient citoyens romains et portaient le nom de leur mère, étaient nés, peut-être, en dehors du mariage.

140. — *Épitaphe de Julia Paullina.*

Stèle de marbre découverte à *Orange* et cédée au musée, en 1851, avec d'autres objets, par Naudin, avocat dans la même ville. Hauteur, 0ᵐ38 ; largeur, 0ᵐ26 ; épaisseur, 0ᵐ02. Hauteur des lettres, comprise entre 0ᵐ020 et 0ᵐ035.

```
D   M
IVLIAE
PAVLLINAE
IVLIAPATERNA
MATER·ET·TOGI
VS PAVLLINIANVS
PATER · FIL
PIISSIMAE
```

Voyage de deux Bénédictins, 1, 294 ; — Martin (d'après le *Voyage*), *Antiq.*, p. 56 ; — Hardouin, *Opera selecta*, p. 684 ; — Séguier, *ms. 13795*, fasc. 2 ; — Maffei, *Mus. Véron.*, p. 419, 15 ; — *C. I. L.*, n. 1257 ; — Renier, *Fiches*, t. 30, f° 18 ; — Creuly, *Carnet n. 13*, f° 8 ; — Binon, n. 57.

D(iis) M(anibus) Juliae Paullinae; Julia Paterna, mater, et Togius Paullinianus, pater, fil(iae) piissimae.

« Aux dieux Mânes de Julia Paullina. Julia Paterna, sa mère, et Togius Paullinianius, son père, à leur excellente fille. »

---

(1) Allmer, *loc. cit.*

Le surnom de la fille est dérivé de celui du père. Le gentilice *Togius*, d'origine gauloise, rappelle le nom du chef séquane *Togirix*.

141. — Épitaphe de Julius Archias.

Fragment de stèle avec antéfixes découvert à *Vaison*, dans le cimetière de Saint-Quenin, et transporté au château de Vérone. « Donné, en 1838, au musée, par le marquis d'Archimbaud. » L'inscription, dont il ne reste plus que la partie gauche, était dans un encadrement de moulures. Hauteur de la pierre, 0ᵐ44 ; largeur, 0ᵐ56 ; épaisseur, 0ᵐ09. Hauteur des lettres, 0ᵐ04.

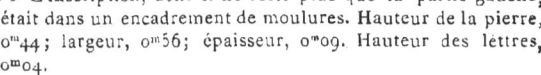

Vérone, ms. *d'Avignon*, lettre n. 222 (à Calvet) ; — Saint-Véran, ms. *de Carpentras*, 2, p. 8 ; — Calvet (d'après de Saint-Véran), *Notes*, p. 161 ; ms. *de Marseille*, 3, f° 147 ; ms. *d'Avignon*, 3, f° 82 ; — Millin, 4, 152 ; — Long (d'après Millin), p. 475 ; — Herzog (d'après Millin), n. 432 *b* ; — Breton, *Mém. Ant. F.*, 16, 1842, p. 137 ; — *C. I. L.*, n. 1428 ; — Allmer, dessins, *Voc.*, f° 64 ; notes ms., *Voc.*, f° 67 ; — Renier, *Fiches*, t. 31, f° 83 ; — Binon, n° 72.

D(iis) M(anibus) C(aii) Jul(ii) Arc(h)iae ; C(aius) Ae(lius?) Pitymias, col(l)ibert[o].

« Aux dieux Mânes de Caius Julius Archias ; Caius Aelius (ou Aemilius ?) Pithymias à son co-affranchi. »

Des deux co-affranchis qui n'ont pas le même nom de famille, l'un était peut-être l'affranchi de la femme et l'autre celui du mari. Ils ne se qualifiaient de *colliberti* que par extension. On peut encore supposer que leur maître avait changé de nom en passant par adoption dans une autre famille.

Archias et *Pithymias* sont des noms serviles d'origine grecque.

142. — Épitaphe de Julius Alypus.

Stèle à sommet cintré découverte à *Nîmes* et vendue au musée, en 1836, par l'antiquaire Perrot. Hauteur, 0ᵐ45 ; largeur, 0ᵐ33 ; épaisseur, 0ᵐ06. Hauteur des lettres, 0ᵐ04.

Pelet, ms. 2, p. 181 ; — *C. I. L.*, n. 3627 ; — Allmer, *Hist. de Lang.*, 15, p. 851 ; — *Registre 1*, p. 228 ; — Binon, n. 83.

D(iis) Manibus) Q(uinti) Juli(i) Alypi.

« Aux dieux Mânes de Quintus Julius Alypus. »

143. — Épitaphe de Julius Cornelianus.

Stèle de marbre blanc découverte, à ce que l'on croit, dans le voisinage d'*Avignon*. Elle a été acquise, par échange, en 1839, de Jousseaume, qui la possédait dans sa collection. Hauteur, 0m53; largeur, 0m29; épaisseur, 0m35. Hauteur des lettres, 0m035, 0m038 et 0m020.

```
  D · M ·
SEX·IVL·SEX·FI
VOL·CRNELANO
  ANN·XXII
Q·CR·EVTYCHES
ET COR APOLAVSTE
 AMICO·OPTIMO
ET PARENTES·FIL
    PIISSIMO
```

C. I. L., n. 1039; — Allmer, dessins, *Vaucl.*, f° 96; — Renier, *Fiches*, t. 26, f° 19; — Binon, n. 4.

D(iis) M(anibus). Sex(to) Jul(io), Sex(ti) fil(io), Vol(tinia tribu), Corne/iano, (vixit) ann(orum) XXII. Q(uintus) Cor(nelius) Eutyches et Cor(nelia) Apolauste amico optimo; et parentes fil(io) piissimo.

« Aux dieux Mânes. A Sextus Julius Cornelianus, fils de Sextus, de la tribu Voltinia, mort à l'âge de vingt-deux ans. Quintus Cornelius Eutyches et Cornelia Apolauste à leur ami excellent; et ses parents à leur fils excellent. »

Nous avons déjà dit que les citoyens romains d'Avignon étaient compris dans la tribu *Voltinia*. Eutyches et Apolauste, dont les surnoms grecs trahissent la condition primitive, étaient des affranchis.

144. — Épitaphe de Julius Gerus.

Stèle à fronton triangulaire, découverte à *Nimes*, en 1855, en même temps que les deux inscriptions rapportées plus haut sous les numéros 115 et 117 et vendue au musée, la même année, par l'intermédiaire de l'antiquaire Perrot. Hauteur, 0m68; largeur, 0m42; épaisseur, 0m11. Hauteur des lettres, 0m045.

Pelet, *Journal du Gard*, n. du 23 août 1855; ms. 2, p. 197; *Mém. de l'Acad. du Gard*, 1875, p. 23, note 1; — Michel, *Nimes*, 1, p. 308 (d'après Pelet); — C. I. L., n. 3636; — Allmer, *Hist. de Lang.*, 15, p. 853; — *Registre 3*, p. 26; — Binon, n. 83 c.

```
  D · M
L·IVLII
 GERI
```

D(iis) M(anibus) L(ucii) Julii Geri.

« Aux dieux Mânes de Lucius Julius Gerus. »

145. — Épitaphe de Julius Julianus.

Cippe en forme d'autel provenant du jardin de Marius Clément, à Marseille. Donné au musée en 1850. Hauteur, 1ᵐ ; largeur, 0ᵐ45 ; épaisseur, 0ᵐ39. Hauteur des lettres, 0ᵐ040 et 0ᵐ035.

C. I. L., n. 438 ; — Allmer, dessins, Gard, f° 108 ; — Binon, n. 110.

D(iis) M(anibus) Jul(ii) Juliani ; Jul(ius) Annianus patri pientissim(o).

« Aux dieux Mânes de Julius Julianus ; Julius Annianus à son père excellent. »

146. — Épitaphe de Q. Julius Quintianus.

Sarcophage mutilé découvert à Noveizan (Drôme), en 1835, et acquis par le musée l'année suivante. L'inscription, dont la partie inférieure fait défaut, est placée dans un cartouche que soutiennent deux Génies. Une tête de Méduse est figurée sur chaque que face latérale. Hauteur, 0ᵐ55 ; longueur, 1ᵐ70 ; épaisseur, 0ᵐ79. Hauteur des lettres, 0ᵐ070 et 0ᵐ045.

C. I. L., n. 1703 ; — Registre 1, p. 234 ; — Allmer, notes man., Voc., f° 61 ; dessins, Voc., f° 58 ; — Binon, n. 69.

D(iis) M(anibus). Q(uinto) Julio, Quintiliani filio, Quintian[o], def(uncto) annor[um] XI et [m(ensium)] VII et d(ierum) II. Julius Quintilianus et Attia Avita filio dulcissimo et omnibus (h)oris deside[rantissimo].

« Aux dieux Mânes. A Quintus Julius Quintianus, fils de Quintilianus, mort à l'âge de onze ans, sept mois, deux jours. Julius Quintilianus et Attia Avita à leur fils bien aimé regretté à chaque instant. »

147. — Épitaphe de Julia Rufina.

Table de pierre trouvée dans le cimetière de Saint-Quenin, à Vaison, en 1795. L'abbé de Saint-Véran l'avait fait placer, avec quelques autres, dans son jardin. L'un de ses héritiers la vendit au musée en 1834. Hauteur, 0ᵐ90 ; largeur, 0ᵐ54 ; épaisseur, 0ᵐ14. Hauteur des lettres, 0ᵐ065 et 0ᵐ045.

Calvet, *Notes*, p. 170; *ms. de Marseille*, 3, f° 181; *ms. d'Avignon*, 3, f° 116; — Saint-Véran, *ms. de Carpentras*, 2, p. 12; — Millin (d'après de Saint-Véran), 4, p. 151; — Breton, *Mém. Ant. F.*, 16, 1842, p. 136; — Long (d'après Millin), p. 476; — *C. I. L.*, n. 1418; — Allmer, notes ms. *Voc.*, f° 66 (copie dessinée); dessins, *Voc.*, f° 63; — Renier, *Fiches*, t. 31, f° 75; — Binon, n° 12.

D(iis) M(anibus) Juliae Rufinae. Julia Primella libert(a)e optimae.

« Aux dieux Mânes de Julia Rufina. Julia Primilla à son excellente affranchie. »

Primella, au lieu de *Primilla*, est une faute de gravure.

148. — *Épitaphe de Julius Severianus.*

Cippe de pierre calcaire découvert, en 1826, « au quartier de Saint-Andéol, terre du Grand-Pragal, terroir du *Barroux* » (*Reg.*), en même temps que l'inscription rapportée plus bas, sous le numéro 181. Acquis par le musée Calvet en 1835. Un instrument de forme indéfinie (peut-être une équerre?) a été gravé sur la face latérale de droite.

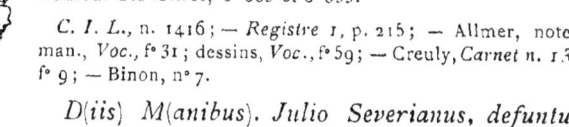

Hauteur de la pierre, 1ᵐ10; largeur, 0ᵐ50; épaisseur, 0ᵐ40. Hauteur des lettres, 0ᵐ065 et 0ᵐ035.

C. I. L., n. 1416; — *Registre 1*, p. 215; — Allmer, notes man., *Voc.*, f° 31; dessins, *Voc.*, f° 59; — Creuly, *Carnet* n. 13, f° 9; — Binon, n° 7.

D(iis) M(anibus). Julio Severianus, defuntus annorum IIII, messe VIII, dierum XVIII. Julius Maxximinus, Val(eria) Valeriana, parentes infelicissimi, filio posuverunt.

« Aux dieux Mânes. A Julius Severianus, mort à l'âge de quatre ans, huit mois, dix-huit jours. Julius Maximinus et Valeria Valeriana, parents infortunés, ont fait construire (ce tombeau) à leur fils. »

Cette épitaphe, qui ne remonte certainement pas au-delà du troisième siècle de notre ère, se distingue par sa mauvaise facture. On y relève l'emploi du singulier pour le pluriel : *messe* au lieu de *mensium*, l'inobservance des cas : *Julio Severianus defuntus, annorum... messe.. dierum....*, l'omission d'une lettre dans le mot *defunctus*, et enfin le redoublement fautif d'une consonne dans les mots *Maximinus* et *posuerunt*. L'orthographe de ce dernier mot est surtout des plus curieuses. On trouve assez fréquemment *posi*, **posivi et poseivi** pour *posui*, mais la forme *posuvi* ne s'était pas **encore rencontrée.**

149. — *Épitaphe de Licinia.*

Stèle en calcaire compact découverte, en 1831, au quartier du Serre, terroir de *Bédarrides*, sur le chemin de Sarians. Donnée au musée, en 1833, par Mathieu, maire de Bédarrides. Hauteur, 1ᵐ20; largeur à la base, 0ᵐ53, au sommet, 0ᵐ47; épaisseur, 0ᵐ49. Hauteur des lettres : 1ʳᵉ ligne, 0ᵐ075; ligne suivante, 0ᵐ055.

C. I. L., n. 1040; — Allmer, dessins, *Vaucl.*, f° 100; — Renier, *Fiches*, t. 26, f° 38; — Creuly, *Carnet n. 13*, f° 29; — Binon, n. 59.

Liciniae, M(arci) filiae); Homullus, filius.

« A Licinia, fille de Marcus; Humullus, son fils. »

Cette inscription est du premier siècle et peut-être même du temps d'Auguste.

150. — *Épitaphe de Licinius Goas.*

Fragment de stèle trouvé à *Vaison*, « dans la corniche du fronton du monument de Maraudi ». Acquis par le musée en 1835. Hauteur, 0ᵐ26; largeur; 0ᵐ64; épaisseur, 0ᵐ06. Hauteur des lettres, 0ᵐ068.

C. I. L., n. 1420; — *Registre 1*, p. 211; — Renier, *Fiches*, t. 31, f° 78; — Creuly, *Carnet n. 13*, f° 11; — Binon, n. 41.

M(arcus) Licinius Goas....

« Marcus Licinius Goas... »

Goas est un surnom de forme grecque.

151. — *Épitaphe d'un patron assassiné par son affranchi.*

Cippe en forme d'autel découvert, en 1856, à *Roussillon*, dans la propriété de Joseph Guérin, cultivateur. Donné au musée l'année suivante. Hauteur, 1ᵐ24; largeur, 0ᵐ67; épaisseur, 0ᵐ45. Hauteur des lettres, variable et comprise entre 0ᵐ048 et 0ᵐ058.

C. I. L., n. 1128; — Allmer, dessins, *Vaucl.*, f° 32; — *Registre 5*, p. 25; — Creuly, *Carnet n. 13*, f° 78; — Binon, n. 143.

D(iis) M(anibus). G(....ia) Lucilia) G(....io) Severiano, filio pientessimo posuit, quem libertus suus hoccidit.

« Aux dieux Mânes. G...ia Lucilia a fait construire ce tombeau à G...ius Severianus, son fils bien aimé, qui a été assassiné par son affranchi. »

Cette épitaphe nous révèle un drame monstrueux. Un affranchi a fait périr celui qui l'avait émancipé et s'est ainsi rendu coupable d'un forfait que la loi romaine punissait de la peine des parricides. Dans les premiers temps de la République, les criminels de cette nature étaient cousus dans un sac de cuir et jetés dans une eau profonde. Plus tard, en l'an de Rome 698, Pompée fit décider que le fouet leur serait appliqué jusqu'au sang et que le sac dans lequel ils seraient introduits contiendrait un singe, un chien, un coq et une vipère, afin de rappeler, sans aucun doute, qu'ils possédaient les mauvais instincts de ces animaux (1).

Severianus était né en dehors du mariage. Le gentilice qu'il tenait de sa mère en fournit la preuve. Les femmes ne portant pas de prénom, la lettre G, qui précède le mot *Lucilia*, ne peut être, en effet, que l'initiale d'un gentilice dont la forme nous échappe. Il se peut que l'on doive lire *Gabinius*, comme sur l'épitaphe qui va suivre.

L'inscription ne nous dit pas, non plus, quel était l'âge de la victime; mais bien que le droit d'affranchissement existât pour les enfants, son application pratique était soumise à de telles formalités que les exemples, dans les familles de condition moyenne surtout, en devaient être très limités.

On remarquera l'orthographe *pientessimus* pour *pientissimus*. Cette confusion entre l'*e* et l'*i*, déjà fréquente aux temps archaïques (2), disparut à peu près complètement pendant la haute époque impériale et redevint ensuite très commune à partir du Ve siècle. On peut croire qu'elle s'était conservée dans le bas langage : « *Rustici*, dit Varron, *etiam nunc quoque viam* veam *appellant, et* vellam *non villam* (3). »

L'orthographe *hoccidit* ne s'explique que par l'ignorance du rédacteur de l'épitaphe. Elle est d'autant plus curieuse que la faute inverse, c'est-à-dire la suppression de la lettre *h* devant une voyelle, était commune et provenait d'un affaiblissement dans la prononciation des mots aspirés (3).

---

(1) Justin., *Institutes*, 4, de Judiciis publicis ; — Cic., *pro Rosc. Amer.*, II, 25, 26 ; — Senec., *Clem.*, I, 23.

(2) On la relève, en particulier, sur la deuxième inscription du tombeau des Scipion : « *dedet tempestatebus aide mereto...* » (*C. I. L.*, VI, n. 1286).

(3) *De re rustica*, I, 2, 14. Cf. Quintil., I, 4, 17; IX, 4, 34.

(4) Antoine, *Manuel d'orthographe*, p. 28.

152. — *Épitaphe de Magia Aurelia.*

Fragment de cippe, en pierre calcaire dure, « trouvé, en 1895, à *Saint-Marcellin*, près de Vaison, où il était au coin d'une étable » (*Reg.*). Acquis par le musée, en 1896. Hauteur, 0m80; largeur, 0m38; épaisseur, 0m45. Hauteur des lettres, 0m042.

Allmer, *Rev. épigr.*, 3, n. 1184; — Sagnier, *Mém. de l'Acad. de Vaucluse*, 1897, p. 224; — *Registre 4*, p. 250; — Binon, n. 220.

D(iis) M(anibus) Magiae Aureli(a)?. Val(erius) Severinus matri [optimae?]

« Aux dieux Mânes de Magia Aurelia. Valerius Severinus à sa mère excellente. »

Magia est un gentilice dont on connaît de nombreux exemples. *Aurelia* est un nom de famille employé comme cognomen. Cette particularité a déjà été signalée plusieurs fois, notamment par M. Allmer dans ses *Inscriptions de Vienne*. L'épitaphe de *Magia Aurelia* est à rapprocher de celle que nous avons donnée plus haut sous le numéro 19. Toutes deux doivent se rapporter à des membres d'une même famille. *Magia Aurelia* était, selon toute apparence, la sœur puînée de *Magia Severina* et de *Magius Severinus*, tribun de la légion II *Italica*. Elle a pu naître après le mariage de sa sœur et recevoir comme surnom le nom de son beau-frère, *Aurelius Valerianus*. On a vu que celui-ci poussait la vanité jusqu'à s'enorgueillir, un peu naïvement, de compter un tribun parmi ses proches. Il n'est pas invraisemblable de supposer que des considérations de même ordre ont dicté le choix du surnom donné au fils d'*Aurelia*. L'épitaphe est incomplète d'une ligne. On peut choisir entre les deux restitutions *optimae* et *piissimae*. Nous préférons la première dont la longueur s'accorde mieux avec celle des autres lignes.

M. Allmer attribue cette inscription à la seconde moitié du IIe siècle.

153. — *Épitaphe.*

Fragment de stèle découvert, en 1841, « dans la cour d'un boulanger », à *Orange*. Acquis, la même année, du sieur Bernard, maçon. Hauteur, 0m29; largeur, 0m34; épaisseur, 0m20. Hauteur des lettres, 0m065 et 0m040.

C. I. L., n. 1259; — Allmer, dessins, *Vaucl.*, f° 74; — Creuly, *Carnet n. 13*, f° 18; — Binon, n. 53.

Di(i)s Man[ibus]. Matern[ianus?], Solidum[ari fil(ius) ?]
« Aux dieux Mânes. Maternianus, fils de Solidumarus.

Solidumarus, si ce mot pouvait convenir, serait à rapprocher du nom gaulois *Solimarus*, dont on connaît plusieurs exemples.

154. — *Épitaphe de Maximilla.*

Fragment de stèle retiré, en même temps que l'inscription ci-dessus n. 136, d'une muraille, dans la cour d'un fabricant de taffetas à *Caumont*. Les lettres de la dernière ligne ont été endommagées par la cassure. Hauteur, 0ᵐ42 ; largeur, 0ᵐ38 ; épaisseur, 0ᵐ18. Hauteur des lettres, 0ᵐ042.

```
MAXIMIL
LAE·STATVTI   F
L·MAXIMIVS
VICTOR·OB
```

Calvet, *Notes*, p. 69 ; ms. de Marseille, 3, f° 28, n. 36 ; ms. d'*Avignon*, 3, f° 70, n° 62 ; — Expilly, *Dict.*, p. 137 s., v. Caumont ; — Achard, *Descript.*, 1, p. 436 ; — Muratori, n. 1482, 13 (d'après Bimard) ; — Allmer, *Rev. épigr.*, 1, p. 284 ; — *C. I. L.*, n. 1041 ; — *Registre 1*, p. 249 ; — Renier, *Fiches*, t. 26, f° 42 ; — Binon, n. 49.

[*D(iis) M(anibus)*] *Maximillae, Statuti f(iliae); L(ucius) Maximius Victor ob[sequentissimae coniugi]*.

« Aux dieux Mânes de Maximilla, fille de Statutus ; Lucius Maximius Victor à son épouse très obéissante. »

Le néologisme *obmerentissima* pourrait se justifier par un autre exemple (1).

155. — *Épitaphe de Nigidius Optatus.*

Table de marbre vue par Spon à *Saint-Jean-de-Garguiers*, dans la cour de l'église, au-dessus de la porte ; encastrée plus tard dans le mur du cloître de l'abbaye de Saint-Victor, à Marseille, et en dernier lieu dans le mur du jardin de Marius Clément, de la même ville, qui la donna au musée en 1849. Hauteur, 0ᵐ38 ; largeur, 0ᵐ56 ; épaisseur, 0ᵐ06. Hauteur des lettres, 0ᵐ060 et 0ᵐ045.

Spon, ms. de Paris *10810*, f° 94 ; — Bimard (d'après Peiresc), dans Muratori, 21, 231 ; — Villeneuve, 2, p. 404 ; — Couret, *Aubagne*, p. 96 ; — *C. I. L.*, n. 598 ; — Allmer, dessins, *Gard*, f° 105 ; — Binon, n. 108.

L(ucius) Nigidius, Ter(etina tribu), Optatus ; Valeria, T(iti) f(ilia), Secunda.

« Lucius Nigidius Optatus, de la tribu Teretina ; Valeria Secunda, fille de Titus (Valerius). »

Il s'agit probablement du tombeau de deux époux.

(1) V. ci-après, n. 181.

156. — *Épitaphe de Paternus.*

Borne quadrangulaire à sommet en forme de disque, découverte à *Vaison*, en 1840, et vendue l'année suivante, à l'administration du musée, par l'antiquaire Lunel. Hauteur, 0m75; largeur, 0m33; épaisseur, 0m12. Hauteur des lettres, 0m042.

C. I. L., n. 1424; — Allmer, notes man., *Voc.*, f° 69 (copie dessinée); dessins, *Voc.*, f° 69; — Renier, *Fiches*, t. 31, f° 79; — Creuly, *Carnet n. 13*, f° 20; — Binon, n° 37.

T(itus) M.... Paternus.
« Emplacement funéraire (ou tombeau) de Titus M.... Paternus. »

157. — *Tombe commune à deux esclaves.*

Cippe en forme d'autel « découvert à *Tresques*, dans la propriété de M. le comte de Vogüé, qui en a fait don au musée en 1850 » (Binon). La pierre porte deux épitaphes dont chacune correspond à un buste mutilé. Hauteur, 1m43; largeur, 0m63; épaisseur, 0m30. Hauteur des lettres, comprise entre 0m035 et 0m060.

C. I. L., n. 2762; — Allmer, *Hist. de Lang.*, 15, p. 1081; dessins, *Gard*, f° 53; — Binon, n. 96.

D(iis) M(anibus). Placidae ; viba sibi p(o)s(ui)t. — Matutin(o); Placida, contubernali obtimo p(o)s(ui)t.

« Aux dieux Mânes. A Placida ; tombeau construit pour elle-même, de son vivant. A Matutinus ; Placida a préparé (ce tombeau) à son compagnon excellent. »

Matutinus et Placida n'étaient pas citoyens romains. *Viba* pour *viva*, *obtimo* pour *optimo* sont des déformations qui résultent, selon toute probabilité, d'une prononciation locale défectueuse. L'abréviation du mot *posuit* est à noter comme une simple fantaisie du graveur.

158. — *Épitaphe de Plotius Apollonides.*

Urne quadrangulaire en marbre blanc, découverte à *Nimes*, dans le courant du siècle dernier, et transportée au château de Vezénobres. Le marquis de Calvières, à qui elle appartenait, la donna à Calvet. Cette urne, assez bien décorée, est encore pourvue de son couvercle. Hauteur, 0ᵐ20, largeur, 0ᵐ24; épaisseur, 0ᵐ18. Hauteur des lettres, 0ᵐ010 et 0ᵐ008.

```
dIs·MANIB
L· PLOTI
APOLLONIDIS·F
V·A·XIII·M·II·D·X
```

Calvet, *ms. de Marseille*, 3, f° 8, n. 11 (copie dessinée); *ms. d'Avignon*, 3, f° 129 et 171; — Séguier, *ms. de Paris 16930*, p. 1455, n. 63; — Guérin, *Panorama*, p. 234; — *C. I. L.*, n. 3800; — Allmer, *Hist. de Languedoc*, 15, p. 892; — Binon, n. 75.

Di(i)s Manib(us) L(ucii) Ploti(i) Apollonidis, f(ilii); v(ixit) a(nnorum) XIII, m(ensium) II, d(ierum) X.

« Aux dieux Mânes de L(ucius) Plotius Appollonides, leur fils, mort à l'âge de treize ans, deux mois et dix jours. »

La rédaction de cette inscription n'est pas claire. On ne sait si le jeune défunt s'appelait Lucius Plotius Apollonides, ou s'il était le fils d'un personnage appelé Apollonides. La première opinion paraît plus vraisemblable. Le mot *filii*, dans ce cas, nous ferait simplement connaître que le père ou la mère du défunt ou plus exactement peut-être l'un et l'autre, avaient recueilli ses cendres.

Plotius est le même nom que *Plautius*.

159. — *Épitaphe de Pompeia Dativa.*

Stèle à sommet cintré, découverte en 1882, près de l'ancienne église de Saint-Pierre de Mouleyras, à *Arles*, dans un champ voisin des Aliscamps. Acquise, la même année, de l'antiquaire Anziano. Hauteur, 0ᵐ28; largeur, 0ᵐ33; épaisseur, 0ᵐ105. Hauteur des lettres, 0ᵐ024. A la seconde ligne, les quatre dernières lettres forment un monogramme.

```
POMPEIÆ· DATIVÆ
COIVGI·CARISSVMAE
C· AVFIDIVS
. . . . . . . . . I
```

Allmer (d'après une copie de M. Sagnier), *Rev. épigr.*, 1, p. 268; — *C. I. L.*, n. 5815; — *Registre 4*, p. 174; — Binon, n. 119.

Pompeiae Dativae, coniugi carissumae, C(aius) Aufidius....

« A Pompeia Dativa, son épouse très chère, Caius Aufidius... »

Au sujet de l'orthographe *carissumus*, voyez plus haut, n. 27. L'épitaphe de Pompeia est d'une date très ancienne. Il ne semble pourtant pas, en raison des lettres liées qu'elle contient, qu'elle soit antérieure au temps d'Auguste.

160. — Épitaphe de Pompeia Pia.

Cippe en calcaire compact, autrefois encastré « dans le cloître des R. P. Minimes, d'Avignon » (Minimes). Il servait de borne, en 1841, au coin de la rue du Vieux-Septier, d'où on le retira pour le transporter au musée. L'inscription est renfermée dans un encadrement de moulures. Hauteur, 1^{m}03; largeur, 0^{m}66; épaisseur, 0^{m}25. Hauteur des lettres, 0^{m}04.

Minimes, *Descript. des épitaphes*, f° 213; — Romieu, ms., f° 95; — Suarès, *ms. du Vatican* 9140, f° 97; 9141, f°^{s} 16 et 29; — Lancelot, *Acad. des Inscr., Hist.*, 7, 1733, p. 251; — Bouhier, *ms. 60 bis*, p. 133 (d'après Bimard); — Muratori, 1389, 15 (d'après Bimard); — De Véras, *Recueil*, f° 168; — Calvet, *Notes*, p. 62, n. 11; *ms. de Marseille*, 3, f° 28; *ms. d'Avignon*, 3, f° 189; — Dumont (d'après Calvet), n. 173; — *C. I. L.*, n. 1043; — Allmer, dessins, *Vaucl.*, f° 94; — Renier, *Fiches*, t. 26, f° 25; — Binon, n. 3.

D(iis) M(anibus) Pompiae Pi[ae]; C(aius) Valerius Inachos, uxori r[a]rissimae et si[bi], vivos posu[it].

« Aux dieux Mânes de Pompia Pia. Caius Valerius Inachus a fait construire (ce tombeau), de son vivant, pour sa femme d'un très rare mérite, et pour lui-même. »

Le religieux anonyme, qui composa le *Cayer des inscriptions et épitaphes* de Saint-Honorat des Aliscamps, nous a laissé une copie complète de cette épitaphe. La mutilation que l'on constate existait déjà du temps de Calvet.

161. — Épitaphe de Reiconius Noricus.

Tablette de marbre, incomplète à l'angle inférieur gauche, découverte à Nîmes, rue des Tilleuls, en 1846, et vendue au musée, en 1851, par l'antiquaire Perrot. Hauteur et largeur, 0^{m}30; épaisseur, 0^{m}025. Hauteur des lettres, 0^{m}048 et 0^{m}030.

Pelet, ms., 2, p. 183; — *C. I. L.*, n. 3866; — Allmer, *Hist. de Lang.*, 15, p. 905; — Binon, n. 80.

D(iis) M(anibus) Cnae(i) Reiconi(i) Norici; [V]aleria Tyche [nep]ot(i) karissim(o).

« Aux dieux Mânes de Cnaeus Reiconius Noricus ; Valeria Tyché à son très cher petit-fils. »

Le défunt était, selon toute apparence, originaire du Norique, ainsi qu'en témoignent à la fois son nom de famille et son surnom. On doit peut-être le considérer comme un affranchi du questeur de la colonie de Nîmes dont il a été question ci-dessus, sous le numéro 27. *Tyche* est un surnom d'origine grecque.

162. — *Emplacement funéraire de Sabina.*

Stèle à sommet cintré découverte à *Vaison*, en 1840, dans la propriété de Blanchon, au quartier de Maraudi, à peu de distance de l'inscription rapportée plus loin sous le numéro 181. On retira, d'une cavité tombale voisine de la stèle, une urne de verre, à deux anses doubles, à demi remplie d'ossements calcinés et recouverte d'une plaque de plomb. Elle était accompagnée d'un mobilier funéraire qui se composait des différents objets que voici : une bouteille de verre blanc, très épaisse ; une fiole à parfums, un vase de verre, à bord évasé, pourvu d'une seule anse ; un miroir métallique avec son manche ; une lampe de terre, décorée d'un sanglier dans une forêt ; un dé à jouer, en bronze ; un anneau d'ivoire, et enfin une petite boîte carrée en cuivre argenté. Tous ces objets, ainsi que la stèle, furent acquis par le musée. Hauteur de la stèle, 0^{m}88 ; largeur, 0^{m}37 ; épaisseur, 0^{m}12. Hauteur des lettres, 0^{m}05 et 0^{m}04.

C. I. L., n. 1446 ; — Renier, *Fiches*, t. 31, f° 89 ; — Creuly, *Carnet* n. 13, f° 33 ; — Binon, n. 25.

Sabinae, Atill(i filiae); in fr(onte), p(edes) XXVI s(emis); in agr(o), p(edes) XIII.

« A Sabina, fille d'Atillus. De front, vingt-six pieds et demi ; dans le champ, treize pieds. »

Atillus paraît être un nom gaulois. L'emplacement funéraire que cette inscription fait connaître avait environ 11^m de long sur un peu moins de 4^m de large.

163. — *Épitaphe de Sapricia.*

Stèle de pierre commune ornée de moulures, « déterrée, en 1834, à 4 mètres de profondeur, par le sieur Gleize, près de l'ancienne église de *Vaison* » (Binon). Le musée en a fait l'acquisition en 1835. Hauteur, 1^{m}26 ; largeur, 0^{m}55 ; épaisseur, 0^{m}16. Hauteur des lettres, 0^{m}04.

Breton, *Mém. Ant. F.*, 16, 1842, p. 31 ; — *C. I. L.*, n. 1449 ; — *Registre 1*, p. 212 ;

— Allmer, notes ms., *Voc.*, f° 70 (copie dessinée) ; dessins, *Voc.*, f° 74 ; — Renier, *Fiches*, t. 31, f° 90; — Creuly, *Carnet* n. *13*, f° 31 ; — Binon, n° 11.

D(iis) [M(anibus)]. *Sapriciae, animae innocenti , Marinus coniugi et Marina matri pientissimae.*

« Aux dieux Mânes. A Sapricia, âme vertueuse. Marinus à son épouse et Marina à son excellente mère. »

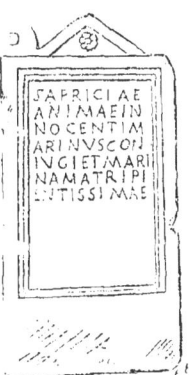

Marinus et sa femme, l'un et l'autre désignés par un surnom, n'étaient pas citoyens romains. Leur fille avait reçu le surnom du père.

164. — *Épitaphe de Satyrio.*

Fragment de cippe en forme d'autel, découvert à *Roussillon*, en 1856, dans la propriété de Joseph Guérin, cultivateur. Donné au musée l'année suivante. Hauteur, 0ᵐ40 ; largeur, 0ᵐ24 ; épaisseur, 0ᵐ19. Hauteur des lettres, 0ᵐ03.

C. I. L,, n. 1142; — *Registre 5*, p. 25 ; — Allmer, dessins, *Vaucl.*, f° 25 ; — Binon, n. 43 *p.*

D(iis) M(anibus) *Satyrionis*; *Julia Saturni*[*na opti*]*mo* [*marito posu*]*it.*

« Aux dieux Mânes de Satyrio ; Julia Saturnina a fait construire (ce tombeau) à son mari excellent. »

Les restitutions proposées ne sont pas certaines.

165. — *Fragment d'épitaphe.*

Fragment de table bordé de moulures, brisé lui-même en quatre fragments, découvert à *Vaison*, dans le voisinage de l'ancienne église, et cédé au musée par Lunel père. Hauteur, 0ᵐ33; largeur (incomplète), 0ᵐ73 ; épaisseur, 0ᵐ08. Hauteur des lettres, 0ᵐ055.

C. I. L., n, 1452; — Renier, *Fiches*, t. 31, f° 109; — Creuly, *Carnet n. 13,* f° 29 ; — Binon, n. 42.

... *Seren*[*i lib*(*ertae*?)] *Sever*... [*H*(*oc*) *m*(*onumentum*)] *h*(*eredem*) *n*(*on*) *s*(*equetur*).

« A ... Sever..., affranchie de Sérenus .. Ce monument ne passe pas à l'héritier. »

166. — *Fragment d'épitaphe.*

Fragment de stèle « trouvé près d'*Apt*, en 1848 et donné au musée, la même année, par M. Boyer de Sainte-Suzanne » (Binon). Hauteur, 0m25 ; largeur, 0m48 ; épaisseur, 0m16. Hauteur des lettres, 0m05.

C. I. L., n. 1143 ; — Renier, *Fiches*, t. 28, f° 27 ; — Creuly, *Carnet* n. 13, f° 29 ; — Binon, n. 63.

Ce fragment d'épitaphe est à compléter, par le nom de famille *Sempronius*, ou l'un des surnoms qui en dérivent.

Les quatre cippes en forme d'autel qui vont suivre ont été découverts à *Tresques*, dans la propriété du comte de Vogüé, qui les a donnés au musée en 1850. Chaque inscription est entourée d'un élégant rinceau qui rappelle, par sa forme, celui de l'inscription rapportée plus loin sous le numéro 171.

167. — *Épitaphe de Secundius Julianus.*

Cippe brisé, dépourvu de sa base, mais ayant conservé son couronnement. Hauteur, 0m90 ; largeur, 0m70 ; épaisseur, 0m45. Hauteur des lettres, 0m60, 0m045 et 0m35.

```
     D   ·   M
   C·SECVNDI
    IVLIANI
  C·SECVNDIVS
   PATERNVS
ET SECVNDIA·IVLIA
  PATRI·OPTIM
```

C. I. L., n. 2763 ; — Allmer, *Hist. de Lang.*, 15, p. 1001 ; dessins, *Gard*, f° 56 ; — Creuly, *Carnet* n. 13, f° 19 ; — Binon, n. 93.

D(iis) M(anibus) C(aii) Secundi(i) Juliani ; C(aius) Secundius Paternus et Secundia Julia patri optim(o).

« Aux dieux Mânes de Caius Secundius Julianus ; Caius Secundius Paternus et Secundia Julia, à leur excellent père. »

« Remarquer le surnom du père passé à la fille, avec retour de la forme dérivée et cognominale à la forme primitive et gentilice (1). » Voyez plus bas l'inscription n. 170.

168. — *Épitaphe de Secundia Satulla.*

Fragment de cippe. Hauteur, 0m73 ; largeur, 0m63 ; épaisseur, 0m30. Hauteur des lettres, 0m05 et 0m04.

C. I. L., n. 2764 ; — Allmer, *Hist. de Lang.*, 15, p. 1002 ; — Creuly, *Carnet* n. 13, f° 9 ; — Binon, n. 94.

```
   SECVNDIAE
 SATVLLAE·FIL
    IVLIAE
  MATRI·OPTIM
```

... Secundiae, Satullae fil(iae), Juliae, matri optimae.

« .... à Secundia Julia, fille de Satulla, son excellente mère. »

(1) Allmer, *loc. cit.*

Ainsi qu'en témoigne son nom de *Satulla,* la mère de Secundia Julia était d'origine gauloise.

Voyez plus bas l'inscription n. 170.

169. — *Épitaphe de Secundia Secundina.*

Cippe. Hauteur, 1^m10; largeur, 0^m63; épaisseur, 0^m33. Hauteur des lettres, 0^m045 et 0^m035. Lettres liées : 2e ligne, 1 et N; 3e et 4e lignes, N et I; 7e ligne, I et N; 9e ligne, M et A, M et E. Le point séparatif de la première ligne est formé par une feuille de lierre.

C. I. L., n. 2765; — Allmer, *Hist. de Lang.*, 15, p. 1001; dessins, *Gard*, f° 59; — Binon, n. 100.

D(iis) M(anibus) Secundinae, Paterni fil(iae), G(aius) Frontinius Servatus, uxori, et Secundinus et Secundus, matri optim(a)e.

« Aux dieux Mânes de Secundina, fille de Paternus ; Gaius Frontinius Servatus, à son épouse, et Secundinus et Secundus à leur excellente mère. »

```
      D    •    M
    SECVNDINAE
   PATERNI FIL
   GFRONTINIVS
     SERVATVS
    VXSORI ET
    SECVNDINVS
   ET SECVNDVS
   MATRI OPTIME
```

« Il se peut que l'on doive reconnaitre l'un des deux fils, C. Frontinius Secundinus, sur une inscription de Pougnadoresse (1), de laquelle on apprendrait qu'il était marié à une Caecilia Varenia et avait un fils appelé C. Frontinius Caecilianus (2). »

Voyez l'inscription suivante.

170. — *Épitaphe de Frontinia Servata.*

Cippe. Hauteur, 1^m33; largeur, 0^m52; épaisseur, 0^m38. Hauteur des lettres, de 0^m045 à 0^m038.

C. I. L., n. 2760; — Allmer, *Hist. de Lang.*, 15, p. 1002; dessins, *Gard*, f° 54; — Binon, n. 90.

D(iis) M(anibus) Frontiniae Servatae ; G(aius) Frontinius Servatus et Secundina, Paterni fil(ia), parentes, filiae piissimae ; et T(itus) Varenius Severus uxori rarissimae, qu(a)e vixit a(nnorum) XXXV, m(ensium) VII, d(ierum) XII.

« Aux dieux Mânes de Frontinia Servata ; Caius Frontinius Servatus et Secundina, fille de Paternus, ses parents, à leur excellente fille ; et Titus Varenius Severus à son épouse d'un très rare mérite, morte à l'âge de trente-cinq ans, sept mois et douze jours. »

(1) *C. I. L.*, n. 2776.
(2) Allmer, *loc. cit.*

Par les épitaphes que nous venons de rapporter, on peut établir ainsi qu'il suit, et jusqu'à la cinquième génération, la généalogie de la famille *Secundia*.

```
              C. Secundius Julianus (inscr. n. 167);
              épouse Satulla, dont il a deux enfants :
        ┌──────────────────────────┬──────────────────────────┐
C. Secundius Paternus (inscr. n. 167);    Secundia Julia (inscr. n. 167 et 168).
il épouse.... dont il a une fille.
        │
Secundia Secundina (inscr. n. 169);
elle épouse G. Frontinius Servatus,
    de qui elle a trois enfants :
  ┌────────────────┬──────────────────────┬──────────────────┐
Frontinia Servata    Frontinius Secundinus    Frontinius Secundus
(inscr. n. 170);     (inscr. n. 169);         (inscr. n. 169).
elle épouse T.       il épouse probablement
Varenius Severus     Caecilia Varenia, dont il a
et meurt à l'âge     un fils :
de 35 ans.                │
                    C. Frontinius Caecilianus,
                    mort à l'âge de 22 ans.
                    (C. I. L., n. 2796.)
```

La transmission des surnoms, que ce tableau met en évidence, est intéressante à observer. La mère de Secundius Julianus s'appelait probablement *Julia*. Secundia avait reçu comme surnom le gentilice de sa grand' mère. Frontinia Servata, qui portait le surnom de son père, devait être l'aînée des trois enfants de Frontinius Servatus.

171. — *Épitaphe de Secundius Secundinus.*

Cippe en forme d'autel découvert en même temps et au même lieu que les quatre cippes précédents. Le comte de Vogüé l'a donné également au musée, en 1850. Hauteur, 1ᵐ04 ; largeur, 0ᵐ75 ; épaisseur, 0ᵐ37. Hauteur des lettres, de 0ᵐ047 à 0ᵐ035.

C. I. L., n. 2761 ; — Allmer, *Hist. de Lang.*, 15, p. 1000; dessins, *Gard*, f° 56 ; — Binon, n. 91.

D(iis) M(anibus) Juli(i) Secundi(i) Secundini ; Primula, P(ublii) f(ilia), Secundina, mater, fil(io) piissimo.

« Aux dieux Mânes de Julius Secundius Secundinus ; Primula Secundina, fille de Publius, sa mère, à son excellent fils. »

Le fils avait reçu le surnom de sa mère.

Cette épitaphe semble se rattacher au groupe ci-dessus, mais les renseignements font défaut pour établir la relation qui aurait existé entre les personnages qu'elle mentionne et ceux dont nous venons de parler.

Nous croirions assez volontiers que Secundius Secundinus était le neveu de Julianus. Son prénom de *Julius* lui venait probablement de sa grand'mère. Il est curieux de constater, dans un même texte, l'emploi d'un gentilice comme prénom, et d'un surnom comme gentilice (1).

M. Allmer a supposé, peut-être avec raison, que l'on devait lire : *Diis Manibus Julii, Secundi (filii), Secundini...*, « aux dieux Mânes de Julius Secundinus, fils de Secundus... ». La filiation se trouverait, de la sorte, exprimée avec sous-entente du mot *filius*, ce qui, du reste, n'était pas très rare.

172. — Épitaphe.

Cippe en forme d'autel découvert à *Tresques,* comme les précédents, et donné au musée, en 1850, par le comte de Vogüé. La face principale est décorée d'un rinceau encadrant l'inscription. La base et le couronnement manquent. « La pierre a été dégradée par un trou qu'on y a pratiqué au milieu pour placer la grenouille d'un moulin » (Binon). Hauteur, 0^m90 ; largeur, 0^m76 ; épaisseur, 0^m50. Hauteur des lettres, 0^m090, 0^m085 et 0^m066.

C. I. L., n. 2766 ; — Allmer, *Hist. de Lang*, 15, p. 1002 ; dessins, *Gard*, f° 57 ; — Binon, n. 98.

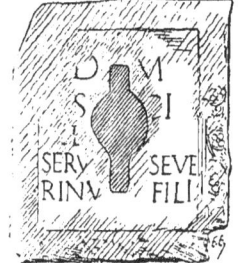

D(iis) M(anibus)...; Serv[atus et] Severinu[s], fili(i).

« Aux dieux Mânes de....; Servatus et Severinus, ses fils. »

Servatus et Severinus appartenaient, encore, selon toute apparence, à la famille *Frontinia*. (V. ci-dessus l'inscription n. 170.)

173. — Épitaphe de *Severinia Attica*.

Cippe en forme d'autel trouvé à *Rousset* (Drôme) en 1836, et acquis par le musée la même année. Hauteur, 1^m37 ; largeur, 0^m43 ; épaisseur, 0^m17. Hauteur des lettres, 0^m048 et 0^m040.

(1) Une inscription de Catsan, près d'Uzès, fournit un autre exemple du gentilice *Julius* employé comme prénom (*C. I. L.*, XII, n. 2725).

Martin, *ms. Chaper.*, p. 107; — Ollivier, *Rev. du Dauphiné*, 1, 1837, p. 157; — Long, p. 455; — *C. I. L.*, n. 1704; — Registre 1, p. 244; — Allmer, notes man, *Voc.*, f° 71; dessins, *Voc.*, f° 75; — Creuly, *Carnet* n. 13, f° 12; — Binon, n. 70.

D(iis) M(anibus) Se[ver]iniae Atticae; Julianus, Aviti fil(ius), coniugi karissimae s(ub) a(scia) d(edicavit).

« Aux dieux Mânes de Severina Attica. Julianus, fils d'Avitus, (a fait construire ce tombeau) à son épouse très chère et l'a dédié sous l'ascia. »

Cette épitaphe n'indique pas le gentilice de Julianus. Peut-être se trouvait-il sur un autre cippe faisant partie du même groupe familial.

174. — Épitaphe de Spurius Severus.

Table de marbre autrefois à *Camaret*, « contre le mur d'une maison » du village. Acquise par le musée en *1840*. Hauteur, 0^m44; largeur, 0^m66; épaisseur, 0^m09. Hauteur des lettres, 0^m059 et 0^m035.

Séguier, *ms. 13795*, fasc. 2; — Maffei, *Mus. Véron.*, p. 419, 16; — Achard, *Descript. de la Provence*, 1, p. 396; — Calvet, *Notes*, p. 174; ms. de Marseille, 3, f° 186; ms. d'Avignon, 3, f° 168; — Courtet, *Dict.*, p. 119; — *C. I. L.*, n. 1266; — Allmer, dessins, *Vaucl.*, f° 76; — Binon, n. 60.

Spu(rius) Severus, sibi et suis, vivos fecit.

« Spurius Severus, de son vivant, a préparé (ce tombeau) pour lui-même et pour les siens. »

Vivos, pour *vivus*, est un archaïsme.

175. — Tombeau de Solico et de O...., fils de Daverus.

Fragment de stèle provenant de *Saint-Saturnin d'Apt*. Hauteur, 0^m43; largeur, 0^m32; épaisseur, 0^m13. Hauteur des lettres, 0^m053.

C. I. L., n. 1144; — Allmer, dessins, *Vaucl.*, f° 95; — Binon, n. 62 m.

Solico... sibi et O... Daveri f[il(io?)], testame[nto fieri] ius[sit].

« Solico... a ordonné, par testament, que (ce tombeau) fût construit pour lui-même et pour O..., fils de Daverus. »

Solico et *Daverus* sont des noms celtiques. Le second seul est connu par d'autres inscriptions, dont une provient précisément de Saint-Saturnin d'Apt et se rapporte peut-être au même personnage que celle-ci (1).

176. — *Épitaphe de Smeria Quintilla.*

Cippe en forme d'autel découvert à *Tresques,* avec les précédents, n. 167 à 171, et donné également par le comte de Vogüé. Hauteur, 1ᵐ23; largeur, 0ᵐ65; épaisseur, 0ᵐ30. Hauteur des lettres, 0ᵐ050 et 0ᵐ045. L'inscription est contenue dans un encadrement formé par des moulures et un rinceau.

C. I. L., n. 2767; — Allmer, *Hist. de Lang.,* 15, p. 1002; dessins, *Gard,* f° 58; — Binon, n. 92.

D(iis) M(anibus) Smeriae Quintillae; P(ublius) Frontonius Quintinus, matri optimae.

« Aux dieux Mânes de Smeria Quintilla ; Publius Frontonius Quintinus, à son excellente mère. »

```
D   ·   M
SMERIAE
QVINTILLÆ
P·FRONTONVS
QVINTINVS
MATRI
OPTIMÆ
```

Smeria est un gentilice d'origine celtique. Le surnom du fils est dérivé de celui de la mère.

177. — *Épitaphe de Tessicnius Secundus.*

Cippe très dégradé (en huit fragments) découvert, en 1807, parmi les ruines de Vieilla Ciouta, commune de *Mons* (Gard). On le transporta à Méjanes, chez un propriétaire où le baron d'Hombres le vit ; puis à Nîmes, chez l'antiquaire Perrot, qui le vendit au musée en 1836. L'inscription est au-dessous d'une niche contenant, entre deux pilastres à chapiteaux, les bustes en relief de deux personnages : le mari et la femme. L'homme, placé à droite par rapport au spectateur, tient de la main gauche un rouleau et appuie la main droite sur l'épaule droite de sa femme, le bras passé derrière le corps. La femme tient de la main gauche une cassette, dans laquelle elle puise de l'autre main ; elle a des boucles d'oreilles. Le mari a les cheveux courts, dirigés vers le front ; la femme porte les siens séparés en deux bandeaux symétriques. La niche a ses angles supérieurs occupés par des dauphins. Elle se termine par une partie plate décorée de palmettes et de rosaces. Hauteur du cippe, 1ᵐ32; largeur, 0ᵐ75; épaisseur, 0ᵐ25. Hauteur des lettres, 0ᵐ056 (2).

Trélis, *Mém. de l'Acad. du Gard,* 1808, p. 344 ; — d'Hombres-Firmas, *Rec. de mém.,*

(1) *C. I. L.,* XII, n. 1285, 2648, 2679.
(2) Ce cippe a été restauré avec du plâtre. Sur la photogravure que nous en donnons, les caractères restitués sont en pointillé.

pl., n. 9; — Perrot, *Hist. de Nîmes*, p. 10, note 1 (mauvaise copie); — Stark, *Archaeol. Ztg.*, 1853, p. 370; — Germer-Durand, *Découv.*, *1871*, p. 75; — *C. I. L.*, n. 2882; — Allmer, *Hist. de Lang.*, p. 1042; — *Registre 1*, p. 227; — Creuly, *Carnet n. 13*, f° 27; — Binon, n. 84.

*T(itus) Te*ꝺ*icnius,.... f(ilius), Secundus, s[ibi] et Jullae, ux[ori].*

« Titus Tessicnius Secundus, fils de..., a fait construire ce tombeau pour lui-même et pour Julla, son épouse. »

« Tessicnius, dit M. Allmer, est un nom celtique dans lequel l's est remplacé par le ꝺ, conformément, sans doute, à une particularité de prononciation qu'on suppose correspondre à celle du *th* anglais, et qui, souvent, est aussi représentée par un *d* barré. Une déesse *Sirona*, d'une inscription de Bordeaux, est appelée DIRONA, avec un D barré, sur une inscription de Metz (Voyez *Bull. des Antiquaires*, 1872, p. 83; — Dezeimeris, *Mém. de la Soc. archéol. de Bordeaux*, 1). »

Le nom de potier *Messillus* est écrit de même, sur une marque de Vienne, par deux D barrés et affrontés (1).

178. — *Épitaphe de Quinta Titia.*

Cippe avec base et couronnement, découvert à *Vaison*, à une date inconnue. Acquis, en 1828, de Giraudy, notaire à Vaison. Hauteur, 1^m22; largeur, 0^m56; épaisseur, 0^m33. Hauteur des lettres, 0^m046.

Suarès, *ms. du Vatic.* 9141, f° 15, n. 17; — Boyer, *Cathédrale*, 2, p. 74; — Moreau de Vérone (d'après de Boyer), *Voconces*, p. 132; — Bimard, *Fiches de Murat.*, 21, 231; — Muratori (d'après Bimard), 1409, 8; — Martin (d'après Muratori), p. 78; — Saint-Véran, *ms. de Carpentras*, 2, p. 7; — Calvet, *Notes*, p. 143; ms. d'Avignon, 3, f° 89; ms. de Marseille, 3, f° 135; — Millin, 4, p. 148; — Breton, *Mémoires Ant. F.*, 16, 1842, p. 130; — Long (d'après Vérone), pp. 476 et 477; — *C. I. L.*, n. 1458; — Allmer, notes man., *Voc.*, f° 77 (copie dessinée); dessins, *Voc.*, f° 72; — Creuly, *Carnet n. 13*, f° 12; — Binon, n. 17.

D(iis) M(anibus) Q(uintae) Titiae, Q(uinti) l(ibertae); Veratianus uxori k(a)r(i)s(si)mae s(ub) a(scia) d(edicavit).

(1) Allmer, *Inscript. de Vienne*, atlas, pl. 29-4, n. 285.

« Aux dieux Mânes de Quinta Titia, affranchie de Quintus. Veratianus (a fait construire ce tombeau) à sa femme très chère et l'a dédié sous l'ascia. »

Le mot *Quinta* ne peut être qu'un surnom placé avant le gentilice (1). On a lieu d'être surpris cependant de constater qu'une affranchie a porté, comme nom servile, le prénom même de son patron.

L'abréviation du mot *karissimae* n'est qu'une fantaisie du graveur. On en possède d'autres exemples.

179. — Épitaphe de Valeria.

Stèle incomplète à droite, découverte à *Nîmes* et vendue au musée, en 1851, par l'antiquaire Perrot. Hauteur, 0ᵐ45; largeur, 0ᵐ30; épaisseur, 0ᵐ13. Hauteur des lettres, 0ᵐ030 et 0ᵐ023.

C. I. L., n. 3897; — Allmer, *Hist. de Lang.*, 15, p. 984; desins, Gard, f° 62; — Creuly, *Carnet n. 13*, f° 8; — Binon, n. 79.

Valeria[e], Valeri(i) f(iliae), a(nnorum) XI, m(ensium) X; Dubia, Amabilinis l(iberta), nep[oti].

« A Valeria, fille de Valérius, morte à l'âge de 11 ans et 10 mois; Dubia, affranchie d'Amabilis, à sa petite fille. »

180. — Épitaphe de Valeria Pia.

Cippe en forme d'autel découvert à *Saint-Gabriel* (Bouches-du-Rhône), et donné au musée, en 1835, par le chevalier Mourret, de Tarascon. Hauteur, 0ᵐ90; largeur, 0ᵐ48; épaisseur, 0ᵐ35. Hauteur des lettres, 0ᵐ045, 0ᵐ038 et 0ᵐ028. A la fin de la sixième ligne, les lettres MAE forment un monogramme.

```
    D    M
VALERIAE
PIAEVARIVS
FES · TVS
CONIVGI
DVLCISSIMAE
   S A C D
```

Mérimée, p. 335; — Faillon, *Mon. inédits sur l'apostolat de Marie Madeleine*, 2, p. 616; — Villeneuve, *Stat.*, 2, 442; — C. I. L., n. 984; — *Registre 1*, p. 213; — Creuly, *Carnet n. 13*, f° 6; — Binon, n. 104.

D(iis) M(anibus) Valeriae Piae; Varius Festus coniugi dulcissimae s(ub) a(s)c(ia) d(edicavit).

« Aux dieux Mânes de Valeria Pia; Varius Festus a dédié (ce tombeau), sous l'ascia, à son épouse très douce. »

(1) Cf. ci-dessus l'inscription n. 104.

181. — *Épitaphe de Valeria Severina.*

Cippe en pierre calcaire, découvert en 1826, « au quartier de Saint-Andéol, terre du *Grand-Pragal*, terroir du *Barroux* » (Reg.). Acquis par le musée en 1835. Un niveau et une équerre ont été sculptés sur la face latérale de droite. Une seconde équerre a été gravée sur la base, au-dessous de l'inscription. Hauteur de la pierre, 1ᵐ53; largeur, 0ᵐ55; épaisseur, 0ᵐ30. Hauteur des lettres, 0ᵐ082 et 0ᵐ040.

C. I. L., n. 1466; — *Registre 1*, p. 215; — Allmer, notes man., *Voc.*, f° 81 (copie dessinée); dessins, *Voc*, f° 79; — Renier, *Fiches*, t. 26, f° 28; — Creuly, *Carnet n. 13*, f° 7; — Binon, n. 6.

D(iis) M(anibus) Valeriae Severin(a)e : Sextilianus et Valeria Vincentia, matri obmerentissim(a)e et coniugi incomparabili, posuerunt.

« Aux dieux Mânes A Valeria Severina; Sextilianus et Valeria Vincentia ont fait construire ce tombeau : Vincentia à sa mère très méritante et Sextilianus à son épouse incomparable. »

La rédaction de cette épitaphe est conçue de telle sorte que l'on ne sait pas si *Valeria Vincentia* était née de *Sextilianus*, dont le nom de famille serait ainsi connu, et de *Valeria Severina*, ou seulement de cette dernière. Le mot *obmerentissimus* n'est pas latin, ou du moins ne se trouve pas dans le lexique de Forcellini. *Obmeritissimus* serait plus exact.

La gravure de l'inscription a d'ailleurs été faite sans aucun soin et dénote une basse époque. (Voir plus haut l'inscription n. 148.)

182. — *Fragment d'épitaphe avec nom gaulois.*

Fragment de stèle trouvé près d'*Apt*, en 1848, et donné au musée par Boyer de Sainte-Suzanne. Hauteur, 0ᵐ14; largeur, 0ᵐ40; épaisseur, 0ᵐ24. Hauteur des lettres, 0ᵐ05.

C. I. L., n. 1147; — Allmer, dessins, *Vaucl.*, f° 9; — Renier, *Fiches*, t. 28, f° 28; — Creuly, *Carnet n. 13*, f° 29; — Binon, n. 62.

... *Valeria*... [*D*]*oviccorigis f(ilia)*...
« ... Valeria ... fille de Doviccorix... »

Doviccorix est un nom gaulois.

183. — *Épitaphe de Valerius Severianus.*

Cippe en forme d'autel découvert à *Orange* et cédé au musée, en 1851, avec d'autres objets, par Naudin, avocat dans cette ville. Hauteur, 0ᵐ50 (la base manque) ; largeur, 0ᵐ38 ; épaisseur, 0ᵐ21. Hauteur des lettres, 0ᵐ03.

C. I. L., n. 1267 ; — Allmer, dessins, *Vaucl.*, f° 77 ; — Renier, *Fiches*, t. 30, f° 23 ; — Creuly, *Carnet* n. 13, f° 33 ; — Binon, n° 58.

D(iis) [M(anibus)]. L(ucio) Valerio Severiano ; L(ucius) Valerius Julianus [e]t Byria Severil(l)a, parentes, fil(io) kariss[imo].

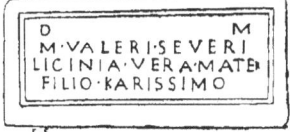

« Aux dieux Mânes. A Lucius Valerius Severianus ; Lucius Valerius Julianus et Byria Severilla, ses parents, à leur très cher fils. »

Le surnom du fils rappelle celui de la mère.

184. — *Épitaphe de Valerius Severus.*

Table de pierre découverte à *Vaison*, à une date inconnue et acquise, en 1828, de Giraudy, notaire à Vaison. Hauteur, 0ᵐ39 ; largeur, 0ᵐ91 ; épaisseur, 0ᵐ25. Hauteur des lettres, 0ᵐ045.

Boyer, *Cath.*, 2, 74 ; — Bimard, *Fiches de Murat.*, XVI, 231 (et d'après lui Muratori, 1226) ; — de Saint-Véran, *ms. de Carpentras*, 2, p. 6, n. 6 (d'après Muratori) ; — Martin, *Antiq.*, p. 77 (d'après Muratori) ; — Moreau de Vérone, *Voconces*, p. 132 (et d'après lui Long, p. 476) ; — Calvet, *Notes*, p. 149 ; *ms. de Marseille*, 3, f° 146 ; *ms. d'Avignon*, 3, f° 92 ; — *C. I. L.*, n. 1463 ; — Allmer, notes man., *Voc.*, f° 79 (copie dessinée) ; dessins, *Voc.*, f° 77 ; — Renier, *Fiches*, t. 31, f° 97 , — Creuly, *Carnet n. 13*, f° 19 ; Binon, n. 9.

D(iis) M(anibus) M(arci) Valeri(i) Severi. Licinia Vera, mater, filio karissimo.

« Aux dieux Mânes de Marcus Valerius Severus. Licinia, sa mère, à son très cher fils. »

185. — *Épitaphe de Valia Threpte.*

Fragment de cippe, en pierre calcaire, découvert, en 1842, près de *Carpentras*, et acquis la même année par l'administration du musée. On distingue une patère sur la face latérale de droite et un sistre sur celle de gauche. Sur la face opposée à

```
         N D V S V A L I
         E · T R E P T E ɴ ɪ
         V · C A R I S S I M E
         E T · I N L O C V M S P v
         L T V R E · A · I V L I O ᴀɢ
         T E M E R O  E M TᵥM · S E
         TₛERTIONVMMO VN/////
         P · D E C  ////////  A L ᵥ M

              P     ·     M
```

l'inscription était représentée; de plus, une figure debout, d'un fort relief, dont il ne reste que la main gauche posée sur un autel, une jambe et les pieds. Hauteur de la pierre, 0ᵐ47; largeur, 0ᵐ31; épaisseur, 0ᵐ26. Hauteur des lettres, 0ᵐ040, 0ᵐ032, 0ᵐ028 et 0ᵐ015.

C. I. L., n. 1210; — Renier, *Fiches*, t. 29, f⁰ 12; — Binon, n. 5.

Les caractères de cette inscription ont été retouchés d'une façon maladroite.

... *undus Vali(a)e T(h)repteni u(xori) carissim(a)e, et in locum s(e)pultur(a)e a Julio Ag(a)t(h)emero em(p)tum sestertio nummo uno. P(ublius) Dec[..ius] alum(nae) p(ro) m(eritis).*

«...undus à Valia Threpte, son épouse très chère, et sur un emplacement funéraire acquis de Julius Agathemerus au prix d'un sesterce. Publius Dec... à son *alumna*, pour ses mérites.»

Ainsi qu'on vient de le voir, un personnage, peut-être appelé *Jucundus* ou *Secundus*, a fait ensevelir sa femme et lui a consacré un cippe sur un terrain dont il indique la provenance et le prix d'achat : un sesterce, environ vingt-cinq centimes de notre monnaie. Doit-on s'en rapporter aux termes de l'inscription et n'attribuer à ce terrain qu'une valeur aussi minime? On ne s'expliquerait guère l'apparente vanité qu'en tirerait le personnage. Il est plus exact de penser que l'épitaphe de Valia Threpte nous fournit un exemple d'une touchante précaution que prenaient quelquefois les anciens, pour que leurs Mânes, ou ceux des êtres qui leur étaient chers, ne fussent irrités par aucune profanation.

En affirmant leur droit de propriété sur le terrain où ils faisaient bâtir un monument funéraire, les Romains allaient au-devant de toute revendication future et mettaient plus étroitement leur bien sous la protection des lois (1). De là cette mention si fréquente de la *pedatura* des emplacements, c'est-à-dire de leurs dimensions dans les deux sens, en largeur et en profondeur. De là aussi, lorsque l'emplacement était dû à la générosité d'un parent ou d'un ami, l'énonciation, sur le monument lui-même, d'un acte de vente fictif, par lequel le donateur déclarait avoir reçu un sesterce pour le prix du terrain qu'il avait offert : « *Donationis causa, mancipio accepit HS n. uno* (2). »

---

(1) La propriété des tombeaux était inaliénable. On ne pouvait que céder le droit d'y enterrer.
(2) Orelli, 4567, 4571, etc.

Dans le cas particulier qui nous occupe, on peut donc croire que Julius Agathemerus avait gratuitement fourni l'emplacement tombal de Valia Threpte. Le contraire n'apparaissait que pour garantir à celle qui n'était plus la jouissance perpétuelle de son sépulcre.

L'*alumnus* était à l'époque romaine ce que nous appelons un « enfant trouvé ». On peut noter, du reste, à propos de Valia, que *Threptus* était précisément le nom des enfants exposés (1). Aux yeux de la loi, l'*alumnus* n'avait d'autre condition, vis-à-vis de son bienfaiteur, que celle d'esclave.

« C'est ce qui résulte, dit M. Allmer, de la correspondance de Pline avec Trajan au sujet des *alumni* de la province de Bithynie. On voit, par cette correspondance, que, malgré différents édits d'Auguste, de Vespasien, de Titus et de Domitien relativement aux *alumni*, il n'existait aucune constitution générale à leur égard. Dans sa réponse à la question qui lui était soumise, et concernant spécialement les *alumni* nés libres, Trajan conclut dans le sens le plus bienveillant pour eux. « Il ne croit pas, dit-il, « qu'on doive leur refuser la liberté, s'ils la réclament, ni y mettre pour condition « préalable le remboursement des frais de leur nourriture. » M. Le Blant, dans ses *Inscriptions chrétiennes de la Gaule* (n. 304), remarque que, dès avant la fin de l'époque romaine, le sort des *alumni* avait reçu quelque adoucissement. Une loi de 331 permettait à celui qui recueillait un enfant exposé de le traiter à son gré, soit comme fils, soit comme esclave (*Cod. Theod.*, 5, 6, 1) (2). »

L'*alumnus* pouvait être adopté et recevoir le nom de son père adoptif. Valia Threpte ne l'a pas été, mais le gentilice qu'elle porte est une preuve cependant de son émancipation. Il faut peut-être en conclure qu'elle avait reçu la liberté, soit de son mari, qui, dans ce cas, se serait appelé *Valius*, soit de la femme de son bienfaiteur.

Agathemerus est un nom servile d'origine grecque.

186. — *Épitaphes de Vassillius Terentius et de sa femme.*

Cippe dont le couronnement a été retaillé à fleur du dé. Découvert à *la Bastide d'Engras* en même temps que le cippe rapporté plus haut sous le n° 107 et acquis avec lui, par le musée, en 1857. Hauteur, 1^{m}18; largeur au milieu, 0^{m}65; épaisseur, 0^{m}36. Hauteur des lettres, 0^{m}05. « Un encadrement de moulures partagé en deux compar-

---

(1) Borghesi, *Œuvres*, t. VIII, p. 160; — Cfr. Pline, Epist. 10 *ad Traianum*, 65: *De conditione et alimentis eorum quos vocant* τρεπτούς.

(2) Allmer, *Inscript. de Vienne*, t. II, p. 506. Sur les *alumni* en général, v. de Ruggiero, *Dizionario epigrafico*, I, p. 437 et suiv.

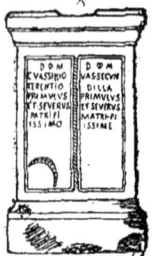

timents égaux par un cordon vertical en forme de torsade, contient deux inscriptions. Au-dessous de l'inscription de gauche, dans le bas du compartiment, se voit une palme ou un épi formant une courbe » (Allmer).

Allard, *Opinion du Midi*, n° du 29 mai 1857 ; — Deloye, *Rev. des Soc. sav.*, 2, 1857, p. 603 ; — *Registre 3*, p. 37 ; — *C. I. L.*, n. 2857 ; — Allmer, *Hist. de Lang.*, 15, p. 997 ; dessins, *Gard*, f° 77 ; — Creuly, *Carnet n. 13*, f° 13 ; — Binon, n. 98 a.

D(iis) M(anibus). C(aio) Vassillio Terentio ; Primulus et Severus patri piissimo.

D(iis) M(anibus). Vas(silliae) Secundilla(e) ; Primulus et Severus matri piissimae.

« Aux dieux Mânes. A Caius Vassillius Terentius ; Primulus et Severus à leur excellent père. »

« Aux dieux Mânes. A Vassillia Secundilla ; Primulus et Severus à leur excellente mère. »

Il s'agit, comme on le voit, d'un tombeau élevé à deux époux par la piété de leurs enfants. La femme et le mari portaient le même nom exprimé abréviativement dans la seconde épitaphe, parce qu'il était gravé en toutes lettres dans la première.

Le mot *Secundilla*, au nominatif, est une faute, due plutôt à l'inadvertance du lapicide qu'à l'ignorance du rédacteur de l'inscription.

187. — *Épitaphe de Verilla.*

Cippe en calcaire coquillier, avec base et couronnement, découvert, en 1884, près de *Vaison*, en même temps que l'autel à Silvain rapporté ci-dessus sous le n. 84. Acquis par le musée la même année. Hauteur, 1ᵐ53 ; largeur, 0ᵐ45 ; épaisseur, 0ᵐ21. Hauteur des lettres : 1ʳᵉ ligne, 0ᵐ06 ; lignes suivantes, 0ᵐ05.

```
D    M
VERILLE
VERINIFIL
ILIAE CVPI
TIA FELICIS
SIMA PATRO
NE OPTVME
```

Allmer, *Rev. épigr.*, 2, p. 212 ; *Corr.*, lettre de Sagnier, 24 juin 1886 ; lettre de L. de Guyon, 24 janv. 1885 ; — *C. I. L.*, n. 5844 ; — *Registre 4*, p. 230 ; — Binon, n. 128.

D(iis) M(anibus) Verill(a)e, Verini fil(iae) ; Cupitia Felicissima patron(a)e optum(a)e.

« Aux dieux Mânes de Verilla, fille de Verinus ; Cupitia Felicissima à sa patronne excellente. »

« Felicissima était une affranchie ; son nom Cupitia lui avait été donné, avec l'affranchissement, par sa patronne, qui, elle-même, s'appelait Cupitia Verilla et avait pour père Cupitius Verinus. Cette transmission du nom gentilice du père à la fille, comme de la patrone à l'affranchie, étant régulière, on a pu, sans inconvénient pour la clarté de l'épitaphe, se dispenser de le répéter. Verilla, fille de Verinus, portait un cognomen dérivé de celui de son père. Le mot *fililiae*, pour *filiae*, est simplement une inattention du graveur (1). »

188. — Épitaphe de Pardula?

Fragment de marbre trouvé à *Orange* et donné au musée, en 1839, par Bernard, maçon. Hauteur, 0m21 ; largeur, 0m23 ; épaisseur, 0m05. Hauteur des lettres, 0m04.

C. I. L., n. 1248 ; — Renier, *Fiches*, t. 30, f° 14 ; — Creuly, *Carnet* n. 13, f° 15 ; — Binon, n. 118 b.

{M · A N T}
{PARDVS}
{DVLAE·P}

M(arcus) Ant[onius] Pardus [Par]dulae?...

« Marcus Antonius Pardus à Pardula ?... »

189. — Emplacement funéraire.

Deux stèles presque identiques ont été découvertes à *Vaison*, en 1840, dans le champ de Blanchon, au quartier de Maraudi (2). On recueillit sur l'emplacement qu'elles limitaient un certain nombre d'urnes en verre à demi remplies d'ossements calcinés, des lampes de terre, des fioles à parfum et une assez grande quantité de menus objets. On trouva également, dans une cavité funéraire, neuf outils en fer qui se rapportent aux professions de potier ou de mouleur. Toute la trouvaille fut acquise par le musée. Hauteur des stèles, 0m60 ; largeur, 0m28 ; épaisseur, 0m14. Hauteur des lettres, 0m05 et 0m04.

C. I. L., n. 1476 ; — Allmer, notes man., *Voc.*, f°s 85 et 87 (copies dessinées); dessins, *Voc.*, f°s 90 et 91 ; — Renier, *Fiches*, t. 31, f° 105 ; — Creuly, *Carnet n. 13*, f° 20 ; — Binon, n. 33.

Area lata p(edibus) X, long(a) p(edibus) X.

« Emplacement de dix pieds de large sur dix pieds de long. »

190. — Emplacement funéraire.

Borne quadrangulaire à sommet arrondi, découverte à *Vaison*, en 1838, dans le champ de Blanchon, au quartier de Maraudi. Cette borne était placée au-dessus d'une cavité tombale d'où l'on retira : une urne de verre contenant des ossements calcinés, une fiole de verre jaune, une lampe de terre, un style de bronze, une petite serrure de bronze garnie de ses clous, argentée et encore pourvue de son méca-

---

(1) Allmer, *loc. cit.*
(2) Nous ne reproduisons que l'une de ces stèles ; la seconde n'en diffère que par la substitution d'une feuille de lierre au dernier des points séparatifs.

nisme de fermeture ; une plaque de cuivre, décorée d'ornements ; enfin, deux petites monnaies de bronze. Toute cette découverte a été acquise par le musée. Hauteur de la borne, 0ᵐ31 (la base manque); largeur, 0ᵐ35 ; épaisseur, 0ᵐ07. Hauteur des lettres, 0ᵐ03.

C.I.L., n. 1459 ; — Allmer, notes man., Voc., f° 65 (copie dessinée) ; dessins, Voc., f° 76 ; — Renier, Fiches, t. 31, f° 95 ; — Creuly, Carnet n. 13, f° 15 ; — Binon, n. 30 a.

In front(e) p(edes) XVI s(emis); in agro, p(edes) XX. Valentis, Atici (filii).

« De front, seize pieds et demi ; en profondeur, vingt pieds. (Emplacement funéraire) de Valens, fils d'Aticus. »

191. — *Emplacement funéraire.*

Borne quadrangulaire, à sommet en forme de disque, découverte à *Vaison*, à une époque incertaine, et acquise, en 1828, avec d'autres objets de la collection Giraudy. Hauteur, 0ᵐ39 ; largeur à la base, 0ᵐ28 ; épaisseur, 0ᵐ12.
Hauteur des lettres, 0ᵐ045.

Calvet, ms. de Marseille, 6, f° 106 (addition faite par de Saint-Véran) ; — Millin, 4, 149 ; — Breton (d'après Millin), *Mém. Ant. F.*, 1842, p. 148 ; — Long, p. 477 ; — *C. I. L*, n. 1477 ; — Allmer, notes man., Voc , f° 84 ; dessins, Voc., f° 82 ; — Renier, Fiches, t. 31, f° 104 ; — Creuly, Carnet n. 13, f° 20 ; — Binon, n. 29.

In front(e) secund(um) veam publ(icam), p(edes) XVIII.
« De front, le long du chemin, dix huit pieds. »

192. — *Emplacement funéraire.*

Borne quadrangulaire, à sommet arrondi, découverte à *Vaison*, en 1834, près de l'église de Saint-Quenin, et acquise l'année suivante par l'administration du musée. Hauteur, 1ᵐ25 ; largeur, 0ᵐ35 ; épaisseur, 0ᵐ19. Hauteur des lettres, 0ᵐ067 et 0ᵐ052.

Breton, *Mém. Ant. F.*, 16, 1842, p. 148 ; — *C. I. L.*, n. 1478 ; — Registre 1, p. 212 ; — Renier, Fiches, t. 31, f° 103 ; — Creuly, Carnet n. 13, f° 10 ; — Binon, n. 35.

In f(ronte), p(edes) XXV ; in ag(ro), p(edes) XXV.
« De front, vingt-cinq pieds ; dans le champ, vingt-cinq pieds. »

193. — *Emplacement funéraire.*

Fragment de borne à sommet ovalaire découvert à *Vaison*, en 1838, dans le champ de Blanchon, au quartier de Maraudi et acquis par le musée la même année. Hauteur, 0m31 (la base manque) ; largeur, 0m35 ; épaisseur, 0m15. Hauteur des lettres, 0m05. La cassure a fait disparaître la majeure partie des deux dernières lettres.

C. I. L., n. 1480.

In a(gro), p(edes) XX ; in fr(onte), p(edes) XX.
« Dans le champ, vingt pieds ; de front, vingt pieds. »

IN·A·P·XX
INFR·P
X X

194. — *Emplacement funéraire.*

Borne à sommet cintré découverte à *Vaison*, en 1840, dans le champ de Blanchon, au quartier de Maraudi. Acquise la même année par le musée avec d'autres objets provenant du même lieu : urnes cinéraires, lampes de terre, fioles à parfums, vaisselle, etc. Hauteur, 0m18 (la base manque) ; largeur, 0m21 ; épaisseur, 0m06. Hauteur des lettres, 0m045.

C. I. L,, n. 1484 ; — Allmer, notes man., *Voc.*, f° 87 (copie dessinée) ; dessins, *Voc.*, f° 89 ; — Renier, *Fiches*, t. 31, f° 106 ; — Creuly, *Carnet n. 13*, f° 19 ; — Binon, n. 32.

In f(ronte) p(edes) X ; in a(gro) p(edes) X.
« De front, dix pieds ; dans le champ, dix pieds. »

195. — *Tombeau de famille.*

Borne de forme arrondie découverte à *Vaison*, à une date inconnue et acquise, en 1828, avec d'autres objets de la collection Giraudy. Hauteur, 0m33 ; largeur, 0m33 ; épaisseur, 0m09. Hauteur des lettres, 0m03 et 0m02.

Calvet, *ms. de Marseille*, 6, f°ˢ 106 et 271 (additions faites par de Saint-Véran) ; — Millin, 4, 149 ; — Long (d'après Millin), p. 477 ; — Breton, *Mém. Ant. F.*, 16, 1842, p. 143 ; — C. I. L., n. 1445 ; — Allmer, notes man., *Voc.*, f° 86 (copie dessinée) ; dessins, *Voc.*, f° 83 ; Renier, *Fiches*, t. 31, f° 102 ; — Creuly, *Carnet n. 13*, f° 20 ; — — Binon, n. 26.

M(anibus ?). S....S...., [v(ivus) ?], sibi et suis deter[m]inavit in agrum p(edes) LXX, [in] f(ronte) p(edes) XXX.

« Aux dieux Mânes. De son vivant, S... S... a limité pour lui-même et pour les siens (cet emplacement) de soixante-et-dix pieds dans le champ et de trente pieds de front. »

III. — INSCRIPTIONS SUR MÉTAL.

196. — *Talisman*.

Tablette de bronze avec ailerons découverte au *Bouchet,* dans le département de la Drôme, « en pleine campagne, contre une pierre fortement rongée ». Elle a été acquise par le musée en 1873. Hauteur, 0^m080; largeur, 0^m134; épaisseur, 0^m002. Hauteur des lettres, 0^m006. L'un des ailerons, celui de droite, a disparu.

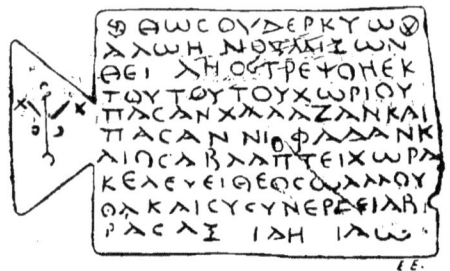

Froehner, *Kritische Analekten*, p. 44; — Binon, n. 66 (renseignements sur la découverte seulement).

Θεως ουδερχυω αλωη νουμιξων θει ληος τρέψον ἐκ τούτου του χωρίου πᾶσαν χάλαξαν καὶ πᾶσαν νιφάλαν καὶ ὅσα βλάπτει χώρα(ν) κέλευει θεὸς Ωαμουθα, καὶ σὺ συνέργει, Ἀβρασάξ ιλη Ἰαώ·

« ... loin de cette contrée toute grêle, tout orage et tout ce qui peut nuire à la terre. Ordonne, ô dieu Oamoutha, et toi viens-lui en aide, ô Abrasax.... Iao. »

Ce texte curieux, dont la rédaction est assez obscure, débute dans les mêmes termes que l'*adjuratio contra grandinem* publiée par Joseph Grimm (1). On y trouve quelques mots de dialecte dorien, ce qui laisserait supposer que la tablette de bronze a été gravée, non pas en Gaule, mais dans la grande Grèce (2).

La croyance au surnaturel, surtout née de la crainte inspirée par des phénomènes incompris, a été de tous les temps et de tous les pays. Mais elle fut surtout répandue à l'époque impériale, sous l'influence des idées religieuses de l'Orient. Les superstitions italiques et avec elles celles des provinces les plus lointaines, se modifièrent alors profondément. Toutes les manifestations de la vie, toutes les forces de la nature ne furent plus régies que par des

---

(1) *Mythol.*, append., p. cxxxi.
(2) On peut noter, au point de vue grammatical, l'impératif κελευει employé fautivement à la place de κελευε. L'impératif de συνεργεω est bien, d'un autre côté, συνεργει.

démons. On les invoquait lorsqu'ils étaient secourables ; on essayait, au contraire, de les chasser lorsqu'ils n'étaient réputés que par leurs maléfices. La tablette de bronze que possède le musée Calvet constituait un talisman pour la protection des biens. L'inscription est accompagnée, dans celui des deux ailerons qui existe encore, de signes cabalistiques qui devaient avoir leur pendant sur l'aileron disparu. Peut-être faut-il y reconnaître à l'origine quelque grossière représentation de divinité.

Des trois forces mystérieuses qui sont invoquées, Ωαμουθα, Ἀβρασαξ et Ἰαω, les deux dernières sont bien connues et reviennent fréquemment sur les pierres gnostiques. En se fondant sur le témoignage de saint Jérôme, on a voulu trouver, dans Ἀβρασαξ, le nom mystique du dieu solaire Mithras. Cette opinion n'a rien d'impossible, mais elle n'est pas non plus suffisamment justifiée. On peut observer cependant que la somme des valeurs numérales attribuées aux différentes lettres du mot Ἀβρασαξ est égale au nombre de jours de l'année solaire. Sur les pierres gravées, Ἀβρασαξ est figuré par un dieu cornu, debout, pourvu de quatre ailes, dont deux quelquefois lui tiennent lieu de bras.

Ἰαω est un dieu à tête de serpent, dans le culte gnostique. On ne voit pas au juste qu'elle était la relation qui existait entre ce dieu et Ἀβρασαξ, mais il semble bien, par la réunion fréquente de leurs noms sur les talismans de toute nature, que cette relation ne faisait aucun doute pour les anciens.

Le nom du troisième dieu, Ωαμουθα, est à rapprocher, croyons-nous, ainsi que l'a déjà fait M. Froehner, du nom du Jupiter syrien Αυμου (1).

La plupart des empereurs s'élevèrent contre les opérations magiques qui avaient pour but l'accroissement des biens par des moyens illicites. Il fut interdit aux citoyens romains d'y recourir, et Claude fit mettre à mort, en l'accusant de ce crime, un noble gaulois qui devait, selon toute apparence, posséder le droit de cité. Mais les incantations proprement dites, les sortilèges de toute nature ne furent surtout combattus que par les empereurs chrétiens, non pas peut-être pour ce qu'ils avaient de ridiculement grossier, mais parce qu'ils se rattachaient à une religion proscrite. Les édits qui furent alors rendus n'eurent d'effet que sur le paganisme. La croyance au surnaturel avait fourni des racines trop profondes dans l'esprit du peuple pour ne pas survivre au culte des dieux.

---

(1) Cf. Lebas, *Inscript. de Syrie*, n. 2097, 2455, 2456. Le même rapprochement a été fait par Lebègue, *Inscript. graec.*, n. 2481.

Un fragment d'inscription grecque sur bronze, découvert à Mondragon, il y a une vingtaine d'années, en creusant le canal de Pierrelatte, se rapporte à un autre exemple de la formule de conjuration trouvée au Bouchet (1). Il paraît évident, par cela même, que le talisman du musée Calvet répondait à une croyance pratiquée communément sur le territoire des cantons actuels de Bollène et de Saint-Paul-Trois-Châteaux et n'avait pas été conçu pour la seule personne qui le possédait.

197. — *Talisman* (?)

Table de plomb découverte à une époque inconnue dans le territoire de *Carpentras*, et acquise par le musée, en 1845. Hauteur, 0^{m}57; largeur, 0^{m}53; épaisseur, 0^{m}009. Hauteur des caractères, 0^{m}023.

Inédite.

Il s'agit probablement d'une tablette talismanique. On distingue encore, sur la plaque, les empreintes des quatre clous qui servaient à la fixer. Mais il nous est impossible d'interpréter ce texte, qui présente un mélange de caractères connus et inconnus, ces derniers peut-être orientaux.

198. — *Lampe votive au Génie de la colonie d'Apt.*

Magnifique lampe en bronze, à trois becs, découverte, en janvier 1866, au cours de certains travaux exécutés à *Apt*, à la maison de M. Reboulin. Elle était placée, avec des ustensiles de cuivre de formes variées, un fragment d'autel décoré d'une tête de Génie et des rejets de cuisine : os, bois de cerfs, débris de poteries, coquilles d'huîtres, etc., dans une sorte de cachette rectangulaire située à 12 mètres de profondeur, au fond d'un puits. On recueillit, en même temps, six petites pièces de monnaie dont la plus récente était du règne de Constantin. Les ustensiles de cuivre, au nombre de 31,

---

(1) Ce fragment appartient à M. Rousset, orfèvre à Uzès. M. Héron de Villefosse l'a publié dans le *Bulletin archéologique* du Comité des travaux historiques, année 1887, p. 3.

comprenaient des seaux, des chaudrons, des coupes, des bassins pourvus d'un manche pliant, et d'autres vases encore, dont quelques-uns, pareils à nos cafetières modernes, ont des anses décorées d'ornements finement gravés. Au-dessous de chaque bec de la lampe est une tête de satyre cornu, ciselée avec beaucoup d'art. L'inscription est répétée sur les deux faces d'une petite plaque à queue d'aronde, retenue à son bord supérieur par une chaînette unique correspondant aux trois côtés du disque de la lampe. Diamètre du disque, 0^{m}19 ; en y comprenant les becs, 0^{m}40. » La division des lignes est un peu différente dans chaque inscription. Hauteur de la plaque, 0^{m}077 ; largeur, 0^{m}14 ; épaisseur, 0^{m}003. Hauteur des lettres, 0^{m}012.

GENIO COL
GIVLIVS VA
LIDVSEXVOTO

GENIO COL
C IVLVALIDVS
EX VOTO

Le Mont Ventoux (journal de l'arrondissement de Carpentras), n° du 14 février 1886 ; — *Rev. archéol.*, 1886, p. 178 ; — *Bull. épigr.*, 1886, p. 138 ; — Allmer, *Rev. épigr.*, 2, p. 211 ; 3, p. 515 ; — J.-B. Michel, *Le Livre d'or du musée Calvet* ; — *C. I. L.* n. 5698, 1 ; — *Sylloge*, n. 108.

Genio col(oniae) ; *C(aius) Julius Validus ex voto.*

« Au Génie de la Colonie ; Caius Julius Validus, en accomplissement de son vœu. »

Cette lampe a dû être destinée à quelque laraire public. Comme les lampes sacrées allumées de nos jours devant un autel ou une sainte image, elle fournissait une lumière perpétuelle, moins faite pour éclairer le sanctuaire qui l'abritait, que pour constituer le symbole d'une prière permanente au *Genius* de la colonie (1). Une lampe du même genre a été trouvée à Lyon, au commencement du seizième siècle. Elle était aussi pourvue de trois chaînettes et d'une plaque à queue d'aronde sur laquelle était gravée une dédicace aux dieux Lares (2).

(1) Cf. *Exod.*, XXVII, v, 20 et 21.
(2) Allmer, *Rev. épigr.*, 2, p. 211. Sur l'emploi des lampes dans les temples, cf. K. Boetticher, *Tektonik der Hellenen*, t. 2, 2° édit., p. 545 et suiv.

199. — *Lampe votive à Minerve.*

Petite lampe de bronze acquise, en 1878, de Joseph Carrollet, qui l'avait trouvée dans le Rhône. Elle est gracieuse de forme, relevée sur un pied circulaire et munie à la partie postérieure d'une anse que surmonte un croissant posé obliquement. Trois oreillons percés à jour servaient à fixer les branches de la chaîne destinée à la suspendre. Autour de l'orifice, en pointillé :

DEAE MINERVAE BALBVS DE//////

Les trois dernières lettres du mot *Minervae* forment un monogramme. Une autre inscription couvrait, au moins en partie, la face antérieure du croissant dont une des pointes est brisée. On ne peut déchiffrer que les trois lettres :

. . . . . MVS

Le reste de la légende a été effacée par le frottement des galets du fleuve.

Registre 4, p. 92 ; — Binon, n. 380 b.

Deae Minervae ; Balbus de[*dit*].
« A la déesse Minerve ; offrande de Balbus. »

200. — *Fragment d'une inscription peut-être votive.*

Fragment de tablette en bronze découvert à *Vaison*, dans un champ, près de l'ancienne église. Acquis, en 1863, du marchand colporteur Calixte Blanc. Hauteur, 0^{m}068 ; largeur, 0^{m}065 ; épaisseur, 0^{m}004. Lettres en creux de 0^{m}01.

C. I. L., n. 1340 ; — *Registre 3*, p. 125 ; — Binon, n. 65 c.

Ce fragment n'est pas restituable. Le complément *Victor*[*iae*] a été proposé dubitativement, pour la première ligne, par M. Hirschfeld.

201. — *Fragment d'une inscription peut-être votive.*

Fragment en deux parties d'une tablette de bronze accompagnant un buste d'Hercule découvert, en 1860, « à la maison de campagne du Colombier appartenant à M. Baudouard, adjoint au maire de *Bonnieux*, sur le territoire de cette commune, ainsi qu'en témoigne un certificat du maire » (Deloye). Ce buste et les fragments de la tablette furent acquis la même année du marchand colporteur Giovanni Anziano. L'inscription est incomplète de tous les côtés, sauf du côté droit. Une cassure s'est produite suivant la seconde branche de la lettre A. Hauteur, c_m08; largeur, 0_m20; épaisseur, 0_m003. Hauteur des lettres, 0_m05.

}VAE   *Registre 3*, p. 77; — Binon, n. 65 *b*.

Par leur forme, les caractères de ce fragment paraissent se rapporter aux premières années de l'Empire.

202. — *Inscription relative à un tombeau de famille.*

Plaque de bronze trouvée, en 1859, par un cultivateur, au quartier de la Lave, commune de *Villars*. Le musée en fit l'acquisition, l'année suivante, par l'intermédiaire de Charles Eymieu. Cette plaque, revêtue d'une belle patine verte, a été rognée de tous les côtés. Son poids est de 8 kilogrammes. Hauteur, 0^m72; largeur, 0^m61; épaisseur, 0^m003. Hauteur des lettres, 0_m063 à la première ligne, 0_m052 à la suivante, 0_m057 à la dernière.

C. I. L., n. 1150; — *Registre 3*, p. 76; — Binon, n. 65 *a*.

[*D(iis) M(anibus)*. ....]*siae, M(arci)* [*f(iliae)*....; ... *Te*]*rtiae, matri; et*[.... *Testamento fie*]*ri iussit.*

« Aux dieux Mânes. A ....sia..., fille de Marcus (....sius); .... à ... Tertia, sa mère, et à ... Construction ordonnée par testament. »

Il n'est pas possible de compléter un gentilice dont on ne possède que les trois dernières lettres SIA. *Volusia, Numisia* peuvent se justifier par d'autres exemples.

IV. — INSCRIPTIONS CHRÉTIENNES.

203. — *Épitaphe d'Ampelius et de Singenia.*

Tablette de marbre découverte au dernier siècle, à *Crouste*, près de Crest (Drôme), et transportée au château de Vérone, d'où Calvet en reçut une copie. Donnée au musée, en 1838, par le marquis d'Archimbaud. Hauteur, 0m76; largeur, 0m58; épaisseur, 0m085. Hauteur des lettres, environ 0m040.

Ms. de Marseille, 3, f° 153; *ms. d'Avignon*, 3, f° 105 (d'après une copie de Vérone); — Edmond Le Blant, *Inscript. chrétiennes de la Gaule*, 2, p. 30 et pl. n. 295; — Allmer, *Inscr. de Vienne*, 4, p. 252) d'après un estampage d'Hirschfeld); — *C. I. L.*, n. 1724; — *Sylloge*, n. 853; — *Registre 1*, p. 251; — Binon, n. 9.

In Christi nomene. In huc loc[o requiescunt] in pace, fedelis, famu[lus Dei Ampeliu]s et Singenia, qui vixer[unt in coniu]gali adfectu et caritate....] annis circiter LXX aut an]nos eosdem continuos in pace Dominica f[idei perman]serunt ; quorum vita talis f[uit, ut lin]quens coniux maritum, XX an[nos] excedens in castitate perpet[ua] perduraret. Obiet venerabilis memoriae Ampe[lius] sub die XVI k(a)l(endas) decembris, Fisto et Marciano con[s(ulibus)]; transiet bon(a)e recordationis Si[ngenia], sub die GII k(a)l(endas) ianuarias p(ost) c(onsulatum) Viato[ris, v(iri) c(larissimi) c(onsulis)]. In Christi nomine.

« Au nom du Christ. En ce lieu reposent en paix Ampelius, fidèle, serviteur de Dieu, et Singenia, qui vécurent dans l'affection conjugale et la tendresse... environ soixante-dix ans, et demeurèrent, pendant tout ce temps, dans la foi en la paix du Seigneur. Telle fut la pureté de leur vie, que durant plus de vingt ans, l'épouse ayant perdu son mari se maintint dans l'observance d'une chasteté continuelle. Ampelius, de vénérable mémoire, est mort le 16 des calendes de décembre (16 novembre) sous le consulat de Festus et de Marcianus. Singenia, de bon souvenir, a trépassé le 8 des calendes de janvier (25 décembre) de l'année qui a suivi le consulat de Viator, personnage clarissime, consul. Au nom du Christ. »

Ce texte, dont les restitutions sont dues à M. Allmer, se compose, ainsi qu'on le voit, d'une épitaphe qui fut gravée pour deux conjoints lorsque mourut le dernier.

Flavius Festus et Flavius Marcianus exercèrent leur consulat en 472. Marcianus était chargé de l'Orient et sa promulgation en Occident ne put se faire que tardivement, en raison du siège de Rome par les troupes de Ricimer.

Viator, dénommé Flavius comme les consuls précédents, fut choisi sans collègue en 495. Singenia, qui mourut au même âge qu'Ampelius, à 70 ans environ, était donc plus jeune que son mari du nombre d'années qu'elle resta veuve.

« Il est curieux, dit M. Allmer, de lire sur l'épitaphe d'Ampelius et de Singenia que les longues années de leur union se sont écoulées dans la paix du Seigneur. La période qu'elles représentent avait cependant été traversée par de terribles commotions, au milieu desquelles le pays avait changé de maîtres ; mais peut-être que sous le gouvernement des rois barbares les peuples avaient moins à souffrir que sous la terrible tyrannie des agents de l'administration romaine. »

C'est au cinquième siècle, en effet, que l'Empire fut démembré au profit des Visigoths, des Burgondes, des Francs et des Vandales. Les Burgondes, alors sous Gondebaud, possédaient, en 495, tout le bassin de la Saône, la majeure partie de la Suisse, une partie du bassin de la Loire et la région comprise entre le Rhône, les Alpes et la Durance. Les empereurs de Constantinople n'exerçaient plus qu'une suzeraineté bien précaire, dont Théodoric, reconnu roi d'Italie, essayait déjà de s'affranchir en s'abstenant de promulguer dans ses États les consulats d'Orient. Il s'opposait même, autant qu'il le pouvait, à leur promulgation dans les autres États d'Occident, et c'est ainsi qu'à la mort de Singenia le nom du consul d'Orient, Paulus, n'était pas encore parvenu en Bourgogne, ce qui obligeait à dater par un postconsulat.

M. Allmer a fait remarquer que les Burgondes avaient changé de croyance, et d'orthodoxes étaient devenus ariens. Il suppose, non sans vraisemblance, qu'Ampelius et Singenia, qui se révèlent comme Romains par la forme de leurs noms, étaient exempts de l'hérésie. « C'est peut-être, dit-il, pour affirmer leur orthodoxie qu'on a affecté de commencer et de terminer leur épitaphe par les mots *in Christe nomine*. »

On admet généralement que le mot *fidelis* servait à désigner le chrétien qui avait reçu le baptême (1). Il faut donc distinguer entre ce mot et la qualification de *famulus Dei,* toute d'humilité (2).

Sans nous arrêter à des formes orthographiques qui trouvent leur explication dans la décadence même du langage, nous noterons seulement l'ancienne lettre grecque ϛ de la seizième ligne, que les archéologues désignent sous le nom d'ἐπίσημον βαῦ, et dont la valeur était celle du chiffre vi.

204. — Épitaphe d'Antodonius.

Couvercle de sarcophage, de provenance inconnue, acquis en 1851 de Nogent-Saint-Laurent, avocat à *Orange*. A cause de la rareté en Gaule du sujet qu'il représente, Edmond Le Blant s'est demandé si ce couvercle n'aurait pas été apporté de Rome ; mais Ferdinand Deloye a fait remarquer, très justement, combien il était peu croyable qu'une sculpture si fruste ait pu subir un tel déplacement, il y a plus d'un demi-siècle, alors que l'attention des savants n'avait pas encore été appelée sur les

sarcophages chrétiens par les travaux du commandeur de Rossi et d'Edmond Le Blant lui-même. Nogent-Saint-Laurent ne collectionnait, du reste, que des antiquités locales. Tout permet de croire, par conséquent, que la pierre a été trouvée à Orange, d'où proviennent aussi d'autres monuments chrétiens du musée Calvet.

Hauteur, 0^{m}29 ; longueur, 0^{m}77 ; épaisseur, 0^{m}10. Hauteur des lettres, 0^{m}025 environ.

Edmond Le Blant, *Gazette archéol.*, 6, 1880, p. 83 et pl. 12 ; *Sarcophages d'Arles*, introd., p. 36, note 1 ; *Sarcophages chrétiens de la Gaule*, p. 27 et pl. 6 ; *Nouv. recueil*, p. 172 ; — *C. I. L.*, n. 1271 ; — J.-B. Michel, *Le Livre d'or du musée Calvet* (photogravure) ; — *Sylloge*, n. 1837 ; — Binon, n. 4.

Antodoni[us], anima dul[cis] in pace, qui [vi]xit ann(os) XLV, m(enses) VII, d(ies) [X]XVII.

« Ame douce dans la paix, (ici repose) Antodonius, mort à l'âge de quarante-cinq ans, sept mois, vingt-sept jours. »

Dans son état primitif, le couvercle du sarcophage d'Antodonius avait une longueur à peu près double. La cartouche contenant l'inscription était soutenu des deux côtés par un Génie ailé, et sur la partie manquante se trouvait, sans nul doute, un second bas-relief. Celui qui existe constitue un motif de décoration assez

---

(1) Cf. Edmond Le Blant, l'*Épigraphie chrétienne en Gaule*, p. 86.
(2) Allmer, *Inscript. de Vienne*, 4, p. 256.

fréquemment employé en Italie sur les monuments des premiers fidèles. Il figure le festin céleste. Autour d'une table en forme de fer-à-cheval sont placés quatre convives, naïvement représentés, ayant devant eux trois pains marqués d'une croix peut-être intentionnelle, mais peut-être aussi sans aucune signification chrétienne. Au centre de la composition, sur un trépied, est l'image d'un poisson symbolisant le Christ. Saint Augustin, dans sa *Cité de Dieu*, nous a donné le motif de ce signe. Les cinq lettres du mot ἰχθὺς, par lequel on désignait en grec le poisson, étaient aussi les initiales des mots grecs Ἰησοῦς Χριστός Θεοῦ Υἱός Σωτήρ : « Jésus-Christ, fils de Dieu, sauveur (1). »

Les deux personnages très frustes, placés à gauche, semblent prendre du vin à un récipient de forme allongée. Il faut y reconnaître, croyons-nous, *Irene* et *Agape*, qui figurent sur d'autres représentations du même genre, et dont le rôle était précisément de mélanger, suivant la coutume romaine, de l'eau chaude au vin du banquet (2).

La formule *anima dulcis* est d'une époque très ancienne. Elle était employée par les païens (3) et figure dans un passage du roman d'Apulée (4). Notre inscription, qui la contient, peut appartenir au quatrième siècle.

205. — *Épitaphe de Bellator*.

Tablette de marbre, découverte en 1882, aux Aliscamps d'*Arles*, et acquise la même année, de l'antiquaire Anziano. Hauteur, 0m39; largeur, 0m33; épaisseur, 0m025. Hauteur des lettres, 0m03 environ.

Edmond Le Blant, *Bulletin du Com. des trav. hist.*, 1882, p. 291; *Nouv. rec.*, p. 176; — Allmer, *Rev. épigr.*, 1, p. 332; — *C. I. L.*, n. 5819; — *Registre 4*, p. 173; — Binon, n. 50.

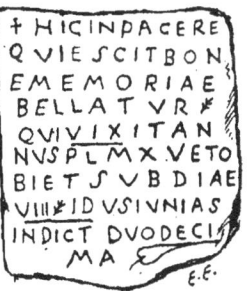

†*Hic in pace requiescit bon(a)e memoriae Bellatur, qui vixit annus pl(us) m(inus) XV, et obiet sub diae VIII idus iunias, indict(ione) duodecima.*

« † Ici repose en paix Bellator de bonne

(1) *Cité de Dieu*, xviii, 25.
(2) L'Amour (ἀγάπη) et la Paix (εἰρήνη) étaient considérés comme les deux principales jouissances du Paradis. (Cf. Reusens, *Manuel d'archéol. chrétienne*, Paris, 1890, in-8°, p. 41.)
(3) *C. I. L.*, XII, n. 2242, 2354, 2503, 4548; *Sylloge*, n. 1260, 1838, 1766, etc.
(4) *Métamorph.*, 5 (édit. Ouderdorp, p. 331) : « *Mellite mi, mi marite, tuae Psyche dulcis anima.* » Ce passage a été rappelé par Edmond Le Blant.

mémoire, qui a vécu quinze ans plus ou moins, et est mort le 8 des ides de juin (6 juin), de la douzième indiction. »

« La mention de l'indiction, dit M. Allmer, permet de rattacher cette épitaphe à l'époque à laquelle l'emploi de cette indication chronologique a été d'usage habituel, c'est-à-dire au VIe siècle. C'est seulement aussi au VIe siècle que s'est introduite en Gaule la formule *plus minus* à côté de l'âge du défunt (1). »

Le nom de *Bellator*, dont l'orthographe résulte ici de la confusion fréquente des deux lettres v et o, a été porté par un chrétien enseveli aux Catacombes. *Obiet* constitue une forme de langage très commune à partir du cinquième siècle. *Diae* pour *die* est une faute assez répandue.

206. — Épitaphe de Crispinus.

Fragment de marbre découvert, en 1842, dans l'ancienne abbaye de Saint-Ruf, près d'*Avignon*. Acquis par le musée la même année. Hauteur, 0^m16 ; largeur, 0^m14 ; épaisseur, 0^m02. Hauteur des lettres, 0^m03 environ.

HIC IN PAC
CRISPINV
ANN V.

Edmond Le Blant, *Inscriptions chrét. de la Gaule*, 2, pl. 63, n. 382 ; — *C. I. L.*, n. 1046 ; — Binon, n. 12.

Hic in pac[e quiescit] Crispinu[s, qui vixit...] annus [pl(us) m(inus)]....

« Ici repose en paix Crispinus, mort à l'âge de .... ans ...., plus ou moins.... »

La croix qui se trouve au-dessus de la lettre c, à la fin de la première ligne, marquait le milieu de l'épitaphe. Le nombre des années était probablement suivi de celui des mois, et peut-être aussi de celui des jours. C'est à cette dernière indication que paraissent se rapporter les deux signes de la quatrième ligne, dont le second pourrait être l'épisème ϛαυ. Cette inscription, assez grossièrement gravée, ne remonte pas au-delà du sixième siècle.

207. — Épitaphe d'Eripius.

Table de marbre découverte à *Vaison*, au dix-septième siècle, dans la muraille d'une cour. Déposée d'abord dans la cathédrale, où elle se trouvait encore en 1731, on l'en retira pour la placer dans le jardin de l'évêché. Le musée Calvet l'a acquise,

---

(1) Cette formule d'incertitude était voulue. On ne l'avait adoptée vers la fin du cinquième siècle que pour témoigner du mépris en lequel était tenue la vie terrestre.

en 1838, des héritiers du notaire Giraudy. Hauteur, 1ᵐ13 ; largeur, 0ᵐ33 ; épaisseur, 0ᵐ18. Hauteur des lettres, 0ᵐ035 environ.

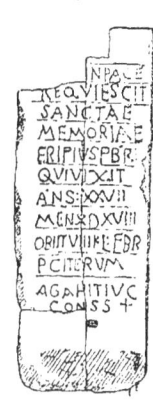

Colomby, *De rebus gestis episcorum Vasionensium libri quatuor*, Lyon, 1656, in-4°, p. 11 ; (d'après lui, Fantoni di Castrucci, *Avignone*, 2, p. 347 ; Muratori, 418, 4, et d'après Muratori : Martin, *Antiquités*, p. 78 ; Boyer, *Cathédr.*, 1, p. 35) ; — Moreau de Vérone, *Voconces*, p. 134 ; — Saint-Véran, ms. de Carpentras, 2, p. 13, n. 3, et *Lettres à Calvet* (ms. d'Avignon n. 2357) n. 54 ; — Calvet, *Notes*, p. 78, n. 40 ; ms. de Marseille, 3, f° 64, n. 75 ; — Millin, *Voyage*, 4, p. 150 (et d'après lui Castellane, *Inscriptions du V° au XVI° siècle*, dans *Mém. de la Société archéol. du midi de la France*, 2, p. 189 et pl. 4, n. 1 ; — Long, p. 479 ; — Guérin, *Panorama*, p. 230) ; — Breton, *Mém. Ant. F.*, 16, 1842, p. 145 ; — De Caumont, *Bull. mon.*, 11, 1845, p. 126 ; — Le Blant, *Inscript. chrét. de la Gaule*, 2, n. 489 et pl. 68, n. 411 ; — *C. I. L.*, n. 1500 ; — *Sylloge*, n. 866 ; — Binon, n. 6.

[*Hic*] *in pace requiescit sanctae memoriae Eripius p(res)b(yte)r, qui vixit an(no)s XXVII, mens(es) X, d(ies) XVIII ; obiit VIII k(a)l(endas) f(e)br(uarias) p(ost) c(onsulatum) iterum Agapiti, v(iri) c(larissimi), conss(ulis).*

« Ici repose en paix, de mémoire sainte, Eripius, prêtre, mort à l'âge de vingt-sept ans, dix mois, dix-huit jours. Il trépassa le 8 des calendes de février (25 janvier), la seconde année après le consulat d'Agapitus, personnage clarissime, consul. »

Agapitus, nommé consul d'Occident, en 517, par Théodoric, avait pour collègue en Orient l'empereur Anastase, qui ne fut promulgué ni en Italie, ni en Gaule, malgré sa dignité souveraine. L'année suivante l'Occident n'eut pas de consul, et le nom du consul d'Orient, *Fabius Magnus,* resta, comme d'habitude, inconnu dans les États de Théodoric et dans ceux de Sigismond, qui avait succédé, en 516, à son père Gondebaud sur le trône des Burgondes (1). En 519, il n'y eut qu'un seul consul, *Flavius Eutarichus,* nommé pour l'Occident par Théodoric. On data de son nom, mais ce ne fut pas tout de suite, ainsi que le démontre l'épitaphe d'Eripius, intéressante à ce point de vue, parce qu'elle témoigne, selon toute apparence, si la promulgation des consuls se faisait au mois de janvier, du retard que les nouvelles mettaient à se propager (2).

(1) Voy. à ce sujet ce qui a été dit plus haut, p. 229. On trouvera dans le tome 4, p. 83 et suiv. du *Musée de Lyon*, une magistrale étude de M. Allmer sur la situation politique des États burgondes au commencement du sixième siècle.

(2) Il est bon de faire observer, croyons-nous, qu'en Gaule la promulgation des consuls en janvier, pour si probable qu'elle soit, n'est pas certaine. Elle a pu n'avoir

Eripius, dont le nom était romain, devait appartenir à la religion orthodoxe (1). Nous ne saurions dire s'il mourut effectivement à l'âge qu'indique son épitaphe ou s'il faut comprendre qu'il exerça son sacerdoce pendant vingt-sept ans, dix mois et dix-huit jours. On sait, en effet, que les années consacrées au service de Dieu étaient, pour les prêtres et aussi pour beaucoup des fidèles, les seules qui valussent un souvenir (2). La formule *plus minus* marquait, comme nous l'avons déjà dit, une incertitude voulue et tirait son origine du mépris de la vie terrestre. Ce fait même que l'âge d'Euripius est indiqué avec beaucoup de précision semble de nature à justifier la seconde hypothèse.

208. — *Épitaphe d'Epymene.*

Tablette de pierre en deux fragments, découverte en 1864, au hameau d'Urban, commune de *Baumes-de-Venise*. Le musée Calvet n'en possède que le moulage. L'original est à Baumes, chez M. de Gaudemaris. Hauteur, 0m27 ; largeur, 0m25 ; épaisseur, 0m06. Hauteur des lettres variable, assez voisine, en général, de 0m015.

Allmer, *Bull. de la Soc. archéol. de la Drôme*, 1876, p. 311 ; — De Terris, *Mém. de l'Acad. de Vaucluse*, 5, p. 109 (avec une reproduction photographique) ; — C. I. L., n. 1498 ; — Edm. Le Blant, *Nouveau rec.*, p. 170 ; — *Sylloge*, n. 876 ; — Binon, n. 3 c.

Quiescit in pace benememoria Epymene; vixit an(no)s XXV, menses III, dies XXGI; recessit su(b di)e k(alendas)

lieu qu'au 1ᵉʳ mars et coïncider avec la notification de l'indiction qui se faisait à cette époque (cf. Grég. de Tours, *Hist. Franc.*, v, 4 et 29). Les épitaphes datées des deux premiers mois, par les noms des consuls de l'année, ne constituent pas une preuve contraire suffisante. Il s'écoulait toujours, entre le moment du décès et la gravure de l'épitaphe, un certain temps qui a pu suffire, dans bien des cas, pour permettre aux intéressés de connaître les noms des consuls nouveaux. C'est ainsi qu'une inscription de Lyon (*C. I. L.*, xiii, n. 2370), datée du 16 janvier par le nom des consuls en exercice, n'a pu être faite à cette date, à moins d'admettre que ces consuls avaient fait l'objet d'une promulgation anticipée. Edmond Le Blant, qui a déjà examiné cette question, n'est pas arrivé à la résoudre (*Inscript. chrét. de la Gaule*, préface, p. LXXII, note 5).

(1) Avitus, évêque de Vienne, mort en 517 ou 518, s'était montré, pendant toute sa vie, l'adversaire implacable de l'arianisme. L'influence qu'il exerça sur le roi Sigismond fut au profit de l'élément romain, mais elle provoqua aussi de sourds mécontentements qui préparèrent la déchéance des États burgondes (Cf. Allmer, *Rev. épigr.*, 5, p. 277).

(2) Edm. Le Blant, l'*Épigr. chrétienne en Gaule*, p. 89.

*iunias pos(t) consulatum veri Venanti(i) c(larissimi) c(onsulis).
In (a)et(er)num pax tec(u)m.*

« Dans la paix repose Epymene, de bonne mémoire, morte à l'âge de vingt-cinq ans, trois mois, vingt-sept jours. Elle a quitté (ce monde) le jour des calendes de juin (1er juin) de l'année qui a suivi le consulat de Venantius, personnage clarissime, consul. Que la paix soit avec toi éternellement ! »

La lecture *benememoria Epymene,* adoptée par Edmond Le Blant, n'est pas certaine. M. Hirschfeld a proposé celle *bene memoriae Pymini[u]s*. Les signes qui suivent le premier c de la septième ligne, ne sont pas des s, mais une note de ponctuation dont on connaît d'autres exemples (1). *Veri,* à la sixième ligne, est mis pour *viri,* par suite de la permutation, assez commune sur les marbres chrétiens, des deux lettres E et I.

Le nom par lequel est datée cette épitaphe, apparaît trois fois dans les fastes consulaires. En 484, un consul d'Occident, *Venantius,* eut pour collègue, en Orient, le futur roi d'Italie Théodoric, alors patrice et général des milices à la cour de l'empereur Zenon. En 507, un autre consul d'Occident, *Venantius,* dit quelquefois *junior,* partagea le pouvoir avec l'empereur Anastase, non promulgué dans les États burgondes. En 508 enfin, un *Decius Marius Basilius Venantius,* dit aussi *junior,* ou *alius junior,* fut consul d'Occident et eut pour collègue en Orient *Celer,* qui resta, comme d'habitude, inconnu chez les Burgondes. L'année 485 est à écarter comme date de notre inscription, parce qu'on était alors sous le consulat de Symmaque, dont le nom apparaît le 18 mai, dans une inscription de Vienne (2). Des deux années 508 et 509, la première a été préférée par Edmond Le Blant. M. Allmer a fait observer que la lutte engagée à cette époque, et depuis l'année précédente, par Clovis et Gondebaud contre les Wisigoths d'Aquitaine, alliés de Théodoric, avait eu pour effet de faire dater en 507 et 508, chez les Francs et les Burgondes, par le nom de *Messala,* consul d'Occident en 506. Reste donc l'année 509, au cours de laquelle l'Occident eut pour consul *Importunus,* dont le nom figure, en 510, par post-consulat, dans une inscription de Lyon. Pour justifier cette date, qui paraît seule convenir, il faut alors admettre, avec M. Allmer, que, vers la fin de 508, il y eut, après la levée du siège d'Arles, quelque relâche d'hostilités entre les princes ennemis.

---

(1) Edm. Le Blant, *Inscript. chrét. de la Gaule,* pl. 50, fig. 295.
(2) *C. I. L.,* XII, n. 2057 ; *Sylloge,* n. 855.

Le nom du consul Venantius serait parvenu en Bourgogne à la faveur de cette suspension d'armes, et aurait servi à dater par post-consulat l'année suivante. La date d'une inscription de Lyon par le post-consulat d'*Importunus* fournirait la preuve, d'un autre côté, d'abord que le nom de ce consul ne fut promulgué que tardivement (1), ensuite que la guerre reprit avant la promulgation du nom de *Boethius junior*, nommé consul d'Occident, en 510, par Théodoric.

L'acclamation *pax tecum*, que nous retrouverons plus loin, et la formule *in aeternum* sont très anciennes. Elles apparaissent, dès les premiers temps du christianisme, sur les marbres des Catacombes (2).

209. — Épitaphe de saint Eutrope.

Table de marbre incomplète, en plusieurs fragments, découverte à *Orange*, en 1801, et recueillie par M. de Champié, de qui les héritiers la donnèrent au musée en 1875. Ayant appartenu primitivement à un sarcophage païen, cette table est décorée, sur sa tranche antérieure, d'un bas-relief assez grossièrement sculpté. « M. Auguste Binon, concierge-gardien du musée, est le premier, dit Deloye, qui, lors de l'arrivée du monument au musée Calvet, en ait distingué le sujet avec certitude en y reconnaissant un retour de la chasse. On y voit, en effet, du côté gauche, derrière la tête de Diane diadémée

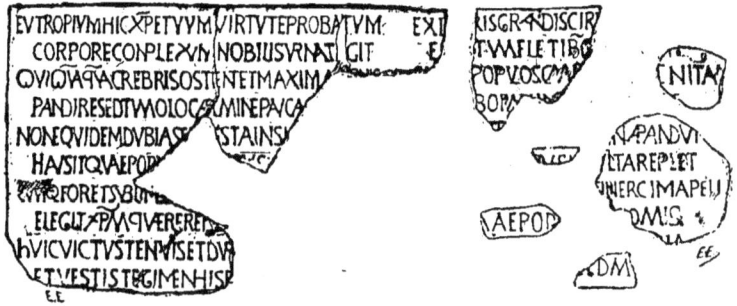

et voilée, qui forme un des angles du tombeau, deux hommes qui portent sur un brancard et dans un filet un sanglier mort, et sont accompagnés d'un chien que l'un d'eux tient en laisse. Devant eux marche le chef de la chasse, à cheval. Il est précédé, sur la partie droite, d'un esclave portant un flambeau, et d'un autre chien tenu en laisse par un autre esclave, qui a lui-même sur ses épaules un second sanglier. Un Apollon radié termine le bas-relief et forme le pendant de la tête de Diane. Derrière chacune de ces têtes, on remarque une sorte d'arbre fourchu et presque sans feuillage (3). Il man-

---

(1) Une inscription de Vienne (*C. I. L.*, XII, n. 2057), probablement datée du 18 septembre 509, est encore au nom de *Venantius*.

(2) Cf. de Rossi, *Bullettino di archeol. crist.*, 2ᵉ série, 4, p. 51; 3ᵉ série, 5, p. 17 et 36, etc.

(3) Nous croyons plutôt que ce motif de décoration est une torche.

que environ la moitié de ce bas-relief ; mais comme les extrémités ont été conservées, il est facile de voir qu'il n'y avait pas d'autre sujet qu'une chasse. La partie absente devait présenter seulement quelques chasseurs de plus » (Reg.). Longueur, 2ᵐ20 ; largeur, 0ᵐ66 ; épaisseur, 0ᵐ29. Hauteur des lettres, 0ᵐ043.

Courtet, *Rev. archéol.*, 9, 1852, p. 332, et *Dictionn.*, p. 262, note 1 (le principal fragment seulement, avec suppléments de Deloye) ; — Edmond Le Blant, *Inscr. chrét. de la Gaule*, 2, p. 236, n. 503 et pl. 67, n. 402-5 et 407 (tous les fragments, sauf les deux derniers); *Nouveau rec.*, p. 169 ; — Deloye, *Rev. des Soc. sav.*, 3ᵉ série, 1, 1863, p. 175 (cf. 2ᵉ série, 7, 1861, p. 222); — *C. I. L.*, n. 1272 ; — *Registre 5*, p. 176 ; — Binon, n. 50 o.

Eutropium hic, C(h)r(ist)e, tuum virtute probatum,
   Corpore complexum nobilis urna t[e]git.
Qui qua(m)qua(m) crebris ostentet maxim[a si]gnis,
   Pandire sed tumulo carmine pauca [decet].
Non equidem dubia se[d g]esta insi[gnia dico],
   Hausit quae popu[li vi]sus e[t alma fides].
Cumq(ue) foret sublime d[ecus splendorque parentum],
   Elegit C(h)r(istu)m quaerere me[nte pia].
Huic victus tenuis et dur[a cubilia membris]
   Et vestis tegimen hisp[ida erat tunica].
Ex i..ris grandis cir..................
   E[ju]s tum fletib(us) ....
Si.. populos camp[estres..... co]gnita....
   ... ibo pan................ ......
.... te....................[agm]ina pandun[t].
.... [m]ulta replet
....................inergima pell[ens]
.... omis
.... pia...
.... [vide]re D(eu)m (?)

« O Christ, dans ce cercueil vénéré est retenu le corps de ton Eutrope. Ses miracles le rendent célèbre, mais il n'en convient pas moins de louer par quelques vers placés sur son tombeau celui qui se manifeste par les plus grands signes. Je ne parlerai pas, du reste, de choses douteuses, mais de faits que le peuple a constatés de ses yeux et qui sont de croyance universelle. Bien que de naissance élevée et de famille illustre, il préféra rechercher le Christ avec un esprit vertueux. Sa nourriture fut toujours frugale, ses membres ne reposèrent que sur un grabat, ses vêtements ne consistèrent que dans une grossière tunique.... »

Les suppléments que nous donnons du principal fragment sont dus, pour une partie, à Deloye et, pour le reste, à Edmond Le Blant et à M. Hirschfeld (1). Les autres fragments ne sont pas restituables.

Le siège épiscopal d'Orange fut occupé par Eutrope de 464 à 494 (2). Ce saint évêque assista au concile d'Arles, vers l'année 475 (3), et son nom est rappelé dans deux lettres de Sidoine Apollinaire (4) et du pape saint Hilaire (5). Sa vie, partiellement publiée par les Bollandistes, qui en avaient trouvé le récit dans un manuscrit du surintendant Fouquet (6), a été donnée tout entière par Varin, d'après un manuscrit de la bibliothèque de Chartres (7). Elle a été écrite par Verus, successeur d'Eutrope, mais il ne paraît pas, contrairement à l'opinion de Deloye, que l'inscription métrique qui précède ait aussi cette origine. Sa paléographie — et cette remarque a déjà été faite par M. Hirschfeld, — la rattache à une époque plus récente. Nous ne croyons pas, pour notre part, qu'elle soit antérieure au septième siècle.

Eutrope fut enseveli dans la basilique de Saint-Julien, que lui-même avait fait construire, à la suite d'une révélation, en l'honneur du martyr d'Antioche.

« Les miracles qui ne tardèrent pas à s'opérer sur son tombeau, et dont il est question dans la vie écrite par Verus, aussi bien que dans l'inscription tumulaire, furent sans doute cause, dit Deloye, que l'église échangea son vocable contre celui du nouveau saint, honoré dès lors d'un culte particulier.

« L'église de Saint-Eutrope occupait la partie méridionale de la colline qui domine la ville, au quartier dit de la *Vignasse*. Bien qu'il n'en reste plus vestige depuis plusieurs siècles, les Orangeois ont la dévote coutume de se rendre processionnellement, une fois par an, sur le lieu même où elle était bâtie, et où furent découverts les débris du tombeau. »

(1) Ligne 4, Le Blant : *pauca* [*volo*] ; Hirschfeld : *pauca* [*decet*] ; — L. 6, Le Blant : *alma fides* ; Hirschfeld s'est abstenu ; — L. 7, Le Blant : *d*[*ecus nomenque parentum*] ; Hirschfeld : *d*[*ecus splendorque parentum*]. Les autres restitutions sont communes à Edmond Le Blant et à M. Hirschfeld et ne diffèrent que fort peu de celles proposées par Deloye.
(2) *Gall. christ.*, 1, p. 767.
(3) *Concilia Galliae*, p. 642.
(4) L. VI, ép. 6.
(5) *Concilia Galliae*, p. 609.
(6) *Acta Sanct.*, 5, p. 669 de l'édition de La Haye ; 5, p. 45 de l'édition de Venise.
(7) *Bull. du Com. des trav. hist., Hist.*, 1, 1849, p. 51 à 64.

210. — *Épitaphe de Florentiolus.*

Table de marbre découverte à *Vaison*, dans le courant du siècle dernier. Recueillie à l'évêché, elle passa dans la collection du notaire Giraudy et fut acquise par le musée en 1828. Hauteur, 0m25; largeur, 0m32; épaisseur, 0m07. Hauteur des lettres, 0m014.

Saint-Véran, *ms. de Carpentras*, 2, p. 14, n. 7 et p. 12, n. 30 (où elle est à tort rapprochée de l'épitaphe de Craxxius, ci-dessus n. 134) ; — Calvet (d'après de Saint-Véran), *Notes*, p. 179; *ms. de Marseille*, 5, suppl., n. 25; — Millin, 4, p. 148 (d'après lui Breton, *Mém. Ant. F.*, 16, 1842, p. 144; Long, p. 478); — Guérin, *Panorama*, p. 231 ; — Edmond Le Blant, *Inscript. de la Gaule*, 2, n. 490 et pl. 64; *L'Épigraphie chrétienne en Gaule et dans l'Afrique romaine*, p. 9; — *C. I. L.*, n. 1502; — Binon, n. 10.

Florentiole, pax tecu[m]*!*
« Florentiolus, que la paix soit avec toi ! »

Par son laconisme, son formulaire et sa paléographie, cette inscription est de tous points comparable aux épitaphes des premiers chrétiens que l'on a découvertes dans les Catacombes. Elle a été conjecturalement datée, par Edmond Le Blant, du troisième siècle de notre ère.

211. — *Épitaphe.*

Table de marbre formant la partie antérieure d'un fragment de couvercle de sarcophage païen. D'après les témoignages de La Pise et de Suarès, rapportés par les Bollandistes, cette table se trouvait « à *Orange*, sur le poteau du portal du temple d'Eutrope, devant sa démolition ». Elle fut recueillie par Jean Chieze et transportée plus tard à Camaret. Mme Roubaud l'a donnée au musée en 1824. Longueur, 1m12 ; hauteur, 0m28 ; épaisseur, 0m12. Hauteur des lettres, 0m025.

La Pise, *Tableau des princes et principauté d'Orange*, p. 5 ; — Suarès, *ms. de Paris* n. 8967, p. 480; — Escoffier, p. 24; — Séguier, *ms. 13795*, fasc. 2; — Maffei, *Mus. Veron.*, p. 419, 17; — Millin, 2, p. 156; — De Gasparin, p. 129; — Martin (d'après Gasparin), p. 56; — Le Blant, *Inscript. chrét. de la Gaule*, 2, p. 237, n. 504 et pl. 68, n. 414; *Sarcophages chrétiens de la Gaule*, p. 26 et pl. 8; — Bastet, *Essai hist. sur les évêques d'Orange*, p. 38; — Deloye, *Rev. des Soc. sav.*, 3e série, 1, 1863, p. 178; — *C. I. L.*, n. 1273 ; — Binon, n. 2.

.... *Gaudentius et Palladius fratri innocentissimo fecer*[*unt*].

« .... Gaudentius et Palladius ont fait construire (ce tombeau) à leur frère très vertueux. »

Les renseignements concernant le défunt se trouvaient probablement dans un autre cartouche dont on distingue la trace sur le bord gauche de la table. Il n'a pu exister aucun lien de parenté, quoiqu'on en ait dit, entre saint Eutrope et les deux personnages dont il est ici question (1).

« La forme des lettres, le style de la sculpture et la présence du nom de Gaudentius, particulièrement fréquent chez les fidèles, permettent de supposer à l'épitaphe une origine chrétienne, bien qu'aucun signe ne l'atteste absolument (2). »

212. — *Épitaphe de Leo.*

Plaque de marbre en plusieurs fragments, trouvée, dit-on, « parmi les ruines du château de *Bellegarde* » (*Reg.*). Acquise, en 1881, de Laurent Denis, chiffonnier à Beaucaire. Hauteur, 0ᵐ44; largeur, 0ᵐ20; épaisseur, 0ᵐ02. Hauteur moyenne des lettres, 0ᵐ022; lignes réglées.

Deloye, *Congrès arch. de F.*, 1882, p. 372 (gravure); — Allmer, *Rev. épigr.*, 1, p. 332; — *C. I. L.*, n. 4084; — Edm. Le Blant, *Nouveau recueil*, p. 342, n. 300; — *Registre 4*, p. 166; — Binon, n. 3 *b*.

Hic in pace requiescit bon(a)e memoriae Leo, qui vixit plus menos annos VIIII et obiet sub die kal(endas) decembris, indictaone (deci)ma.

« Ici repose dans la paix Leo, de bonne mémoire, qui vécut neuf ans, plus ou moins, et trépassa le jour de calendes de décembre (1ᵉʳ décembre) de la dixième indiction. »

Cette inscription est du sixième siècle, et la dixième indiction en fixe la date à l'une des années qui revinrent périodiquement, tous les quinze ans, à partir du mois de septembre 502. Sa seule particularité est la façon peu commune dont le graveur a écrit le mot *decima*. La même abréviation se retrouve sur un autre marbre du musée d'Arles (3).

(1) Cf. *Bull. du Comité des trav. hist., Hist.*, 1, 1849, p. 63.
(2) Edm. Le Blant, *Inscript. chrét.*, 2, p. 238.
(3) *C. I. L.*, XII, n. 925.

La décadence du langage et la barbarie se manifestent dans les mots *menos* pour *minus*, *obiet* pour *obiit*, *indictaone* pour *indictione*. L'orthographe fautive de ce dernier mot n'est pas cependant tout à fait certaine.

213. — *Épitaphe de Leonidius, avec lacunes à remplir après le décès.*

Tablette de marbre découverte, en 1880, aux Aliscamps d'*Arles*, près de la chapelle de Saint-Pierre de Moleyres. Acquise par le musée en 1882. Hauteur, 0^{m}48; largeur, 0^{m}50; épaisseur, 0^{m}035. Hauteur moyenne des lettres, 0^{m}04.

Edmont Le Blant, *Bull. du Comité des trav. hist.*, 1882, p. 291; *Nouv. recueil*, p. 182; — Allmer, *Rev. épigr.*, 1, p. 347; — *C. I. L.*, n. 5822; — *Registre 4*, p. 176; — Binon, n. 60 u.

Hic in pace requiescit bon(ae) m(emoriae) Leonidius, qui vixit annuos plus minus..., et *obiit sub die... indictione...*

```
✝ HIC IN PACE REQVI
ESCIT BON M LEONI
DIVS QVI VIXIT
ANNVS PLM
ET OBIIT SVB DIE
        INDICTIO
NE
```

« Ici repose en paix Leonidius de bonne mémoire, qui a vécu ...ans, plus ou moins, et est mort le... jour des.... de la... indiction. »

Cette inscription est surtout intéressante par la coutume dont elle témoigne. Malgré le mépris de la dépouille mortelle que préconisaient les Pères de l'Église (1), les chrétiens, comme les païens, se préoccupaient de leur sépulture. N'ayant pas toujours confiance en la sollicitude de leurs héritiers, il arrivait souvent qu'ils préparaient eux-mêmes leur tombeau et plaçaient leur propre épitaphe sur le coin de terre où ils devaient reposer. Ils ne laissaient à leurs survivants que le soin de terminer cette épitaphe par certaines indications, telles que le nombre des années de leur existence et la date de leur décès. Une inscription païenne d'Algérie, restée du reste incomplète, est remarquable sous ce rapport. « *Se vivo fecit*, dit celui qui l'a fait graver, *heres annos annotabit*. » C'était bien peu demander, et la négligence des héritiers, quand elle avait lieu, n'en était que plus coupable. Elle se produisit pour Leonidius, dont l'épitaphe présente ainsi trois lacunes relatives à l'âge du mort, au jour du décès et au chiffre de l'indiction.

« La formule de l'épitaphe d'Arles, a dit Edmond Le Blant, la croix qui la précède, et en particulier le type de certaines lettres, dont la haste dépasse les membres horizontaux, permettent de classer ce marbre au début du sixième siècle (2). »

(1) Cf. en particulier S. August., *Confess.*, IX, 11.
(2) *Nouv. rec.*, p. 183.

214. — *Épitaphe de Pantagathus.*

Table de marbre conservée au commencement du XVIIIe siècle dans la nef de la cathédrale de *Vaison*, où elle fut vue par dom Martène et dom Durand, qui en copièrent l'inscription. Transportée plus tard dans le jardin de l'évêché, elle passa dans la collection Giraudy. Elle a été acquise par le musée en 1828, avec la majeure partie des objets de cette collection. Hauteur, 0^{m}67; largeur, 1^{m}35; épaisseur, 0^{m}16. Hauteur des lettres, 0^{m}025 et 0^{m}020.

Dom Martène et dom Durand, *Itinéraire*, 1, p. 290 (et d'après eux Martin, *Antiquités*, p. 80); — Boyer, *Cathédr.*, 1, p. 37 (et, d'après lui, de Saint-Véran, *ms. de Carpentras*, 2, p. 14, n. 8); — Moreau de Vérone, *Voc.*, p. 135; — Long, p. 479 (d'après les copies antérieures); — de Castellane, *Mém. de la Soc. archéol. du midi de la France*, 4, p. 261 (d'après Long); — Edmond Le Blant, *Inscript. chrét.*, 2, p. 218, n. 492 et pl. 66, n. 399; — *C. I. L.*, n. 1499; — *Sylloge*, n. 880; — Renier, *Fiches*, t. 31, f° 126; — Binon, n. 1.

« Illustre par ses titres, égal à ses aïeux par ses mérites, Pantagathus, lorsqu'il a quitté cette existence fragile, n'a pas voulu solliciter d'être enseveli (dans une église); il a préféré confier sa dépouille mortelle à cette terre qui lui appartient. C'est en se plaçant sous la protection des martyrs que l'on doit chercher le repos éternel. Le très saint Vincent, les saints ses compagnons et ses égaux, veillent sur ce lieu, gardent la maison, protègent le maître, dissipent les ténèbres et répandent autour d'eux l'éclat d'une véritable lumière. S'il arrive que les chrétiens honorent celui qui est ici enseveli, et que tu demandes quelles fonctions il a remplies et quels titres il s'est acquis auprès des bienheureux qui jouissent de la lumière éternelle, on te répondra : Observateur de la justice, il fut équitable dans ses jugements ; appelé par ses concitoyens à gouverner et à protéger son pays, il s'est acquitté de ses fonctions avec un esprit libre et actif. Avare pour lui-même, généreux pour ses amis et fidèle à ses maîtres, il a satisfait à toutes les obligations de la vie et sa renommée s'étend pour toujours dans le monde. Le trépas jaloux qui l'a frappé dans son dixième lustre, l'a enlevé aux affaires publiques, car il s'est éteint après le consulat de Senator... »

Edmond Le Blant, qui a consacré à ce texte une magistrale dissertation, a reconnu le premier, dans le dernier vers, l'indication du post-consulat d'un personnage appelé *Senator*. Il s'agit, probablement, de l'historien Cassiodore, dont le post-consulat répond à l'année 515.

L'ensevelissement dans les églises, quoique pratiqué couramment, n'était pas permis par les empereurs (1). Aussi, Pantagathus, fidèle observateur des lois, ne sollicite-t-il pas la faveur de reposer auprès des autels. Son épitaphe nous apprend qu'il fit construire un oratoire sur un terrain qui lui appartenait, et qu'il y prépara sa tombe en l'entourant, selon l'usage, des reliques de différents martyrs dont il invoquait la protection (2).

Les comtes et les ducs étaient chargés de rendre la justice (3).

Le vague du texte, dit Edmond Le Blant, ne me paraît pas permettre de déterminer si le chrétien de Vaison était duc ou seulement comte. L'expression *fidus dominus* rappelle le serment que prêtaient ces dignitaires et les patrices. »

Il faut encore remarquer que l'épitaphe de Pantagathus semble procéder d'un formulaire, à moins qu'elle n'ait elle-même servi de modèle. Parmi les expressions qu'elle contient, quelques-unes se retrouvent presque sans changement sur d'autres monuments chrétiens du sixième siècle (4).

(1) Cod. Théod., ix, 17, 6 ; Cod. Justin., i, 2, 2.
(2) Tout sanctuaire, pour être consacré, devait d'ailleurs contenir des reliques. On a d'autres exemples, en Gaule, de sanctuaires préparés pour abriter des tombeaux. Un des plus connus a été découvert, il y a quelques années, près de Poitiers, par le R. P. Camille de la Croix.
(3) Fortunat, vii, 5 et 7 ; Greg. Tur., *Mirac. S. Mart.*, iii, 531 ; *Glor. conf.*, c. 101, etc.
(4) Voy. à ce sujet Edm. Le Blant, *Inscript. chrét.*, 2, p. 184.

215. — Épitaphe de Secolasia.

Plaque de marbre blanc découverte à *Arles*, en 1827, et acquise par le musée en 1830. Un bas-relief représentant une chasse a été scié pour placer l'inscription. Hauteur, 0ᵐ45; largeur, 0ᵐ59; épaisseur, 0ᵐ02. Hauteur des lettres, 0ᵐ035.

```
SCITINPACE
MORIXESECOLASIA
TANNVSXLVIMEN
SDECEOBIETSEXTV
RSIASPOSTCONLAM
ORESTESVVCON
```

C. I. L., n. 937; — Le Blant, *Nouv. recueil*, p. 192; — *Sylloge*, n. 905; — Binon, n. 3.

[*Hic requie*]*scit in pace* [*bonae me*]*moriae Secolasia* [*quae vixi*]*t annus XLVI men*[*ses.... die*]*s dece; obiet sextu*[... *ma*]*rsias post con*(*sulatum*) *Lam*[*padi*(*i*) *et*] *Orestes, v*(*irorum*) (*clarissimorum*)*, con*(*sulum*).

« Ici repose en paix Secolasia, de bonne mémoire, morte à l'âge de quarante-six ans, ...mois, dix jours; elle trépassa le six [des calendes?] de mars (24 février) l'année qui a suivi le consulat de Lampadius et d'Orestes, personnages clarissimes, consuls. »

Lampadius et Orestes furent consuls, l'un et l'autre pour l'Occident, en 530. Ils s'appelaient de tous leurs noms *Flavius Postumius Lampadius* et *Rufius Gennadius Probus Orestes* (1). Aucun consul ne fut créé ni en 531, ni en 532, et l'empereur Justinien, consul pour l'Orient en 533, ne fut pas promulgué chez les Burgondes. On data par post-consulats de Lampadius et d'Orestes jusqu'en 534. Le consul *Flavius Decius Paulinus*, élu à cette date, et surnommé *junior* pour le distinguer d'un autre consul plus ancien, fut le dernier des consuls occidentaux.

L'A du mot *memoriae*, dans l'épitaphe de Secolasia, est surchargé d'un V gravé fautivement par le lapicide qui devait, sans doute, avoir à l'esprit l'adjectif *bonememorius*, très fréquent sur les marbres de la Gaule (2).

216. — Fragment d'épitaphe.

Tablette de marbre trouvée, dit-on, parmi les ruines du château de *Bellegarde*, en même temps que l'épitaphe rapportée plus haut sous le n. 212. Acquise, en 1881, de Laurent Denis, chiffonnier à Beaucaire. Hauteur, 0ᵐ20; largeur, 0ᵐ17; épaisseur, 0ᵐ035. Hauteur moyenne des lettres, 0ᵐ02; lignes réglées.

---

(1) De Rossi, *Inscript. chrét. de Rome*, p. 610.
(2) Lorsqu'une faute de cette nature se produisait, les traits inutiles étaient bouchés avec du stuc.

Deloye, *Congrès archéol de France*, 49, 1882, p. 337 (gravure); — *C. I. L.*, n. 4083; — Edm. Le Blant, *Nouv. recueil*, p. 343; — *Registre 4*, p. 166.

Ce texte est beaucoup trop mutilé pour qu'il soit possible d'en donner une restitution complète. Il n'est pas invraisemblable, ainsi que l'a reconnu Deloye, qu'il s'agisse, aux lignes 4 et 5, des martyrs *Agaunenses*, c'est-à dire de saint Maurice et de ses compagnons.

« En admettant, dit Edmond Le Blant, que la ligature qui termine la deuxième ligne représente un A et un N, début d'*anniversario*, les probabilités s'accroissent par la présence du mot [*oc*]*tobres*, le martyre de saint Maurice et de ses compagnons se fêtant le 22 septembre, qui correspond au onzième jour des calendes d'octobre. »

Aux cinquième et sixième siècles, deux consuls ont porté le nom de Valerius : l'un en 432, l'autre en 521. Celui dont le nom sert de date à cette épitaphe est sans doute le plus récent.

V. — INSCRIPTIONS DE PROVENANCE ÉTRANGÈRE A LA GAULE.

I. — Inscriptions phéniciennes.

217. — Épitaphe de la prêtresse Zaïbegat.

L'inscription qui va suivre passe pour avoir été découverte à Avignon, au mois de novembre 1897, en creusant les fondations d'une maison « au quartier de Champfleury, touchant la gare de la petite vitesse ». Elle est gravée sur une pierre noire, de nature schisteuse, qui se trouvait isolée, à ce que l'on rapporte, à 3^{m}45 de profondeur, « dans un terrain non remanié, mais constitué par des apports fluviatiles » (1). Cette inscription a été acquise, dans les premiers jours de 1898, par l'administration du musée archéologique de Marseille (2). Le musée Calvet n'en possède que le moulage. Hauteur, 0^{m}13 ; largeur, 0^{m}19 ; épaisseur, 0^{m}06. Poids, 3 k. 663.

J. Méritan, Note sur l'inscription punique de Champfleury, dans Mém. Acad. Vaucl., 16, 1898, p. 364, et Rev. biblique, 1er avril 1898 ; — Mayer-Lambert et Ph. Berger, Journal asiatique, nov.-déc. 1897, p. 485 à 494 (tir à part) ; — Michel Clerc, Note sur l'inscription phénicienne d'Avignon, Marseille, 1898, in-8° (extrait des Comptes rendus de l'Acad. des I. et B.-L., mai-juin 1898) ; — Nicolas, Note sur la pierre en calcaire schisteux de l'inscription phénicienne découverte à Avignon, dans Mém. Acad. Vaucl., 1899, p. 57 ; — Ph. Berger, Deux inscriptions phéniciennes d'Avignon et de Carthage, dans Revue d'assyriologie, 5, 1899, 1 (tir. à part) ; — Binon, n. 25 c.

« Tombeau de Zaïbegat, la prêtresse de la Grande ...., fille d'Abdesmoun, fils de Baaljaton, fils d'Abdesmoun ; femme de

(1) Cf. Nicolas, Mém. de l'Acad. de Vaucluse, 1898, p. 370, et Bull. de la Soc. d'anthropologie de Paris, 17 février 1898.
(2) Inventaire manuscrit, n. 3110.

Baalhanno, ordonnateur sacré, fils d'Abdmelqart, fils de Hamicat, fils d'Abdesmoun. A ne pas ouvrir. »

La traduction que nous donnons de ce texte est celle de M. Mayer-Lambert, légèrement modifiée par M. Philippe Berger. Elle ne présente que deux points obscurs : le nom de la déesse, que l'usure de la pierre a fait disparaître, et l'expression qui suit le mot *Baalhanno*. Le nom était probablement celui de Tanith ; quant à l'expression où il est question des dieux, on l'a déjà rencontrée sur d'autres monuments, mais on n'en connaît pas la valeur exacte (1). M. Philippe Berger y voit une fonction sacrée, celle d'ordonnateur, qui s'accorde du reste parfaitement avec le caractère religieux de Zaïbegat. M. Mayer-Lambert la considère comme une profession et propose de la traduire par « qui élève les dieux, ce qui, dit-il, pourrait désigner un fabricant d'idoles. »

Cette inscription a tous les caractères d'un monument carthaginois. Elle est, de plus, gravée sur une pierre qui est assez commune en Tunisie et ne se trouve pas en Provence. Rien n'a été moins établi, d'ailleurs, que sa provenance locale :

« C'est le propriétaire lui-même qui a fait les fouilles, et personne, dit M. Philippe Berger, n'assistait à la découverte ; on est donc obligé de s'en rapporter à sa parole. Pour ne rien omettre, je dois ajouter qu'en poursuivant mon enquête, j'ai fini par apprendre qu'il y a quelques années, alors qu'il était encore maçon, il s'était expatrié et avait passé un certain temps en Tunisie. Mais, d'autre part, il a affirmé, sous la foi du serment, que sa déclaration était exacte..... (1) »

En définitive, M. Philippe Berger ne condamne pas absolument l'origine avignonaise de cette inscription. Mais, à ses yeux, et notre opinion sur ce point n'est pas différente, cette origine « n'a pas un caractère de certitude suffisant pour constituer la preuve irrécusable de l'existence d'une colonie phénicienne à Avignon ».

218. — *Dédicace à Tanith.*

Stèle en pierre calcaire découverte à *Carthage*, en 1875, par M. Pricot de Sainte-Marie. Elle fut apportée à Avignon par un officier supérieur de l'armée d'Afrique, qui la fit encastrer dans sa maison, rue de la Masse. MM. Jabry frères la donnèrent au musée en 1886. Hauteur, 0m32 ; largeur, 0m14 ; épaisseur, 0m07.

Renan, *Bull. arch. du Comité des trav. hist.*, 1883, p. 72 ; — *C. I. S.*, 1, n. 261. —

(1) *C. I. S.*, n. 260 et 261 (ci-après, n. 218).
(1) *Deux inscript. phénic.*, p. 5.

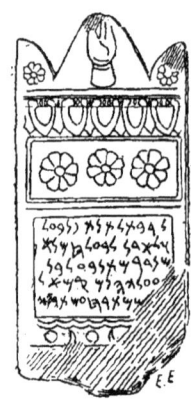

Euting, *Nabataische Inschriften aus Arabien,* Berlin, 1885, p. 25 ; — Binon, n. 25 *b*.

« A la dame Tanith, face de Baal, et au seigneur Baal-Hammon. Vœu fait par Mattanbaal, fils de Baalyahon, ordonnateur sacré. »

Il s'agit, ainsi qu'on le voit, d'un *ex voto* aux deux grandes divinités de Carthage : Tanith et Baal. On en connaît plus de 2.500 du même genre. La Bibliothèque nationale en possède une très grande quantité qui lui ont été donnés par M. Pricot de Sainte-Marie (1).

II. — Inscriptions grecques.

Les stèles de marbre décrites ci-après, jusqu'au numéro 234 inclusivement, furent acquises par le musée, en 1841. Elles proviennent de la collection Nani, de Venise, et sont toutes d'origine grecque (2).

219. — *Décret de proxénie de la ville d'Athènes.*

Stèle de marbre découverte à *Athènes* en 1760. Le bas-relief représente Minerve couronnant un général que suivent deux guerriers. Hauteur, 0ᵐ40 ; largeur, 0ᵐ41 ; épaisseur, 0ᵐ07. Hauteur des lettres, 0ᵐ03 et 0ᵐ01.

```
[πρ]ΟΞΕΝΙΑΦΩΚΙΝΩΙΚΑΙΝΙΚΑΝΔΡΩΙΚΑΙΔΕ∶ΡΙ///
///ΣΤ//ΑΡΧΟ//Ο///ΕΠΙ///ΤΕΣΠ////////Π///
/// Ν // ΣΗΙΑ// Π//Η//Ο//Ι//ΥΟΜΦΙΟΣ ///
/// ΙΣΕΝ/Ε////////Τ////ΗΩ///ΛΛΟ ///
///ΗΚΑΝΔΡΟΥΔ////O/////////
///ΙΔΗΜΟ///Λ///Ν///ΛΕΗ//Μ///
///////ΜΟΣ////ΝΛ/////////
/////M/X/O!////////////
/////////////////////////
```

(1) Cf. E. de Sainte-Marie, *Mission à Carthage,* Paris, 1884, in-4º, p. 130.
(2) Une description sommaire de ces stèles a paru à Avignon sous le titre : *Marbres grecs et romains provenant du musée Nani, de Venise, acquis en 1841 par l'administration du musée Calvet d'Avignon.* Avignon, s. d., in-8, 16 pages.

Notice du musée Nani. n. 2; — Paciaudi, *Monum. Peloponnes.*, II, p. 155; — *C. I. Gr.*, 475; — *C. I. Att.*, II, 1, 198; — *Catalogue*, p. 117; — Binon, n. 28.

[Πρ]οξενία Φωκίνῳ καὶ Νικάνδρῳ καὶ Δεξ...

« Décret de proxénie à Phocinos, à Nicandros et à Dex.... »

Phocinos est le général que couronne Athena, *Nicandros* et *Dex*.... sont les deux guerriers qui le suivent. Mais le fait historique auquel se rattache ce texte, du troisième siècle avant l'ère chrétienne, nous échappe complètement (1.)

220. — *Autel aux Nymphes.*

Stèle votive en marbre pentélique. « Bas-relief dédicatoire représentant Philocratidès, fils de Niceratos, athénien, guéri par les Nymphes. Dans le haut, on voit un pied qui indique la partie malade et guérie.» (*Catal.*). Hauteur, 0ᵐ37; largeur, 0ᵐ38; épaisseur, 0ᵐ07. Hauteur des lettres, 0ᵐ017.

ΦΙΛΟΚΡΑΤΙΔΗΣ ΝΙΚΗΡΑΤΟ////
ΥΔΑΘΗΝΑΙΕΥΣΝΥΜΦΑΙΣΟΜΠΝ'/////

Biagi, *Monum. graec. et lat.*, p. 61 (gravure); — Zanettus, *Dichiarazione di un bassorilievo greco del museo Nani*, Venise, 1768, in-folio; — *Collection Nani*, n. 23 (gravure); — *Notice du musée Nani*, n. 1; — Villoison, *Acad. des inscript. et belles-lettres*, 47, p. 343; — Boeckh, *C. I. Gr.*, 1, p. 462, n. 454 (d'après les publications précédentes); — *Catal.*, p. 110; — Binon, n. 19.

(1) « Monumentum, dit Koehler, bello Lamiensi aliquot annis antiquius videtur. »

Φιλοκράτιδης Νικηράτο[υ Κ]υδαθήναιεὺς Νύμφαις ὀμνύ[αις].

« Philocratidès, fils de Niceratos, de Cydathénée, aux Nymphes salutaires. »

« De vocibus ὄμπνη et ὄμπνιος, dit Boeckh, v. Lexx. Haud dubie hoc loco Nymphae aquarum intelligendae sunt, quae podagrae vel alii crurum morbo medelam attulerant. »

Κυδαθήναιον était une petite bourgade de l'Attique. L'orateur Andocide y avait vu le jour.

221 et 222. — *Vœux à Diane.*

« Lapis ex Peloponneso a. 1705 allatus in museum Nanianum, in quo imago Dianae Ilithyiae, ut videtur, veste talari, iniecta desuper tunica, sinistra hastam trifidam, dextera pateram tenens, modio capite imposito » (Boeckh). Hauteur, 0^{m}65 ; largeur, 0^{m}41 ; épaisseur, 0^{m}08. Hauteur des lettres, 0^{m}016.

ΔΑΜΟΚΛΕΙΑ
IKETI

Paciaudi, *Monum. Pelopones*, 1, 26 (gravure) ; — *Collect. Nani*, n. 14 ; — *Notice du musée Nani*, n. 18 ; — Boeckh, *C. I. Gr.*, 1, p. 716, n. 1559 (d'après les publications précédentes) ; — *Catal.*, p. 110 ; — Binon, n. 20.

Une autre stèle peu différente, de même provenance, porte l'inscription :

ΔΑΜΟΚΛΕΙΑ
ΑΡΕΤΟΙ

Hauteur, 0^{m}57 ; largeur, 0^{m}40 ; épaisseur, 0^{m}10. Hauteur des lettres, 0^{m}016.

Collection Nani, n. 15 ; — *Notice du musée Nani*, n. 19 ; — Boeckh, *C. I. Gr.*, 1, p. 716, n. 1560 (d'après les publications précédentes) ; — *Catal.*, p. 110 ; — Binon, n. 21.

Δάμοκλεια Ἰκέτ(ο)ῖ. — Δαμοκλεια Ἀρετοῖ.

« Damocleia à Icheto. — Damocleia à Areto. »

Ἰκετο et Ἀρετο ne peuvent être que des surnoms de Diane. Il faut noter, d'ailleurs, qu'une amazone a porté le nom d'*Areto* (1).

223. — *Épitaphe de Callinice.*

Stèle sépulcrale représentant une scène d'adieux. Hauteur, 0^{m}54 ; largeur, 0^{m}34 ; épaisseur, 0^{m}075. Hauteur des lettres, 0^{m}017.

(1) Roescher, *Lexicon*, s. v.

ΚΑΛΙΝΙΚΕ ΣΩΣΤΡΑΤΟΥ
ΧΡΗΣΤΗ ΧΑΙΡΕ

Collect. Nani, n. 106; — Notice du musée Nani, n. 20; — Biagi, Monum. nécrol., n. 18; — Kirchhoff, C. I. Gr., 4, p. 34, n. 6945 (d'après les publications précédentes); — Catal., p. 108; — Binon, n. 12.

Καλ(λ)ινίκη Σωστράτου χρηστὴ χαῖρε!

« Callinice, fille de Sostrate; bonne, adieu! »

Le bas-relief représente une femme assise (Callinice). A côté d'elle son mari et ses deux enfants se préparent à la quitter.

224. — Épitaphe de Callimaque.

Stèle sépulcrale. Hauteur, 0ᵐ80; largeur, 0ᵐ37; épaisseur, 0ᵐ08. Hauteur des lettres, 0ᵐ022 et 0ᵐ18.

ΗΒΟΥΛΗ
ΚΑΙΟΔΗΜΟΣ
ΕΤΙΜΗΣΕΙ ΧΟΝ
ΚΑΛΛΙΜΑ
ΚΑΛΛΙΜΑΧΟ Υ
ΧΡΗΣΤΕ
ΧΑΙ
ΡΕ

Collect. Nani, n. 97 (gravure); — Notice du musée Nani, n. 9; — Biagi, Monum. νεκρολ., n. 15 (gravure); — Boeckh, C. I. Gr., 2, n. 1942 (d'après la Collect. Nani); — Catal., p. 106; — Binon, n. 6.

Ἡ βουλὴ καὶ ὁ δῆμος ἐτίμησεν Καλλίμαχον Καλλιμάχου χρηστὲ χαῖρε!

« Le sénat et le peuple ont honoré Callimaque, fils de Callimaque; bon, adieu!

Le bas-relief représente un magistrat couronnant l'hermès du défunt.

225. — Épitaphe.

Stèle sépulcrale à fronton triangulaire décoré d'un disque. Le bas relief représente une scène d'adieux. Deux autres disques sont sculptés de part et d'autre du portique de l'Heraeum (chapelle funéraire) sous lequel sont placés les personnages. Hauteur, 0ᵐ36 ; largeur, 0ᵐ45 ; épaisseur, 0ᵐ18. Hauteur des lettres, 0ᵐ012.

////Ε/ΑΣΑ/ΘΥΓΑΤ
ΗΡ////ΟΣΔΕΓΥΝΠΑΛ////ΠΕ
////ΗΣΤΗ ΚΑΙΡΕ

Collect. *Nani*, n. 7 ; — *Notice du musée Nani*, n. 7 ; — *Catal.*, p. 106 ; — Binon, n. 5.

.....Θυγατηρ.....[αλυ]πε [χρ]ηστη χαῖρε !

« A.... fille de... [femme de]... sans chagrin ; bonne, adieu ! »

226. — *Épitaphe d'Escras.*

Stèle sépulcrale à fronton triangulaire. Hauteur, 0ᵐ70 ; largeur, 0ᵐ30 ; épaisseur, 0ᵐ07. Hauteur des lettres, 0ᵐ020 et 0ᵐ012.

ΑΙΣΧΡΑΣΤΗΣΜΙΔΙΟΥ

Collect. *Nani*, n. 43 ; — *Notice du musée Nani*, n. 43 ; — Stark, *Archaeol. Anzeiger*, 1853, p. 370 ; — Kirchhoff, *C. I. Gr.*, 4, n. 6872 (d'après les publications précédentes) ; — *Catalog.*, p. 107 ; — Binon, n. 7.

Αισχρας της Μιδίου.

« Escras, fille de Midias. »

227. — *Épitaphe d'Eugénie.*

Stèle sépulcrale à fronton triangulaire décoré d'un disque. Le bas-relief représente une scène d'adieux. Hauteur, 0ᵐ45 ; largeur, 0ᵐ32 ; épaisseur, 0ᵐ11. Hauteur des lettres, 0ᵐ012.

ΗΡΑΚΛΕΩΝΚΑΙΕΠΑΦΡΑΣΕΥΓΕΥ·
ΝΗΑΙΧΡΕΣΤΗ ΧΑΙΡΕ

Collection *Nani*, n. 3 ; — *Notice du musée Nani*, n. 3 ; — *Catal.*, p. 106 ; — Binon, n. 4.

Ἡρακλέων καὶ Ἐπαφρᾶς Εὐγευνηαι χρηστὴ χαῖρε !

« Heracléon et Epaphras à Eugénie ; bonne, adieu ! »

— 175 —

La femme assise est la défunte ; l'homme qui lui donne la main est sans doute son mari.

228. — *Épitaphe de Menodote.*

Stèle sépulcrale représentant une scène d'adieux. Hauteur, 1^{m}04 ; largeur, 0^{m}55 ; épaisseur, 0^{m}11. Hauteur des lettres, 0^{m}03.

MHNOΔOTH
XPHΣTH XAIPE

Spon, *Recherches curieuses d'antiquités*, p. 235 (in Poleni, *Thes. suppl.*, IV, p. 495) et *Miscell.*, X, 47, p. 337) ; — Paciaudi, *Monum. Pelopon.*, 2, p. 236 (gravure) ; — *Memorie per servire alla storia lett. Sett.*, 1758, p. 218 ; — Passeri, *Osserv.* p. 40 ; — *Notice du musée Nani*, n. 11 ; — Kirchhoff, *C. I. Gr.*, 4, p. 37, n. 6964 (*a prioribus*) ; — *Catal.*, p. 107 ; — Binon, n. 9.

Μηνόδοτη χρηστὴ χαῖρε !
« Bonne Menodote, adieu ! »

Menodote, assise à droite, soulève son voile ; son mari est debout à côté d'elle. Tous deux sont figurés sous le portique de l'Heraeum (chapelle sépulcrale).

229. — *Épitaphe de Metrosas.*

Stèle sépulcrale, de forme rectangulaire, décorée, dans sa partie supérieure, d'un bas-relief représentant un repas funèbre. Le défunt est attablé avec deux autres personnages ; tous les trois tiennent un gobelet de la main gauche. Une femme voilée est assise du côté gauche. Deux esclaves, un homme et une femme de proportions plus réduites, stationnent, le premier, à droite, près de la table supportant les mets ; la seconde, à gauche, contre le siège de la femme voilée. Hauteur, 0^{m}35 ; largeur, 0^{m}28 ; épaisseur, 0^{m}16. Hauteur des lettres, 0^{m}02.

MHTPOΣ///Σ MENANΔP////
X//Σ////KAIPE////

Collect. Nani, n. 106 ; — *Notice du musée Nani*, n. 13 ; — Biagi, *Monum. necrol.*, n. 19 (gravure) ; — Kirchhoff, *C. I. Gr.*, 4, p. 38, n. 6967 (d'après les publications précédentes) ; — *Catal.*, p. 105 ; — Binon, n. 2.

Μητρόσ[α]ς Μένανδρ[ου] χ.[ρη]σ[τὲ] χαῖρε !
« Metrosas, fils de Menandros ; bon, adieu ! »

L'inscription est très effacée et la lecture du premier nom n'est plus certaine.

230 — *Épitaphe de Parresia.*

« Marmor Nanianum, olim Patavii » (Boeckh). Stèle sépulcrale à fronton triangulaire décoré d'un rinceau. Hauteur, 0m50 ; largeur, 0m30 ; épaisseur, 0m05. Hauteur lettres, 0m02.

ΠΑΡΗΣΙΑΠΡΩΤΑΡΧΟΥ

Reinesius. *Syntagma*, xvii, 90, p. 842 ; — Gudius, 227, 18 ; — Paciaudi, *Monum. Pe'oponnes.*, ii, p. 237 (gravure) ; — *Memorie per servire alla storia lett. sett.*, p. 8 ; — Passeri, *Osserv*. p. 14 ; — *Collection Nani*, n. 82 (gravure) ; — *Notice du musée Nani*, n. 12 ; — Furlanettus, *Lapidi Padovane*, p. 501 (d'après Reinesius) ; — Starck, *Archaeol. Anzeiger*, 1853, p. 369 ; — Kirchhoff, *C. I. Gr.*, 4, p. 39, n. 6977 (d'après les précédents) ; — *Catal.*, p. 108 ; — Binon, n. 11.

Παρ(ρ)ησία Πρωτάρχου.

« Parresia, fille de Protarchos. »

Le bas-relief représente la défunte recevant un coffret à encens que lui apporte une esclave.

231. — *Épitaphe de Protymos.*

Stèle funéraire. Le bas-relief représente un jeune homme nu, assis sur un rocher, le pied gauche posé sur un trépied devant la proue d'un navire. Hauteur, 0m52 ; largeur, 0m33 ; épaisseur, 0m08. Hauteur des lettres, 0m014.

ΠΡΟΘΥΜΟΣΧΡΗΣΤΟΣ
ΧΑΙΡΕ

Collection Nani, n. 88 ; — *Notice du musée Nani*, n. 27 ; — *Memorie per servire alla storia lett. sett.*, p. 8 ; — Paciaudi, *Monum. Pelopon.*, 2, p. 237 (gravure) ; — Kirchhoff, *C. I. Gr.*, 4, p. 39, n. 6979 (d'après les publications précédentes) ; — *Catal.*, p. 108 ; — Binon, n. 13.

Πρόθυμος χρηστός χαῖρε !

« Bon Protymos, adieu ! »

232. — *Épitaphe de Tertia Brentesine et de Jason.*

Stèle sépulcrale. Le bas-relief représente une scène d'adieux. Hauteur, 0m55 ; largeur, 0m23 ; épaisseur, 0m08 ; Hauteur des lettres, 0m018.

ΤΕΡΤΙΑΙΑΣΟΝΟΣ
ΒΡΕΝΤΕΣΙΝΗ
ΧΡΗΣΤΗ ΚΑΙΡΕ

ΙΑΣΩΝ ΚΑΙΡΕ

Paciaudi, *Monum. Peloponnes.*, ii, p. 238; — Biagi, *Monum. νεκρολογικα*, n. 17 (gravure); — *Collect. Nani*, n. 30; — *Notice du musée Nani*, n. 30; — *Catal.*, p. 107; — Binon, n. 8.

Τερτία Ἰάσονος Βρεντεσίνη χρηστὴ χαῖρε! Ἰάσων χαῖρε!
« Tertia Brentesine, fille de Jason; bonne, adieu! — Jason, adieu! »

Ἰάσονος est un iotacisme pour Ἰάσωνος.

233. — *Épitaphe de Socrates.*

Bas-relief sépulcral. Hauteur, 0^{m}58; largeur, 0^{m}42; épaisseur, 0^{m}08. Hauteur des lettres, 0^{m}023.

ΗΡΩΣ·ΕΠΙΦΑΝΗΣ·ΣΩΚΡΑΤΗΣ

Collect. Nani, n. 17; — *Notice du musée Nani*, n. 17; — Biagi, *Monum.* νεκρολ., n. 12 (gravure); — *Catal.*, p. 109; — Binon, n. 18.

Ἥρως ἐπιφανής Σωκράτης.
« Socrates, illustre héros. »

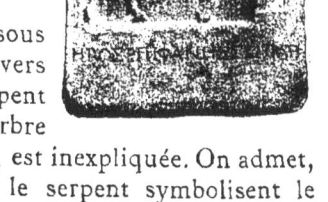

Le bas-relief représente le défunt sous les traits d'un cavalier, qui se dirige vers la droite, au-devant d'un grand serpent dont la queue s'enroule autour d'un arbre mort. Cette scène, du reste commune, est inexpliquée. On admet, faute de mieux, que l'arbre mort et le serpent symbolisent le trépas et la résurrection. Le serpent (asclépien?) a pu être aussi considéré, dans certains cas, comme le protecteur des tombes.

Le cavalier tient de la main droite une patère.

234. — Epitaphe.

Stèle sépulcrale représentant une scène d'adieux. Hauteur, 0m85; largeur, 0m42; épaisseur, 0m09. Hauteur des lettres, 0m017.

ΠΩΛΛΑΚ/ / / / / / / / /
ΛΕΥΚΙΟΣ / / / / Ο / / / /
ΛΕΥΚΙΟΥ / / / / / / / / / /
/ / / / / / / ΝΗ/ / / / / /

Paciaudi, *Monum. Pelopon.*, 2, p. 235 (gravure) ; — Collect. Nani, n. 81 ; — *Notice du musée Nani*, n. 10 ; — Kirchhoff, *C. I. Gr.*, 4, p. 39, n. 6984 (d'après les publications précédentes) ; — *Catal.*, p. 107 ; — Binon, n. 10.

Πωλλακ...... Λεύκιος... Λευκίου.....

« .... Lucius...., fils de Lucius... »

235. — Épitaphe de Tiberius Claudius Antipater.

Table de marbre de provenance inconnue. Se trouvait à Aix, dans la collection Sollier; elle fut acquise, en 1833, par Lunel père, qui la céda au musée la même année. Hauteur, 0m17; largeur, 0m74; épaisseur, 0m10. Hauteur des lettres, 0m02.

ΤΙΒΕΡΙΟΝ ΚΛΑΥΔΙΟΝ ΔΡΑΚΟΝΤΟΣ ΥΙΟΝ ΚΥ
ΡΕΙΝΑ ΑΝΤΙΠΑΤΡΟΝ ΠΑΛΑΙΟΠΟΛΕΙΤΑΝ
ΚΛΑΥΔΙΑ ΜΝΑΣΑΓΟΡΑ ΘΥΓΑΤΗΡ ΘΕΩΝΙΣ ΦΥ
ΣΚΙΑ ΤΟΝ ΑΝΔΡΑ ΕΥΝΟΙΑΣ ΕΝΚΑ ΚΑΙ ΦΙΛΟΣ

Mérimée, *Voy. dans le midi de la France*, 1, p. 159 ; — Mowat, *Bulletin Ant. F.*, 1883, p. 235 ; — *Catal.*, p. 111 ; — *Bull. épigr.*, 1883, p. 201 ; — Binon, n. 22.

Τιβέριον Κλαύδιον Δράκοντος υἱὸν Κυρεινα Ἀντίπατρον Παλαιοπολειταν Κλαυδία Μνασαγορα θυγάτηρ Θεόνις Φυσκία τὸν ἄνδρα εὐνοιας ἐνκα καὶ φιλοστ[οργιας].

« A Tibérius Claudius Antipater, fils de Dracon, de la tribu Quirina, né à Paléopolis; Claudia Mnasagóra, sa fille, Théonis Fuscia, sa femme, (lui ont fait construire ce tombeau) à cause de sa bonté et de sa tendresse. »

« Ce texte, dit M. Mowat, est intéressant, en ce qu'il nous apprend que la ville de Paléopolis, en Achaïe, était, à l'époque romaine, inscrite dans la tribu Quirina. »

236. — Épitaphe de Lucius Erennius Praesens.

Bas-relief sépulcral, de provenance inconnue, acquis en 1833 de Lunel père, qui l'avait acheté lui-même à la vente de la collection Sollier. La scène représentée est un repas de funérailles (*coena feralis*). Hauteur, 0ᵐ93 ; largeur, 1ᵐ08 ; épaisseur, 0ᵐ018. Hauteur des lettres, 0ᵐ040 et 0ᵐ023.

Catal., p. 105 ; — Mérimée, *Voy. dans le midi de la F.*, 1, p. 158 ; — Kaibel et Lebègue, *Insc. graecae*, n. 244 ; — J.-B. Michel, *Le liv. d'or du musée Calvet* (avec une photogravure) ; — Binon, n. 1.

Λ(εύκιος) Ἐρέννιος Σεκοῦνδος καὶ Δεκρία Πομπονία Λ(ευκίῳ) Ἐρεννίῳ Πραίσεντι τῷ υἱῷ καὶ ἑαυτοῖς ζῶντες.

« Lucius Erennius Secundus et Decria Pomponia (ont élevé ce monument) à Lucius Erennius Praesens, leur fils, et pour eux-mêmes, de leur vivant. »

Πομπονια est un iotacisme pour Πομπωνια.

On voit, par leurs noms, que les personnages dont il est question dans cette épitaphe, étaient des citoyens romains. Le défunt est le jeune enfant que sa mère garde et qui se retourne vers son père. Les deux personnages qui stationnent de chaque côté de la table sont des domestiques. Decria Pomponia est assise. Les usages grecs ne permettaient pas aux femmes de s'étendre sur un lit pour prendre leurs repas.

237. — *Épitaphe de Manto.*

Stèle sépulcrale en marbre blanc. « Elle a été apportée de Thessalonique et faisait partie de la collection de M. Germain, à Marseille ; ensuite elle a passé dans le cabinet de M. Sollier, à Aix » (Binon). Acquise par le musée, comme les précédentes, en 1833. Hauteur, 0ᵐ43 ; largeur, 0ᵐ44 ; épaisseur, 0ᵐ13. Hauteur des lettres, 0ᵐ025.

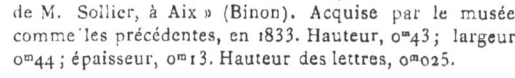

ΟΥΜΜΟΟΚΑΙΚΟΥΙΝΤΟΟ
ΚΑΙΚΕΟΙΑΜΑΝΤΩΤΗ
ΜΗΤΡΙΜΝΗΜΗΟ ΧΑΡΙΝ

A la dernière ligne, M et H dans le mot μητρί et toutes les lettres du mot μνήμης sont liées.

Germain, *ms. d'Avignon* n. *1377*, p. 284 et 304 ; — Calvet, *ms. de Marseille*, 3, f° 276 ; *ms. d'Avignon*, 3, f° 133 ; —

Nov. litt. Flor., 14, 98; — Donati, 383, 8; — Mérimée, *Voy. dans le midi de la France*, 1, p. 158; — Boeckh, *C. I. Gr.*, 2, n. 1989 (d'après Donati); — *Catal.*, p. 108; — Binon, n. 14.

Σοῦμμος καὶ Κόϊντος καὶ Κεσία Μαντῳ τῇ μητρὶ μνήμης χάριν.

« Summus, Quintus et Cesia (ont élevé ce monument) à la mémoire de Manto, leur mère. »

238. — *Épitaphe.*

Stèle sépulcrale, à fronton triangulaire, représentant une scène d'adieux. Une femme debout et voilée, placée à gauche, serre la main d'un homme debout comme elle, et drapé dans son manteau. Un troisième personnage s'éloigne vers la droite. Cette stèle provient, comme les précédentes, de la collection Sollier, à Aix, et fut acquise de même, en 1833, de Lunel père. Hauteur, 0m76; largeur, 0m30; épaisseur, 0m11. Hauteur des lettres, 0m015.

Les lettres de la première ligne sont très effacées et de lecture douteuse.

|||| ƆΧΟΝ |||| *Catal.*, p. 109; — Binon, n. 17.

ΧΡΗΣΤΗ ΧΑΙΡΕ ....χρηστὴ χαῖρε! « ... ; bonne, adieu ! »

Les quatre inscriptions suivantes, de provenance sans doute orientale, furent léguées au musée, en 1850, par Marius Clément, de Marseille, qui les possédait, depuis la Révolution, dans sa propriété de Saint-Just.

239. — *Inscription mentionnant des jeux en l'honneur des Némésis.*

Fragment d'une table de marbre. Hauteur, 0m30; largeur, 0m53; épaisseur, 0m25. Hauteur des lettres, 0m026.

Catal., p. 111; — Binon, n. 23.

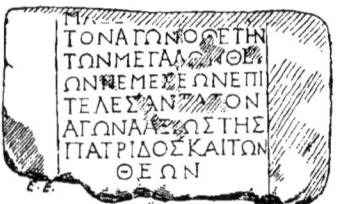

...τὸν ἀγωνοθέτην τῶν μεγαλῶν θεῶν Νεμέσεων ἐπιτελεσαντα τὸν ἀγῶνα ἀξίως τῆς πατρίδος καὶ τῶν θεῶν.

« ... agonothète des jeux des déesses Némésis, qui a clôturé les jeux à la satisfaction de la patrie et des déesses. »[1]

On ne sait rien de l'origine exacte de ce fragment, mais les fêtes des Némésis ne sont connues que par des inscriptions de Smyrne (1).

---

(1) Cf. *C. I. Gr.*, n. 3148 : Κλ. Βάσσος ἀγωνοθέτης Νεμέσεων ; n. 3193 et 3201 : νεωκόρος τῶν μεγαλῶν θεῶν Νεμέσεων. (Renseignements obligeamment communiqués par M. Théodore Reinach.)

Il est donc fort probable que le marbre du musée Calvet a été trouvé dans cette ville. Les fêtes des Némésis, comme la plupart des réjouissances de même nature, consistaient certainement en exercices gymniques, concours de musique et représentations théâtrales (1).

240. — *Inscription peut-être relative à une course du flambeau.*

Tablette de terre cuite. Hauteur, 0ᵐ48 ; largeur, 0ᵐ52 ; épaisseur, 0ᵐ07. Hauteur des lettres, 0ᵐ035 et 0ᵐ15.

ΙΝΑΣΟΣ ΞΕΝΩΝ
ΦΡΑΣ ΣΥΝΚΟΙΤΩ
ΡΩΝ
ΑΤΤΙΚΟΣ
ΤΟΥΣΛΑΜΠΑ
ΔΙΣΤΑΣ

Catal., p. 111 ; — *Binon*, n. 24.

Il n'y a guère que les ornements et les deux mots τοὺς λαμπαδιστας se rapportant peut-être à une course du flambeau, qui paraissent antiques. Le reste n'a pas de sens.

241. — *Épitaphe d'Ursule.*

ΡΟΓΑΤΟΣΟΥΡΟΟ
ΛΗΤΙΕΣΥΝΒΙΟΗΝ
ΑΟΧΑΡΙΝCΖΗ7ΟΝ
CΤΗ Β7

Stèle sépulcrale. Un bas-relief au-dessous de l'inscription représente une femme couchée sur la κλίνη. Hauteur, 0ᵐ35 ; largeur, 0ᵐ30 ; épaisseur, 0ᵐ09. Hauteur des lettres, 0ᵐ022.

Kaibel, *Inscript. graec.*, n. 2455 ; — *Catal.*, p. 111 ; — Binon, n. 22.

Ῥογᾶτος Οὐρ[σ]όλη τ[ῇ] συμβίῳ [μ]νία[ς] χάριν [ἔ] ξ[η]σ[ε]ν [ἔ]τη κζ'.

« Rogatus a fait construire ce tombeau à la mémoire de son épouse Ursule, morte à l'âge de vingt-sept ans. »

Ce texte a été retouché et dénaturé par une main moderne. Les corrections indiquées sont celles de Kaibel.

242. — *Épitaphes.*

Stèle sépulcrale en marbre à fronton triangulaire. Un bas-relief au-dessus de l'inscription représente le défunt couché sur la κλίνη. Hauteur, 0ᵐ75 ; largeur, 0ᵐ44 ; épaisseur, 0ᵐ10. Hauteur des lettres, 0ᵐ03.

---

(1) Sur les agonothètes ou fonctionnaires religieux chargés des spectacles, cf. De Ruggiero, *Dizion. epigr.*, s. v.

— 182 —

ΑΥΓ// ᛌ///μ//ΛΟΣ
ΧΡΗϹΤΕ///

Lebègue, Inscript. graec., n. 2449; — Catal., p. 109; — Binon, n. 16.

...χρηστὲ [χαῖρε].

« ...; bon, adieu. »

III. — Inscriptions latines.

243. — Dédicace aux Nymphes.

Bas-relief de pierre calcaire trouvé à *Narona*. Acquis par le musée, en 1841, à la vente de la collection Nani, de Venise. Des trois Nymphes qui sont représentées, les deux extrêmes portent un roseau de chaque main ; celle du milieu a perdu ses avant-bras et il n'est plus possible de savoir exactement quelle était leur position. Le dieu

Pan, figuré à droite, tient de la main gauche une grappe de raisin, et de l'autre main un bâton fortement recourbé, qu'il appuie sur son épaule. Un objet indéterminé, peut-être une clochette, est suspendu à la volute de ce bâton. Un chien au museau allongé et aux oreilles droites est couché en cercle entre les pieds du dieu. Ce bas-relief est d'une basse époque. Hauteur, 0m33; largeur, 0m65; épaisseur, 0m12. Hauteur des lettres, 0m029.

Passeri, 1, p. 38; — Paciaudi, *Mon. Pelopon.*, p. 230; — *Coll. Nani*, n. 24; — *C. I. L.*, III, n. 1795 ; XII, p. 13*, n. 133*,3 ; — Creuly, *Carnet n. 13*, f° 26; — Binon, n. 202.

*n*INFIS AVG·S·I·M·P
I///ᴅᴀꜱɪᴠᴀ

[*N*]*infis Aug*(*ustis*) *s*(*acrum*)....

« Consacré aux Nymphes augustes....

Les trois dernières lettres de la première ligne sont peut-être les initiales du dédicant. La seconde ligne, dont il ne subsiste que quelques amorces de lettres, n'est pas restituable.

244. — *Dédicace aux Nymphes pour le salut d'un empereur.*

Bas-relief de pierre trouvé à *Salone*. Acquis, en 1841, à la vente de la collection Nani, de Venise. Le sujet figuré ne diffère que fort peu du précédent. On y distingue encore trois Nymphes et le dieu Pan, au devant duquel est un chien couché. Chaque

Nymphe tient de la main droite un roseau ; l'autre main est tombante. Le dieu Pan, de face, est armé d'un bâton recourbé ; il porte une grappe de raisin dans les plis d'un manteau rejeté sur l'épaule gauche, et retient, de la main droite, un bouc par les cornes. La sculpture est assez bonne. Hauteur, 0^{m}35 ; largeur, 0^{m}47 ; épaisseur, 0^{m}21. Hauteur des lettres, 0^{m}022.

PROSALVT·E·D N
CA. I
POS

Bartoli, *Inscriptiones antiquae in Dalmatia repertae* (ms. de la bibl. de Venise), p. 192 ; — Adam, *Ruins of the palace of Diocletian*, 1764, pl. 4 ; — Zanetti in Calogerà, *Nuova racc.* I, 9, 1762, p. 299 (grav.) ; — *Coll. Nani*, n. 39 ; — *C. I. L.*, III, n. 1974 ; XII, p. 13*, n. 133*, 3 ; — Creuly, *Carnet n. 13*, f° 17 ; — Binon, n. 203.

Pro salute d(omini) n(ostri). C(aius) A(...) I(...) pos(uit).
« Pour le salut de notre maître. Ex-voto de Caius A... I.... »

On ne voit pas à quel empereur peut s'appliquer cette dédicace.

245. — *Épitaphe d'Egrilia Syntiché.*

Urne quadrangulaire de marbre blanc, découverte à *Rome* et acquise par le musée, en 1833, à la vente de la collection Sollier, d'Aix. Sur la première face est l'inscription, dans une couronne de chêne reposant sur deux cornes d'abondance. Sur la face opposée, au pied d'un arbre auquel est suspendue une syrinx, est un autel ardent. Un chien est assis devant l'arbre et lève la tête vers une tête de bélier qui apparaît entre les branches de cet arbre. Sur la face de droite est figuré un homme nu, portant sur la tête un panier de fruits et traînant un bouc par les cornes. Sur la face de gauche on voit le dieu Pan, seulement vêtu d'un manteau flottant et jouant de la double flûte. Hauteur, 0^{m}55 ; largeur, 0^{m}44 ; épaisseur, 0^{m}25. Hauteur des lettres, 0^{m}020 et 0^{m}015. Un trou circulaire, pratiqué sur la face principale, avait fait disparaître quelques lettres ou parties de lettres, aux 5° et 6° lignes de l'inscription ; mais cette ouverture a été comblée et les lettres manquantes ont été regravées.

EGRILIA
APELLAE·LIB
SYNTICHE FECIT
SIBI ET
A·EGRIL*io na*RCISSO
CONLIBERTO SVO

Muratori, 1569, 4 ; — *C. I. L.*, XII, p. 13*, n. 133*2 ; — Binon, n. 107.

Egrilia, Apellae lib(erta), Syntiche fecit sibi et A(ulo) Egril[io Na]rcisso, conliberto suo.

« Egrilia Syntiche, affranchie d'Apella, a fait construire (ce tombeau) pour elle-même et pour Aulus Egrilius Narcissus, son co-affranchi. »

Egrilius est le même nom qu'*Aegrelius*, dont on connaît de nombreux exemples.

246. — *Épitaphe d'Aurelius Hilarus.*

Urne quadrangulaire de marbre blanc, sans couvercle, décorée sur sa face principale de deux têtes de bélier placées aux angles supérieurs, et reliées par une guirlande de fleurs et de fruits, que becquettent deux oiseaux figurés sous le cartouche

— 184 —

```
D  ·  M
AV·RE·LI·O
AI·LA·RO B·
ME· FECI · C
IA·NV·A·COI
```

contenant l'inscription. Deux autres oiseaux, aux ailes éployées et pourvus d'un long col, occupent les angles inférieurs et paraissent aussi becqueter la guirlande. Sur chaque face latérale est un lièvre broutant. Hauteur, 0ᵐ23 ; largeur, 0ᵐ30 ; épaisseur, 0ᵐ29. Hauteur des lettres, 0ᵐ015. L'inscription est renfermée dans un encadrement de moulures. Le point séparatif de la première ligne est formé par une feuille de lierre.

Creuly, *Carnet n. 13*, f° 26 ; — Binon, n. 115.

D(iis) M(anibus). Aurelio Ailaro ; b(ene) me(renti) feci(t) c(oniugi) Janua(ria) co(n)i(ux).

« Aux dieux Mânes. A Aurelius Hilarus. Januaria, son épouse, a fait construire (ce tombeau) à son époux très méritant. »

247. — *Épitaphe de Silius Herma.*

Urne quadrangulaire en marbre blanc, acquise, en 1841, à la vente de la collection Nani. On ne sait rien de sa découverte. Sur chaque face latérale est figurée une palmette. Le dessus du couvercle est fait de feuilles imbriquées. Hauteur, 0ᵐ44 ; largeur, 0ᵐ35 ; épaisseur, 0ᵐ31. Hauteur des lettres, 0ᵐ016.

Creuly, *Carnet n. 13*, f° 25 ; — Binon, n. 114.

D(iis) M(anibus). C(aius) Silius Herma, sibi et Restituto, vernae suo.

« Aux dieux Mânes. Caius Silius Herma, pour lui-même et pour son esclave Restitutus. »

VI. — ESTAMPILLES ET SCEAUX.

I. — PLOMBIERS.

Les tuyaux de plomb servaient à la conduite des eaux.

« Le célèbre édit d'Auguste, relatif à l'aqueduc de Venafrum, dans le Samnium, renferme un passage qui prescrit, pour la conduite de l'eau, l'emploi de tuyaux de plomb : « ... Dum ne ea aqua, quae ita distributa discripta deve qua ita decretum erit, « aliter quam *fistulis plumbeis* dumtaxat ab rivo pedes L ducatur; neve eae fistulae « aut rivos nisi sub terra, quae terra itineris viae publicae limitisve erit, ponantur « conlocentur (1). »

« Quand il s'agissait d'un aqueduc destiné à amener les eaux dans une ville ou construit pour un service public, on ne pouvait pas toujours poser les tuyaux sur le terrain communal; on était souvent obligé de traverser des propriétés privées. Dans ce cas, on payait au particulier la servitude de passage, à moins que celui-ci ne fît preuve de générosité envers ses concitoyens, comme nous le montre une inscription découverte à Marigny-Saint-Marcel, dans la Haute-Savoie (2). »

Les tuyaux de plomb de l'époque romaine n'étaient pas obtenus à la presse, ainsi qu'ils le sont aujourd'hui. On les fabriquait avec une lame de métal dont les bords étaient rapprochés et soudés. Leur section n'était pas circulaire, mais allongée, et se rétrécissait en général du côté de la soudure. Le fabricant marquait ses produits de distance en distance, sur toute la longueur du tuyau, et quelquefois de part et d'autre.

248. — *Caius Attius Marcellinus.*

Tuyau de plomb trouvé à *Vaison*, en 1835, et acquis par le musée en 1842. Longueur, 0m88; plus grand diamètre, 0m09; épaisseur, 0m01. Hauteur des lettres, 0m02. L'estampille est en relief d'un seul côté.

(1) *C. I. L.*, X, n. 4842.
(2) Héron de Villefosse, *Bull. arch. du Comité des trav. hist.*, 1887, p. 237. Pour l'inscription de Marigny-Saint-Marcel, cf. *C. I. L.*, XII, n. 2493, 2494. Les tuyaux de plomb ont fait l'objet, dans la *Rev. archéol.*, n. s., 1870, p. 326 et suiv., d'une savante dissertation de Léon Renier, intitulée *La maison de Livie* et tirée à part sous ce titre : *Peintures du Palatin* par L. Renier et G. Perrot.

Breton, *Mém. Ant. F.*, 16, 1842, p. 148;
— *C. I. L.*, n. 5701, 14; — *Registre 1*,
p. 219; — Binon, n. 473.

C(aius) Attius Marcellin(us) f(ecit).
« Fait par Caius Attius Marcellinus. »

La même marque a été découverte à Aps.

249. — *Marcus Brin....*

Tuyau de plomb trouvé à *Vaison*, à une date inconnue. Longueur, 0ᵐ24; plus grand diamètre, 0ᵐ07; épaisseur, 0ᵐ008. Hauteur des lettres, 0ᵐ02. L'estampille est en relief, d'un seul côté.

C. I. L., n. 5701, 15; — Binon, n. 475.

M(arcus) Brin[... fec(it)].
« Fait par Marcus Brin... »

250. — *Caius Cantius Pothinus.*

Tuyaux de plomb (deux exemplaires) trouvés à *Arles*, à une date inconnue. Longueur, 0ᵐ37 et 0ᵐ35; plus grand diamètre, 0ᵐ135; épaisseur, 0ᵐ013. Hauteur des lettres, 0ᵐ035. L'estampille est en relief, d'un seul côté.

C. I. L., n. 5701 h; — Binon, n. 471 et 472.

C(aius) Cantius Pothinus fac(it).
« Fait par Caius Cantius Pothinus. »

Caius Cantius Pothinus était sans doute originaire d'Arles, d'où proviennent la majeure partie des tuyaux que l'on possède à son nom (1). La lecture POIHINVS est entièrement certaine. En même temps que l'estampille, quelques tuyaux de Cantius Pothinus donnent aussi l'indication de leur poids.

251. — *Gentilis.*

Tuyaux de plomb (deux exemplaires) trouvés à *Vaison*, à une date inconnue. Longueur, 0ᵐ98 et 0ᵐ65; plus grand diamètre, 0ᵐ09; épaisseur, 0ᵐ008. Hauteur des lettres, 0ᵐ025. L'estampille est en relief des deux côtés.

(1) Cf. *C. I. L.*, XII, n. 5701 a-i.

Breton, *Mém. Ant. F.*, 1842, p. 148; — *C. I. L.*,
n. 5701, 16; — *Registre 1*, p. 219; — Binon, n. 474. **GENTILIS·F**

Gentilis f(ecit).
« Fait par Gentilis. »

252. — *Lucius Hegius Hermes.*

Tuyau de plomb trouvé en 1884, à *Saint-Paul-Trois-Châteaux*, dans le jardin des frères Maristes, en creusant le sol pour l'établissement d'une cave. Acquis par le musée la même année. On découvrit en même temps, à 1ᵐ50 de profondeur, deux inscriptions qui sont restées chez les frères Maristes, et différentes mosaïques gallo-romaines dont une, avec figures, est au musée Calvet. Le tuyau de plomb était placé sous cette dernière mosaïque. L'estampille est en relief, d'un seul côté.

LHEGERMESFEC

Allmer, *Rev. épigr.*, 2, p. 56; — *C. I. L.*, n. 5701, 17; — *Registre 4*, p. 200; — Binon, n. 475 c.

L(ucius) Heg(ius?) (H)ermes fec(it).
« Fait par Lucius Hegius Hermés. »

Le gentilice *Hegius* n'est connu par aucun exemple. Peut-être faut-il supposer, ainsi que l'a déjà fait M. Allmer, quelque transport fautif, en tête du nom, de la lettre H qui manque au surnom. *Eggius*, *Egnatius* seraient alors des gentilices qui pourraient convenir.

253. — *Maturus (?)*

Tuyau de plomb de provenance inconnue, peut-être de *Vaison*, acquis par le musée, en 1854, de Bruno, marchand à Avignon. Longueur, 0ᵐ25; plus grand diamètre, 0ᵐ04; épaisseur, 0ᵐ007. Hauteur des lettres, 0ᵐ02. L'estampille, en caractères rétrogrades, est en relief d'un seul côté.

Registre 3, p. 16; — *C. I. L.*, n. 5701, 10; — Binon, n. 475 *b*.

...us [M]aturus(?) fac(it).
« Fait par ...ius Maturus (?). »

La lecture NATVRIVS, qui ne fait aucun doute, est cependant inadmissible. Il s'agit de quelque surnom maladroitement déformé, tel que *Maturus*, par exemple. Cette correction, du reste, a déjà été proposée par M. Hirschfeld.

254. — *Severus.*

Tuyau de plomb découvert à *Apt*, en 1844 et acquis par le musée, la même année. Longueur, 0ᵐ50; plus grand diamètre, 0ᵐ07; épaisseur, 0ᵐ01. Hauteur des lettres, 0ᵐ025. La marque est en relief, d'un seul côté.

— 188 —

⋈·SEVERVS·FAC   *C. I. L.*, n. 5701, 13 ; — Binon, n. 475 *a*.

....*nn(ius) Severus fac(it)*.
« Fait par ....nnius Severus. »

II. — Saumon de plomb.

255. — Saumon de plomb découvert à *Barri*, en 1848, et acquis, par le musée, en 1853. Ce saumon, qui pèse environ 49 kilog., a la forme d'un tronc de pyramide à bases rectangulaires. Grande base : longueur, 0^m47 ; largeur, 0^m11. Petite base : longueur, 0^m43 ; largeur, 0^m065. Hauteur, 0^m125. Lettres en relief de 0^m04.

SEGVSIAVIC

Bursian, *Archaeol. Zeitung*, 1853, p. 399 ; — *Dons faits au musée*, 1854, p. 7 ; — Bernard, *Description du pays des Ségusiaves*, p. 14 et pl. 2 ; — Garrucci, *Dissertazioni archeol.*, 2, p. 86 ; — Noelas, *Congrès scient.*, 37, 1870, 1, p. 385 ; — *C. I. L.*, n. 5700, 1 ; — Binon, n. 499.

Segusiavic(orum).
« (Plomb) des Segusiaves. »

Nous avons par là le témoignage que les Ségusiaves possédaient des mines de plomb.

III. — Bronziers.

256. — *Helenus*.

HELENVS   Strigile de provenance inconnue. L'estampille, rectiligne, est poinçonnée en relief, sur le manche, en lettres de 0^m002.

Binon, n. 314.

257. — *Caius S.... A....*

Paire de disques, en bronze, de provenance inconnue, percés en leur centre d'un trou circulaire. Acquis, en 1862, de l'antiquaire Anziano. Diamètre, 0^m18 ; épaisseur, 0^m008 au centre, 0^m003 sur les bords. Poids, o k. 875 et o k. 890. La marque, en relief dans un rectangle, est répétée deux fois sur chaque disque. Hauteur des lettres, 0^m002.

C · S · A

Registre 3, p. 110 ; — *C. I. L.*, n. 5698, 23 ; — Binon, n. 443 *l, m*.

C(aius) S.... A....
« Fait par Caius S.... A.... »

IV. — Verriers.

258. — *Lucius Arlenius Iapis.*

Vase carré trouvé à *Apt*, en 1835, et acquis par le musée en 1842. Côté de la base, 0^{m}110; hauteur, 0^{m}175. Hauteur des lettres, 0^{m}013. Légende circulaire, entre les deux cercles extrêmes d'une série de six cercles concentriques.

Froehner, *Verriers*, p. 18, n. 19 (d'après un estampage de M. Héron de Villefosse); — *C. I. L.*, n. 5696, 3; — Binon, n. 17.

L·ARLENI·IAPIDIS

L(ucii) Arleni(i) Iapidis.
« (Verrerie) de Lucius Arlenius Iapis. »

« Ἴαπις est un nom bien connu. » (1)

259. — *Sextus G... A...*

Fiole à fond aplati et à long col, trouvée à *Apt*, en 1840, et acquise par le musée en 1842. Hauteur, 0^{m}15; diamètre de la base, 0^{m}085. Hauteur des lettres, 0^{m}012. La marque est en légende circulaire de part et d'autre d'une figure debout, à gauche. Les lettres sont séparées par des points triangulaires.

S · G · A   Froehner, *Verriers*, p. 22, n. 28 (d'après une copie de M. Héron de Villefosse); — *C. I. L.*, n. 5696, 6; — Binon, n. 72.

S(exti) G... A...
« (Verrerie) de Sextus G... A... »

260. — *Julius.*

Fiole à fond aplati et à long col découverte à *Vaison*. Hauteur, 0^{m}155; diamètre du fond, 0^{m}085. Hauteur des lettres, 0^{m}007. La marque, en relief, est placée dans le champ, parallèlement à une Victoire ailée, à droite, surmontant un globe.

Binon, n. 71.

IVL

Jul(ii).
« (Verrerie) de Julius. »

---

(1) Froehner, *loc. cit.*

261. — *Silvanus.*

Fiole à fond aplati et à long col, trouvée à Vaison en 1838, et acquise par le musée la même année. Hauteur, 0ᵐ15; diamètre du fond, 0ᵐ09. Hauteur des lettres, 0ᵐ008.

SILVANI

La marque, circulaire, est en creux. On distingue, dans le champ, un certain nombre de signes, parmi lesquels un S retourné.

Froehner, *Verriers*, p. 25, n. 35 (d'après une copie de M. Héron de Villefosse); — *C. I. L.*, n. 5696, 7 ; — Binon, n. 68.

Silvani.
« (Verrerie) de Silvanus (1). »

262. — *Marque inexpliquée.*

Fiole à fond aplati et à long col, découverte à Vaison, en 1842. Hauteur, 0ᵐ155 ; diamètre du fond, 0ᵐ09. Hauteur des lettres, 0ᵐ011. La marque est en relief. Les deux lettres sont séparées par un I ou par deux points superposés. Au dessous est un caducée.

M : V
—ꙅꙅ

Froehner, *Verriers*, p. 110 (d'après une copie de M. Héron de Villefosse); — *C. I. L.*, n. 5696, 27 ; — Binon, n. 70.

263. — *Marque inexpliquée.*

Fiole carrée, de provenance inconnue. Le goulot, très allongé, se termine par un large rebord. Hauteur, 0ᵐ145 ; côté de la base, 0ᵐ025. Hauteur des lettres, 0ᵐ008. La marque est en relief.

G   F

Mercure à gauche, un manteau sur l'épaule gauche et le caducée dans la main droite.

H   I

Guérin, *Panorama d'Avignon*, p. 257 ; — Deville, *Verrerie*, p. 80 et pl. 90 ; — Froehner, *Verriers*, p. 55, n. 104 (d'après une copie de M. Héron de Villefosse); — *C. I. L.*, n. 5696, 23 ; — Binon, n. 150.

Cette marque, qui est connue par une vingtaine d'exemplaires (2), est encore inexpliquée (3).

Trois fioles à fond aplati et à long col, provenant de l'ancienne collection Calvet (Binon, n. 66, 67 et 74), portent des marques à peu près complètement effacées. Il en est de même d'une fiole semblable découverte à Vaison, en 1842 (Binon, n. 69).

---

(1) Le numéro 97 de Froehner (*C. I. L.*, n. 5696, 15) peut-être aussi se rapporte à cette marque. Nous ne l'avons pas retrouvé.

(2) V. Froehner, *loc. cit.*; Detlefsen, *Rev. archéol.*, n. s., 8, 1863, p. 223.

(3) Detlefsen a dit, à ce sujet, « qu'on peut, sans crainte de se tromper, y reconnaître simplement la série alphabétique des lettres F G H I (»*Rev. arch.*, 1863, p. 224). Cette opinion ne semble pas justifiée (Cf. notamment Dressel, *C. I. L.*, XV, n. 6979, 6980, 6982, 6985, etc., où les marques ne paraissent formées que de lettres quelconques).

V. — Sceaux de bronze (1).

Tous les sceaux que nous allons décrire ont fait partie de l'ancienne collection Calvet. On les a découverts dans la Narbonnaise, mais leur provenance exacte n'est pas toujours connue. « Quo loco reperta fuerint sigilla, — a dit Calvet à leur sujet, — penitus me latet. Illud unum novi haec e Massilia, Arausione, Glano vel Nemauso ad me pervenisse occasione varia diversisque temporibus (2). »

264. — *Sextus Aebutius Pythias.*

Sceau de bronze découvert à *Saint-Martin*, près d'Apt, au commencement du dix-huitième siècle. Une palme est gravée sur le manche. Hauteur des lettres, 0^{m}006.

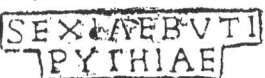

Carry, *Mercure de France*, août 1725, p. 1826; — Remerville, *ms. de Carpentras*, p. 132 (et d'après lui, Boze, *Apt*, p. 81; — Martin, *Antiquités*, p. 96); — Calvet, *ms. de Marseille*, 3, f° 218; *ms. d'Avignon*, 3, f° 202 v°; — *C. I. L.*, n. 5690, 5; — Binon, n. 366.

Sex(ti) Aebuti(i) Pythiae.
« (Sceau) de Sextus Aebutius Pythias. »

Pythias est un surnom de forme grecque.

265. — *Tiberius Claudius Evaristus.*

Sceau de bronze découvert en 1738, près d'*Orange*. Hauteur des lettres, 0^{m}005. Les initiales T C S sont gravées sur la face opposée.

Calvet, *ms. de Marseille*, 3, f° 181 et f° 242, n. 7; — *C. I. L.*, n. 5690, 28; — Binon, n. 372.

Ti(berii) Claudi(i) Evaristi.
« (Sceau) de Tiberius Claudius Evaristus. »

Des trois initiales, la dernière peut-être a été, par erreur, mise pour un E. Leur interprétation, dans ce cas, serait celle du cachet lui-même.

---

(1) Les dessins que nous donnons reproduisent en demi-grandeur les empreintes mêmes des sceaux.
(2) *Ms. de Marseille*, 3, f° 181.

266. — *Sabinus*.

Sceau de bronze de provenance inconnue. Hauteur des lettres, 0ᵐ006.

DOMITIOR
SER✝✝SAB

Calvet, *ms. de Marseille*, 3, f° 14, n. 20 et f° 218, n. 128 ; *ms. d'Avignon*, 3, f° 202 v° ; — *C. I. L.*, n. 5690, 38 ; — Binon, n. 367.

Domitior(um) ser(vus) Sab(inus).
« Sabinus, esclave des *Domitii*. »

267. — *Titius Flavius Cab...*

Sceau de bronze de provenance inconnue. Une palme est gravée sur le manche. Hauteur des lettres, 0ᵐ008.

Calvet, *ms. de Marseille*, 3, f° 14, n. 23 et f° 219, n. 131 ; *ms. d'Avignon*, 3, f° 203 ; — *C. I. L.*, n. 5690, 52 ; — Binon, n. 370.

TFLCAB

T(iti) Fl(avii) Cab...
« (Sceau) de Titus Flavius Cab... »

268. — *Marque inexpliquée*.

Sceau de provenance inconnue. Hauteur des lettres, 0ᵐ008.

Calvet, *ms. de Marseille*, 3, f° 14, n. 24 et f° 219, n. 132 ; *ms. d'Avignon*, 3, f° 203 ; — *C. I. L.*, n. 5690, 134 ; — Binon, n. 371.

Le chandelier figuré peut faire croire à une marque juive. Il faut lire très probablement *Janu* et reconnaître, dans ces quatre lettres, le commencement d'un surnom tel que *Janus, Januaris* ou *Januarius*, dont on a de nombreux exemples.

269. — *Caius Julius Maximus*.

Sceau de bronze de provenance inconnue. Hauteur des lettres, 0ᵐ008. Les initiales C I M sont gravées sur le manche.

Calvet, *ms. de Marseille*, 3, f° 14, n. 18 et f° 218, n. 126 ; *ms. d'Avignon*, 3, f° 202 v° ; — *C. I. L.*, n. 5690, 70 ; — Binon, n. 365.

C(aii) Juli(i) Maximi.
« (Sceau) de Caius Julius Maximus. »

Les initiales gravées sur le manche sont celles du possesseur du cachet.

270. — *Quintus Licinius Servatus.*

Sceau de bronze de provenance inconnue. Hauteur des lettres, 0ᵐ007. Les initiales QLS sont gravées sur le manche.]

Calvet, *ms. de Marseille*, 3, f° 14, n. 21 et f° 218, n. 129 ; *ms. d'Avignon*, 3, f° 203 ; — *C. I. L.*, n. 5690, 79 ; — Binon, n. 368.

Q(uinti) Licini(i) Servati.
« (Sceau) de Quintus Licinius Servatus. »

Comme précédemment, les initiales gravées sur le manche sont celles du possesseur du cachet.

271. — *Lucius M... Maximus.*

Sceau de bronze de provenance inconnue. Hauteur des lettres, 0ᵐ006. Une palme est gravée sur le manche.

Calvet, *ms. de Marseille*, 3, f° 14, n. 22 et f° 219, n. 130 ; *ms. d'Avignon*, 3, f° 203 ; — *C. I. L.*, n. 5690, 83 ; — Binon, n. 369.

L(ucii) M(...) Maximi.
« (Sceau) de Lucius M... Maximus. »

272. — *Lucius Umbrius Clemens.*

Sceau de bronze de provenance inconnue. Hauteur des lettres, 0ᵐ008.

Calvet, *ms. de Marseille*, 3, f° 14, n. 17 et f° 218, n. 125 ; *ms. d'Avignon*, 3, f° 203 ; — *C. I. L.*, n. 5690, 133 ; — Binon, n. 364.

L(ucii) Umbri(i) Clementis.
« (Sceau) de Lucius Umbrius Clemens. »

273. — *Marque inexpliquée.*

Sceau de bronze de provenance inconnue. Hauteur des lettres, 0ᵐ005.
Inédite.

VI. — ANTÉFIXES.

274 à 277. — *Secundus, esclave de Rufus.*

274. — Antéfixe trouvé à Orange, dans les fouilles du théâtre, en 1843. Donné au musée, en 1844, par Requien. La face principale est décorée d'une tête radiée d'Apollon. Terre rouge. Hauteur, 0ᵐ17; largeur, 0ᵐ16. La marque est en relief. Les lettres N et D, V et F, forment des monogrammes.

ECVNDVS.RVFIS

C. I. L., n. 5680, 5; — Binon, n. 461 *a*.

275. — Antéfixes (deux exemplaires) trouvés à Vienne (Isère) et acquis par le musée, en 1862, du marchand antiquaire Anziano. La face principale est décorée d'un mascaron au-dessus d'un globe, entre deux feuilles d'acanthe. Terre rouge. Hauteur, 0ᵐ23; largeur, 0ᵐ16. La marque est en relief. Les lettres N et D, V et F, forment des monogrammes.

SECVNDVS RVFIIF

Registre 3, p. 117; — *C. I. L.*, n. 5680, 5; — Binon, n. 461 *e, f*.

276. — Antéfixes (trois exemplaires) trouvés à Vienne, comme les précédents, et acquis par le musée, en 1862, du même marchand Anziano. Le motif de décoration ne se distingue que par des enroulements en forme d' S à la place des feuilles d'acanthe. Sur un exemplaire, le mascaron a cependant de plus longues oreilles. Terre rouge. La marque est en relief. Les lettres N et D, V et F forment des monogrammes.

SECVNDV RVFIF *Registre 3*, p. 117; — *C. I. L.*, n. 5680, 5; — Binon, n. 461 *h, i, k*.

Secundus Rufi (*servus*) *f*(*ecit*).
« Fait par Secundus, esclave de Rufus. »

Cette marque est très répandue.

VII. — Tuiles et Briques.

278 et 279. — *L. Acutius Sextus.*

278. — Tuile plate trouvée à *Vaison* et donné au musée, en 1830, par Chaix, de Vaison. Hauteur des lettres, 0^m009. La marque est en relief.

C. I. L., n. 5679, 2 ; — Binon, n. 473.   L·ACV·SEX·F

279. — Tuile plate à rebords, trouvée à *Vaison*. Hauteur des lettres, 0^m017. La marque est en relief. Les lettres A et K forment un monogramme.

C. I. L., n. 5679, 2 ; — Binon, n. 473.   L·AK·SEX·F

L(ucius) Acu(tius) Sex(tus) f(ecit).
« Fait par Lucius Acutius Sextus. »

280. — *Avitus.*

Fragment de brique découvert, en 1868, à *Saint-Remy* (Bouches-du-Rhône) et acquis la même année de l'antiquaire Anziano. Longueur, 0^m075 ; largeur, 0^m05 ; épaisseur, 0^m02. Hauteur des lettres, 0^m008. La marque est en creux.

C. I. L., n. 5686, 1036 ; — *Registre 3*, p. 224 ; — Binon, n. 480 b.

Of(ficina) Avi[ti?]
« Fabrique d'Avitus. »

281. — *Clarianus.*

Briques carrées découvertes « en grande quantité dans la maison des Bains, à Bayes, propriété de M. Montfort, dans les fouilles de *Vaison*, en 1838 » (Binon). Longueur, 0^m21, 0^m43, 0^m51 et 0^m62 ; largeur, 0^m21, 0^m30, 0^m38 et 0^m61 ; épaisseur, de 0^m04 à 0^m065. Hauteur des lettres, 0^m03. La marque, en creux, est répétée deux fois. Cinq exemplaires (1).

C. I. L., n. 5679, 19 ; — Binon, n. 478 à 482.   CLARiAN

---

(1) A noter cette particularité que l'une des briques, non séchée, a été traversée par un chien et une poule. On peut en tirer cette conclusion que la tuilerie de Clarianus se trouvait dans le voisinage de quelque exploitation agricole et, par conséquent, à la campagne.

Trois fragments de brique, dont un a été arrondi pour former le couvercle d'un vase, sont marqués de la même façon. L'un de ces fragments a été découvert « au village d'*Eygalières,* près de Saint-Remy. » (Calvet, *ms. d'Avignon,* f° 214, n. 122; — Binon, n. 474.) Les deux autres proviennent de *Vaison.*

Clarian(us).

Les produits de Clarianus se trouvent communément dans tous les pays de la rive gauche du Rhône, et surtout à Vaison. Ils paraissent provenir d'une fabrique établie chez les Voconces et ne sont pas antérieurs, croyons-nous, à la fin du deuxième ou au commencement du troisième siècle. En 1858, on découvrit à Beaumont, dans le champ de Charles Charras, au quartier Saint-Roch, une quantité considérable de sépultures dont les parois, pour un certain nombre, étaient formées de larges briques ou de tuiles à rebord signées *Clarianus.* Elles contenaient, non pas des cendres, mais des ossements, et l'on s'accorde à reconnaître que l'inhumation ne recommença qu'à l'époque des Antonins, sous l'influence des idées chrétiennes. L'une de ces sépultures se composait des débris d'un monument funéraire du premier siècle, ce qui ne laisse pas que de surprendre, en raison de la rigueur des lois contre les démolisseurs de tombeaux (1).

282. — *Genialis.*

« Fragmentum operis lateritii, e *Nemauso* delatum, ibique, ut arbitror, eruderatum » (Calvet). Lettres en relief de 0m017.

GENIALIS Calvet, *ms. de Marseille,* 3, f° 12, n. 15 ; *ms. d'Avignon,* 3, f°⁵ 157 et 219, n. 123 et 215 ; — *C. I. L.,* n. 5679, 43 ; — *Catal.,* p. 97, n. 36 ; — Binon, n. 475.

Genialis (fecit).
« Fait par Genialis. »

283. — *Martius.*

MARTI Monogramme tracé avec le doigt sur une tuile plate à rebords, de provenance inconnue, acquise en 1882 de l'antiquaire Anziano. Hauteur, 0m46; largeur, 0m33; épaisseur, 0m03. Hauteur du monogramme, 0m40.

Registre 4, p. 172 ; — Binon, n. 475 d.

Marti(i) (officina).
« Fabrique de Martius. »

(1) Cf. *Registre 3,* p. 65. Le monument funéraire était celui d'un chevalier romain qui avait commandé un détachement de l'armée de Mésie. (*C. I. L.,* XII, n. 1358 ; *Sylloge,* n. 970.)

284. — *Tertius Syra.*

TIIRTI SVRII
TIIGLA CANI//

Fragment de brique de provenance inconnue. Lettres en creux de 0m011. A la seconde ligne, les lettres A et N forment un monogramme.

Catal., p. 97, n. 37; — Calvet, ms. d'Avignon, 3, f° 157' n. 215; — C. I. L., n. 5679, 71; — Binon, n. 476.

Terti(i) Sur(a)e teg(u)la, Cani....
« Fait par Canus, de la tuilerie de Tertius Syra. »

Notre lecture est incertaine. Florian Vallentin a proposé la suivante pour une estampille semblable découverte, en 1882, à Saint-Pierre de Senos (1) :
Tertii Sur(ae); teg(u)la Caninia.
M. Hirschfeld, de son côté, a lu cette marque :
Terti(i) Surii teg(u)la Cani.
« Tuilerie de Tertius Surius Canus » (2).

285. — *Quintus Valerius Victorinus.*

Fragments, au nombre de trois, de tuiles plates trouvées à *Vaison*. Le premier a été donné au musée, en 1830, par Chaix, de Vaison; les deux autres proviennent des fouilles qui furent faites, pour le compte du musée, en 1838, dans le champ de Blanchon, au quartier de Maraudi. Hauteur des lettres, 0m08 et 0m10. Les trois dernières lettres du mot VICTORINI forment un monogramme.

a. . . . . | C·CAS·PAVL·F
b. Q·VAL·VICTORINI | C·CAS·P . . . . .
c. . . . AL·VICTOR. . . . . | C·CAS·PA . . . .

C. I. L., n. 5679, 14 ; — Binon, n. 470 à 472.

Q(uinti) Val(erii) Victor[ini] (officina); C(aius) Cas(sius?) Paul(us?) f(ecit).
« Fabrique de Quintus Valerius Victorinus. Fait par Caius Cassius Paulus. »

286. — *Venula.*

Fragment de tuile découvert à *Vaison* et donné à Calvet par de Vérone. Lettres de 0m019, grossièrement gravées au trait.

(1) *Aug. Tricast.*, p. 23.
(2) C. I. L., XII, p. 882.

VENVLAF   Catalogue, p. 97, n. 39 ; — Calvet, ms. d'Avignon, 3, f° 157, n. 212 ;
— C. I. L., n. 5679, 74 ; — Binon, n. 477.

Venula f(ecit).
« Fait par Venula. »

288. — *Légion III Augusta.*

Fragment de tuile découvert à *Lambèse* (Algérie) et donné au musée, en 1846, par Imer fils, d'Avignon. Hauteur des lettres, 0^{m}016.

///EGIIIAV...   Binon, n. 473 a.

[L]eg(ionis) III Au[g(ustae)].
« De la troisième légion *Augusta*. »

La troisième légion *Augusta* tenait garnison à Lambèse. Les tuiles et briques qu'elle a produites sont extrêmement nombreuses.

VII. — AMPHORES (1).

288. — *Bellicius.*

Anse d'amphore « trouvée à deux mètres de profondeur, dans les fouilles faites pour la construction de l'hôtel de ville d'*Avignon*, en 1846 » (*Reg.*). Elle a été donnée au musée par la municipalité. Hauteur des lettres, 0^{m}012. Les lettres L et I, C et I, A et N forment des monogrammes.

BELLCANA·P·A/////N///

C. I. L., n. 5683, 41 ; — Binon, n. 434 b.

Belliciana (figlina) ; P(ublii) A(...) [Gale]n[i].
« Poterie de Bellicius ; ouvrage de Publius A... Galenus. »

Une marque d'amphore du musée chrétien du Vatican a été lue de la façon suivante par M. Dressel : « *Bellucana* (ou *Belulcana*) *P. A.... Galeni* » (1). Il est vraisemblable qu'elle ne diffère pas de

---

(1) Sauf indication contraire, toutes les marques d'amphores sont en relief dans un cartouche creux produit par la pression du cachet sur la terre encore molle. La plupart de ces marques sont très communes. Nous nous contenterons de signaler par un astérisque, dans ce qui va suivre, celles d'entre elles qui font défaut dans l'épigraphie sigillaire de Rome. Nous en ferons de même pour les estampilles des lampes et les autres marques de potiers.

(2) *C. I. L.*, XV, n. 2579. Cf. *ibid.*, n. 3457.

celle du musée Calvet, et nous croyons volontiers qu'elle se rapporte aux ateliers, connus par d'autres marques, de L. Bellicius Sollers, consul suffect vers l'an 100 (1).

289. — P. Can....

Anse d'amphore trouvée, en 1878, à *Avignon*, dans la rue Banasterie. Elle a été donnée au musée, la même année, par M. Establet. Hauteur des lettres, 0ᵐ012.

PCAN/////

Binon, n. 592 cc.

P(ublii) Can[... ...fig(linae)].
« Poterie de Publius Can.... »

290. — *Doppius.*

Anse d'amphore, ayant fait partie de l'ancienne collection Calvet et provenant de *Vaison*. Hauteur des lettres, 0ᵐ006.

P MOCu
FIGEDO

Calvet, *ms. d'Avignon*, 3, f° 228, n. 15 ; — *C. I. L.*, n. 5683, 161 ; — Binon, n. 434.

P(ublii) Moc.... fig(linae) f(undi) Do(ppiani).
« Fait par Publius Moc..., (ouvrier) de la poterie établie sur la propriété de Doppius. »

Cette marque n'est pas rare, mais elle est encore inexpliquée (2). M. Dressel a proposé, d'une façon conjecturale, la lecture que nous donnons ici. Elle peut se justifier par une marque moins concise qui semble provenir des mêmes ateliers (3).

291. — *Q. Julius M....*

Anse d'amphore découverte à un kilomètre de *Robion*, en même temps que de nombreux fragments de poteries, des bracelets de bronze, des épingles en os et une quantité d'autres menus objets. Elle a été donnée au musée, en 1852, par Édouard Merle, instituteur à Robion. Hauteur des lettres, 0ᵐ012. La marque est circulaire et en creux.

Q I M
 ∽

C. I. L., n. 5683, 137 ; — Binon, n. 434 *d*.

---

(1) *C. I. L.*, XV, n. 887.
(2) *Ibid.*, n. 2605.
(3) *Ibid.*, n. 2604 *b*.

Q(uinti) J(ulii?) M....
« Fait par Quintus Julius M.... »

Le gentilice *Julius,* par lequel nous avons complété cette marque des plus connues (1), est probable mais non pas certain.

292. — *Marcus.*

Col d'amphore, en terre grisâtre, trouvé, en 1860, dans le terroir de *Saint-Remy*. Le musée Calvet en a fait l'acquisition, la même année, de Calixte Blanc, marchand à Avignon. Hauteur du col, 0^{m}10 ; diamètre à l'orifice, 0^{m}15. Hauteur des lettres, 0^{m}010. Les deux premières lettres forment un monogramme.

MARCVS

C. I. L., n. 5683, 184 ; — *Registre 3,* p. 85 ; — Binon, n. 434 *e.*

293. — *Maturus.*

Anse d'amphore, de provenance inconnue, en terre grossière de couleur orange. Hauteur des lettres, 0^{m}013.

MATVRVS F   *C. I. L.,* n. 5683, 188 ; — Binon, n. 434 *f.*

Maturus (fecit).
« Fait par Maturus. »

294. — *Mercator.*

e d'amphore trouvée à *Caumont.* Elle a été donnée au musée, en 1849, par Prosper Renaux. Hauteur des lettres, 0^{m}013.

MERCATOR

C. I. L., n. 5683, 190 ; — Binon, n. 434 *c.*

295. — *P. S.... Avitus.*

Anse d'amphore trouvée à *Avignon,* dans un jardin de la rue Banasterie. Le musée l'a acquise, en 1878, de M. Establet. Hauteur des lettres, 0^{m}012. Les quatre dernières forment un monogramme.

P · S · AVIT   Binon, n. 592 *cc.*

P(ublii) S.... Avit(i).
« Fait par Publius S... Avitus. »
Cette marque est assez commune (2).

---

(1) Cf. *C. I. L.,* XV, n. 2934 *c.*
(2) Cf. *C. I. L.,* XV, n. 3143 *a, b, c* ; — Allmer, *Musée de Lyon,* 4, p. 255, n. 167 et 168, etc.

296. — Q. Trebius Ci...

Anse d'amphore « trouvé, à deux mètres de profondeur, dans les fouilles faites pour la construction de l'hôtel de ville d'Avignon, en 1846 » (Reg.). Elle a été donnée au musée par la municipalité. Hauteur des lettres, 0^m014. Les deux lettres T et R forment un monogramme.

QTREBICI..

C. I. L., n. 5683, 294; — Registre 2, p. 254; — Binon, n. 434 a.

Q(uinti) Trebi(i) Ci....
« Fait par Quintus Trebius Ci.... »

Cette marque est ici mutilée, mais les exemplaires complets que l'on en possède ne permettent pas de l'interpréter plus sûrement (1). On peut hésiter entre la lecture que nous donnons et celle, non moins possible, Q. Trebici.

297 et 298. — Fragments.

....ATAV

297. — Anse d'amphore, en terre rougeâtre, trouvée au Thor, en 1886. Elle a été donnée au musée par M. de Millaudon. Hauteur des lettres, 0^m012.

C. I. L., n. 5683, 323; — Binon, n. 434 g.

ΟΛΣΙ/////

298. — Anse d'amphore trouvée à Pélissanne. Elle a été acquise par le musée en 1884. Hauteur des lettres, 0^m012.

\IMI/////

Registre 4, p. 204; — Binon, n. 434 f.

VIII. — LAMPES.

Les lampes d'argile qui sont au musée Calvet proviennent presque toutes de Vaison et résultent des fouilles qui furent faites dans cette localité en 1838, 1841 et 1842. Sauf indication contraire dans ce qui va suivre, la lampe est de terre rouge, sans ornements, et porte en creux l'estampille du fabricant au-dessous de la cuve (2).

---

(1) C. I. L., XV, n. 3206.
(2) Sur les lampes en général, cf. Dressel, C. I. L., XV, p. 782 à 784. Il serait excessif de dire, en parlant de la poterie, qu'elle constitue « la trace la plus précieuse du passage de l'humanité sur la terre » (abbé Cochet), mais il n'est pas douteux que l'étude de l'art plastique a son intérêt et peut être féconde en enseignements. Nous ne pouvons que souhaiter, avec M. Camille Jullian (Rev. des études anciennes, 1899, p. 144) de voir consigner « dans trois ou quatre grands recueils descriptifs analogues à ce Corpus des inscriptions, où les épigraphistes ont montré la voie aux archéologues », les résultats déjà acquis, mais disséminés, malheureusement, dans de nombreux volumes ou mémoires. Nous espérons bien pour notre part qu'il nous sera possible de contribuer à la préparation de ce travail d'ensemble, en faisant paraître, tôt ou tard, un Corpus lucernarum de la Gaule, pour lequel, depuis plusieurs années, nous réunissons des matériaux.

Inscriptions.

299. — *Appel à la clémence d'un gladiateur.*

Provenance inconnue. Disque orné de deux gladiateurs combattants. L'un est à terre, l'autre s'apprête à le frapper. Empreinte grossière.

PRΛιΛNCⁱ   *C. I. L.*, n. 5682, 95 ; — Binon, n. 21.
SIS
  o   *Pra[si]no sis (propitius)!*
      « Sois clément pour Prasinus ! »

Cette lecture, toute conjecturale, a été proposée par M. Hirschfeld.

300. — *Heureux souhait au Génie du peuple romain.*

Provenance inconnue. Le disque de cette lampe est orné d'une Victoire ailée ou d'un Génie passant à gauche. La divinité tient de la main droite une couronne et de la main gauche une palme.

G·P·R·F   *C. I. L.*, n. 5682, 125 ; — Binon, n. 6.

G(enio) p(opuli) R(omani) f(eliciter.)
« (Que tout arrive) heureusement au Génie du peuple Romain ! »

Cette explication appartient à M. Mommsen. On peut aussi supposer que la formule est dialoguée. Le dévot dédie sa lampe « *Genio populi Romani* », et le Génie lui répond :« *Feliciter* ! »

Estampilles.

301 et 302. — *Agilis.*

301. — *Vaison*, 1842. Lampe sans ornements.
  AGILIS   *C. I. L.*, n. 5682, 1 ; — Binon, n. 245.

302. — *Vaison*, 1838. Le disque est décoré d'un masque tragique.
   o
 AGILIS   *C. I. L.*, n. 5682, 1 ; — Binon, n. 83.
   F   *Agilis f(ecit).* — « Fait par Agilis. »

303. — *Atimetus.*

Vaison, 1842. Lampe à deux oreillons.

    ATIMETI   *C. I. L.*, n. 5682, 9 ; — Binon, n. 244.

Un fragment de lampe portant la même estampille a été découvert à *Saint-Remy*, dans un tombeau, et acquis par le musée en 1870. (Deloye, *Bibl. de l'Ecole des chartes*, 2, 4, p. 316 ; — *C. I. L.*, n. 5682, 9 ; — Binon, n. 366 *a*.)

304. — *Aufidius Fronto.*

Provenance inconnue. Le disque est décoré d'un casque.

    AVF·FRON   *C. I. L.*, n. 5682, 11 ; — Binon, n. 82.

Auf(idii) Fron(tonis). — « Fait par Aufidius Fronto. »

On peut aussi songer à la lecture *Fron(imi)* (1).

305. — * *Celer.*

Provenance inconnue. Cette lampe, décorée de godrons, a fait partie de l'ancienne collection Calvet. La marque est en lettres allongées, de mauvaise forme.

    CELER   Calvet, *ms. de Marseille*, 3, f° 182 ; — *C. I. L.*, n. 5682, 23 ; — Binon, n. 217.

306. — *Clodius Helius.*

Rome. Lampe décorée d'un buste d'Esculape. Elle a été donnée au musée, en 1877, par M. Gondran, sous-préfet d'Orange.

    CLOHELI   *C. I. L.*, XV, n. 6378 ; — Binon, n. 2 *bis*.

Clo(dii) Heli(i). — « Fait par Clodius Helius. »

Les lampes de ce potier sont extrêmement répandues. Elles se distinguent, en général, par la variété de leurs sujets (2).

307. — *Communis.*

Vaison, 1838 et 1841. Lampe sans ornements. Deux exemplaires.

    COMMVNIS   Binon, n. 237 et 238.

---

(1) Cf. *C. I. L.*, XV, n. 6324.
(2) Cf. *Ibid.*, n. 6376.

La même marque est estampillée sur une troisième lampe acquise, en 1854, d'un cultivateur qui l'avait découverte à *Saint-Roman*, près de Vaison, dans une urne remplie d'ossements calcinés. L'ossuaire contenait encore une fiole à parfums, la partie supérieure d'un vase en verre, extrêmement mince, et un miroir composé de deux disques métalliques soudés ensemble (*Registre 3*, p. 17).

308. — *Crescens.*

Vaison, 1842. Le disque de cette lampe est surmonté d'un cône percé qui servait à la suspendre.

CRESCES   Allmer, *Vienne*, 4, p. 180; — *C. I. L.*, n. 5682, 30; — Binon, n. 233.

Cette marque, et celle *Communis* qui précède, sont contemporaines d'Auguste (1).

309. — *Caius Dessius.*

Provenance inconnue. Lampe circulaire, sans ornements.

C·DESSI   *C. I. L.*, n. 5682, 35; — Binon, n. 254.

C(aii) Dessi(i). — « Fait par Caius Dessius. »

310. — **Caius Fadius.*

Vaison, à une date inconnue. Lampe décorée de cercles concentriques.

C FADI   *C. I. L.*, n. 5682, 41; — Binon, n. 249.

C(aii) Fadi(i). — « Fait par Caius Fadius. »

311. — *Lucius Aemilius Fortis.*

Vaison, 1838. Lampe sans ornements, donnée au musée par le peintre Cerri, de Vaison. Lettres en relief.

FORTIS   *C. I. L.*, n. 5682, 50; — Binon, n. 250.

La même marque est estampillée sur quatre autres lampes, dont trois ont fait partie de l'ancienne collection Calvet. Il est fort probable qu'elles proviennent aussi de Vaison (*C. I. L.*, n. 5682, 50; — Binon, n. 84, 85, 86 et 236). Deux de ces lampes ont leur disque décoré d'un masque tragique.

On a découvert, il y a quelques années, dans le Modénais, en un lieu appelé Savignano, sur les bords du Panaro, la fabrique de

---

(1) Cf. Dressel, *C. I. L.*, XV, p. 783.

ce potier avec son enseigne donnant tous ses noms : *Lucius Aemilius Fortis*. Le champ, de nos jours encore rempli de débris, où se trouvait cette fabrique, a conservé jusqu'au seizième siècle le nom de *Campo Forte* (1). Le potier *Fortis* a vécu sous les premiers empereurs ; les lampes à son nom sont communes à Pompéi. On peut croire cependant que la marque dont il avait assuré la réputation fut aussi celle de ses héritiers. Il paraît bien, d'un autre côté, que sa fabrique prit de l'extension, à une certaine époque, et engloba tous les produits de l'art céramique, après avoir débuté par l'exclusive fabrication des lampes. Les ruines de Pompéi n'ont fourni que des lampes, alors qu'il existe, dans presque toutes les collections d'antiquités, de la vaisselle rouge à l'estampille FORTIS.

312 et 313. — * *Gracilis*.

312. — Provenance inconnue. Le disque de cette lampe, dont l'anse est percée à
jour, est décoré de raisins et de ceps de vigne dans une couronne
o   de laurier.
GRACILIS
o   *C. I. L.*, n. 5682, 56 ; — Binon, n. 173.

313. — Provenance inconnue. Lampe ayant fait partie de l'ancienne collection
Calvet. Le disque est décoré d'une image d'Hercule, combattant le
GRACILID   lion de Némée.

Calvet, *ms. de Marseille*, 3, f° 182 ; — *C. I. L.*, n. 5682, 56 ; — Binon, n. 11.

314 à 324. — * *Lucius Hosidius Crispus*.

314. — *Volx*, près [d'Apt, 1886. Terre rose très pâle. Lampe donnée au musée, en
1886, par M. Bouvier, ingénieur en chef du département de Vau-
L HOSCRI   cluse. Le disque de cette lampe est décoré d'un croissant.
Binon, n. 356 d.

Deux autres lampes découvertes, l'une à *Vaison* en 1838 (Binon, n. 44), l'autre au *Pègue* en 1829 (Binon, n. 69) portent la même estampille. Elles sont décorées : la première, d'un coq ; la seconde, d'une tête de Mercure entre une bourse et un caducée.

315. — *Vaison*, 1841. Terre jaunâtre. Sur le disque est l'image de deux mains tenant
un caducée.
L HOSCRI
∩   *C. I. L.*, 5682, 57 ; — Binon, n. 197.

La même marque est estampillée sur deux autres lampes du musée. L'une, sans

---

(1) Crespellani, *Bull. de l'Inst. arch. de Rome*, 1875, p. 195.—Voy. également Allmer, *Vienne*, 4, p. 177 ; *Musée de Lyon*, 4, p. 462 ; — C. Jullian, *Musée de Bordeaux*, 1, p. 477 ; — Dressel, *C. I. L.*, XV, p. 783, col. 1.

ornements, est de provenance inconnue; l'autre, de terre jaunâtre, a été découverte à *Goult,* dans un tombeau, et acquise en 1875. Le disque de cette dernière est décoré de l'image d'un lapin.

316. — *Vaison,* 1841. Le sujet représenté sur le disque de cette lampe se compose de deux mains tenant un caducée.

L HOSCRI   Calvet, *ms. de Marseille,* 3, f° 182 ; — Allmer, *Vienne,* 4, p. 183 ;
L   *C. I. L.,* n. 5682, 57 ; — Binon, n. 198.

317. — *Vaison,* 1838. Sur le disque est l'image d'une Fortune tenant une corne d'abondance et un gouvernail.

L HOSCRI
M   Allmer, *Vienne,* 4, p. 183 ; — *C. I. L.,* n. 5682, 57 ; — Binon, n. 7.

Même marque sur une autre lampe, de provenance inconnue, dont le disque est orné d'un croissant (Binon, n. 356).

318. — *Vaison,* 1838. Le sujet représenté sur le disque se compose de quatre feuilles d'olivier formant une croix.

L HOSCRI
N   *C. I. L.,* n. 5682, 57 ; — Binon, n. 189.

319. — *Vaison,* 1835. Disque décoré d'une couronne de laurier.

L HOSCRI   Allmer, *Vienne,* 4, p. 183 ; — *C. I. L.,* n. 5682, 57 ; — Binon,
P   n. 179.

Une lampe identique a été donnée au musée, en 1855, par l'intermédiaire du préfet de Vaucluse. Elle provenait de *Bonnieux* et avait été découverte dans un tombeau, en construisant le chemin vicinal n° 6 (Binon, n. 179 *a*). Une autre lampe, de provenance inconnue, porte encore cette même estampille. Son disque est décoré de l'image d'un mouton (Binon, n. 122).

320. — *Vaison,* 1838. Le disque est décoré d'un Amour assis près d'une lyre.

L HOSCRI   Allmer, *Vienne,* 4, p. 183 ; — *C. I. L.,* n. 5682, 57 ; — Binon
S   n. 43.

321. — *Vaison,* 1838. Terre blanchâtre. Disque décoré d'un lièvre courant à gauche et passant sous un arbuste.

l HOSCRI
T   Allmer, *Vienne,* 4, p. 183 ; — *C. I. L.,* n. 5682, 57 ; — Binon, n. 129.

322. — Provenance inconnue. L'ornement du disque est un Sphinx ailé.

OSCRI
X   *C. I. L.,* n. 5682, 57 ; — Binon, n. 92.

Une autre lampe, dont la provenance n'est pas non plus connue, porte la même marque. Son disque est décoré d'une figure d'Apollon (Binon, n. 92 *a*).

323. — *Vaison,* 1838. Le disque est orné d'un coq au-dessus d'une palme.

L HOSCRI   *C. I. L.,* n. 5682, 57 ; — Binon, n. 139.
Z

Une seconde lampe du musée ne diffère de celle-ci que par la couleur jaunâtre de l'argile. Elle a été découverte à *Valréas*, au quartier de la Fouasse (Binon, n. 139 a). Deux lampes, provenant de *Vaison*, portent encore la même estampille. L'une est décorée d'un Amour pressant une grappe de raisins (Binon, n. 44); l'autre, d'un masque tragique (Binon, n. 87).

324. — *Vaison*, 1841. Le motif de décoration est un Génie ailé tenant un casque.

L HOSCRI   *C. I. L.*, n. 5682, 57; — Binon, n. 47.
+

Même marque sur un autre fragment de lampe, sans ornements, provenant aussi de *Vaison* (Binon, n. 358).

Le potier qui estampillait ainsi ses produits était, selon toute apparence, établi à Vaison, et se nommait probablement *Lucius Hosidius Crispus*. Sa signature n'apparaît que dans le midi de la Gaule et plus particulièrement chez les Voconces (1). Les motifs de décoration qu'il employait étaient des plus variés ; quelques-uns même ne manquaient pas d'une certaine élégance. Il est à remarquer que ce potier se servait des lettres de l'alphabet, et d'autres signes tels qu'une flèche ou une croix, pour différencier ses ateliers ou ses séries. Nous ne connaissons aucun autre exemple de cette particularité.

325. — *Iegidius*.

Vaison, 1841. Lampe sans ornements.

IEGIDI   *C. I. L.*, n. 5682, 60; — Binon, n. 243.

Iegidi(i). — « Fait par Iegidius. »

Marque très commune.

326. — *Caius Junius Draco*.

Provenance inconnue. Terre grisâtre. Lampe à deux becs décorée d'une couronne de laurier. Ancienne collection Calvet.

CIVNDRA   Calvet, *ms. de Marseille*, 3, f° 182; — *C. I. L.*, n. 5682, 65; —
o   Binon, n. 177.

C(aii) Jun(ii) Dra(conis). — « Fait par Caius Junius Draco. »

---

(1) « *Officinam Vasione fuisse, locis, unde lucernae prodierunt, probabile fit* », dit M. Hirschfeld. M. Camille Jullian indique, de son côté, la manufacture de *L. Hos. Cri.* « dans le coin de terre délimité par Vaison, Orange et Carpentras » (*Rev. des études anc.*, 1899, p. 154).

Cette marque n'est surtout connue par des lampes trouvées à Rome (1).

327. — *Caius Junius Sti...

Provenance inconnue. Le sujet du disque est un personnage debout tirant de l'arc.

```
   o
CIVNSTI
   o
```
C. I. L., n. 5682, 66 ; — Binon, n. 17.

C(aii) Jun(ii) Sti... — « Fait par Caius Junius Sti... »

328. — Lucius M... S...

Provenance inconnue. L'image du disque est une Bacchante, demi-nue, couronnée de lierre et tenant un thyrse. Lettres tracées à la pointe.

L·M·S C. I. L., n. 5682, 70 ; — Binon, n. 77.

L(ucii) M(...ii)... S(...i). — « Fait par Lucius M... S... »

C'est par une lampe sortant, peut-être, des mêmes ateliers que l'on connaît le nom, *lucernarius*, sous lequel étaient désignés les fabricants de lampes (2).

329. — Lucius Munatius Adiectus.

Provenance inconnue. Lampe dont le disque est décoré d'une image de Cybèle avec la couronne murale. La déesse tient un ciste de la main droite ; un personnage est en adoration devant elle.

L·MADIEC

C. I. L., n. 5682, 71 ; — Binon, n. 36.

L(ucii) M(unatii) Adiec(ti). — « Fait par Lucius Munatius Adiectus » (3).

330. — Mar...

Provenance inconnue. Lampe de l'ancienne collection Calvet. Le sujet figuré sur le disque est une scène du cirque. Un bestiaire s'attaque à un sanglier. Trois autres sangliers déjà morts sont étendus dans l'arène.

EXOFMAR

Calvet, *ms. de Marseille*, 3, f° 182 ; — C. I. L., n. 5682, 74 ; — Binon, n. 105.

Ex of(ficina) Mar(...). — « Des ateliers de Mar... »

---

(1) C. I. L., X, n. 8053, 105 ; XV, n. 6503, 1 à 20.
(2) C. I. L., XV, n. 6263 : *Diomedes lucernarius*, en caractères rétrogrades, sur le disque. Cette lampe, trouvée à Rome, est au musée de Dresde.
(3) Sur cette marque, cf. Dressel, C. I. L., XV, n. 6560.

331. — *Menander.

MEN
ANDE
R

Lampe rectangulaire, dont le trou, destiné à recevoir l'huile, est encore fermé par le bouchon de terre qui l'obstruait dans l'antiquité. L'anse est percée à jour. Lettres en relief, de mauvaise forme.

C. I. L., n. 5682, 76 ; — Binon, n. 230.

332. — Quintus N... Micr...

Provenance inconnue. Terre noire. Magnifique lampe rectangulaire, à dix becs, ayant fait partie de l'ancienne collection Calvet ; l'anse est surmontée d'un croissant.

Q·N·MICR

Calvet, ms. de Marseille, 3, f° 182 ; ms. d'Avignon, 3, f° 203 ; — C. I. L., n. 5682, 79 ; — Binon, n. 196.

Q(uinti) N(...ii) Micr(...i). — « Fait par Quintus N... Micr.... »

333. — Ni....

NI

Provenance inconnue. Le disque est orné d'une couronne formée de raisins et de ceps de vigne.

Binon, n. 175.

334. — Caius Oppius Restitutus.

Provenance inconnue. Lampe à deux becs, dont le disque est décoré d'un personnage jouant de la lyre (Apollon ?). Ancienne collection Calvet.

COPPIRES

Calvet, ms. de Marseille, 3, f° 182 ; ms. d'Avignon, 3, f° 203 ; — C. I. L., n. 5682, 87 ; — Binon, n. 2.

Même marque sur deux autres lampes, de provenance inconnue, ayant fait partie, comme la précédente, de l'ancienne collection Calvet. L'anse de l'une est percée à jour (Binon, n. 218) ; le disque de l'autre est orné d'une Victoire tenant une palme (Binon, n. 5).

C(aii) Oppi(i) Restituti. — « Fait par Caius Oppius Restitutus. »

Les produits à ce nom sont extrêmement répandus, mais on n'en trouve pas à Pompéi, et il ne paraît par suite pas qu'ils puissent remonter au-delà de l'année 79, qui marque la destruction de cette ville. De très nombreuses briques de la *gens Oppia* démontrent, d'un autre côté, que les manufactures qu'elle possédait étaient en pleine activité dans le premier quart du second siècle (1).

Voyez la marque suivante.

---

(1) Descemet, *Inscriptions doliaires latines*, p. 63 et suiv. Sur la marque COPPIRES, V. Dressel, C. I. L., XV, n. 6591-6595.

335. — *Marcus Oppius Zosimus.*

Vaison, à une date inconnue. Le sujet du disque est une tête de Méduse en fort relief. Ancienne collection Calvet.

MOPPIZOSI   Calvet, *ms. de Marseille*, 3, f° 182; *ms. d'Avignon*, 3, f° 203; — *C. I. L.*, n. 5682, 88; — Binon, n. 70.

M(arci) Oppi(i) Zosi(mi). — « Fait par Marcus Oppius Zosimus. »

Cette marque, selon toute probabilité, est celle de l'un de successeurs de *Caius Oppius Restitutus*, dont il a été question dans le numéro précédent.

336. — *Sextus A...?*

Provenance inconnue. Disque décoré d'un cercle de perles. L'anse est percée à jour.

S·A   *C. I. L.*, n. 5682, 102; — Binon, n. 224.

337. — *Sil....*

SIL   Provenance inconnue. Sur le disque est l'image d'un chien poursuivant un lapin.

Inédite ?

338. — *Soricio.*

Vaison, 1838. Fragment de lampe dont le disque était peut-être décoré d'une tige de grenadier. Lettres inégales, de mauvaise forme.

SORICIO   *C. I. L.*, n. 5682, 104; — Binon, n. 358.

339 à 341. — *Strobilus.*

339. — *Apt*, 1842. Sur le disque, une tête de Pan d'un très fort relief. D'après M. Hirschfeld, cette tête représenterait Jupiter Ammon. Lettres en relief.

STROBIL
F   *C. I. L.*, n. 5682, 110; — Binon, n. 75.

340. — *Vaison*, 1841. Cette lampe, découverte dans un tombeau, est encore pourvue de deux petits anneaux de bronze, destinés à la suspendre. Un troisième anneau a disparu. Lettres en relief. Deux exemplaires de même provenance.

STROBILI   Un troisième exemplaire, en mauvais état, a été découvert, en 1867, à *Autichamp*, au quartier des Plans, près du pont de Bramareou, et acquis, la même année, de Ferdinand Deloye, cultivateur à Sérignan.

C. I. L., n. 5682, 110; — Binon, n. 242.

341. — *Vaison*, à une date inconnue. Petite lampe sans ornements.

STROBIL   *C. I. L.*, n. 5682, 110; — Binon, n. 264.

Strobil(us) f(ecit). — *Strobil(i)*. — « Fait par Strobilus. »

Cette marque, des premiers temps de l'Empire, est extrêmement commune et ne peut être comparée, sous ce rapport, qu'à celle du potier Fortis. Les ateliers de Strobilus se trouvaient, à ce que l'on croit, près de Magreta, dans le Modénais (1). Un affranchi du temps de Tibère a porté le même surnom (2).

342. — *Marcus T... Mari...*

Taulignan, 1831. Lampe vernissée, de couleur verte, donnée au musée par Requien. Terre grossière. Le disque est décoré d'un cercle d'oves.

MTMARI   Mazard, *Mus. archéol.*, 2 (1879), p. 426; — *C. I. L.*, n. 5682, 111; — Binon, n. 216.

M(arci) T(... ii) Mari... — « Fait par Marcus T... Mari... »

343. — *Thallus.*

Mondragon, 1844. Petite lampe sans ornements.

THALL   *C. I. L.*, n. 5682, 113; — Binon, n. 239.

Thall(us), ou peut-être plus exactement *Thali(anus)*.

344 à 348. — *Lampes marquées d'une initiale.*

Les lampes ci-après, qui ne sont estampillées que d'une seule initiale, peuvent provenir de la manufacture de *Lucius Hosidius Crispus*, dont les ateliers ou les séries étaient indiqués, comme nous l'avons vu, par des lettres de l'alphabet.

344. — *Vaison*, 1841. Disque décoré d'une Victoire et d'un Amour.

A   *C. I. L.*, n. 5682, 131; — Binon, n. 17 a.

345. — *Vaison*, 1841. Disque décoré d'un lièvre passant à droite. Lettre en relief.

M   Binon, n. 130.

Même marque sur une autre lampe de terre jaunâtre découverte à *Vaison*, en 1838, et dont le disque est décoré de quatre feuilles de laurier formant une croix; sur une lampe en forme de vase à deux anses provenant de *Montdragon*; enfin sur une lampe de terre blanche, de l'ancienne collection Calvet. Le disque de cette dernière lampe est orné d'un arbuste.

(1) Allmer, *Vienne*, 4, p. 178.
(2) *C. I. L.*, VI, n. 5289.

— 212 —

346. — *Vaison*, 1838. Terre rougeâtre, très grossière. Sur le disque, deux palmes.

    P   Binon, n. 182.

347. — *Vaison*, 1835. Terre jaunâtre. Disque décoré d'un autel entre deux cyprès. Marque en relief.

    S   Binon, n. 207.

348. — *Vaison*, 1838. Lampe sans ornements.

    V   Binon, n. 272.

IX. — POTERIE ROUGE (arrétine).

Inscriptions.

349. — Assiette d'origine inconnue, ayant appartenu à l'ancienne collection Calvet.

SALVETV   Calvet, *ms. de Marseille*, 3, f° 183 ; *ms. d'Avignon*, 3, f° 203 ; — C. I. L., n. 5686, 780 a ; — Binon, n. 359.

Salve tu! — « Sois sauf! »

Acclamation dont on connaît plusieurs exemples.

350. — Fragment de vase découvert à *Trinquetaille*, sur les bords du Rhône. Le musée l'a acquis, en 1863, d'un marchand de vins de cette localité. D'après les calculs de Deloye, le vase entier devait mesurer 0ᵐ23 de diamètre. Terre fine, de 0ᵐ008 d'épaisseur.

Registre 3, p. 141 ; — Binon, n. 533.

Il s'agit, pensons-nous, d'une formule bachique.

Estampilles (1).

351. — * *Acutus*.

Assiette d'origine inconnue, ayant appartenu à l'ancienne collection Calvet.

                Calvet, *ms. de Marseille*, 3, f° 183 ; *ms. d'Avignon*, 3, f° 203 ; —
OFACVTI   C. I. L., n. 5686, 8 a ; — Binon, n. 378.

Of(ficina) Acuti. — « Fabrique d'Acutus. »

(1) Sauf indication contraire, toutes les marques sont en relief.

352 et 353. — *Albinus*.

352. — Assiette trouvée à *Vaison*. Elle provient, comme la précédente, de l'ancienne collection Calvet.

    ALBINI   Calvet, *ms. de Marseille*, 3, f° 183; *ms. d'Avignon*, 3, f° 203; — *C. I. L.*, n. 5686, 29 *a*; — Binon, n. 382.

353. — Fond de vase trouvé à *Vaison*. Les lettres A et L forment un monogramme.

    OFALBIN   *C. I. L.*, n. 5686, 29 *b*; — Binon, n. 306.

Of(ficina) Albini. — « Fabrique d'Albinus. »

354. — *Aprilis*.

Patère découverte à *Baumes-de-Venisse*. Le musée l'a acquise, en 1876, de M. Coste, propriétaire à Avignon.

    OFAPRIS   Binon, n. 485 *a*.

Of(ficina) Apri(li)s. — « Fabrique d'Aprilis. »

355. — *Aticus*.

Assie... de provenance inconnue.

    OFATICI   Binon, n. 367.

Of(ficina) Atici. — « Fabrique d'Aticus. »

356. — *Attius*.

Fond de vase découvert à *Baumes-de-Venisse*. Acquis par le musée en 1867. La lettre A et le premier T forment un monogramme.

    PATTI   *C. I. L.*, n. 5686, 100 *b*; — Binon, n. 394.

P(ublii) Atti(i). — « Fabrique de Publius Attius. »

357. — *Bassus*.

Fond de vase de provenance inconnue.

    OFBASSI   *C. I. L.*, n. 5686, 121 *a*; — Binon, n. 358.

Of(ficina) Bassi. — « Fabrique de Bassus. »

358. — *Bilicus*.

Petit bol découvert à *Vaison*.

    FIGBILI   *C. I. L.*, n. 5686, 1; — Binon, n. 309.

Fig(lina) Bili(ci?). « Fabrique de Bilicus. »

359. — *Calvus.*

Petite assiette découverte à *Apt*, en 1848.

    OFCALVI   *C. I. L.*, n. 5686, 159 *a* ; — Binon, n. 376 *a*.

Of(ficina) Calvi. — « Fabrique de Calvus. »

360 et 361. — * *Cantus.*

360. — Assiette découvert à *Vaison*. Les trois dernières lettres forment un monogramme.

    OFCANT   *C. I. L.*, n. 5686, 170 *c* ; — Binon, n. 373.

361. — Petit bol découvert entre *Barri* et *Saint-Pierre de Sénos* en 1876 et acquis la même année, de l'antiquaire Anziano.

    OFICANTI   *Registre 4*, p. 17 ; — Binon, n. 478 *a*.

Of(f)i(cina) Canti. — « Fabrique de Cantus. »

362. — * *Carantus.*

Petite assiette découverte à *Arles* et acquise, en 1867, de Barbantan, marchand à Avignon.

    OFCARAN   *C. I. L.*, n. 5686, 180 *a* ; — *Registre 3*, p. 192 ; — Binon, n. 466.

Of(ficina) Caran(ti). — « Fabrique de Carantus. »

363. — *Castus.*

Patère trouvée à *L'Isle-sur-Sorgues*. Don anonyme fait au musée en 1873. Les deux dernières forment un monogramme.

    OFCASTI   *C. I. L.*, n. 5686, 198 *h* ; — *Registre 5*, p. 155 ; — Binon, n. 465 *a*.

La même marque est empreinte sur sept fonds de vases provenant de *Mondragon, Rochefort* (Gard), *Orange* et *Vaison* (*C. I. L.*, n. 5686, 198, *i, k, x, y* ; — Binon, n. 126 *a*, 384 à 387, 387 *a, b*).

Of(ficina) Casti. — « Fabrique de Castus. »

364. — * *Cenatus.*

Assiette de provenance inconnue, acquise, en 1889, de M. Coste.

    CIINATVS   Binon, n. 520.

Même marque sur un fragment de poterie dont on ne connaît pas, non plus, la provenance (*C. I. L.*, n. 5686, 221 *b* ; — Binon, n. 450).

365 et 366. — *Cocus.*

365. — Bols élégants (deux exemplaires) découverts à *Vaison*, en 1838.

    COCI   *C. I. L.*, n. 5686, 246 *i, k* ; — Binon, n. 335 et 391.

366. — Assiettes (deux exemplaires) de provenance inconnue, peut-être *Vaison*.

OFCOCI   Calvet, *ms. de Marseille*, 3, f° 183 ; *ms. d'Avignon*, 3, f° 203 ; — *C. I. L.*, n. 5686, 246 *b* ; — Binon, n. 368 et 374.

Of(ficina) Coci. — « Fabrique du potier Cocus. »

Cette marque, dont il n'existe à Rome qu'un seul exemplaire, est attribuée conjecturalement par M. Dressel à un fabricant de la Narbonnaise (1).

367. — *Coelius*.

Bol de provenance inconnue.

OFCOEII   Binon, n. 303.

Of(ficina) Coeli(i). — « Fabrique de Coelius. »

368. — *Felix*.

Assiette découverte à *Vaison*.

$\frac{FEL}{XF}$ *C. I. L.*, n. 5686, 358 *e* ; — Binon, n. 328.

Fel(i)x f(ecit). — « Fait par Félix. »

369. — *Firmo*.

Bol découvert à *Vaison*, en 1838.

OFIFIRMO   *C. I. L*, n. 5686, 363 *d* ; — Binon, n. 302.

Of(f)i(cina) Firmo(nis). — « Fabrique de Firmo. »

370. — *Formosus*.

Assiette découverte à *Vaison*.

FORMOSVS   *C. I. L.*, n. 5686, 366 ; — Binon, n. 388.

371. — *Fuscus*.

Assiette découverte à *Vaison*.

FVSCI   *C. I. L.*, n. 5686, 373 *a* ; — Binon, n. 376.

Fusci (officina). — « Fabrique de Fuscus. »

(1) *C. I. L.*, XV, n. 5108.

372. — *Germanus.

Fragment d'un grand vase décoré de différents ornements, parmi lesquels se trouvent les images de deux lapins. On l'a découvert à *Fos*, sur le bord de la mer, en creusant un canal pour les salines, et le musée l'a acquis, en 1882 de l'antiquaire Anziano.

GERMANIOF

Registre 4, p. 177 ; — Binon, n. 500 a.

Germani of(ficina). — « Fabrique de Germanus. »

373. — *Gloco.

Assiette découverte à *Saze* (Gard), dans un tombeau, et acquise, en 1883, de l'antiquaire Anziano.

GLOCO F   Binon, n. 508 a.

Gloco f(ecit). — « Fait par Gloco. »

374. — Hertorius.

Grande assiette trouvée dans un tombeau au quartier de Saint-Pierre d'*Avignon*, près de la route d'Apt. Elle a été acquise par le musée, en 1881, de l'antiquaire Anziano. Les deux premières lettres forment un monogramme.

PHERT   *Registre 4*, p. 165 ; — Binon, n. 494.

La même marque est au musée, sur un fond de vase trouvé à Lagnes (*C. I. L.*, n. 5686, 688).

P(ublii) Hert(ori). — « Fabrique de Publius Hertorius. »

Cette lecture, qui paraît justifiée par une marque moins concise (1), a été proposée par M. Dressel.

375. — *M. Iccius Li...

Assiette découverte à *Cavaillon*.

OF·MICLI   *C. I. L.*, n. 5686, 592 a ; — Binon, n. 315 a.

Of(ficina) M(arci) Ic(cii) Li... — « Fabrique de Marcus Iccius Li.... »

Cette lecture n'est pas certaine.

376. — *Sex. Julius Jucundus.

Fond d'un grand et beau vase trouvé dans le Rhône, à hauteur d'*Arles*, en 1882, et acquis, la même année, de l'antiquaire Anziano. La décoration se compose de figures

(1) Cf. *C. I. L.*, XV, n. 5256.

d'animaux et de rinceaux. Les deux dernières lettres du cachet forment un monogramme.

SEX·IVL·IVCVND   *Registre 4*, p. 173 ; — Binon, n. 504 *a*.

Sex(ti) Jul(ii) Jucund(i) (officina). — « Fabrique de Sextus Julius Jucundus. »

377 et 378. — *Lepidus.*

377. — Assiette de provenance inconnue.

LEPIDI   *C. I. L.*, n. 5686, 479 *a* ; — Binon, n. 332.

378. — Fragment de vase découvert au *Pontet*, près d'Avignon, en construisant la digue.

LEP   *C. I. L.*, n. 5686, 479 *b* ; — Binon, n. 332 *a*.

Lepidi (officina). — « Fabrique de Lepidus. »

379. — *Libertus.*

Assiette de provenance inconnue.

OF LIBER   *C. I. L.*, n. 5686, 480 *b* ; — Binon, n. 451.

Of(ficina) Liber(ti). — « Fabrique de Libertus. »

Cette lecture n'est pas entièrement certaine. Elle peut se justifier par le fragment de moule décrit plus loin, n. 420.

380. — *Manduillus.*

Fond de vase avec ornements cotelés trouvé dans le Rhône, à *Arles*, en 1882, et acquis la même année de l'antiquaire Anziano.

MANDVILMA   *Registre 4*, p. 173 ; — Binon, n. 504 *a*.

La même marque est au musée sur un autre fragment de provenance inconnue (*C. I. L.*, n. 5686, 530 *b* ; — Binon, n. 456).

Manduil(li) ma(nu). — « De la main de Manduillus. »

Manduillus est un nom celtique déjà connu.

381. — *Mommo.*

Petit bol trouvé au *Villars*, avec une urne de verre remplie d'ossements calcinés, et donné au musée, en 1858, par Charles Eymieu.

OF·MOM   *C. I. L.*, n. 5686, 600 *a* ; — Binon, n. 522 et 460.

Un autre bol, de tous points semblable, a été découvert au même endroit et donné au musée, en 1860, par Reynes (*Registre 5*, p. 34).

Of(ficina) Mom(monis). — « Fabrique de Mommo. »

Il s'agit peut-être d'un potier local (1).

(1) Cf. *C. I. L.*, X, n. 8055 ; XV, n. 5355.

382. — *Murranus.

Assiette trouvée à *Vaison.* Les lettres M, V et R forment un monogramme.

OFMVRRAI... *C. I. L.,* n. 5686, 611 *b* ; — Binon, n. 389.

Of(ficina) Murran[i]. — « Fabrique de Murranus. »

383. — *Nevatus.

Fond de vase trouvé à *Valréas,* près d'Orange. Les deux premières lettres, ainsi que les deux suivantes, forment des monogrammes.

OFNEVATI   *C. I. L.,* n. 5686, 631 ; — Binon, n. 380.

Of(ficina) Nevati. — « Fabrique de Nevatus. »

384 et 385. — Niger.

384. — Assiette de provenance inconnue.

..FNIGRI   *C. I. L.,* n. 5686, 639 *a* ; — Binon, n. 301 *a.*

385. — Assiette découverte à *Vaison.*

OF NICI   *C. I. L.,* n. 5686, 637 ; — Binon, n. 301.

Of(ficina) Nigri. — « Fabrique de Niger. »

La seconde de ces deux marques n'est probablement qu'une reproduction imparfaite de la première.

386. — *Nomas.

Fragment de patère trouvé entre *Barri* et *Saint-Pierre de Sénos,* et vendu au musée, en 1876, par l'antiquaire Anziano. Les deux lettres M et A forment un monogramme.

NOMA

Registre 4, p. 17 ; — *C. I. L.,* n. 5686, 1031 ; — Binon, n. 479 *a bis.*

387. — *Oclatus.

Assiette découverte à *Vaison.* La marque est très nette.

OCLATVS   *C. I. L.,* n. 5686, 649 *b* ; — Binon, n. 372.

388 et 389. — Primus.

388. — Petite soucoupe de provenance inconnue.

PRIM   Binon, n. 333.

389. — Assiette de provenance inconnue.

PRIM·M   *C. I. L.,* n. 5686, 714 *b* ; — Binon, n. 333 *a.*

Prim(i) m(anu). — « De la main de Primus. »

390. — *Privatus.*

Assiette de provenance inconnue.

    PRIVATI   Binon, n. 380.

Privati (officina). — « Fabrique de Privatus. »

391. — *Quadratus.*

Assiette de provenance inconnue, ayant appartenu à l'ancienne collection Calvet. Les deux dernières lettres forment un monogramme.

    QVADRATI   Calvet, *ms. de Marseille,* 3, f° 183; *ms. d'Avignon,* 3, f° 203; — Binon, n. 363.

Quadrati (officina). — « Fabrique de Quadratus. »

392. — *Remicus.*

Assiette de provenance inconnue ayant appartenu, comme la précédente, à l'ancienne collection Calvet.

    REMICI   Calvet, *ms. de Marseille,* 3, f° 183; *ms. d'Avignon,* 3, f° 203; — C. I. L., n. 5686, 745; — Binon, n. 367.

Du côté opposé à cette marque, en lettres tracées à la pointe, se trouve le mot : ///ERVATI.

Remici (officina). — « Fabrique de Remicus. »

Servatus était sans doute le nom du possesseur de l'assiette.

393. — *Rosus.*

Assiette découverte à *Vaison.*

    ROSI   C. I. L., n. 5686, 755 ; — Binon, n. 318.

Rosi (officina). — « Fabrique de Rosus. »

394 et 395. — *Rufinus.*

394. — Assiette de provenance inconnue, ayant appartenu à l'ancienne collection Calvet.

    RVFINI   Calvet, *ms. de Marseille,* 3, f° 183; *ms. d'Avignon,* 3, f° 203; — C. I. L., n. 5686, 759 ; — Binon, n. 375.

La même marque est au musée sur une autre assiette trouvée à *Vaison* (C. I. L., n. 5686, 759 ; — Binon, n. 381).

395. — Vase en forme de bol découvert à *Apt*, en 1842. Caractères rétrogrades.
INIFVR   Binon, n. 307.

Rufini (officina). — Fabrique de Rufinus. »

396. — *Rutenus.*

Assiettes (deux exemplaires) de provenance inconnue. La dernière lettre est rétrograde, mais la marque ne fait pas de doute.

RVTEN   Calvet, *ms. de Marseille*, 3, f° 183 ; *ms. d'Avignon*, 3, f° 203 ; — Binon, n. 370-371.

Ruten(i) (officina). — « Fabrique de Rutenus. »

397. — *Sabinus.*

Assiette de provenance inconnue.
OFFSAB   *C. I. L.*, n. 5686, 772 *b* ; — Binon, n. 431.

Off(icina) Sab(ini) ou *Sab(iniani)*. — « Fabrique de Sabinus (ou de Sabinianus). »

398. — *Sato.

Vase trouvé à *Vaison*.
OF SATO   *C. I. L.*, n. 5686, 787 ; — Binon, n. 305.

Of(ficina) Sato(nis). — « Fabrique de Sato. »

399. — *Secundus.*

Grand bol découvert au *Villars*, en même temps que le bol plus petit décrit plus haut sous le n. 381. Donné au musée, en 1858, par Charles Eymieu.
OFSECV   Binon, n. 521.

Of(ficina) Secu(ndi). — « Fabrique de Secundus. »

400. — *Sentius.*

Assiette de provenance inconnue, ayant fait partie de l'ancienne collection Calvet.
Calvet, *ms. de Marseille*, 3, f° 183 ; *ms. d'Avignon*, 3, f° 203 ; — *C. I. L.*, n. 5686, 818 *b* ; — Binon, n. 364.
C · SENTI

C(aii) Senti(i) (officina). — « Fabrique de Caius Sentius. »

La fabrique de ce potier se trouvait peut-être à Rome, sur l'Aventin (1).

(1) Cf. *C. I. L.*, XV, n. 5564.

401 et 402. — *Aulus Sextius.*

401. — Assiette de provenance inconnue, ayant fait partie de l'ancienne collection Calvet.

Calvet, *ms. de Marseille*, 3, f° 183; *ms. d'Avignon*, 3, f° 203; — C. I. L., n. 5686, 823 *b*; — Binon, n. 362.

$$\frac{\text{HILAR}}{\text{A SEST}}$$

402. — Assiette de provenance inconnue, ayant appartenu, comme la précédente, à l'ancienne collection Calvet.

A· SES   Calvet, *ms. de Marseille*, 3, f° 183; *ms. d'Avignon*, 3, f° 203; — C. I. L., n. 5686, 823 *a*; — Binon, n. 360.

Hilar(us), A(uli) Sest(ii) (servus). — « Hilarus, esclave d'Aulus Sestius. »

403. — *Silvanus.*

Fragment de vase jaspé, recouvert d'un vernis brillant et polychrome. Il a été trouvé à *Trinquetaille*, près d'*Arles*, en 1897, et donné au musée par M. Hector Nicolas, conducteur des ponts et chaussées.

SILVAN   Binon, n. 491 *a bis.*

Silvan(i) (officina). — « Fabrique de Silvanus. »

404. — *Tertius.*

Patère découverte à *Arles* et acquise, en 1867, de Barbentan, marchand à Avignon. Les lettres S V A sont gravées au trait, du côté opposé à la marque.

TERTIVS F   *Registre 3*, p. 192; — C. I. L., n. 5686, 870 a^1; — Binon, n. 465.

Tertius f(ecit). — « Fait par Tertius. »

405. — *Titius.*

Assiette de provenance inconnue.

Binon, n. 361.

$$\frac{\text{HILAR}}{\text{C TITI}}$$

Hilar(us), C(aii) Titi(i) (servus). — « Hilarus, esclave de Caius Titius. »

406. — *Tritus.*

Assiette découverte à *Vaison*, en 1836.

TRITVS F   C. I. L., n. 5686, 336 *a*; — Binon, n. 390.

Tritus f(ecit). — « Fait par Tritus. »

407 et 408. — *Vitalis.*

407. — Assiette trouvée au *Villars.*
VITALIS   *C. I. L.*, n. 5686, 940 *d* ; — Binon, n. 308.

408. — Assiette de provenance inconnue.
OFVITALIS   *C. I. L.*, n. 5686, 940 *c* ; — Binon, n. 393.

Of(ficina) Vitalis. — « Fabrique de Vitalis. »

409 et 410. — *Xanthus.*

409. — Assiette trouvée à *Vaison.*
XANT   Binon, n. 326.

410. — Fond de vase trouvé à *Cavaillon.* Les lettres NTH forment un monogramme.
XANTHI   *C. I. L.*, n. 5686, 962 *a* ; — Binon, n. 388 *a.*

Xanthi (officina). — « Fabrique de Xanthus. »
Cette marque très connue était celle d'un potier qui s'appelait de tous ses noms *Cnaeus Ateius Xanthus.*

411 à 419. — *Marques indéterminées.*

411. — Fond de vase de provenance inconnue.
OFCAS   *C. I. L.*, n. 5686, 192 *c* ; — Binon, n. 386 *a.*

412. — Fond de vase découvert à *Vaison.*
CAS   *C. I. L.*, n. 5686, 192 *b* ; — Binon, n. 325.

413. — Fragment d'assiette trouvé à *Cabrières* et acquis par le musée en 1868.
CIIVI   *C. I. L.*, n. 5686, 654 *a* ; — Binon, n. 470.

La même marque est au musée sur un fragment de poterie recueilli à Notre-Dame de Santé, près de *Carpentras* (*C. I. L.*, n. 5686, 654 *b*).

M. Hirschfeld, qui a lu cette marque : oτιvι, la croit de préférence rétrograde.

414. — Fragment de vase découvert à *Nioʒelles.*
OFERN....   *C. I. L.*, n. 5686, 336 *b* ; — Binon, n. 366.

Of(ficina) Ern[i?]. — « Fabrique d'Ernus. »

415. — Fragment de vase trouvé dans le terroir d'*Orange* et acquis, en 1869, de l'antiquaire Anziano.
HNVIIVBV   Binon, n. 472.

Cette lecture est des plus incertaines.

416. — Grand vase, élégamment décoré, de provenance inconnue, ayant appartenu à l'ancienne collection Calvet. Les deux dernières lettres forment un monogramme.

  MVTR C. I. L., n. 5686, 617 ; — Binon, n. 199.

417. — Petit vase en forme de godet élevé sur un pied circulaire. Il a été trouvé à *Arles* et donné au musée, en 1883, par M. de Thélin, ingénieur.

  SA.... Binon, n. 499 *a*.

418. — Fond de vase découvert à *Fos*, en même temps que le fragment rapporté plus haut sous le n. 372. Acquis également de l'antiquaire Anziano.

  OF·SIL *Registre 4*, p. 177 ; — *C. I. L.*, n. 5686, 837 ; — Binon, n. 501 *a bis*.

Of(ficina) Sil... — « Fabrique de Sil... »

419. — Petite soucoupe découverte à *Vaison*, en 1838.

  VICIO C. I. L., n. 5686, 931 *b* ; — Binon, n. 319.

Moule.

420. — Fragment de moule, de provenance inconnue, entré au musée par échange, en 1841. La marque, en creux, est en caractères rétrogrades au-dessous d'une figure d'homme.

  OF·LIBERTI C. I. L., n. 5686, 482 *a* ; — Binon, n. 451.

Of(ficina) Liberti. — « Fabrique de Libertus. »

X. — Poterie jaune (terre commune).

Estampilles.

421. — *Maturus.*

421. — Fragment d'assiette découvert à *Orange*.

  OFMATVRI Deloye, *Rev. des soc. sav.*, 5ᵉ série, 3, 1872, p. 692 ; — *C. I. L.* n. 5686, 569 ; — Binon, n. 472.

Of(ficina) Maturi. — « Fabrique de Maturus. »

422. — *Musicus.*

  MVSICI Assiette profonde découverte à *Vaison*, en 1838. Elle recouvrait une urne de verre contenant des ossements calcinés, placée elle-même dans un second vase rectangulaire formé par cinq lames de verre soudées entre elles.

C. I. L., n. 5686, 616 *c* ; — Binon, n. 3.

Musici (officina). — « Fabrique de Musicus. »

XI. — Poterie noire.

Inscriptions.

423. — Fragment de vase, en terre cuite, de couleur grisâtre, trouvé sur la montagne d'*Orange*, et donné au musée, en 1861, par Charrel, receveur de l'enregistrement. Épaisseur, 0ᵐ01. Hauteur des lettres, 0ᵐ02.

...V A...
...W I OI PANSÆ

Registre 5, p. 67 ; — *C. I. L.*, n. 5686, 663 ; — Binon, n. 592 c.

Il ne s'agit peut-être que de l'estampille d'un potier du nom de *Pansa*.

424. — Fragment de poterie découvert à *Naix* (Meuse), en 1841, et donné au musée par M. de la Ponce. L'inscription, en caractères cursifs, a été gravée à la pointe avant la cuisson.

Binon, n. 115.

Estampille.

425. — Fond de vase trouvé à *Orange* et acquis, en 1869, de l'antiquaire Anziano. Marque circulaire.

SEVVO FEC

Deloye, *Revue des soc. sav.*, 5ᵉ série, 3, 1872, p. 692 ; — *C. I. L.*, n. 5686, 831 *b* ; — Binon, n. 473.

Sevvo fec(it). — « Fait par Sevvo. »

Cette marque, probablement très ancienne, était celle d'un potier gaulois.

VII. — INSCRIPTIONS ANTIQUES SUR MENUS OBJETS DE TOUTES PROVENANCES.

I. — Bijoux.

426. — *Bague de Bella.*

BELLA
Bague en or, ayant appartenu à une femme. L'inscription est gravée au pointillé sur le chaton. Diamètre, 0^{m}016. Hauteur des lettres, 0^{m}002. La dernière lettre est un peu plus petite.

Inédite.

Bella est un surnom dont on a d'autres exemples (1).

427. — *Chaton de la bague d'Apringius.*

Pâte vitrifiée, de forme ovale, découverte, peut-être, aux environs de *Montélimar* et acquise, en 1868, du marchand colporteur Giovanni Anziano. Cette pâte a servi de chaton à une bague ; elle est usée par le frottement et imite un onyx à deux couches, l'une bleue pâle, l'autre noire. Grand diamètre, 0^{m}021 ; petit diamètre, 0^{m}017 ; épaisseur au centre, environ 0^{m}004. L'inscription est en creux. Hauteur des lettres, 0^{m}0015.

ASTVTVS
APRINGIO
FRATRI

Registre 3, p. 215.

Astutus Apringio fratri.
« Astutus à son frère Apringius. »

Astutus, Apringius sont des surnoms assez peu communs, mais déjà connus par d'autres exemples (2).

428. — *Bague.*

Petit anneau d'or de provenance inconnue. Une lettre X est gravée en creux, sur le chaton.

C. I. L., n. 5692, 8 ; — Binon, n. 26 *h.*

---

(1) *C. I. L.*, XII, n. 4955, 4956, etc.
(2) Astutus : *C. I. L.*, XII, n. 2636.

429. — *Empreinte au nom de Zenon.*

Pâte de verre, de forme arrondie, portant l'empreinte d'une intaille. On remarque, au centre, un buste de Jupiter Ammon tourné vers la droite, et dans le champ, derrière le buste, quelques lettres que nous avons cru lire ΞΕΝΩ.

430. — *Amulette.*

Agate circulaire, de coloration jaune pâle, sortie dans un cercle d'or pourvu d'une belière. « Cette pierre, dit Calvet, fut d'abord connue de Raphaël Fabretti, qui, si je ne me trompe, est le seul qui l'ait publiée dans son *Recueil d'inscriptions*. Il a donné, sans citer la ville d'Italie où elle se trouvait, d'après une collection qu'il connaissoit sans doute, *in achate, penes cl. v. Michaelem Capellarium*... De ce cabinet d'Italie, cette gravure antique fut transportée à Paris, et y fut acquise par M. le marquis de Calvière. C'est par la générosité de cet ami respectable qu'elle enrichit aujourd'hui ma petite collection ». Diamètre, 0ᵐ028. Lettres en relief de 0ᵐ002.

```
ΛΕΓΟΥΣΙΝ
Α ΘΕΛΟΥΣΙΝ
ΛΕΓΕΤΩΣΑΝ
ΟΥ ΜΕΛΙ ΜΟΙ
ϹΥ+ΙΛΕΙ ΜΕ
ϹΥΝ+ΕΡΙ ϹΟΙ
```

Fabretti, *Inscr.*, c. x, n. 25, p. 676 ; — Montfaucon, *Ant. expl.*, suppl., t. 3, p. 173 et pl. 65 (gravure); — Calvet, *ms. de Marseille*, 2, f° 213 (examen d'une agathe antique grecque); 3, f° 10, n. 13 et f° 202; *ms. d'Avignon*, 2, f° 207; 3, f° 149; — De Villoison, *Magas. encycl.*, an VII (1801), t. 2, p. 469 ; — Calvet, *Magas. encycl.*, an VIII (1802), t. 1, p. 158; — Guérin, *Vie d'Esprit Calvet*, p. 101. — D'après de Villoison : Osann, *Syll.*, p. 186 ; — Kirchhoff, *C. I. Gr.*, 4, p. 87, n. 7293 et f° 202.

Λέγουσιν ἃ θέλουσιν· λεγέτωσαν, οὐ μέλ(ε)ι μοι ; σύ φίλει με, συνφέρ(ε)ι σοι.

« On dit ce qu'on veut ; qu'on le dise, peu m'importe. Toi, aime-moi, tu t'en trouveras bien. »

Cette pierre est une amulette amoureuse dont on connaît plusieurs exemples (1). Elle n'a pu être portée que par une femme. Une amulette presque identique a été acquise, il y a quelques années, par le Cabinet des médailles de la Bibliothèque nationale (2). M. Babelon l'a datée des environs du IVᵉ siècle de notre ère.

(1) *C. I. Gr.*, n. 7294, 7295 ; — *Catalogue de vente de la galerie Pourtalès*, Paris, 1865, in-8°, p. 167, n. 1060 ; — Chabouillet, *Catalogue des camées du Cabinet des médailles de la Bibliothèque nationale*, n. 268 à 271.

(2) *Bull. Ant. F.*, 1894, p. 156. Dans la gravure du texte de cette amulette, le lapicide a écrit fautivement φίλι et συμφέρι. La seconde faute existe seule sur la pierre du musée Calvet.

II. — VERRERIE.

431. — *Fond de vase avec un heureux souhait.*

Fond de vase représentant les bustes de trois personnages, de face, accompagnés en légende de l'inscription : ROGATE IVLIA LETANIA. Ce curieux spécimen de l'art antique se compose d'une image, tracée à la pointe sur toute l'épaisseur d'une mince lame d'or, interposée entre deux plaques de verre soudées ensemble par l'action du feu. Les teintes et les traits de cette image, d'ailleurs uniformes, ne sont dus qu'à la transparence du verre aux points où le métal a été enlevé et non pas à une coloration. Une bordure, formée d'un rinceau de vigne, encadre les figures. Des deux plaques de verre, celle du dessus, légèrement débordante et cassée sur ses bords, appartenait au vase proprement dit. L'autre plaque, encore intacte et de forme circulaire, ne servait qu'à la protection de l'image. Cet objet, acquis par le musée en 1854, provient de l'ancienne bibliothèque des Chartreux de Villeneuve. Sur le couvercle d'une boîte ronde où il est contenu, on ne trouve que cette indication : « *Pour le très vénérable Père dom Jean-Baptiste Berger, prieur de la Chartreuse de Rome et procureur général de son ordre aux Chartreux* ». Diamètre, 0^{m}10. Hauteur des lettres, 0^{m}003.

Registre 3, p. 16 ; — Garrucci, *Vetri ornati di figure in oro, trovati nei cimeteri dei cristiani primitivi di Roma*, Rome, 1858, in-f°, p. 60 et pl. XXXI, fig. 2 ; — Binon, n. 198 *b*.

Rogate, Julia, Letania, (vivatis in Deo).
« Rogatus, Julia, Letania, vivez en Dieu ! »

Le médaillon si plein d'intérêt que possède le musée Calvet se rattache à une série d'objets de même nature découverts à Rome, dans les cimetières des premiers chrétiens et remontant, selon toute apparence, au quatrième siècle de notre ère. L'abbé Garrucci, qui en a fait une étude approfondie, résume ainsi qu'il suit ses diverses constatations :

> « Da tutte le quali cose finora discorse derivo primo : che i vasi cimiteriali di vetro non furono mai destinati al sacrifizio dell' altare ; secondo, che nè anche a communicare i fedeli ; in terzo luogo, che servirono probabilmente per le agape, sia che se fossero esse imbandite per solennizare la memoria dei Martiri, sia che si facesse quella carità ad onore dei santi, e alle loro tombe, nelle occasione di sposalizio o di funerale o di altra feste civile di cristiane famiglie » (1).

Un assez grand nombre des vases publiés par Garrucci font connaître des formules acclamatives justifiant celle *vivatis in Deo*, que nous avons sous entendue, ou celle *pie ζεζες*, qui pourrait également convenir, et dont la signification est du reste à peu près la même (2).

Le vêtement que porte, sur notre objet, le personnage de droite est une sorte de manteau militaire gaulois, appelé *lacerna*, qui s'introduisit à Rome, vers la fin de la République, et devint à peu près général sous l'Empire (3).

Des trois noms qui sont exprimés, aucun n'a un caractère exclusivement chrétien. Le dernier, en particulier, s'est déjà rencontré sur une urne très ancienne du musée d'Aix.

---

(1) *Vetri*, préface, p. XVI.
(2) *Vivatis in Deo* (pl. 26, n. 11) ; — *Caritosa, Venanti, vivatis in Deo* (pl. 30, n. 1); — *Eufine, Respecta, vivatis in Deo ζεζες* (pl. 30, n. 6);— *Pompeia, Meteodora, vivatis* (pl. 29, n. 4) ; — *Martura, Epectete, vivatis* (pl. 26, n. 12) ; — *Pie ζεζες* (pl. 27, n. 4, 5, 7 ; pl. 28, n. 2 ; pl. 30, n. 3, 4, etc.) ; — *Bulculus, Omobone, Benerosa, pie ζεζες* (pl. 32, n. 2) ; etc. Les figures représentées sont assez souvent, comme sur le médaillon du musée Calvet, celles de deux époux et de leurs enfants, mais l'acclamation ne s'adresse quelquefois qu'aux seuls enfants (cf. notamment pl. 29, n. 4). On trouve alors des formules dans le genre de celles-ci : *Pelete, vivas parentibus tuis* (pl. 30, n. 5); — *Coca, vivas parentibus tuis* (pl. 32, n. 1), etc.
(3) Cf. sur ce manteau, *Édits de Théodose*, XIV, 10, 1.

III. — Vases d'argent.

432. — Vases d'argent trouvés dans le Rhône et acquis, en 1862, de quatre habitants de *Tarascon* associés pour la pêche des aloses. Le point précis où ils furent découverts est une île de sable et de gravier située entre la partie inférieure du territoire de Tarascon, à l'est, un peu au-dessous du mas Castelet appartenant à M. Colinet, d'Avignon, et une ancienne chapelle ruinée, placée sous le vocable de Saint-Denis, à l'ouest, en aval de Beaucaire. Chaque vase se compose d'un bassin semi-sphérique pourvu d'un manche plat. Les deux bassins sont de dimensions inégales, de manière à pouvoir s'emboîter l'un dans l'autre. C'est dans cette position, du reste, qu'ils furent retrouvés par les pêcheurs.

« Sur le manche du plus petit des deux vases est figuré Neptune au visage barbu, à la chevelure abondante, majestueusement assis sur un trône dont le dossier se termine par un fronton triangulaire. Le dieu des eaux tient de la main droite un dauphin et s'appuie, de la gauche, sur un sceptre ou long bâton de commandement recourbé en forme de *pedum*. Son buste et ses bras sont nus ; seulement une draperie relevée au-dessus du genou gauche lui couvre le bas du corps, les cuisses et presque toute la jambe droite. Une urne épanche son onde vers la gauche, au-dessus de la tête de Neptune. Deux jolies têtes de cygne, au cou contourné, encadrent ce compartiment supérieur, qui affecte en haut la forme trilobée. Au-dessous est un second compartiment où l'on voit un autel de forme quadrangulaire, chargé d'offrandes champêtres telles que fruits et gâteaux, et placé sous le feuillage d'un vieil arbre à demi desséché. Dans le compartiment inférieur, qui tient immédiatement au bassin du vase, se montre, nageant à la surface troublée des eaux, un grand hippocampe dont la croupe s'arrondit en replis tortueux. A ses côtés, deux énormes têtes de cétacés ou de monstres marins surgissent tumultueusement du milieu des flots. Enfin, un double fleuron s'épanouit en double rosace vers le bas, et deux dauphins à la langue proéminente, étendus sur le rebord du vase, terminent gracieusement l'attache du manche...

« Le bas-relief qui décore le manche de l'autre vase, le plus grand des deux, a la même forme et se partage aussi en trois compartiments séparés par des lignes non moins accidentées que saillantes. Celui du haut, terminé en trois lobes, comme sur le vase précédent, et pareillement encadré entre deux élégantes têtes de cygnes, offre, assise sur un trône, en forme d'édicule au fronton triangulaire, une divinité au maintien grave et modeste, vêtue d'une longue tunique sans manches et ayant la tête couverte d'un grand voile ou plutôt d'un ample *peplum*, qui retombe sur ses épaules, lui couvre la majeure partie du bras gauche, laisse le droit entièrement nu, s'étend derrière le corps et flotte sur les côtés du siège. La déesse tient entre ses deux mains une très petite corbeille pleine de fruits. Sa pose et toute sa personne sont empreintes d'une dignité calme, on pourrait même dire d'un caractère religieux qui rappelle le style de certaines madones de la Renaissance. Trois oiseaux, des colombes sans doute, dans des poses diverses et toutes fort naturelles, paraissent se jouer amoureusement au dessus de sa tête. Un autel de forme arrondie, chargé de fruits, parmi lesquels on croit reconnaître quelques pommes de pin, et placé entre deux arbres d'un feuillage différent et au tronc caverneux, occupe tout le compartiment intermédiaire. L'arbre du côté droit est évidemment un vieux pin, l'autre probablement un chêne. Des pampres de vigne paraissent enlacer les branches presque dénudées et se marier au feuillage clairsemé de celui de gauche, dont les racines surgissent d'un sol des plus rocailleux. Dans le compartiment d'en bas on remarque un oiseau à longue queue, perché sur un cippe en forme de colonne et tournant la tête en arrière. Au-dessous, un chien aux flancs amaigris, aux oreilles droites et dirigées en avant, qui vient de découvrir avec son nez une sorte de coffre circulaire, — peut-être la ciste mystique, — posé sur une large pierre, et dont il s'apprête à dévorer le contenu. Le sol est tout parsemé d'herbes fort apparentes. Enfin, ce manche sculpté se rattache au vase de la même manière que le précédent, c'est-à-dire que sa base est aussi décorée de deux dauphins et de deux rosaces, qui en forment les fleurons latéraux.... » (Deloye).

NIIPTVN
Γϟ=Ξ)XI

MATRM
P I/////)I X

Du côté supérieur, à l'opposé des images et au-dessous du nom de la divinité, sont gravées à la pointe, d'un trait léger, des annotations pondérales qui donnent aux patères un intérêt particulier. Celles du bassin consacré à Neptune sont seules intactes; les autres, partiellement effacées, ne peuvent plus suffire pour la détermination du poids du métal. Le diamètre du plus grand des deux vases est de 0^{m}100; celui du second, 0^{m}095. Leur profondeur commune est de 0^{m}055. Les manches mesurent respectivement 0^{m}084 et 0^{m}082. Celui du plus petit des deux vases a été incurvé avec intention pour ne pas abimer, par le frottement, le manche de l'autre.

Registre 3, p. 112 et 138; — Deloye, *Rev. des soc. savantes*, 1863, p. 496 à 509 (tiré à part sous ce titre : *Notice sur deux vases antiques en argent massif, trouvés dans le lit du Rhône en 1862, et acquis par le musée Calvet*, Paris, 1863, in-8°, 16 pages); — Blancard, *Congr. archéol. de France*, 49, 1882, p. 144; *Bull. monum.*, 1883, p. 63 (tiré à part sous ce titre : *La livre romaine et les notations pondérales des patères d'Avignon et de Bernay*); — *C. I. L.*, n. 5697, 3; — *Sylloge*, n. 353 et 434; — J.-B. Michel, *Le livre d'or du musée Calvet* (photogravure); — Binon, n. 420 b et c.

Neptun(o); p(ondo uncias decem semunciam scripula) XI. — Matr(i) M(agnae); p(ondo I.... scripula) IX.

« A Neptune; (offrande) du poids de dix onces, onze scripules (0 k. 29903 1). — A la Grande Mère; (offrande) du poids de.... onces, neuf scripules. »

Cette lecture a été proposée par M. Hirschfeld, de préférence à la suivante préconisée pour l'un des vases par M. Blancard :

« *P(ondus) : dextans, semuncia, sicilicus, XI dimidia scriptula.* »

« Poids : dix onces, demi-once, un quart d'once, onze quarante-huitièmes d'once (= 285 grammes 45). »

M. Hirschfeld a fait observer que le signe) n'indiquait pas ici des siciliques, mais des scripules, ainsi que l'a établi M. Mommsen (1).

« Si l'on examine le mode de fabrication des deux patères que nous venons de décrire, on remarque, dit Deloye, que les parois en sont très épaisses, et l'on reconnaît que les vases ont d'abord été fondus en une seule pièce, manche et bassin à la fois, et que l'artiste a taillé ensuite ses ciselures dans la masse, en fouillant le métal très profondément. Certains détails, notamment l'hippocampe et les têtes de monstres marins, ont même été entourés d'un sillon, qui semble en augmenter le relief, procédé connu des sculpteurs lapidaires de l'antiquité, qui l'ont aussi quelquefois employé. Enfin, l'éclat de l'or relevait diverses parties de la ciselure, notamment les trônes des divinités, les nageoires des dauphins et autres objets où se montrent encore des traces de dorure. La régularité des moulures du fond montre qu'elles ont été exécutées au tour. »

D'après Deloye également, dont l'opinion basée sur le développement, au second siècle, du culte de Cybèle dans nos contrées, paraît justifiée, les deux vases du musée Calvet remonteraient à l'époque des Antonins.

(1) *Hermès*, 3, p. 470, note 1.

IV. — Miroirs.

433. — Miroir étrusque trouvé aux environs de *Capoue* et acquis à Naples, en 1862, du marchand d'antiquités Alfio Caponetto. Sur l'un des côtés du disque, au milieu d'une couronne de laurier, sont figurés deux personnages debout, se faisant face. Une draperie flottante laisse voir leur corps entièrement nu. Le personnage de droite a le front ceint d'un bandeau et porte des chaussures qui lui arrivent jusqu'à la cheville. Son bras gauche est appuyé sur la hanche et de la main droite, élevée au-dessus de la tête, il brandit un instrument assez semblable à une double flûte. Derrière lui, en caractères rétrogrades, le mot TVRAN.

Le second personnage, qu'une inscription désigne sous le nom de HLAN, porte son manteau sur le bras gauche et s'appuie, de ce côté, sur une lance ; il paraît tenir, de l'autre main, un couteau de sacrifice. Le manche de ce miroir est en os. Diamètre du disque, 0m13 ; longueur du manche, 0m12.

Registre 3, p. 107 ; — Binon, n. 51 *e*.

D'après Deloye, le sujet figuré sur ce miroir serait « Mercure échangeant sa flûte contre la baguette d'or qui servait de houlette à Apollon ». Cette opinion ne nous paraît pas convenir, mais nous n'en trouvons pas de meilleure.

434. — Miroir étrusque, provenant de *Florence,* et acquis par le musée en 1851. Sur l'un des côtés du disque, dans une couronne de lierre, sont figurés les Dioscures, l'un et l'autre entièrement nus, assis et se faisant face. Les mots CASTOR et POLVCES, gravés en caractères rétrogrades derrière les personnages, ne laissent aucun doute sur cette attribution. Pollux, placé à gauche, s'appuie des deux mains sur le rocher qui lui sert de siège. Castor, qui a la main gauche placée de même, tient de l'autre main une lance qu'il ramène contre son épaule. Ce miroir, rompu à sa partie inférieure et fortement oxydé sur toute sa surface, est encore pourvu d'un manche en os, très court et sans ornements. Diamètre, 0m135 ; longueur du manche, 0m06.

Binon, n. 51 *c*.

— 232 —

VIII. — FRAGMENTS NON RESTITUABLES.

I. — Inscriptions païennes.

435. — Débris de marbre en forme de disque, découvert à *Arles,* près des Aliscamps, en 1882. Acquis la même année de l'antiquaire Anziano. Diamètre,
...ERV... 0^{m}05; épaisseur, 0^{m}035. Hauteur des lettres, 0^{m}022.
...ER...
Registre 4, p. 174; — Binon, n. 129.

Ce fragment, qui remonte au premier siècle, paraît détaché d'une inscription municipale.

436. — Fragment de provenance inconnue. Hauteur, 0^{m}26; largeur, 0^{m}11; épaisseur, 0^{m}075. Hauteur des lettres, 0^{m}097.
...ER...
...DF... Binon, n. 132.

437. — Fragment de provenance inconnue. Hauteur, 0^{m}24; largeur, 0^{m}22; épaisseur, 0^{m}10. Hauteur des lettres, 0^{m}03.

Inédit.

Le cognomen *Servatus* est donné, semble-t-il, par la seconde ligne.

438. — Fragment de stèle découvert à *Vaison,* en 1838. Hauteur, 0^{m}10; largeur, 0^{m}25; épaisseur, 0^{m}11. Hauteur des lettres, 0^{m}08.
...ICIN... *C. I. L.,* n. 1493; — Binon, n. 118 *e.*

Ces quatre lettres paraissent fournir le gentilice *Licinius,* connu par de nombreux exemples.

439. Fragments de plaque de bronze découverts à *Bonnieux,* en 1860, et donné, la même année, au musée Calvet. Hauteur, 0^{m}08; largeur, 0^{m}20; épaisseur, 0^{m}003. Hauteur des lettres, 0^{m}063.
...VAEI... *C. I. L,* n. 1134; — Binon, n. 65 *b.*

440. — Fragment de marbre découvert à *Orange* parmi les ruines du théâtre antique. Acquis par le musée en 1851. Hauteur, 0ᵐ09 ; largeur, 0ᵐ13 ; épaisseur, 0ᵐ02. Hauteur des lettres, 0ᵐ025.

..M..
...ONIV...

C. I. L., n. 1269 ; — Binon, n. 65 *b*.

La lettre M, de la première ligne, est isolée, ce qui peut faire croire à un fragment d'épitaphe.

a
...Æ-SORON...

b
...MCIRI...

441 et 442. — Fragments de pierre « provenant de *Saint-Saturnin d'Apt* » (Binon). Acquis par le musée en 1870. — *a*. Hauteur, 0ᵐ29 ; largeur, 0ᵐ27 ; épaisseur, 0ᵐ18. Hauteur des lettres, 0ᵐ043 et 0ᵐ030. — *b*. Hauteur, 0ᵐ12 ; largeur, 0ᵐ49 ; épaisseur, 0ᵐ21. Hauteur des lettres, 0ᵐ06.

Binon, n. 62 *k* et *l*.

II. — INSCRIPTIONS CHRÉTIENNES.

443. — Tablette de marbre, incomplète de tous les côtés sauf à droite, trouvée, dit-on, parmi les ruines du château de *Bellegarde* et acquise, en 1881, de Laurent Denis, chiffonnier à Beaucaire. Hauteur, 0ᵐ10 ; largeur, 0ᵐ12 ; épaisseur, environ 0ᵐ03. Hauteur des lettres, 0ᵐ03.

Binon, n. 50 *v*.

[*Hic in pac*]*e re*[*quiescit*] *bone* [*memoriae Adel*]-*fius*...

.... ERE
... BONE
... FIVS

« Ici repose en paix Adelfius, de bonne mémoire... »

Le nom *Adelfius*, dont la restitution est probable mais non certaine, peut se justifier par d'autres exemples et en particulier par une inscription funéraire qui est conservée au musée de Narbonne (1).

444. — Tablette de marbre incomplète de tous les côtés, sauf à gauche, découverte, comme la précédente, parmi les ruines du château de *Bellegarde*. Elle a été acquise de même, en 1881, de Laurent Denis, chiffonnier à Beaucaire. Hauteur, 0ᵐ06 ; largeur, 0ᵐ13 ; épaisseur, 0ᵐ04. Hauteur des lettres, de 0ᵐ025 à 0ᵐ027.

Deloye, *Congrès archéol.*, 49, 1882, p. 381.

....O....
VIIETO...

.... *vixit annis*...] *VII et o*[*biit*...

« ... mort (ou morte) à l'âge de ...; il (ou elle) trépassa le.... »

Ce fragment se rapporte, peut-être, à l'épitaphe précitée d'Adelfius.

(1) *C. I. L.*, **XII**, n. 5346.

445. — Fragment de cippe sur pierre calcaire, arrondi au sommet, trouvé en l'ancienne abbaye de Saint-Ruf, près *Avignon*, en 1842, et donné cette même année par M. Benoît. Hauteur, 0m14; largeur, 0m24; épaisseur, 0m10. Hauteur des lettres, 0m038.

```
    X///
KL · A V G N
 + + ...
```

Binon, n. 11.

X... k(a)l(endas) aug(usti)... [obiit...]
« Le X... des calendes d'août, mourut... »

```
.............
...QVII... vixi
TAnnos ? ....
.............
```

446. — Tablette de marbre, de provenance inconnue, incomplète de tous les côtés, sauf à gauche. Acquise, en 1889, de l'antiquaire Anziano. Hauteur, 0m11; largeur, 0m10; épaisseur, 0m03. Hauteur des lettres, 0m035. Les lignes sont réglées.

Registre 4, p. 172; — Binon, n. 3 a.

```
.............
COMPA....
NISXIIN ...
.............
```

447. — Tablette de marbre, de provenance inconnue, incomplète de tous les côtés, sauf à gauche. Hauteur, 0m26; largeur, 0m21; épaisseur, 0m03. Hauteur des lettres, 0m045.

Edmond Le Blant, *Nouveau rec.*, p. 173; — Binon, n. 8.

.... infanti in]compa[rabili, qui vixit an]nis XII, m[enses....
« ... enfant incomparable, mort à l'âge de douze ans, ... mois...»

Il n'est pas absolument certain que ce fragment, et celui qui précède, soient détachés de monuments chrétiens.

```
... QVIV ...
... OBIIT ...
.. SI ....
```

448. — Fragment de sarcophage en marbre blanc, de provenance inconnue. D'un côté, une tête d'homme est sculptée en relief; sur le côté opposé est gravée l'inscription. Hauteur, 0m11; largeur, 0m12; épaisseur, 0m09. Hauteur des lettres, 0m02.

Binon, n. 133.

... qui v(ixit)... obiit...
« ... qui vécut... et mourut le ... »

IX. — INSCRIPTIONS FAUSSES.

1*. — *Dédicace.*

« Caillou scié et poli », ayant fait partie de l'ancienne collection Calvet. Hauteur, 0^{m}067 ; largeur, 0^{m}043 ; épaisseur, 0^{m}03 environ. Hauteur des lettres, 0^{m}003.

Bursian, *Archeol. Zeit.*, 1853, p. 398 ; — *C. I. L.*, n. 131* ; — Binon, n. 459.

Cette inscription, manifestement fausse, est peut-être inspirée des monnaies de Plotine et d'Hadrien (1).

2* et 3*. — *Épitaphes.*

2*. — Urne funéraire en forme de mortier, « déterrée dans le champ du sieur Martel, quartier de Saint-Laurent, près le chemin de Colonne, dans les fouilles faites à Vaison, en 1838 » (Binon). Elle aurait servi d'enveloppe à une urne de verre contenant des ossements calcinés, une fiole à parfums, une lampe de terre et une figurine d'enfant. Hauteur, 0^{m}26 ; diamètre, 0^{m}30.

D.M.
M.LELIVS.

C. I. L., n. 145* ; — Binon, n. 116.

Les points placés à la base des lettres suffisent pour condamner cette inscription. Elle a pu être fabriquée pour donner de la valeur à une urne qui paraît antique.

3*. — Fiole fusiforme, en terre rouge, découverte, dit-on, à *Marseille,* dans un tombeau. Elle a été donnée au musée, en 1847, par Chaix de Verninac, de Marseille. Hauteur, 0^{m}09. En relief, sur la panse :

D . M . AMOR

Binon, n. 427 a,

---

(1) Cf. Eckhel, *Doct. numm.*, 6, n. 466 et 511.

4* à 6*. — *Opercules*.

4*. — Opercule, de provenance inconnue, représentant deux tritons parmi des roseaux. Diamètre, 0ᵐ16 ; épaisseur, environ 0ᵐ002. Hauteur des lettres, 0ᵐ011.

Binon, n. 80 c.

Je dois à l'obligeance de M. Salomon Reinach de pouvoir affirmer, en toute certitude, que ce médaillon n'est pas antique. L'inscription est connue depuis longtemps, et figure sur une pierre gravée qui a passé au musée de Berlin. Avant qu'on ne défit la monture ancienne, cette inscription se terminait par les lettres ΕΠ, que le faussaire a copiées sans se douter qu'elles constituaient une abréviation impossible. On a lu depuis, sous la monture, les lettres ΟΙΕΙ, qui complètent le mot ΕΠΟΙΕΙ (1). Dans la pensée du faussaire, on devait lire :

Εὐτύχης Διοσκουρίδου Αἰγεαῖος ἐποίει.

5*. — Opercule de provenance inconnue. Légende circulaire. Diamètre, 0ᵐ08 ; épaisseur, environ 0ᵐ004. Hauteur des lettres, 0ᵐ08.

ΑΠΟΛΛΟΔΟΤΟΥ ΛΙΘ   *C. I. L.*, n. 5686, 61 ; — Binon, n. 80 d.
Ἀπολλοδότου λιθ(ουργοῦ?).

Bien qu'elle soit admise par M. Hirschfeld, nous ne croyons pas, pour notre part, à l'authenticité de cette marque. Son origine nous a paru tout aussi douteuse que celle de l'opercule rapporté sous le numéro précédent.

6*. — Opercule en terre cuite d'un rouge pâle, trouvé, dit-on, en 1876, sur le territoire d'*Orange,* au quartier de Saint-Clément, et acquis, en 1877, de M. Morenas, propriétaire à Orange. Le côté figuré offre, au pourtour, plusieurs moulures circu-

---

(1) Cf. Salomon Reinach, *Pierres gravées*, p. 169.

laires d'un haut relief. Dans le champ est un buste barbu tourné à droite et vêtu, peut-être, de la chlamyde. Derrière ce personnage, en légende circulaire :

APOLAVSTE

Devant ce même personnage, en légende horizontale, sous une couronne décorée de fleuron d'une forme particulière :

NICA

Diamètre, 0ᵐ065; épaisseur environ, 0ᵐ004. Hauteur des lettres, 0ᵐ004.

C. I. L, n. 5687, 21 ; — *Registre 4*, p. 39 ; — Binon, n. 482.

L'authenticité de cet objet est encore admise par M. Hirschfeld.

7*. — *Tessère*.

Plaque circulaire acquise, en 1878, de l'antiquaire Anziano. Elle passe pour avoir été découverte « sur le territoire de Lavérune », près *Murviel* (Hérault) (*Reg*.). Diamètre, 0ᵐ04 ; épaisseur, 0ᵐ002. Hauteur des lettres, 0ᵐ06.

Registre 4, p. 98 ; — Binon, n. 332 *a*.

D'après Deloye, cette plaque appartiendrait incontestablement à l'antiquité gallo-romaine, et peut-être au troisième siècle. Elle nous a paru plutôt de fabrication moderne, et du temps de Calvet, qui l'a décrite dans sa dissertation sur les utriculaires de Cavaillon, en l'attribuant aux utriculaires de Nimes (1).

8*. — *Amphore*.

Amphore de provenance inconnue, longtemps conservée au château de Vérone et donnée au musée, en 1838, par le marquis d'Archimbaud. Hauteur, 0ᵐ76 ; diamètre, 0ᵐ31. Hauteur des lettres, 0ᵐ005. L'inscription est, à la partie supérieure, dans un cartouche rectangulaire.

Deloye, *Congrès arch. de France*, 1855, p. 440 ; — *C. I. L.*, n. 317*, 5 ; — *Registre 1*, p. 251 ; — Binon, n. 502.

ΔΩΡ . ΔΕΔ . ΒΟΥΡΔΕ
ΛΙΝΟΣ
———————————
ΩΦΕΛ . ΕΝΤΙΜΟΤΕ
ΡΗΝ

L'amphore seule est authentique.

---

(1) On sait que le point de départ de cette dissertation était une tessère (aujourd'hui au musée du Louvre), dont la fausseté est reconnue. La plaque du musée Calvet aurait appartenu, d'après Deloye, au collier d'un chien de chasse (*canis venaticus*), de la meute de Titus Gratius Titianus.

9*. — *Bague avec un heureux souhait.*

Bague de fer, dont l'authenticité a été mise en doute par M. Hirschfeld. Elle passe pour avoir été découverte à *Arles,* en 1850, dans un tombeau. L'inscription, en relief, est disposée dans un rectangle, sur le chaton. Diamètre, 0^m021. Hauteur des lettres, 0^m002.

BONAM
VITAM

C. I. L., n. 319*, 1, et n. 5692, 18 ; — Binon, n. 254 e.

Bonam vitam. — « Heureuse vie ! »

Le souhait qu'exprime cette bague se rattacherait à la nombreuse série des formules acclamatives, dont les plus connues sont : *Utere felix ; Ave ; Vivas,* et, pour la période chrétienne, *Vivas in Deo* (1). La même inscription a été signalée sur une cornaline, aujourd'hui perdue, de la collection Peiresc (2).

10* et 11*. — *Lampes.*

10*. — *Athènes.* Disque décoré de deux personnages et d'une bordure de sept phallus. Cette lampe a été donnée au musée, en 1847, par Chaix de Verninac (3). Sur le disque, à côté du bras droit de l'un des personnages, est un groupe de lettres qui paraît devoir se lire :

MEBAI.

Les deux premières lettres ne font pas de doute ; la troisième est peut-être un R. L'indécision est assez grande : on peut y trouver aussi un monogramme des trois lettres LAN. Nous n'avons, de toute manière, aucune interprétation à proposer de cette inscription, qui figure sur un objet dont l'authenticité n'est elle-même pas certaine.

11*. — Il existe, au musée Calvet, une assez grande quantité de lampes fausses copiées sur celles de *Vaison.* Les estampilles qu'elles portent sont les suivantes :

AGILISF
ATIMETI
COMMVNIS
FORTIS
STROBIL

Binon, n. 236, 237, 240, 241, 244, etc.

(1) Cf. Mowat, *Mém. Ant. F.,* 1888, p. 19 et suiv.
(2) *C. I. L.,* XII, n. 5693, 8.
(3) Chaix de Verninac, « directeur de poste des bateaux à vapeur à *Athènes* », acheta sur place, en 1845 et 1846, une foule de menus objets antiques, ou soi-disant tels, dont une partie a été donnée au musée, en 1847, par l'intermédiaire de Théophile Clauseau, administrateur des collections.

12*. — Vase.

Petit vase ovoïde en mauvais état, pourvu, en guise d'anses, de deux appendices ayant la forme d'une oreille humaine. Il passe pour avoir été découvert à *Athènes*, vers 1846. Chaix-de Verninac l'a donné au musée en 1847. Terre rouge. Hauteur, 0^m11; diamètre, 0^m06; épaisseur, 0^m002. En relief, sur la panse, en lettres de 0^m004.

AVDITE
ET·R·M·D

Du côté opposé :

COMI⌐
⌐
P

Binon, n. 192 a.

13* à 16*. — Statuettes.

13*. — Figurine en pierre noire, de provenance inconnue, « représentant un homme nu, debout, avec une coiffure ressemblant à deux cornes » (*Reg.*). Acquise par le musée en 1836. L'inscription a été gravée sur le dos du personnage. Hauteur de la statuette, 0^m17; hauteur des lettres, 0^m006.

ΜΑΣΚ
ΑΟΩΝ
ΤΚΥΘ
ΥΗΝΠΩ
ΒΥΡΕΛ
ΑΝΧΙΙΣ

Registre 1, p. 239; — Binon, n. 6.

ΒΦΔ
ΧΗΙΓ·ΕΛΟ

14*. — Figurine de basalte en forme de gaîne ovoïde; provenance inconnue. L'inscription est gravée au revers. Hauteur de la statuette, 0^m095; hauteur des lettres, 0^m007 et 0^m004.

Calvet, *ms. d'Avignon*, 3, f° 176; — Binon, n. 2.

15*. — Figurine de pierre, représentant un homme nu, barbu, coiffé d'un bonnet, les mains collées le long du corps, les chevilles nouées d'une bandelette sur laquelle est l'inscription. Hauteur de la statuette, 0^m175; hauteur des lettres, 0^m006.

ΠΛΥΔΥΟ   Calvet, *ms. d'Avignon*, 3, f° 175 v°; — Binon, n. 7.

16*. — « Figure debout dans une niche, les yeux fermés, avec de grosses cornes qui partent du sommet de la tête, soutenant des deux mains une espèce de vase cannelé; elle ne parait que jusqu'aux genoux qui semblent porter sur une architecture donnant l'idée de la façade d'un temple à trois portes. Au-dessus de la tête on voit dans un cartouche » l'inscription en relief (Calvet). Hauteur. 0^m22; hauteur des lettres, 0^m01.

VIIImΓeχο

Calvet, *ms. d'Avignon*, 3, f° 175; — Binon, n. 8.

17*. — Agate.

Agate, de coloration mi-partie blanche et mi-partie violette, ayant appartenu à l'ancienne collection Calvet. L'intaille figure un soleil à seize rais symétriques. Le nom du dieu solaire, *Mithras*, est gravé au-dessous, dans la partie violette. Diamètres, 0^m045 et 0^m036. Hauteur des lettres, 0^m003.

Soleil

ΜΕΙΘΡΑC

Inédite.

18* et 19*. — *Moules en terre cuite.*

18*. — Vers 1830, quelques vases du musée furent reproduits par Artaud, qui était alors administrateur des collections. Il fabriqua, dans ce but, des moules en terre cuite, dont la collection céramique a bénéficié. L'un d'eux porte, en relief, sa propre signature.

OFF·ARTALDI   Binon, n. 453.

19*. — Fragment de moule, de provenance inconnue, entré au musée, en 1841, par échange. La marque est en caractères rétrogrades au-dessous d'une figure d'homme.

WCCIAS   *C. I. L.*, n. 321* 3 ; — Binon, n. 450.

X. — BIBLIOGRAPHIE.

I. — Imprimés.

ACHARD. — *Description historique, géographique et topographique des villes, bourgs, villages et hameaux de la Provence ancienne et moderne.* Aix, 1787-1788, 2 vol.

ALLMER. — *Promenade d'un épigraphiste à travers les départements de l'Ardèche, du Gard, de Vaucluse et de la Drôme*, dans Bulletin de la Société départementale d'archéologie et de statistique de la Drôme, VI, pp. 267-298, 354-370 ; VII, 410-451 ; VIII, 195-208, 337-371 : X, 78-89, 204-215, 292-314, 415-423 ; XI, 74-84 ; — *Inscriptions découvertes à Vaison*, XI, pp. 230-232.

ALLMER et DE TERREBASSE. — *Inscriptions antiques et du moyen âge de Vienne en Dauphiné.* Vienne, 1875-1876, 6 vol. in-8°, avec atlas et 3 suppléments.

ALLMER. — *Recueil des inscriptions antiques de la province de Languedoc, préparé par Edward Barry et Eugène Germer-Durand, publié par Albert Lebègue, François Germer-Durand et Auguste Allmer.* Ce recueil forme le tome XV de l'*Histoire générale de Languedoc*, nouvelle édition. Toulouse, 1892, in-4°.

<blockquote>M. Allmer a fourni « l'ordre dans lequel les inscriptions sont classées, et à l'épigraphie de Nimes, pour une très large part, les lectures, toutes les traductions et presque tous les commentaires » (*Loc. cit.*, préface, p. xi).</blockquote>

ALLMER. — *Revue épigraphique du midi de la France.* Vienne, 1878-1899, in-8°.

BARJAVEL. — *Dictionnaire historique, biographique et bibliographique du département de Vaucluse.* Carpentras, 1841, 2 vol. in-8°.

BARTEL. — *Historia et chronologica praesulum sanctae Regiensis ecclesiae nomenclatura.* Aix, 1636, in-8°.

BIAGI (Clément). — *Monumenta Graeca ex museo Nanii*. Rome, 1785, in-4°.
    Les *Monumenta* νεκρολογικα constituent un fascicule non paginé de dix feuillets, entre les pages 240 et 241.

BIAGI (Clément). — *Monumenta Graeca et Latina ex museo Nanii*. Rome, 1787, in-4°.

BONAVENTURE (R. P.). — *Histoire nouvelle de la ville et principauté d'Orange*. Avignon, 1741, in-4°.

BOREL. — *Les antiquitez, raretez, plantes, minéraux et autres choses considérables de la ville et comté de Castres d'Albigeois... et un Recueil des inscriptions romaines et autres antiquitez du Languedoc et Provence*. Castres, 1649, in-8°.

BOUCHE. — *La chorographie ou description de Provence et l'histoire chronologique du mesme pays*. Aix, 1664, 2 vol. in-f°.

BOYER DE SAINTE-MARTHE. — *Histoire de l'église cathédrale de Vaison*. Avignon, 1731, in-4°.

BRETON (Ernest). — *Antiquités de Vaison*. Paris, 1842, in-8°. (Extrait du tome XVI des *Memoires de la Société des Antiquaires de France*.)

BRÉVAL. — *Remarks on several parts of Europe*. Londres, 1703-1738, in-8°. Quelques textes seulement d'après Maffeï.

Bulletin de la Société des Antiquaires de France. Paris, in-8°.

Bullettino dell' Instituto di corrispondenza archeologica. Rome, in-8°.

Bulletin épigraphique de la Gaule. Vienne, in-8°.
    Fondée en 1881 par Florian Vallentin, cette publication a été continuée jusqu'en 1886 par M. le commandant R. Mowat.

CARISTIE. — *Monuments antiques à Orange*. Paris, 1856, in-f°.

CHALIEU (Abbé). — *Memoires sur diverses antiquités du département de la Drôme et sur les différents peuples qui l'habitaient avant la conquête des Romains*. Valence, [1811], in-8°.

Collezione di tutte le antichità che si conservano nel museo Naniano di Venezia, divisa per classi e in due parti. Venise, 1815, in-f°.

Corpus inscriptionum latinarum, consilio et auctoritate Academiae litterarum Regiae Borussicae editum.
    Le volume cité, sans indication de numéro, sous la rubrique *C. I. L.*, est le tome XII, *Inscriptiones Galliae Narbonensis latinae*, publié par Otto HIRSCHFELD. Berlin, 1888, in-f°.

Couret. — *Histoire d'Aubagne, contenant la description des antiquités de Saint-Jean-de-Garguier.* Aubagne, 1880, in-8°.

Courtet (Jules). — *Dictionnaire géographique, géologique, historique, archéologique et biographique des communes du département de Vaucluse.* Nouvelle édition. Avignon, 1879, in-8°.

Dons faits au Museum Calvet depuis sa fondation jusqu'au 31 décembre 1838. Avignon, 1839, in-8°.

Dons faits au Museum Calvet pendant les années 1840 à 1845. Avignon, 1846, in-8°.

Dumont. — *Description des anciens monuments d'Arles.* Arles, 1789, in-4°.

> Les 64 premières pages de ce volume ont seules paru et sont devenues introuvables. La partie relative aux inscriptions se compose de 27 pages ayant pour titre : *Recueil de toutes les inscriptions d'Arles antérieures au huitième siècle de l'ère chrétienne.* Nous en possédons un exemplaire. Ce recueil a été publié, sans nom d'auteur, dans l'*Abrégé chronologique de l'histoire d'Arles*, par de Noble-Lalauzière. Arles, 1808, in-4°.

Écho du monde savant. Paris, 1834-1846, 12 vol. in-f°.

Expilly. — *Dictionnaire géographique, historique et politique des Gaules et de la France.* Paris, 1762-1770, 6 vol. in-f°.

Faillon. — *Monuments inédits sur l'apostolat de sainte Marie-Madeleine en Provence.* Paris, 1848, in-4°.

Garcin. — *Dictionnaire historique et topographique de la Provence ancienne et moderne.* Paris, 1833, 2 vol. in-8°.

Gasparin (Pierre de). — *Histoire de la ville d'Orange et de ses antiquités.* Orange, 1815, in-12.

Gilles. — *Les voies romaines et massiliennes dans le département des Bouches-du-Rhône.* Paris, 1884, in-8°.

Grosson. — *Recueil des antiquités et monumens marseillois.* Marseille, 1773, in-4°.

Gruter. — *Inscriptionum romanarum corpus absolutissimum.* 1616, in-f°.

Guérin. — *Vie d'Esprit Calvet, suivie d'une notice sur ses ouvrages et sur les objets les plus curieux que renferme le Museum dont il est le fondateur.* Avignon, 1825, in-16.

Guérin. — *Panorama d'Avignon, de Vaucluse, du mont Ventoux et du col Longet.* Avignon, 1829, in-18.

GUESNAY (J.-B.) .— *Provinciae Massiliensis ac reliquae Phocensis annales.* Lyon, in-f°, 1re édition, 1657 ; 2e édition, 1696.

HENRY.— *Recherches sur la géographie ancienne et les antiquités du département des Basses-Alpes.* Forcalquier, 1818, in-8°.

HERZOG. — *Galliae Narbonensis provinciae romanae historia ; accedit appendix epigraphica.* Lipsiae, 1864, in-8°.

JOUFFROY et BRETON. — *Introduction à l'histoire de France ou description physique, politique et monumentale de la Gaule.* Paris, 1838, in-f° avec atlas de 49 planches.

JULLIAN (Camille). — *Inscriptions romaines de Bordeaux.* Bordeaux, 1888, 2 vol. in-4°.

KAIBEL et LEBÈGUE. — *Inscriptiones graecae Siciliae et Italicae, additis graecis Galliae, Hispaniae, Britanniae, Germaniae inscriptionibus.* Berlin, 1890, in-f°.

KIRCHHOFF. — *Corpus inscriptionum atticarum. Voluminis IV, supplementa complexi, fasciculi 1, 2, 3.* Berlin, 1877-1891, in-f°.

LE BLANT (Edmond). — *Inscriptions chrétiennes de la Gaule.* Paris, 1856-1866, 2 vol. in-4°, avec atlas.

  Un troisième volume a été publié, en 1895, dans le même format, sous le titre : *Nouveau recueil des inscriptions chrétiennes de la Gaule.*

LONG.— *Recherches sur les antiquités romaines du pays des Voconliens,* dans les *Mémoires présentés par divers savants à l'Académie des inscriptions et belles-lettres,* 2e série, tome II. Paris, 1849, in-4°. Ce travail a été tiré à part.

MAFFEI. — *Galliae antiquitates quaedam selectae atque in plures epistolas distributae.* Paris, 1733, in-4°.

MARTÈNE (Dom) et dom DURAND. — *Voyage littéraire de deux religieux bénéd.ctins.* Paris, 1717-1724, 2 vol. in-4°.

MARTIN (Jean-Claude). — *Antiquités et inscriptions des villes de Die, d'Orange, de Vaison, d'Apt et de Carpentras.* Nouvelle édition. Orange, 1818, in-8°.

MÉNARD.— *Histoire civile, ecclésiastique et littéraire de la ville de Nismes.* Paris, 1750-1758, 7 vol. in-4°.

  Les inscriptions sont dans le tome VII.

MÉRIMÉE.— *Notes d'un voyage dans le midi de la France.* Paris, 1835, in-8°.

MICHEL. — **Livre d'or du musée Calvet.** Avignon, 1895-1897, in-4°.

MILLIN. — *Voyage dans les départements du midi de la France.* Paris, 1807-1811, 4 vol. in-8° avec atlas in-f°.

MURATORI. — *Novus thesaurus veterum inscriptionum.* Mediolani, 1739-1742, 4 vol. in-f°.

Notice du musée Nani.
 Cet écrit, que nous ignorons personnellement, est cité par Binon, sur les fiches de son Catalogue. Nous supposons qu'il s'agit du Catalogue de vente de la célèbre collection.

ORELLI. — *Inscriptionum latinarum selectarum amplissima collectio.* Turin, 1828-1856, 3 vol. in-8°. Le troisième volume a été publié par Henzen.

PACIAUDI. — *Monumenta Peloponnesia, commentariis explicata.* Rome, 1761, 2 vol. in-4°.

PAPON. — *Histoire générale de la Provence.* Paris, 1777-1786, 4 vol. in-4°.
 Les inscriptions sont contenues dans le premier volume.

PASSERI (J.-B.). — *Osservazioni sopra l'avorio fossile e sopra alcuni monumenti Greci e Latini conservati in Venezia nel museo Nani.* Venise, in-4°, sect. 1 et 2, 1759; sect. 3 et 4, 1760.

PERROT. — *Lettres sur Nîmes et le Midi. Histoire et description des monuments antiques du midi de la France.* Nîmes, 1840, 2 vol. in-8°.

PITTON. — *Histoire de la ville d'Aix, capitale de la Provence.* Aix, 1666, in-f°.

Revue archéologique. Paris, in-8°.

Revue celtique. Paris, in-8°.

Revue épigraphique. V. Allmer.

Revue numismatique. Paris, in-8°.

ROCHETIN. — *Étude sur la viabilité romaine dans le département de Vaucluse.* Avignon, 1883, in-8°. (Extrait du *Bulletin historique, archéologique et artistique de Vaucluse.*)

ROCHETIN. — *Le camp de César à Laudun,* dans le t. XVIII, 1899, des *Mémoires de l'Académie de Vaucluse,* p. 15.

ROLAND. — *Cadenet historique et pittoresque.* Paris, 1837, in-8°.

ROUCHIER (Chanoine). — *Histoire religieuse, civile et politique du Vivarais.* Paris, 1861, in-8°. Le premier volume a seul paru.

RUFFI (Antoine de). — *Histoire de la ville de Marseille.* Marseille, 1re édition, 1642, in-f°; 2e édition, 1696, 2 vol. in-f°.

Saurel (Abbé). — *Aeria, recherches sur son emplacement.* Paris, 1885, in-8º.

Saxe (Chanoine). — *Pontificium Arelatense, seu historia primatum sanctae Arelatensis ecclesiae.* Aix, 1629, in-4º.

Spon. — *Ignotorum atque obscurorum quorundam deorum arae.* Lyon, 1676, in-12.

Spon. — *Miscellanea eruditae antiquitatis.* Lyon, 1685, in-fº.

Sylloge epigraphica orbis romani, cura et studio Hectoris de Ruggiero edita.
> Le volume cité sous la rubrique *Sylloge* est le troisième : *Inscriptiones Galliae Narbonensis*, par Émile Espérandieu. Ce volume est en cours de publication.

Trenquier. — *Notices sur différentes localités du Gard.* Nimes, 1851-1854, 2 vol. in-8º.

Vallentin (Florian). — *Essai sur les divinités indigètes du Vocontium, d'après les monuments épigraphiques.* Grenoble, 1877, in-8º. (Extrait du *Bulletin de l'Académie delphinale*, séances des 30 juin, 24 juillet 1876, etc.)

Vallentin (Florian). — *La voie d'Agrippa, de Lugdunum au rivage massaliote.* Paris, 1881, in-8º. (Extrait du *Bulletin épigraphique de la Gaule.*)

Vallentin (Florian). — *La colonie latine Augusta Tricastinorum.* Vienne, 1883, in-8'. (Extrait du *Bulletin épigraphique de la Gaule.*)

Vallentin (Florian). — *Les Alpes Cottiennes et Graies.* Paris, 1883, in-8º. (Extrait du *Bulletin épigraphique de la Gaule*).

Vérone (Moreau de).— Les nombreux travaux du président de Vérone (mort en 1795) sont inédits. Un mémoire sur les *Voconces* a seul été publié par Jules Ollivier, dans le *Bulletin de la Société de statistique de la Drôme*. Valence, 1837, in-8º, pp. 70 et 129.

Villeneuve (Comte de). — *Statistique du département des Bouches-du-Rhône.* Marseille, 1821-1829, 4 vol. in-4º, avec atlas de 25 planches in-fº.

Vincens et Baumes. — *Topographie de la ville de Nismes et de sa banlieue.* Nimes, 1802, in-4º.

II. — Manuscrits (1).

ALLMER. — On sait avec quelle patience M. Allmer s'est appliqué à recueillir, pendant plus d'un demi-siècle, les inscriptions du midi de la France. Ce que l'on connait moins est la précision avec laquelle chaque inscription était dessinée par lui, en vue de la constitution d'un vaste recueil de fac-similés à l'encre de Chine. Le remarquable atlas des *Inscriptions de Vienne*, qui ont consacré la réputation scientifique de M. Allmer, n'est cependant qu'un chapitre, et le moins important, de cette œuvre gigantesque, dont tout autre que le savant modeste qui l'avait produite se serait enorgueilli et que de fâcheux événements ont détruite ou dispersée. Prévenu trop tard, nous n'avons pu recueillir que quelques feuillets, de cette œuvre que nous conservons pieusement, en attendant que nous leur donnions, à la bibliothèque de l'Institut, la seule place qui leur convienne. Ces feuillets, que nous avons classés et numérotés, forment six volumes in-folio de *dessins* terminés, mais pour la plupart restés au crayon, et sept volumes (deux in-folio, cinq in-8°) de croquis pris sous forme de *notes*, en présence des monuments. Les uns et les autres s'appliquent aux colonies de Vienne, de Valence et d'Arles, à la cité des *Voconces*, aux pays de la région pyrénéenne et à la cité de Bordeaux. Nous possédons de même, et nous avons classé, une notable partie de la *correspondance* relative à la rédaction de la *Revue épigraphique*. Nous la citons quelquefois, au cours de notre travail, parce qu'elle donne sur les textes nouvellement découverts, des renseignements de première source.

BIMARD (Joseph de), baron de la Bâtie-Montsaléon, fut un des correspondants les plus actifs de Muratori. Ses copies d'inscriptions ont servi pour l'établissement des fiches du *Thesaurus inscriptionum* (Cf. à ce sujet *C. I. L.*, VI, p. LXIII).

BINON. — Jacques Binon avait soigneusement constitué, pour son usage personnel, un Catalogue sur *fiches* de toutes les antiquités du musée Calvet. Il s'était servi, dans ce but, d'un inventaire manuscrit que nous citons plus loin, et dont chaque objet porte, du reste, le numéro. Le Catalogue de Binon, tenu à jour, nous a été communiqué, avec beaucoup d'obligeance, par l'un de ses fils, M. Auguste Binon, gardien actuel des collections.

BONNEMANT (Abbé). — V. Rebatu.

BOUCHÉ (Philibert). — *Antiquités des Voconces*. Bibliothèque de la Sorbonne, à Paris.
Nous ne connaissons ce ms. que par une lettre de M. Seymour de Ricci.

BOUHIER. — *Inscriptions et monuments antiques recueillis et expliqués par le président Bouhier*. Bibliothèque nationale, fonds français, n. 20317, in-f° de 451 pages.
Sur ce ms., cf. Hirschfeld, *C. I. L.*, XII, p. XVI.

---

(1) Nous mentionnons sommairement, d'après le tome XII du *Corpus*, les manuscrits que nous n'avons pas vus.

Calvet. — *Spiritus Claudii Francisci Calvet, Avenniensis.... opera varia partim edita, partim inedita, sive latine, sive gallice scripta, praecipue ad res medicas, historiam naturalem et antiquitates spectantia. Accedunt juvenilia seu lusus poetici... Manuscriptum αὐτόγραφον anni 1790.* Manuscrit in-4°, en 6 volumes, dont il existe deux copies : l'une à la bibliothèque de Marseille (abbé Albanès, *Catal.*, p. 413, F b 3), l'autre à celle d'Avignon (Labande, *Catal. des mss.*, t. II, p. 379, n. 2314 à 2349).

Les inscriptions romaines sont disséminées dans toute l'œuvre, à l'occasion de dissertations ou de lettres adressées à l'abbé de Vaugelas, au comte de Caylus, au président de Saint-Vincens, au marquis de Méjanes et à d'autres savants encore. Elles sont groupées dans le tome III et forment le fond d'un recueil manuscrit ayant pour titre : « *Inscriptionum antiquarum spicilegium, quas congessit, recensuit et notis illustravit Spiritus Claudius Franciscus Calvet, Avenniensis, doctor medicus... Avennione, apud...* ». Ce recueil, que Calvet comptait publier, a été commencé en 1793 et terminé le 28 novembre 1795, ainsi que l'indique une note du f° 181. Par des additions sur le manuscrit lui-même ou par des suppléments séparés (t. V, n. 22 et 23 ; t. VI, n. 34 et 35), Calvet l'a tenu au courant des découvertes qui se sont produites jusqu'en 1805. Le manuscrit de Marseille est peu différent de celui d'Avignon. « Je me proposois, dit Calvet à la fin du tome VI, de mettre la dernière main à l'arrangement des matières de ces manuscrits ;... le *Spicilegium inscriptionum antiquarum* a surtout besoin de beaucoup plus d'ordre. Je l'avois entrepris, mais mon âge et ma faiblesse m'ont forcé d'interrompre ce travail... Beaucoup d'articles sont hors de place, parce que les écrits n'ont pu être faits que successivement. Il sera cependant possible et même facile de rétablir cet ordre... On trouvera le modèle commencé de cette réforme ou dans l'exemplaire de Marseille ou dans celui d'Avignon, et s'il se peut, dans l'un et dans l'autre. »

Il existe également, à la bibliothèque d'Avignon, un cahier, cartonné, in-8° de 473 pages, catalogué sous le n. 1508, et consacré par Calvet à la préparation de la partie de ses œuvres relative à la numismatique et à l'épigraphie. Ce cahier, sans titre ni date, ne contient que des *Notes*; il a été commencé vers 1790 et terminé au mois de juin 1806. Les pages 59 à 185 constituent un petit recueil de toutes les inscriptions de Calvet. On y trouve des renseignements qui ne figurent pas toujours dans le tome III de ses *Œuvres*.

Catalogue des antiquités égyptiennes, runiques, celtiques, étrusques, grecques, romaines, objets du moyen âge, de la Renaissance et modernes du musée Calvet. Bibliothèque d'Avignon, ms. in-f° relié, de 864 pages.

Les « monuments grecs avec inscriptions » commencent à la page 105, et les « inscriptions romaines » à la page 147. Les descriptions du Catalogue sur fiches de Binon sont empruntées, pour le plus grand nombre, à ce manuscrit.

Creuly (Général). — Les Carnets de voyage du général Creuly sont à la bibliothèque du musée de Saint-Germain. Le *Carnet n. 13*, consacré aux inscriptions du musée Calvet, a été consulté, pour nous, par M. Seymour de Ricci. Les copies qu'il contient ont été prises du 13 au 23 septembre 1865.

Dupuy. — Un manuscrit anonyme du fonds Dupuy, conservé à la Bibliothèque nationale sous le numéro 461, contient, aux f°² 111 à 119, un certain nombre d'inscriptions, dont quelques-uns proviennent de Nimes et d'Arles. Une note placée au feuillet 119 est ainsi conçue : « J'ay veu et recerché touts les épitaphes cy-dessus escripts en l'an 1572, au mois d'août ».

FABRE DE SAINT-VÉRAN. — *Mémoire historique sur Vaison, avec des notes sur l'etat de cette ville et sur celui des Voconces, dont elle était la capitale sous la domination des Romains. On y a ajouté les inscriptions anciennes trouvées dans cette contrée.* Bibliothèque de Carpentras. Trois volumes in-4° datés de 1786, mais tenus à jour jusqu'en 1792. (Lambert, *Catal.*, I, p. 342, n. 533.)

Les inscriptions de Vaison occupent 14 pages du tome II. Elles sont, en général, fort mal transcrites.

GERMAIN (J.-B.). — Cahier de différents formats, réunis en un volume factice constituant le manuscrit n. 1377 de la bibliothèque d'Avignon. L'un de ces cahiers (f°ˢ 282 à 296) a pour titre : *Inscriptions prises sur les marbres antiques qui se trouvent dans la ville de Salonique, par le sieur Jean-Baptiste Germain. Recueil dédié à M. le comte de Maurepas, ministre et secrétaire d'État de la marine à la Cour* (f°ˢ 297 à 357). Un autre cahier, daté de 1747 et intitulé *Cayer des inscriptions que j'ai prises à Salonique sur les marbres originaux*, ne paraît avoir servi que pour la préparation du *Recueil*.

HENZEN. — V. Orelli.

Manuscrit d'Aix. — V. Rebattu.

Manuscrit d'Arles. — V. Rebatu.

Manuscrits autrefois n. 1416 et 1418. — Il s'agit de deux recueils composés par Sirmond et conservés à la Bibliothèque nationale sous les nouveaux numéros 9695 et 9697.

Manuscrit britannique. — V. Scaliger.

Manuscrit de Carpentras. — V. Fabre.

Manuscrit anonyme n. 2376. — V. Véras.

Manuscrit de Grenoble. — V. Martin.

Manuscrit de Paris, fonds Dupuy, 461. — V. Dupuy.

Manuscrit de Paris 5825 ˙J. Recueil composé par le P. Mareschal, vers la fin du XVIᵉ siècle et conservé à la Bibliothèque nationale.

Manuscrits de Paris, n. 13795, 13810 à 13816, 16929 à 16935. — V. Séguier.

Manuscrits de Paris, n. 8966 et 8967. — V. Suarès.

Manuscrit du Vatican, n. 9141. — V. Suarès.

MARTIN. — Une partie des manuscrits de l'historien dauphinois Jean-Claude Martin est à la bibliothèque de Grenoble. On y trouve notamment les fiches qui ont servi pour la préparation des *Antiquités et inscriptions des villes de Die, d'Orange, de Vaison, d'Apt et de Carpentras*, et que nous citons sous le titre de *Manuscrit de Grenoble* (ancien fonds Gariel).

MINIMES (Pères). — *Collections sur différents sujets par des religieux de l'ordre des Minimes.* Dix volumes petit in-4°. Bibliothèque de Marseille (Albanès, *Catal.*, p. 353, n. 1259-1268, Fb 21). Ms non daté, de la fin du XVIIᵉ siècle.

Le tome IV contient, aux f°ˢ 198-211, un *Cayer des inscriptions et épitaphes, tant anciennes que modernes, avec une facile narration, de Saint-Honorat des Aliscamps* [à Arles], et aux f°ˢ 212-213 une *Description des épitaphes qui sont dans l'église des Révérends Pères Minimes d'Avignon*. On n'y trouve que dix-huit inscriptions antiques, dont une seule est au musée Calvet.

MORENAS.— *Notices historiques sur les villes et villages du Comtat Venaissin.* Bibliothèque d'Avignon, ms. in-f°, de 272 pages, daté de 1779. (Labande, *Catal. des mss.*, t. III, p. 1, n. 2901).

PEIRESC.— Deux volumes des manuscrits de Peiresc, autrefois à Carpentras, sont conservés à la Bibliothèque nationale et catalogués sous les n. 8457 (in-f° de 258 feuillets) et 8958 (in-f° de 371 feuillets) du fonds latin. Un troisième volume, catalogué sous le n. 6012, est consacré plus particulièrement aux inscriptions d'Arles (Cf., sur ces mss., Hirschfeld, *C. I. L.*, XII, p. xxii.)

PELET. — Il existe, à la bibliothèque de Nimes, quelques manuscrits de l'antiquaire Pelet. Leur existence nous a été signalée par M. Allmer.

REBATU (François de). — *Antiquités d'Arles, recueil de quelques monuments et pièces de l'antiquité qui sont dans la ville d'Arles ou dehors ez environs d'icelle* Bibliothèque d'Aix, ms. n. 545, in-4° cartonné de 199 pages, « commencé le 1ᵉʳ avril 1655 ».

Les fiches de Rebatu ont servi à l'abbé Bonnemant pour la rédaction d'un *Recueil d'antiquités* dont le manuscrit est à la bibliothèque d'Arles. (Sur ce ms. et le précédent, cf. Hirschfeld, *C. I. L.*, XII, p. 86).

REGISTRES D'ENTRÉE. — Nous avons, pour plus de commodité, numéroté ainsi qu'il suit les *Registres d'entrée* du musée Calvet :

1. — *Journal général des dons et acquisitions, 1835-1836.* Bibliothèque d'Avignon, ms. in-f° cartonné, de 358 pages. Malgré son titre, ce registre a servi jusqu'au mois d'avril 1838. Les pages 1 à 62 sont consacrées aux « Livres » ; les pages 211 à 283 aux « Monuments » et les pages 351 à 358 aux « Médailles ». De nombreuses pages sont restées blanches.

2. — *Registre des acquisitions, échanges et dons du musée Calvet.* Bibliothèque d'Avignon, ms. in-4° cartonné, non paginé [310 pages], commencé en 1841. La dernière acquisition enregistrée est du 2 septembre 1852.

3. — *Monuments, tableaux, médailles, etc. Registre des acquisitions et échanges.* Bibliothèque d'Avignon. Ms. in-f° cartonné de 232 pages, « commencé en 1852 » (p. 2). La dernière acquisition enregistrée est du 5 avril 1869.

4. — [*Registre des acquisitions depuis 1876 jusqu'à nos jours*]. Bibliothèque d'Avignon. Ms. sans titre, in-4° cartonné de 254 pages. [Les pages 172-176 sont comptées deux fois]. Ce registre est encore en service.

5. — *Monuments, tableaux, médailles, etc. Dons des particuliers depuis 1853 [jusqu'à nos jours].* Bibliothèque d'Avignon. Ms. in-f° cartonné de 404 pages. Comme le précédent ce registre est encore en service. La pagination passe, par erreur, de la page 203 à la page 304.

Tous ces registres sont anonymes. Les troisième et quatrième sont presque tout entiers de la main de Deloye. Ils contiennent, sur différents objets, de véritables dissertations, dont quelques-unes ont été publiées, notamment celle qui concerne les vases d'argent trouvés dans le Rhône, à Tarascon.

RENIER (Léon). — Les papiers de Léon Renier, classés par M. Mowat, sont à la bibliothèque Mazarine. M. Seymour de Ricci, qui en a commencé le dépouillement, a bien voulu nous faire profiter de quelques-unes de ses notes.

ROMIEU (Lantelme de). — *Histoire des antiquités d'Arles, avec plusieurs écrits et épitaphes antiques trouvés là-mesmes et en autres lieux*. Bibliothèque d'Arles, n. 12 du catalogue des manuscrits. Petit in-4° divisé en 65 chapitres.

<small>Les inscriptions d'Arles font l'objet du chapitre 47 ; celles de Nimes sont au chap. 48. Ce manuscrit n'est qu'une copie faite, en 1776, par Laurent de Bonnemant. L'original est perdu. Il en existe d'autres copies aux bibliothèques de Toulouse. Lantelme de Romieu termina son histoire en 1575. (V. Lebègue, *Hist. de Lang.*, XV, p. 92.)</small>

RULMAN (Anne de). — *Récit des anciens monuments qui paraissent encore dans les départements de la première et deuxième Gaule Narbonnaise*, etc. Bibliothèque nationale, fonds français, n°s 8648-8651. 4 vol., dont 1 in-f° et 3 in-4°.

SAINT-VÉRAN (De). — V. Fabre.

SCALIGER. — *Inscriptiones antiquae romanae, quas Josephus Scaliger collegit descripsitque sua manu fere ex Lazio, Apiano, Manutio, Saranna, Strada, Paradino, Nazochio, etc., addendas operi illi inscriptionum quod Smetius confecit, ediditque cum auctario J. Lipsius.*

<small>Ce manuscrit, destiné à compléter le recueil de Smetius publié par Juste Lipse, a été donné par Papenbroeck à la bibliothèque de Leyde. Catal., n. 5, in-4°. Il en existe une copie à la même bibliothèque. Un autre ms. de Scaliger, surtout relatif aux inscriptions de Nimes, est conservé au Musée britannique sous le n. 3266. Scaliger mourut en 1609. (Sur son œuvre, cf. Hirschfeld, *C. I. L.*, XII, p. xxiv.)</small>

SÉGUIER. — *Correspondance, opuscules et papiers de Séguier.* Bibl. nationale, ms. in-f°, n. 13795, 13810 à 13816, 16929 à 16935.

<small>Le manuscrit 13810, qui constitue le recueil n. 20 de Séguier, contient un fascicule ayant pour titre : *Inscriptions de Vaison et de quelques lieux du diocèse de Nimes ou d'Uzès, d'après le manuscrit de l'abbé Gérouin*. (Sur ces ms., cf. *C. I. L.*, XII, p. 387.)</small>

SOLIERS (Jules-Raymond de). — *Chorographia Provinciae Julii Raimondi Solerii. Manuscriptum. Adjuncta est cosmographia et historia naturalis, et index provincialium poetarum.* Ms. non daté, petit in-f° de 185 pages. Bibliothèque de Marseille, Φ6 34 bis (Albanès, *Catal.*, p. 375, n. 1356).

<small>Une note, placée au bas du titre, est ainsi conçue : « Cette copie, annotée par M. de Nicolaï, a été faite, vers 1750, sur une copie autographe de l'antiquaire Terrin, d'Arles. » Une seconde copie de ce ms. existe à la bibliothèque de Marseille ; on en trouve enfin un troisième, sous le titre : *Rerum antiquarum et nobiliorum Provinciae* à la bibliothèque Méjanes, à Aix-en-Provence (Catal., n. 797). Nous n'avons consulté que les deux premières copies. Sur les mss. de Soliers, cf. Héron de Villefosse et Thédenat, *Inscript. rom. de Fréjus*, p. 174 et suiv.).</small>

Spon. — Un manuscrit de Spon, conservé à la Bibliothèque nationale, fonds latin, n. 10810 (cf. Renier, *Bull. de la Soc. des Antiq.*, 1857, p. 104) contient quelques inscriptions qui font aujourd'hui partie de la collection Calvet. (Sur ce ms., cf. Hirschfeld, *C. I. L.*, XII, p. xxv.)

Suarès. — Les papiers de Joseph-Marie de Suarès d'Aulan, évêque de Vaison de 1633 à 1666, sont aujourd'hui fort dispersés. Une partie, donnée par lui au cardinal Barberini, est à la bibliothèque du Vatican, où elle constitue les manuscrits in-f° n. 9136, 9140 et 9141. (Sur ces mss., cf. Hirschfeld, *C. I. L.*, XII, p. 162.) Une autre partie est à la Bibliothèque nationale, fonds français, sous les n. 8966 et 8967.

Véran (Didier). — *Inscriptions d'Arles.* Collection Didier Véran et Pierre Véran. Bibl. d'Arles, ms. in-4° non catalogué.

On y trouve 252 inscriptions traduites et commentées, mais non pas sans erreurs. Vingt-sept pages imprimées forment un fascicule contenant 186 inscriptions publiées sous ce titre : *Recueil de toutes les inscriptions d'Arles antérieures au huitième siècle de l'ère chrétienne.*

Véras (De). — *Recueil des épitaphes et inscriptions qui sont dans les églises d'Avignon, avec un abbrégé de la fondation desdittes églises,* par Jean-Raymond de Véras, prêtre et chanoine de l'église collégiale de Saint-Pierre d'Avignon, 1750. Bibliothèque d'Avignon, ms. n. 1738, in-4° relié, 333 feuillets.

Un autre ms., qui est aussi du chanoine de Véras, est à la bibliothèque d'Avignon sous le n. 2376. Il appartenait à Calvet, qui l'a annoté en différents endroits. Ce ms., sans titre ni date, est un petit in-f°, non relié, de 70 feuillets.

ADDITIONS ET CORRECTIONS.

Page 25, bibliographie de l'inscription n. 14. Ajouter : De Barthélemy, *Bullet. archéol. du Comité des trav. hist.*, 1889, p. 148 et suiv.
— ligne 35. Au lieu de : *Lucius*, lire : *Lusius*.
Page 34, ligne 34. Au lieu de : *droite*, lire : *supérieure*.
Page 91, ligne 19, et page 92, ligne 5. Au lieu de : *pierre*, lire : *pierres*.
Page 97, ligne 3. Au lieu de : *1851*, lire : *1857*.
Page 110, ligne 28. Au lieu de : *découverte*, lire : *découvert*.
Page 113, bibliographie, ajouter : Lebègue, *Inscript. graecae*, n. 2480.
Page 125, dessin, ligne 4. La mutilation de la pierre peut faire croire, à première vue, à l'existence d'un O et à la lecture *Inachos*, mais on distingue encore, quoique difficilement, quelques traces de la lettre V.
Page 144, ligne 5. Au lieu de : $0^m 80$, lire : $0^m 080$. Bibliographie, ajouter : Lebègue, *Inscript. graecae*, n. 2481.
Page 163, ligne 16. Au lieu de : *annuos*, lire : *annus*.
— ligne 30. Supprimer les mots : *du reste*.
Page 174, ligne 8. Au lieu de : θὑγατηρ, lire : θυγατηρ.
Page 208, ligne 1. Au lieu de : *...connue par...*, lire : *...connue que par...*
Page 214, ligne 20. Au lieu de : *Les deux dernières forment*, lire : *Les deux dernières lettres forment*.
Page 226, ligne 6. Au lieu de : *sortie*, lire : *sertie*.
Page 234, ligne 6. Au lieu de : *aug(usti)*, lire : *aug(ustas)*.
— ligne 17. Au lieu de : *menses*, lire : *mensibus*.
Page 237, ligne 5. Au lieu de : *fleuron*, lire : *fleurons*.

TABLES.

(Les numéros sont ceux des inscriptions.)

I. — EMPEREURS.

Imp. Caes. Divi f., *Augustus*, pontifex maxumus, pater patriae, cos. XII, cos. designatus XIII, imp. XIIII, tribunic. potestat. XX	8
Germanicus Caesar, Ti. Aug. fil.	9
Tiberius Caes. Aug.	9, 10
Julia *Drusilla*, German. Caesar. f.	10
Diva *Augusta*	11
Imp. Caes. T. Aelius Hadrianus *Antoninus* Aug. Pius, trib. pot. VII, cos. III..	12
Imp. M. Aur. *Commodus* Antoninus Pius, felix	13

II. — CONSULS.

Agapitus, 207.
Flavius Festus, 203.
Flavius Marcianus, 203.
Flavius Postumius Lampadius, 215.

Rufius Gennadius Probus Orestes, 215.
Senator, 214.
Venantius, 208.

III. — DIVINITÉS.

Ἀβρασάξ, 196.
Apollo, 38.
Baal, 218.
Βηλησαμις, 3.
Belli..., 39.
Bergonia, 40.
Castor, 433.
Copia, 41.
Deviatae, 69.
Diana Ἀρετω, 222.
— Ἵκετο, 221.
— Tifatina, 42.
Dominae, 94.
Fatae, 43, 44.
Genius coloniae, 198.
— populi Romani, 300.
Γρασελος, 2.
Ἰαώ, 196.
Iupiter optimus maximus, 45, 47 à 49.
— opt. max. Conservator, 46.
— Depulsorius, 50, 51.
Mânes, *passim*.
Mars, 52, 53, 73.

Mars Albiorix, 54, 55.
— Belado, 56.
— Nabelcus, 57 à 68.
Mater Deum, 13.
Mercurius, 70 à 74.
Minerva, 199.
Νεμέσια, 239.
Nica, 6*.
Nymphae, 75 à 78, 220.
— Augustae, 243.
Ωαμουθα, 196.
Obio, 79.
Poluces, 434.
Proxsumae, 80, 81.
Silvana, 82.
Silvanus, 82 à 84, 86, 87.
— Augustus, 85.
Tanith, 218.
Ταρανοος, 1.
Turan..., 433.
Venus Genetrix, 1*.
Victoria Constuta, 88.

IV. — Noms.

P.   A... Galenus, 289.
Sex. A .. Terentius, 107.
Sex. A... Titianus, 107.
L.   Abudius, 28.
L.   Acutius Sextus, 278, 279.
Sex. Aebutius Pythias, 264.
     Aelia Athenaïs, 108.
     Aelia Prima, 109.
     Aelius Pitymias, 141.
L.   Aelius Thallus, 108.
L.   Acmilius Fortis, 311.
L.   Afranius Burrus, 14.
Sex. Agileius Pedo, 52.
T.   Agileius Rufus, 52.
     Albia Lucinula, 110.
     Albius Gratus. 1 0.
     Albius Lucinulus, 110.
     Anicia Tryphaera, 112.
L.   Annius, 95.
P.   Annius, 26.
M.   Antonius Pardus, 188.
M.   Aquillius Avitus, 58.
L.   Arlenius Iapis, 758.
M.   Arruntius Verecundus, 33.
     Atia Postuma, 113.
     Atilia Avitiane, 114.
T.   Atilius Servatus, 39.
     Attia Avita, 145.
     Attia Zosime, 115.
M.   Attius Asper, 75
C.   Attius Marcellinus, 248.
C.   Aufidius, 159.
     Aufidius Fronto, 304.
     Aurelia Rhode, 117.
     Aurelia Severa, 117.
     Aurelius Hilarus, 246.
     Aurelius Taurinus, 127.
     Aurelius Valerianus, 19.

     Bellicius, 288.
M.   Brin... 249
L.   Bullonius Severus, 77.
     Byria Severilla, 183.

     Caecilia Campana, 118.
P.   Caecilius Bellicus, 118.
     Cafatius Primus, 119.
L.   Calvisius Aulinus, 59.
     Camullius Onesimus, 120.
T.   Camullius Telesphorus, 120.
C.   Cantius Pothinus, 250.
     Caprius Hermes, 121.
T.   Carisius, 15.
     Cassius Severianus, 123.
     Catalia Servata, 125.
     Catia Paterna, 126.
     Catia Servata, 32.
T.   Catius Severus, 32.
L.   Ceionus F..., 53.
     Centonia Quinta, 104.
     Classia Theodora, 127.

Tt. Κλαύδιος Ἀντίπατρος, 235.
     Κλαυδία Μνασαγορα, 235.
Ti. Claudius Evaristus, 265.
     Clodius Helius, 305.
     Coelia Messina, 128.
     Cornelia Apolauste, 143.
A.   Cornelius, 129.
L.   Cornelius, 131.
     Cornelius Achillaeus, 44.
     Cornelius Clemens, 133.
Q.   Cornelius Eutyches, 143.
     Cornelius Exsoratus, 50.
     Cornelius Licinianus, 130.
Sex. Cornelius Sacratus, 54.
     Cornelius Saturninus, 131.
D.   Cornelius Valerianus, 130.
     Craxius Honoratus, 134.
T.   Craxxius Severinus, 102.
     Cupitia Felicissima, 187.

P.   Dec..., 185.
     Δεκρία Πομπωνία, 236.
Sex. Duccius Primulus, 83.
C.   Dessius, 309.
     Doppius, 290.
Q.   Ducenius Optatus, 100.
     Dudistius Apthonetus, 18.
     Dudistius Eglectus, 18.
L.   Dudistius Novanus, 18.

     Egnatia Materna, 136.
     Egrilia Syntiche, 245.
A.   Egrilius Narcissus, 245.
Λ.   Ἑρέννιος Πραίσενς, 236.
Λ.   Ἑρέννιος Σεκοῦνδος, 236.

C.   Fadius, 310.
T.   Flavius Cab..., 267.
T.   Flavius Justus, 56.
     Frontinia Servata, 170.
P.   Frontonius Quintinus, 176.
C.   Frontinius Servatus, 169, 170.
     Fulvia Secunda, 33.
     Θεόνις Φυσκία, 235.

Sex. G... A..., 259.
     G... Lucilia, 151.
     G... Severianus, 151.
     Gabinius Vaalus, 138.
T.   Gratius Titianus, 7*.

     Hateria Potita, 100.
L.   Hegius Hermes, 252.
P.   Hertorius, 375.
L.   Hosidius Crispus, 311 à 324.

M.   Iccius Li..., 376.
M.   Iccius Mummius, 42.

     Julia, 31.
     Julia Cita, 124.
     Julia Cupita, 139.

Julia Paterna, 140.
Julia Paullina, 140.
Julia Primella, 147.
Julia Rufina, 147.
Julia Saturnina, 164.
Julius Agathemerus, 185.
C. Julius Alexander, 136.
Q. Julius Alypus, 142.
Julius Archias, 141.
Sex. Julius Cornelianus, 143.
L. Julius Gerus, 144.
M. Julius Gnatus, 139.
Julius Hermes, 31.
Sex. Julius Jucundus, 377.
Julius Julianus, 145.
Q. Julius M..., 6, 291.
C. Julius Maximus, 269.
Julius Maxximinus, 148.
L. Julius Messianus, 128.
T. Julius Mopsinus, 95.
M. Julius Paternus, 139.
Julius Politicus, 31.
Q. Julius Quintianus, 146.
Julius Quintilianus, 146.
Julius Rogatus, 34.
Julius Severianus, 148.
C. Julius V..., 47.
C. Julius Validus, 198.
C. Julius Xenon, 45.
C. Junius Draco, 26.
C. Junius Sti..., 327.
Justinia Valeria, 121.

Kareia Patercla, 30.
Kareius, 30.

C. L... Calvo, 40.
M. Lelius, 2*.
Licinia, 149.
Licinia Vera, 184.
M. Licinius Goas, 150.
Q. Licinius Servatus, 270.
C. Lucceius Marcus, 112.

L. M... Maximus, 271.
T. M... Paternus, 156.
L. M... S..., 328.
Magia Aurelia, 152.
Magia Severina, 19.
Magius Severinus, 19.
L. Maximius Victor, 154.
A. Mevius, 9.
P. Moc..., 290.
L. Munatius Adiectus, 329.

Q. N... Micr..., 332.
L. Nigidius Optatus, 155.
Naevius Lucanus, 92.
Naevius Valentinus, 92.

C. Oppius Restitutus, 334.
Oppius Severinus, 125.
M. Oppius Zosimus, 335.
C. Otacilius Oppianus, 23.

L. Plotius Apollonides, 158.
Pompeia Dativa, 159.
Pompeia Pia, 160.
Sex. Publicius Felicianus, 13.
Cn. Reiconius Noricus, 161.
Cn. Reuconius Sextinus, 27.

M. Rutilius Firminus, 73.
C. Rutilius Frontinus, 73.
C. S .. A..., 257.
P. S... Avitus, 295.
D. Sallustius Acceptus, 103.
Samoniccia Severina, 125.
C. Sappius Flavus, 17.
T. Scribonius, 135.
Secundia Julia, 167.
C. Secundius Julianus, 167.
C. Secundius Paternus, 167.
Julius Secundius Secundinus, 171.
Q. Secundius Zmaragdus, 32.
Sempronius, 166
Severina Attica, 173.
M. Severius Viator, 30.
A. Sextius, 401, 402.
Silius Herma, 247.
Sex. Silvius Silvester, 70.
Smeria Quintilla, 173.
Spurius Severus, 174.
Sulpicius Illiomarus, 94.

M. T... H..., 84.
M. T .. Mari ., 342.
Τερτία Βρεντεσίνη, 232.
Tertius Syra, 284.
Tessicnius Secundus, 177.
Tiberius Marcianus, 57.
Titia Quinta, 178
Togius Paullinianus, 140.
L. Tonneius, 9.
Q. Trebius Ci..., 296.

L. Ucceius Fuscus, 80.
L. Umbrius Clemens, 272.

Valeria, 182.
Valeria Materna, 130.
Valeria Pia, 180
Valeria Secunda, 155.
Valeria Severina, 181.
Valeria Tyche, 161.
Valeria Valeriana, 148.
Valeria Vincentia, 181.
L. Valerius, 9.
Valerius Felicio, 38, 137.
Valerius Fronto, 24.
C. Valerius Inachus, 160.
L. Valerius Julianus, 183.
L. Valerius Nivalis, 95.
Valerius Secundinus, 87.
L. Valerius Severianus, 183.
Valerius Severinus, 152.
M. Valerius Severus, 184.
D. Valerius Valentinus, 104.
Q. Valerius Victorinus, 285.
Valia Threpte, 185
T. Varenius Severus, 170.
Varius Festus, 180.
Vassilia Secundilla, 188.
Vassilius Terentius, 186.
Sex. Veratius Pothus, 41.
Vercius Faustus, 35.
A. Vercius Jucundus, 35.
Vettia Maternilla, 123.
T. Vettius Tetricus, 63.
L. Vettius Verres, 63.
C redius Severus, 36.

V. — SURNOMS.

A..., 257, 259.
Abdesmoun, 217.
Abdmelqart, 217.
Acceptus, 103.
Achillaeus, 44.
Acutus, 352.
† Adelfius, 443.
Ἀδγεννοριγ, 6.
Adiectus, 329.
Adulus, 122.
Agathemerus, 185.
Agilis, 301, 302, 11*.
Αἰσχρας, 226.
Albinus, 353, 354.
Alce, 101.
Alexander, 136.
Alypus, 142.
Amabilis, 179.
Amandus, 111.
† Ampelius, 203.
Annianus, 145.
Ἀντίπατρος, 235.
† Antodonius, 204.
Apella, 245.
Apolauste, 143, 6*.
Ἀπολλοδότος, 5*.
Apollonides, 158.
Aprilis, 355.
Apringius, 427.
Apthonetus, 18.
Archias, 141.
Artaldus, 18*.
Asiaticus, 101.
Asper, 75.
Astutus, 427.
Athenais, 108.
Atimetus, 303, 11*.
Attica, 173.
Atticus, 355.
Atillus, 162.
Attis, 76.
Attius, 356.
Augusta, 1*.
Aulinus, 59.
Aurelia, 152.
Avita, 146.
Avitiane, 114.
Avitus, 58, 173, 280, 295.
Aviullus, 116.

Baalhanno, 217.
Baaljaton, 217.
Baalyahon, 218.
Balbus, 199.
Bassus, 357.
Bella, 426.
† Bellator, 205.
Bellica, 11.
Bellicus, 118.
Bilicus, 358.
Βλανδοουτκος, 5.
Βρεντεσίνη, 232.

Cab..., 267.
Callo, 129.
Calvo, 40.
Calvus, 359.
Campana, 118.
Cantus, 360, 361.
Canus, 284.
Capella, 119.
Carantus, 362.
Caresus, 122.
Cas., 411, 412.
Castus, 124, 363.
Celer, 305.
Cenatus, 364.
Certulus, 85.
Κεσία, 237.
Cila, 33.
Cita, 124.
Clarianus, 281.
Clemens, 133, 272.
Cocus, 365, 366.
Codo, 81.
Coelius, 367.
Communis, 307, 11*.
Cornelianus, 143.
Crescens, 308.
† Crispinus, 206.
Crispus, 314 à 324.
Cupita, 139.

Δαμοχλεια, 221, 222.
Dativa, 159.
Daverus, 175.
Decumus, 119.
Dex..., 219.
Διοσκουρίδος, 4*.
Doviecorix, 182.
Draco, 326.
Δράκοντος, 235.
Dubia, 135, 179.

Eglectus, 18.
Ἐπαφρᾶς, 227.
† Epymene, 208.
Ἡρακλέων, 227.
† Eripius, 207.
Ern.., 414.
Exsoratus, 50.
Εὐγευνηας, 227.
† Eutropius, 209.
Eutyches, 143.
Evaristus, 265.

F..., 53.
Faustus, 35.
Favor, 96.
Feliciana, 13.
Felicianus, 13.
Felicio, 38, 137.
Felicissima, 187.
Felicula, 137.
Felix, 368.
Festus, 37, 180.

Firminus, 73.
Firmo, 369.
Firmus, 58, 67.
Flavus, 17.
† Florentiolus, 210.
Formosus, 370.
Fortis, 311, 11*.
Frontinus, 73.
Fronto, 24, 304.
Fuscus, 80, 371.

Galenus, 289.
† Gaudentius, 211.
Genialis, 282.
Gentilis, 251.
Germanus, 372.
Gerus, 144.
Gloco, 373.
Gnatus, 139.
Goas, 150.
Gracilis, 312, 313.
Gratus, 110.

H..., 84.
Hamicat, 217.
Helara, 90.
Helenus, 256.
Helius, 305.
Herma, 247.
Hermes, 31, 121, 252.
Hilarus, 246.
Homullus, 149.
Honoratus, 134.

Iapis, 258.
'Ιασωνος, 232.
Iegidius, 325.
Illiomarus, 94.
Inachus, 160.

Jovius, 65.
Jucundus, 35, 376.
Julia, 167, 431.
Julianus, 145, 167, **173, 183.**
Julius, 260.
Julla, 176.
Justus, 56.

Καλλίμαχος, 224.
Καλλινίκη, 223.

† Leo, 212.
† Leonidius, 213.
Lepidus, 377, 378.
† Letania, 431.
Li..., 375.
Libertus, 379, 420.
Licinianus, 130.
Lucanus, 92.
Lucilia, 151.
Lucinula, 110.
Lucinulus, 110.

M..., 46, 291.
Macrinus, 116.
Manduillus, 380.
Μαντω, 227.
Mar..., 330.
Marcellinus, **248.**
Marcellus, **72.**

Marcianus, 57.
Marcus, 112, 292.
Mari..., 342.
Marina, 163.
Marinus, 163.
Martialis, 62.
Martius, 253.
Maternianus, **153.**
Maternilla, 123.
Materna, 130, **136.**
Materrus, 74.
Mattanbaal, 218.
Maturus, 253, 293, **421.**
Matutinus, 157.
Maximilla, 154.
Maximus, 29, 269, **271.**
Maxximinus, 148.
Menander, 331.
Μεναν·ρος, 229.
Μηνιδοτη, 223.
Mercator, 294.
Messianus, 128.
Messina, 128.
Μητρόδας, 229.
Micr.., 332.
Μιδίος, 2 6.
Μνασαγορα, **235.**
Mommio, 381.
Mopsinus, 95.
Mummius, 42.
Murranus, 382.
Musicus, 422.

Narcissus, 245.
Nevatus, 383.
Νικάνδρος, 219.
Νικηρατος, 220.
Niger, 184, 385.
Nivalis, 95.
Nomas, 387.
Novanus, 18.

Oclatus, 387.
Ονερεστατος, 4.
Onesimus, 110.
Oppianus, 23.
Optatus, 100, 155.

† Palladius, 211.
Pansa, 423.
† Pantagathus, **214.**
Pardula, 188.
Pardus, 188.
Παρρησία, 230.
Patercia, 30.
Paterna, 126, 140.
Paternus, 85, 139, 156, 167, 169, 170.
Paullina, 140.
Paullinianus, 140.
Pedo, 52.
Pedulus, 60.
Φιλοκράτιδης, 220.
Φωκινος, 219.
Pia, 160, 180.
Placida, 157.
Politicus, 31.
Πομπονία, 236.
Postuma, 113.
Pothinus, 250.

Pothus, 41.
Potita, 81, 100.
Πραίσενς, 236.
Prasinus, 299.
Prima, 109.
Primilla, 147.
Primula, 171.
Primus, 119. 388, 389.
Primulus, 82, 186.
Prisca, 41.
Privatus, 390.
Πρώταρχος, 230.
Πρόθυμος, 231.
Pupa, 33.
Pythias, 264.

Quadratus. 392.
Quartio. 135.
Quinta, 104, 177.
Κόϊντος, 237.
Quintianus, 146.
Quintilla, 176.
Quintilianus, 146.
Quintinus, 176.

Remicus, 392.
Restitutus, 247, 334.
Rhode, 117
Rogatus, 4, 241, 431.
Rosus. 393
Rufina, 147.
Rufinus, 394. 395.
Rufus, 16. 52, 71, 274 à 276.
Rutenus, 306.

S..., 338.
Sabina, 162, 1*.
Sabinus, 266, 397.
Sacco, 71.
Sacratus, 54.
Sacrinus, 93.
Sapricia, 163.
Sato, 3 8.
Satulla, 168.
Saturnina, 164.
Saturninus, 133.
Satyrio, 164.
† Secolesia, 215.
Secunda. 155.
Secundila, 186.
Secundina. 33. 169, 170, 171.
Secundinus, 87, 169.
Secundus. 109, 176, 236, 274 à 276, 399.
Sedatus, 93.
Σεγομαρος 3.
Sentius, 400.
Serenus. 165.
Servandus, 51.
Servata, 32, 125, 170.
Servutus, 39, 86, 169, 170, 172, 270, 437.
Severa, 117.
Severianus. 123, 125, 148, 151, 183.
Severilla, 183.
Severina, 19, 125, 181.
Severinus, 19, 102, 125, 152, 172.
Severus, 32 36, 77, 170, 174, 184, 185, 254.
Sevvo, 425.
Sextilianus, 182.
Sextinus, 27.
Sextus, 72, 126, 278, 279.
Sil. ., 337, 418.

Silvanus, 261, 403.
Silvester, 62, 68.
† Singenia, 203.
Solico, 175.
Solidumarus, 153.
Σωκράτης. 233.
Soricio, 338.
Σώστρατος, 223.
Statutus, 154.
Sti .., 327.
Strobilus, 339 à 341, 11*.
Σοῦμμος, 237.
Syntiche, 245.
Syra, 283.

Taurinus, 127.
Telesphorus, 120.
Terentius, 107, 186.
Tertia, 200.
Tertius, 404.
Tetricus, 63.
Thallus, 108, 343.
Theodora, 127.
Θεόνις, 235.
Threpte, 185.
Titianus, 107, 7*.
Titius, 405.
Tritus, 406.
Tryphaera, 112.
Tyche, 161.

Οὐρσόλη, 241.

V..., 47.
Vaalus, 138.
Valentinus, 92, 104.
Valeria, 121, 179.
Valeriana, 148.
Valerianus, 19, 130.
Valerius, 1 9.
Validus, 198.
Ουαλικίος, 4.
Ουεβρομαρος, 1.
Venula, 286.
Vera, 184
Veratiana, 178.
Verecundus, 33.
Ουερετμαρεος, 6.
Verilla, 187.
Verinus, 187.
Verres, 63.
Viator, 30.
Victor, 154.
Victorinus, 96, 285.
Ουιλλονος, 3.
Vincentia, 181.
† Vincentius, 214.
Vinicus, 61.
Vinuleius, 61.
Vitalis, 407, 408.

Xanthus, 409, 410.
Xenon, 45, 429.

Zaïbegat, 217.
Zmaragdus, 32.
Zosime, 115.
Zosimus, 330.

VI. — TRIBUS.

Fabia, 30.
Κυρεινα, 235.

Teretina, 130, 155.
Voltinia, 14, 18, 23, 26, 28, 143.

VII. — FONCTIONS ÉQUESTRES.

Adiutor ad census, 18.
Pontifex Laurentinorum, 18.
Praefectus alae, 17, 18.
— fabrum, 16.
— militum, 17.
— praetorii, 14.
— ripae fluminis Euphratis, 17.

Praetor Volcarum, 15.
Procurator Augustae, 14.
— Augusti, 18.
— Ti. Caesaris, 14.
— divi Claudii, 14.
Tribunus militum, 14, 17, 19.

VIII. — FONCTIONS MUNICIPALES.

Aedilis, 22.
— Vocontiorum, 16.
Praefectus pagi, 26.
— Juliensium, 18.
— Vasiensium, 16.

Quattuorvir, 21, 23, 30.
— iure dicundo, 24.
Quaestor, 27.
Τοουτιους Ναμαυσατις, 3.

IX. — FONCTIONS RELIGIEUSES.

'Αγωνοθέτης, 239.
Flamen, 18.
— Romae et Augusti, 30.
Flaminica Divae Augustae, 11.
— Vocontiorum, 31.
— Juliae Augustae Vasiensium Vocontiorum, 32.

Magistri Larum Augustorum, 9.
Pontifex Laurentinorum, 18.
— colonia Reiorum Apollinare, 30.
† Presbyter, 207.
Sexvir, 33, 37.
Sexvir Augustalis, 32, 34, 35, 36.

X. — ARMÉE.

Legio II Italica, 19.
— III Augusta, 287.
— XXI Rapax, 17.

Ala Hispana, 18.
— Thracum Herculania, 17.

XI. — MÉTIERS.

Centonarii, 102.
Murmillo, 100, 101.
Opifices lapidarii, 103.

Propolae, 95
Tesserarius, 104.

XII. — Géographie ancienne.

Alpes Cottianae, 18.
[Apta], 24.
Aquae, 18.
Avennio, 49.
Julienses, 17.
Κυδαθήναιον, 220.
Τοουτιους Ναμαυσατις, 3.
Provincia Lugudunensis, 18.
Colonia Julia Meminorum, 25.

Colonia Augusta Nemausus, 26.
Παλαιοπολις, 235.
Segusiavici, 255.
Vasienses, 16.
Vasienses Vocontii, 14, 17, 32.
Civis Vercellensis, 19.
Vocontii, 16, 31.
Volcae, 15.

XIII. — Particularités diverses.

Collèges :
  Centonaires, 102.
  Tailleurs de pierres, 103.
  Conjuration contre la grêle, 196.
Éloges :
  Qui vixerunt in conjugali adfectu et caritate, 203.
  Anima dulcis, 204.
  Anima innocens, 163.
  Carissima, 136, 159, 173, 178, 185.
  Carissimus, 127, 161, 183, 184.
  Dulcissima, 180.
  Dulcissimus et omnibus horis desiderantissimus, 146.
  Ἥρως, 233.
  Famulus Dei, 203.
  Incomparabilis, 181.
  Infelicissimus, 148.
  Innocentissimus, 211.
  Mirissimus, 110.
  Obmerentissima, 181.
  Optima, 30, 31, 114, 147, 169, 176, 187.
  Optumus, 18, 27, 120, 143, 157, 164, 167.
  Pientissima, 63.
  Pientissimus, 110, 118, 145, 151.
  Piissima, 117, 141, 186.
  Piissimus, 130, 143, 171, 186.
  Rarissima, 160, 170.
  Sanctissima, 108.
Famille :
  Adulescens, 110.
  Alumna, 185.
  Amicus, 143.
  Ancilla, 137.
  Collibertus, 118, 141, 245.
  Coniux, 19, 100, 101, 108, 112, 120, 127, 136, 159, 163, 173, 180, 181, 203.
  Contubernalis, 177.
  Discipula, 115.
  Filius, passim.
  Frater, 32, 130, 211.
  Heres, 25, 32, 38.
  Infans, 121.
  Liberta, 90, 147, 178, 179.
  Libertus, 34, 41, 72, 151.
  Maritus, 32, 115, 164, 203.
  Mater, 111, 114, 125, 133, 137, 139, 140, 152, 163, 169, 171, 176, 181, 184, 186, 202.
  Nepos, 161, 179.
  Parens, parentes, 10, 123, 135, 143, 148, 170, 183.
  Pater, 107, 126, 133, 140, 145, 167, 186.
  Patrona, 31, 187.
  Patronus, 14, 18, 27, 35.
  Soror, 19, 117, 125.
  Verna, 247.
  Uxor, 30, 33, 124, 160, 169, 170, 177, 178, 185.
Formules :
  Βρατουδε καντενα, 1, 2.
  Ex funeraticio, 102.
  Ex iussu, 50, 56, 96.
  Ex testamento, 25, 32, 33, 104.
  Ex voto, 98.
  Faciundum curavit, 32.
  In Christi nomine, 203.
  In aeternum pax tecum, 208.
  In pace, 2 3 à 208, 2,2, 213, 215.
  Pax tecum, 210.
  Sibi et suis fecit, 35, 124, 138, 174.
  Sibi vivus posuit, 160, 174, 2 6.
  Sub ascia dedicavit, 110, 173, 178, 180.
  Testamento neri iussit, 175, 202.
  Votum solvit, 80.
  Votum solvit libens merito, 38 et suiv.
  Χαίρε, 138, 234.
  Χρηστὲ χαῖρε, 223 à 228, 232, 238.
Inscriptions :
  Chrétiennes, 203 et suiv.
  Décret de proxénie, 219.
  Décret des décurions, 29.
  Dédicace datée à la manière égyptienne, 9.
  Dédicace datée par une indiction, 205, 212, 213.
  Dédicace datée par un post-consulat, 203, 207, 208, 214, 215.
  Donation dissimulée d'un emplacement funéraire, 185.
  Emplacements funéraires, 189 à 195.
  Épitaphes versifiées, 111, 209.
  Lampe votive, 198, 199.
  Lieu frappé par la foudre, 89, 90.
  Libéralités, 15, 16, 17, 28, 185.
  Patron assassiné par son affranchi, 151.
Monuments décorés de marbres :
  Balnéaire, 26.
  Portique, 18.
  Proscaenium, 16.
Magister, 102.
Martyrs *Agaunenses*, 216.
Talisman, 196, 197.
Taurobole, 12.

XIV. — Provenances des Inscriptions.

Aix (collection Sollier), 235 à 238, 245.
Anduze, 94.
Apt, 8, 34, 76, 166, 152, 198, 254, 258, 259, 264, 339, 359, 395.
Arles, 111, 130, 132, 159, 205, 213, 215, 250, 351, 363, 377, 360, 403, 404, 417, 435, 9*.
Athènes, 219, 10*, 11*.
Avignon, 10, 15, 21, 22, 105, 113, 131, 138, 143, 160, 206, 217, 288, 289, 295, 296, 374, 445.
Barri, 255, 362, 386.
Barroux, 148, 181.
Baume-de-Venisse, 208, 354, 356.
La Bastide d'Engras, 107, 186.
Bédarrides, 128, 149.
Bedoin, 124.
Bellegarde, 212, 216, 443, 444.
Bollène, 92.
Bonnieux, 201, 319, 439.
Bouchet, 196.
Boulbon, 41.
Cabrières, 413.
Cabrières d'Aigues, 91.
Cadenet, 49.
Caderousse, 13.
Le Cailar, 116, 135.
Camaret, 95, 174.
Capouc, 433.
Carpentras, 185, 197, 413.
Carthage, 218.
Caumont, 136, 154, 294.
Cavaillon, 35, 89, 376, 411.
Crouste, 203.
Fos, 373, 418.
Florence, 434.
Goult, 315.
Graveson, 23.
L'Isle-sur-Sorgue, 364.
Lambèse, 287.
Laudun, 36, 90, 137.
Malaucène, 2.
Marseille (collection Clément), 9, 18, 39, 133, 145, 239 à 242.
Méjanes, 177.
Mondragon, 343.
Montélimar, 427.
Mormoiron, 71.
Murviel, 7*.
Naix, 424.
Narona, 243.
Nimes, 27, 43, 78, 108, 115, 117, 118, 127, 142, 144, 158, 161, 179, 282.

Novézan, 146.
Niozelles, 414.
Nyons, 139.
Orange, 25, 33, 47, 85, 98, 100, 101, 112, 140, 153, 183, 188, 204, 209, 211, 265, 274 à 276, 415, 421, 423, 425, 440, 6*.
Orgon, 1.
Le Pègue, 26, 314.
Le Pontet, 378.
Rasteau, 77.
Robion, 291.
Rochegude, 123.
Rochemaure, 38.
Rome, 205, 306, 431.
Rousset, 173.
Roussillon, 82, 151, 164.
Sablet, 44, 54.
Saignon, 24.
Saint-Didier, 57 à 59.
Saint-Gabriel, 30, 121, 180.
Saint-Jean-de-Garguiers, 155.
Saint-Just, 73.
Saint-Marcellin, 152.
Saint-Paul-Trois-Châteaux, 252.
Saint-Remy, 280, 292, 303.
Saint-Romain-en-Viennois, 51.
Saint-Saturnin d'Apt, 48, 55, 75, 79, 83, 86, 87, 96, 99, 175, 441.
Salone, 244.
Saze, 374.
Smyrne, 239.
Tarascon, 12, 432.
Taulignan, 312.
Thessalonique, 237.
Le Thor, 297, 298.
La Tour-d'Aigues, 56.
Tresques, 45, 102, 120, 157, 167 à 172, 176.
Vaison, 3, 11, 14, 16, 17, 19, 28, 29, 31, 32, 37, 52, 53, 70, 72, 74, 80, 81, 84, 88, 93, 98, 103, 104, 106, 109, 110, 114, 119, 120, 122, 125, 126, 134, 141, 147, 150, 156, 162, 163, 165, 178, 184, 187, 189 à 195, 200, 207, 210, 224, 249, 251, 253, 260 à 262, 278, 279, 281, 285, 286, 290, 301 à 303, 307, 308, 310, 311, 314 à 325, 335, 340, 341, 314 à 348, 352, 353, 358, 361, 365, 366, 368 à 371, 382, 385, 387, 393, 394, 398, 406, 409, 412, 419, 422, 438, 2*, 11*.
Valreas, 12, 323, 383.
Venise (collection Nani), 219 à 234, 243, 244.
Viens, 40.
Villars, 46, 50, 97, 202, 381, 399, 407.

Donateurs.

Dates.
1822. Municipalité d'Avignon, 105.
1830. Chaix, de Vaison, 278, 285.
1831. Requien, à Avignon, 342.
1833. Mathieu, maire de Bédarrides, 149.
1835. Chevalier Mourret, à Tarascon, 30, 121, 180.

1836. Silvestre, juge de paix à Cavaillon, 89.
1838. Poulain, entrepreneur de diligences à Tarascon, 12.
— Vicomte de Bouillé, à Arles, 130.
— De Saussac, maire de Vaison, 103.
— Marquis d'Archimbaud, à Orange, 11, 33, 110, 139, 141, 203.
— Cerri, peintre à Vaison, 311.
1839. Nogent fils, avocat à Orange, 25.
— Bernard, maçon à Orange 188.
1840. Charles Eymieu, à Orange, 46, 95.
— Renaux, architecte départemental à Avignon, 10.
1841. Marquis de Rochegude, 123.
— Gianoly, maitre maçon à Avignon, 15.
— De la Ponce, 424.
1842. Rippert, propriétaire à Cadenet, 49.
— Elzear Pin, à Apt.
— Brémont, avocat à Apt, 76, 88.
— Benoit, à Avignon, 145.
1843. Sabatéry, propriétaire à Valréas, 42.
1844. Requien, à Avignon, 274.
1846. Imer fils, à Avignon, 287.
— Municipalité d'Avignon, 2-8, 296.
1847. Achard, archiviste départemental à Avignon, 40.
— Chaix de Verninac, à Marseille, 3*, 10* à 12*.
1848. Boyer de Sainte-Suzanne, à Apt, 166, 182.
1849. Marius Clément, à Marseille, 9, 18, 39, 133, 145, 155.
— Prosper Renaux, à Caumont, 294.
1850. Comte de Vogüé, à Tresques, 45, 102, 157, 167 à 172, 176.
— Abbé Gonnet, curé de Tresques, 125.
1851. Nogent, avocat à Orange, 47.
1852. Édouard Merle, instituteur à Robion, 291.
1853. Besse et Laurent, négociants à Avignon, 113, 131, 138.
— Municipalité d'Avignon, 21, 22.
1857. Joseph Guérin, cultivateur à Roussillon, 82, 151, 164.
1858. Reynes, professeur de dessin à Avignon, 94.
— Charles Eymieu, à Orange, 351, 399.
1861. Charrel, receveur de l'enregistrement à Orange, 423.
1874. Sagnier, administrateur du musée Calvet, 120.
1875. De Champié, propriétaire à Orange, 209.
1877. Gondran, sous-préfet d'Orange, 306.
1878. Establet, à Avignon, 289.
1884. Charles Nicolas, de Boulbon, 41.
— Abbé Saurel, aumônier à Montpellier, 2.
— Eugène Raspail, à Gigondas, 14
1885. Lucien Laval, propriétaire à l'Isle, 6.
1886. Bouvier, ingénieur en chef du département de **Vaucluse, 7**, 314.
— Jabry ainé et Jabry Agricol, à Avignon, 218.
— De Millaudon, à Avignon, 297.
1887. Granget, propriétaire à Bédarrides, 128.
1896. Sagnier, administrateur du musée Calvet, 152.
1897. Hector Nicolas, conducteur des ponts et chaussées, à Avignon, 403.
1898. Michel Clerc, conservateur du musée archéologique de Marseille, 217.

RÉCAPITULATION.

Introduction		1
I. —	Inscriptions celto-grecques	7
II. —	Inscriptions latines :	
	Empereurs	15
	Fonctions équestres	23
	Inscriptions municipales	39
	Fonctions religieuses	49
	Inscriptions religieuses (autels)	55
	Métiers	88
	Inscriptions funéraires	93
III. —	Inscriptions sur métal	144
IV. —	Inscriptions chrétiennes	150
V. —	Inscriptions de provenance étrangère à la Gaule :	
	Inscriptions phéniciennes	168
	— grecques	170
	— latines	182
VI. —	Estampilles et sceaux :	
	Plombiers	185
	Saumon de plomb	188
	Bronziers	188
	Verriers	189
	Sceaux de bronze	191
	Antéfixes	194
	Tuiles et briques	195
	Amphores	198
	Lampes	201
	Poterie rouge (arrétine)	212
	— jaune (terre commune)	221
	— noire	222
VII. —	Inscriptions antiques sur menus objets de toutes provenances :	
	Bijoux	223
	Verrerie	225
	Vases d'argent	227
	Miroirs	229

VIII.— Fragments non restituables :
>   Inscriptions païennes 230
>   — chrétiennes................ 231

IX. — Inscriptions fausses.................. 233
X. — Bibliographie........................ 239
XI. — Additions et corrections...... 253
XII. — Tables...................... 255

www.ingramcontent.com/pod-product-compliance
Lightning Source LLC
Chambersburg PA
CBHW050334170426
43200CB00009BA/1585